民意，如何成為世界強權操弄的政治武器

大衛・夏默 David Shimer——著 顏涵銳——譯

民主的弱點

Rigged

Years of Covert Electoral Interference

目錄

第二部份　二〇一六年

序言 兵臨城下的民主體制

當年，有件事讓歐巴馬總統頭痛的很。二〇一六年夏季，他已得知俄國介入美國即將來臨的大選，他同時也知道俄國總理普丁（Vladimir Putin）在幕後操縱這個行動。歐巴馬要決定的是，教訓普丁這事，是要在選前，還是選後發動。[1]

同年夏季，白宮俄國專家瑟雷斯特・沃蘭德（Celeste Wallander）呈上一份機密備忘錄，點出立即懲治普丁的方法，希望藉此嚇阻俄國干預美國大選的行動。[2]與沃蘭德合作密切的助理國務卿維多莉亞・紐蘭德（Victoria Nuland）說：「我們想在七月時就進行檯面下的反制行動，我所受過的俄國和蘇聯訓練都告訴我，一定要用強力的手段正面加以嚇阻，逼使對方鄭正評估，繼續對美發動攻擊，要付出多少代價，尤其如果對手是像普丁這種人。」[3]紐蘭德、沃蘭德以及其他官員提出了幾種選項，有輕有重：對俄國發動國際制裁、洩露傷害普丁的訊息，最嚴重甚至包括阻礙俄國經濟發展。時任國家情報總監的詹姆士・克雷帕（James R. Clapper）回想當時曾經考慮過，要「把所有對俄國做過最狠的手段都用上，像是斷絕他們與國際金融體系的管道。」

但是，克雷帕接著說，這麼做要承受很大的風險：「萬一被報復，後果會有多嚴重？」[4]這個問題沒有人能夠回答得出來。俄國情報單位已經盜走有害民主黨的電子郵件，也將之發布了，其目的是要左右選民的想法。但俄國駭客同時也入侵了美國的選務系統，這方面連美國政府也無法全面性的有效防範。原因在於，美國的選務基礎設施，是由州政府和地方政府個別負責採購和管理，不是聯邦政府能夠管的。在某些州，選民登記資料庫連基本的加密都沒有，根本就沒有安全性可言。[5]時任美國中央情報局（Central Intelligence Agency，中情局，簡稱ＣＩＡ）[6]局長的約翰・布萊南（John Brennan）就說：「只要選民登記」啟動，（俄國）就有機可乘；甚至可以操縱得票數。」時任國土安全局秘書長的傑・強森（Jeh Johnson）就擔心俄國「可以操縱選民登記清單的程度足以」改變選舉結果，方法是，在投票日讓像佛羅里達之類的搖擺州中的民主黨員投不成選票。[7]

但是，報復性行動有可能刺激普丁，讓他轉而破壞投票過程。在當時，希拉蕊・柯林頓（Hilary Clinton）是有望贏得大選，而唐諾・川普（Donald Trump）則指控說選舉遭到操縱，歐巴馬這方面則遲遲不肯對俄羅斯發動懲罰性制裁。他的防治行動步步為營。他只選擇在當年九月初，於中國高峰會上遇見普丁時，口頭警告他說：「你敢搞我們，我們就讓你當不成總理。」據他的資深顧問轉述。[8]時任歐巴馬的國土安全顧問莉莎・摩納哥（Lisa Monaco）則說這次會晤：「我們把在國家情報系統的觀察，轉達給普丁和其他國家元首知道，這是那次會面的主要目的。」[9]

當年十月時，俄國依然將行動焦點，鎖定美國選務基礎設施。歐巴馬的團隊考慮過要反向操縱這套系統，時任國家安全副顧問艾維爾·海恩斯（Avril Haines）說：「就類似抵銷對方干預動作。一旦俄國進行選票數變造，就進行強力反制。」大選當日，聯邦政府部份單位，秘密地針對此攻擊作了準備，時任歐巴馬網路安全協調人的邁可·丹尼爾（Michael Daniel）說：「我們在白宮真的有編列整個危機團隊，各個相關單位也都設有小組」以監控俄國的網路攻擊行動。[10]

他們設想中最壞的情況並沒有出現：選舉並沒有被外力破壞。但是俄方的行動也沒有失敗。被駭客竊走的民主黨電子郵件外洩事件，在選舉前佔據了各大新聞媒體頭條，俄國的宣傳行動透過社群媒體散播，被數千萬的美國人閱讀過。歐巴馬選前設定的當務之急是保護投票箱，防止對手直接操縱選票，這讓他付出了代價：俄國人趁隙耍陰招，操縱選民的想法。維多莉亞·紐蘭德對白宮方面採取抵銷對手行動的心態不以為然，她針對俄國操縱票數的威脅指出：「他們把心力都花在那上頭，卻完全沒注意到另一方面，而且我們認為這方面效果非常好：左右競選文宣，扭轉大眾輿論、帶動民意風向。」[11]

歐巴馬在即將卸任前才終於出手，在經濟和外交方面反制報復俄羅斯。[12] 但他許多顧問現在都說太遲、太慢了。時任國務院幕僚長的強·方納（Jon Finer）就說：「換作是我會更早就發動制裁行動。」時任助理國務卿的東尼・布林科（Tony Blinker）曾更深入瞭解俄羅斯方面的行動，他就說他曾自問：「我們對俄國的懲罰做得夠多嗎？我想清楚後認為，我們做得不夠。」即使詹姆士・克雷帕也說，拖到十二月才讓教訓俄國，這是決策錯誤，他說：「換作是我，會在選前就發動制裁。」[13]（歐巴馬總統透過一位代表向筆者轉達他不願接受此書採訪。）

歐巴馬因為遲遲不肯對俄國採取報復行動，等於默許了外國勢力介入美國大選，也就錯失關鍵時機，無力扭轉原就惡劣的大選情勢。在他之前的美國政壇高層決策者，本身都對海外大選進行過干預行動，換作是他們，肯定都會對於這次美國大選的情勢感到不可思議：美國是全世界最強大的民主國家，竟然無法保護自己的選舉。可是歐巴馬所面臨的是一個全新的世界局勢，是一個數位化的世界局勢，就是這個局勢，讓美國變得不堪一擊。

＊＊＊＊

俄國在二〇一六年攻擊美國大選，整件事情，其實就是個決定不好做的故事，畢竟，坐在戰情室裡，只能根據片面的訊息和不完整的情報，就要做下重大判斷。面臨這樣的局勢，歐巴馬被迫只能決定，對外國干預加以控制，他試圖圍堵俄國行動卻不去逕行制止。他沒有即時讓普丁嚐到教訓，只專心在防堵單一選舉干預形式：即在票數上動手腳，完全忽略了另一種干預的手法：

操弄民意。

在大選最關鍵的那幾個月，歐巴馬白忙了一場，卻還是無法保護美國主權的完整性。理論家漢斯・摩根陶（Hans Morgenthau）形容主權為一國之「不可滲透性」，其他人則主張主權意味著「完全不受外國勢力的干預」，以及「一旦外界主動影響或是左右了本國權力結構，就視為主權受到侵犯」[14]。暗中干預選舉的作法，是以民主國家的總統交替過程作為攻擊目標，等於是攻擊該國的選舉主權。這樣的行動一旦被發現，得到好處的候選人就會被懷疑，是否選舉不公正，又或者要擔心國民會認為他不是靠正當管道當選、其當選受惠於干預大選的他國。

二十一世紀的民主國家，是否能夠保護其選舉主權不受侵害？歐巴馬的情報單位主管沒有信心。約翰・布萊南就認為：「這根本是天方夜譚，以當前世界局勢而言，歐巴馬政權是絕對沒有辦法阻止俄方行動。不僅當今世局下不可能，俄方也不是你能輕易對付的。」[15]不過其他官員並不贊同他的說法，一名的歐巴馬資深顧問，在聽到布萊南的主張後就說：「鬼扯，全是鬼扯。我們明明有辦法保護美國國家安全，偏偏歐巴馬選擇不採用。」這位顧問要求匿名以便他可以暢所欲言。

* * * *

二〇一六年以來，俄羅斯選舉干預行動在美國無時無刻不受到討論，但大部份人卻都誤解了其行動。有幾個基本的問題始終沒有得到答案：什麼是秘密選舉干預？各國進行這類行動多久了？美國的大選什麼時候開始被干預的？美國被干預的程度多嚴重？以及數位時代民主國家要怎麼保護自己？[16]

本書試圖藉由分析俄國干預二〇一六年美國大選，再加上過去的歷史脈絡，來回答上述幾個問題。今日美國的政治家、決策者，以及新聞評論員，往往誤以為普丁是史上第一位干預他國選舉的領導人。因為這種對於歷史的誤解，讓他們以為，所謂的秘密干預他國選舉，指的就只是俄國介入美國二〇一六年大選、圖利於川普一事。這種無知太危險了。為了想瞭解俄國在二〇一六年的斬獲，並對將來攻擊防範於未然，本書試圖把眼光放遠放廣。在川普贏得總統大選後，當局對他競選團隊的調查引來廣大關注，分散了大眾的注意力，倒果為因，忘掉了真正造成此事的背後原因：一個龐大的外國行動，對於美國總統大選的踐踏。

再回到二〇一六年夏季，艾維爾．海恩斯和其他歐巴馬任內的資深政府官員，想要看得更廣更遠，所以要求專責單位向他們報告，俄國當局過去秘密干預美國大選的行動。[17]當時他們收到的簡報，應該是由美國情報單位提報的，但是這份簡報至今還是列為機密。

本書可以視為當初這份簡報的解密和擴充版。筆者為此書造訪六個國家，與各國政府高層和情報單位主管深談，包括八位美國中情局前局長，許多中情局官員、二十六位歐巴馬總統任內的顧問、十一位川普總統的前顧問，以及一群頂尖新聞工作者和科技專家。我同時也從歷史學家和其他學者的研究中找到資料，還分析了數百頁俄國秘密警察格別烏（KGB）和前東德國家安全局（Stasi）的檔案、翻閱了成千上萬頁中情局的機密文件，以及許多美國政府的報告、政府證明文件，官員證詞與會議紀錄，鉅細靡遺。

本書有兩層目的：檢視百年秘密選舉干預行動的價值，分析二〇一六年普丁行動，瞭解他這次行動只是老飯新炒，而不是創新。對於今日的民主國家而言，要正視並接受這份史實，看到其中不為人知且黑暗的一面，帶有極大的風險。全球化和數位連線這兩股力量，強化了惡意主使者操縱民主機制的能力。秘密選舉介入的威脅方式一再演變，這其實只是另一個重要危機的前兆：民主國家在網路時代所面臨的風險。川普前國安顧問麥可邁斯特（H. R. McMaster）就說：「（俄羅斯）利用網路的優勢，在鑽我們自由開放社會的漏洞。開發出自保之道，以免遭受這種持續的政治顛覆活動，非常重要。」[18]要是民主國家無法面對這樣的挑戰，外國勢力，目前是俄國，但很快就會有其他國，將會從其國家內部蠶食鯨吞其民主體制。

* * *

要清楚闡明本書論點，要先釐清幾個字的定義。「秘密」（covert）、「干預」（interference）、

「大選」（electoral）三詞是本書所要觸及的範圍。所謂「秘密」行動，指的是進行干預的主使者是藏在幕後看不到；如果是由外國領導人公開支持，那就不能算秘密，但將竊取的電子郵件交到第三方手上，再由他洩漏出去，這就算秘密行動。由外國勢力主動採取行動，「在政治領袖的吩咐下或是順應其要求，意圖影響他國個人或政府」，這樣才算是「干預」，干預的手法包括透過「機構或是資助某個陣線集團⋯秘密廣播⋯媒體操弄⋯誤導訊息和偽造消息⋯資助具影響力的人⋯（以及）暗殺。」[19]至於「大選」只有在其鎖定的選票，會影響到誰成為他國領袖時才能算。秘密干預大選因此可以定義為「意圖影響民主國家總統繼任大選的隱密海外行動」。發動武裝政變，這不會牽涉到大選投票，因此就不在本書探討的範圍。

歷史學家提摩西．史奈德（Timothy Snyder）寫道：「民主是改變統治者的過程，人民不再相信選舉機制時，民主就死了。問題不在是否舉行選舉，而在選舉是否自由公平。」[20]有許多因素會破壞選舉機制，從壓迫選民到恫嚇選民。本書集中在探討外國介入破壞大選的過程，以及這些行動有哪些力量，足以破壞民主政府。

本書有四項主要論點。首先，本書所要講的秘密干預大選史，鎖定美國和俄國政府。整個故事漫延了過去百年，始於一次世界大戰，舊帝國垮台、脆弱的民主國家紛立之時。蘇聯逮到機會，操縱海外大選。一九四一年到一九四五年間，這種行動暫停，因為美蘇結盟，投入第二次世界大戰。干預大選的情形之後再現，蘇聯開始插手東歐國家大選，秘密大選干預行動在全世界各地大量出現。一九四八年到一九九一年間，中情局和格別烏在全球冷戰中較勁，肆無忌憚經常性地干預他國大選。蘇聯垮台後，出現了分裂。美國政策轉向，不再秘密干預大選，普丁領導的俄國在網際網路助長下如虎添翼，加碼進行干預，造成這種行動的全球性數量大爆發。如今就如一九一九年，俄國當局還是在秘密干預海外大選，而美國政府也同樣袖手旁觀，不同的是，俄國現在改以數位作為武器，而美國這邊對此卻是毫無招架之力。[21]

其次，美國干預他國大選的行動不輸俄國，但方法不同。美國秘密干預他國大選行動，可從兩個層面來理解。其一是人事上的操弄：行動的目的在培植親美候選人，擊敗不親美或態度模稜兩可的候選人。另一則是系統性改變：其行動目的在或強化、或削弱、或不影響該民主國家的內在運作。美國和俄國在第一個層面的作法相同。雙方都進行過秘密大選干預、暗助某方候選人。但兩國在第二層面上的作法則有不同，普丁和其前任俄國領導人長久以來都相信，他們可以使用秘密大選干預行動，削弱他國民主體制，但美國歷任總統雖然有時不該如此，但他們對於秘密干預他國選舉，總是用來強化該國民主體制。

本書中所述的行動中，有些只企圖改變人事，像是格別烏在冷戰時期，就針對美國大選支持大黨候選人，意圖不在削弱美國的民主，而在讓更親俄的美國政府可以出線。其他行動則完全只在改變體制，像俄國秘密進行宣傳活動，目的在讓英國的「脫歐」（Leave）陣營可以獲勝，藉此削弱英國民主體制。也有部份行動是牽涉體制和個人改變的，像是二〇〇〇年時，美國中情局支持了塞爾維亞大選中反對米洛塞維奇（Slobodan Milošević）這位嗜血暴君的一邊，此舉不僅要建立更和解包容的政權，也在強化塞爾維亞的民主體制。柯林頓總統向我解釋，當初為何授權中情局進行大選干預的原因，他說：「這傢伙是個戰犯，我不認為米洛塞維奇想當民主國家的領導人，我覺得他想要廢除民主體制。」[22]從這點看來，美國比起俄國來，選擇對於他國大選的干預，是在萬不得以時才會進行的事，華府一向聲稱，若有操縱他國民主，也是希望藉此強化其民主運作模式；而俄國方面則只是希望能藉由干預造成對方分裂。

第三，俄國在二〇一六年對美國大選的干預，其實是延續既往的政策方向。秘密干預他國大選，歷來有兩種方式可行：朝選票下手，以及朝選民下手。前者的作法可以是篡改得票數、賄選、勒索選民、駭進投票系統；第二種則包括影響外國媒體、競選文宣、洩露候選人不堪訊息、資助特定政治團體。二〇一六年俄國行動的目的也沒有不同：暗助親俄候選人、攻擊仇俄候選人，以及在他國民主體制中製造對立衝突。對於選民而言，一旦瞭解了自己暴露在外力介入的操縱下，往往很難接受自己被人玩弄的真相。不論是過去還是二〇一六年，光是揭露這樣的事，就足以造成整個國家的分裂。一九二四年英國大選、一九六四年智利大選、二〇一六年美國大選之後都一樣，本書將要找出這些事件的共通處，並從中找到教訓。

第四、數位時代無疑是讓秘密干預他國大選的工具變得更為強大。網際網路讓敵國得以用新式且更便捷的方式，在得票數上動手腳，這就是歐巴馬在二〇一六年得到的慘痛教訓。網際網路甚至讓干預的他國勢力，可以根據選民個人檔案來下手。新的戰場現在社群媒體上開打了，外國干預勢力可以藉此打壓、催票、恫嚇選民，而且還可以規避即時偵測，讓傳統新聞媒體無用武之地。今天媒體對於大眾可以獲得什麼樣的訊息，尤其是惡意假訊息，能夠掌控的力道小很多了。[23]紐約時報駐白宮特派記者彼得・貝克（Peter Baker）就說：「我們不再具有從前篩選新聞的功能。」[24]臉書和推特這一類的平台，讓現代干預行動變得強大，更是縱容著他們。前臉書首席資安長艾力斯・史塔摩斯（Alex Stamos）就說：「老實說，（二〇一六年時）臉書的確搞砸了。但那也是因為很多（其他）人做了錯誤決定，才會有這漏洞出現。」[25]

在過去，新興民主國家的大選，要比民主大國更容易遭到外國勢力秘密干預。但是因為網際網路，讓這樣的不平等態勢改觀，這下子，是大家全都暴露在相同的風險中了。在無政府的環境中，普丁的目的無他，就是要製造紛爭對立。俄國高階將領瓦拉里・傑拉西莫夫（Valery Gerasimov）就說過：「訊息空間為我們創造了不對等的進攻機會，降低了敵方攻擊的可能。」[26]傑拉西莫夫等一干俄國將領，將數位空間當成了武器，直搗民主體制的黃龍：大選。

民主體制並不是隨隨便便就可以茁壯的。民主體制靠人的雙手打造出來，也要靠人的雙手去細細維護。如今俄國則處心積慮、無所不用其極地想要靠著培植非自由派、具有分裂國家能力的候選人，來破壞民主體制，不管他是哪個黨派。俄國的攻勢不在陸上、海上或空中，而在網際網路的空間裡。[27]本書第一部份從第一章到第八章，旨在追溯秘密干預他國大選的源頭和演變的過程，從列寧（Vladimir Lenin）發明的干預手法開始，談到冷戰時期的高來暗去，再到普丁的現代戰術。第二部份從第九章到第十三章，則在講俄國在二〇一六年對美國大選的干預行動，特別點出當時歐巴馬總統翻來覆去，不知該如何捍衛美國大選主權一事，以及川普總統拒絕承認該威脅的確存在的情形。

本書的主旨在：以史為鑑可以護民主，務以此為戒。

第一部份

暗黑歷史

第一章　列寧登場

一九五二年，時年十七的奧列・卡魯金（Oleg Kalugin）剛從蘇聯高中畢業，他想要探尋生命的意義、探險世界，也在尋找打倒資本主義的機會。所以他就加入了蘇聯秘密情報組織格別烏。接下來的六年，卡魯金前往列寧格勒和莫斯科的間諜機構接受訓練，之後遷往美國。他奉派長駐紐約，直到一九六四年時遇到一些事情，奉派轉往華盛頓首府，在此一直工作到一九七〇年，最後升任情報站副主管。（他謊稱是愛發問的外國特派員）。之後他回返莫斯科，升上反情報單位主管，最後在一九七四年成為格別烏史上最年輕的將領。據卡魯金對筆者的描述，他的任務是要滲透「世界各國的情報和國安機構，而首要之務就是美國。」[1]

二〇一九年夏天某日，我在馬里蘭州洛克威爾市（Rockville）訪談了卡魯金四小時，此處距白宮約十六英里遠。卡魯金的家很樸實，就座落在當地一處寧靜的社區。他家的牆上掛著畫和紀念品，其中有一張他和前中情局局長威廉・寇比（William Colby）的合照，還有一本書上有另一位中情局前局長麥可・海登（Michael Hayden）的簽名。普丁上任以後，卡魯金就對他的政權屢次發言批評。而普丁對他也同樣很感冒：二〇〇二年，俄國法庭在他未到場的情形下，判處卡魯金叛國罪，監禁十五年。[2]卡魯金平靜地說，當時要是他待在別的國家，普丁一定會下令暗殺他。

但現在卡魯金得以坐在家中客廳，有好多秘密干預外國大選的故事等著跟我分享。他說，俄國干預行動的歷史可以追溯到很久遠以前，遠至蘇聯建國伊始。對俄國當局而言，不管誰當政，外國大選都是扭轉該國走向的良機。民主國家領導人輪替，基本上就是給了外國干預的良機。卡魯金說：「我們在全世界各地的手段就是，提供金錢，支持親俄候選人，只要他願意在選後改變該國外交和內政。」[3]

蘇維埃政權在百年前就首次在他國大選中動手腳。歷史學家東尼・祖德（Tony Judt）主張冷戰早在一次大戰後，就已經出現在歐洲，起源是俄羅斯皇室垮台後，列寧獲得政權，莫斯科共產黨和西方民主國家出現了衝突。[4]列寧一直對美國不信任，在秘密行動方面保有相對上的優勢：美方當時採孤立主義，在承平時期，並未設外國情報機關。蘇聯則不是這樣。[5]當時的美國只管自己，列寧卻已經放眼全球。他的巨大野心是要讓其他國家的共產黨都獲得政權，推翻舊政權，從而抹去各國的邊界。透過秘密干預大選的動作，可以達到他的目的。

＊　＊　＊　＊

秘密資助候選人，應該是暗中干預他國大選最古老的方式。這讓受惠政黨可以更成功吸引自己的支持者、催動支持者投票，也容易操弄群眾。一九一九年三月，列寧在莫斯科舉行了一場會議，就成為日後這類干預行動的基礎。這場高峰會上，來了二十多國的代表，他們成立了「共產國際」（Communist International, Comintern），這個跨國組織的任務是要結合全世界的共產黨，推動海外革命。列寧在會議中對各國代表說：「尤其是在西歐大部份國家，擴展蘇維埃體制是最重要的任務。」當時唯一列席的美國公民波里斯・萊恩斯坦（Boris Reinstein）說：「美國是最適合發起社會主義革命的國家。」[6]列席的各國代表雖然各個資源有限，但都共同設定一項重要的目標：顛覆國際體制。

紐約時報一九二〇年的一篇頭版報導寫道：「（共產）國際的目的就是要在全世界推動革命和共產主義。」同年，蘇聯紅軍向西邁進，共產國際第二次會議吸引了來自三十七國、兩百多名代表與會。[7]列寧準備要推翻世界了。

共產國際的任務在當年眾所周知，但其資金則始終成謎。現在我們知道，共產國際部（Department of International Communication）在幕後，秘密下達指令、宣傳、派送資金給各國共產黨。是蘇維埃當局提供的資金。拿錢手軟，列寧當然要大家乖乖聽話。列寧在共產國際會議上說：「拿錢的人給我聽好，一定要徹底執行（共產國際執行委員會）所下達的指令。」[8]從一九一九年春起，共產國際共資助了包括美國、匈牙利、捷克共和國（Czechoslovakia）、德國、義大利、南斯拉夫（Yugoslavia）、奧地利、波蘭、荷蘭和英國等國的共產黨。[9]

但全球性的共產革命卻沒有因此呼之欲出。共產國際發動早期行動的同時，波蘭和蘇聯邊境的士兵不斷在交戰。一九二〇年八月，蘇聯紅軍在波蘭首府華沙戰敗，列寧進軍歐洲的軍力受挫。里加條約（The Treaty of Riga）強制蘇聯要劃出明確的國界。西方民主國家也無意放棄民主體制，改用列寧的共產體制。蘇維埃當局為了嚇阻外國勢力阻撓他的行動，乃讓蘇聯情報單位散布誇大其軍力的不實消息。[10]在這種欺敵政策下，列寧在一九二四年一月逝世，完全不知道這樣的共產主義實驗，將來會發展成什麼樣。

列寧的繼任者約瑟夫・史達林（Joseph Stalin）一開始禁止外國共產黨和該國的社會民主派結盟。這個政策後來不攻自破。在議會民主政治中，政治人物往往要靠結盟才能獲得權力，要是堅持意識型態的純正不染，就等於是坐視敵對者壯大，孤立自己。比如說，一九三二年七月和一九三三年三月德國兩度進行大選，就因為德國共產黨不願意和該國的社會民主黨（Social Democrats）站在同一陣線，而導致阿道夫・希特勒（Adolf Hitler）的國家社會黨贏得選票。[11]

眼見希特勒崛起，讓共產國際改弦易轍：開始在選舉上支持反法西斯的盟友。在一九三五年共產國際第七屆大會上，它公開支持反法西斯政黨人民陣線聯盟。這讓它之後贏得部份勝利。西班牙的共產黨，透過其共產國際代表，向蘇維埃當局要求「支付先前承諾的金額：以便投入（一九三六年）的大選」，並加入「人民陣線」（Popular Front）聯盟，因此得以在該年大選勝出。[12]法國共產黨的資金有四分之一來自共產國際，其「人民陣線」結合了共產黨、社會主義黨、激進黨，也同樣在一九三六年贏得大選。一些國家的非法共產團體，也獲共產國際暗助，當時的義大利和德國共產黨，就都拿到共產國際走私入境的資金。[13]

＊　＊　＊　＊

但，即使如此，共產國際還是不能如願。當時全世界各國的共產黨，除了中國以外，其成員都無法超過三萬。[14]在兩次大戰中間，蘇聯干預大選的陰影，與其說是具有左右政局的實力，倒不如說是紙上談兵。歷史學者歐德・阿恩・魏斯塔（Odd Arne Westad）寫道：「當時對於共產國際的期待，是因應世界局勢對於戰爭和殖民壓迫而來的。」蘇維埃之所以能奪得政權，就是回應燃起全球革命的呼聲而起；共產國際的出現就是要執行這個任務。但，就在各國政府渴望能獲得共產國際介入之際，觀望的態度卻逐漸轉變為恐慌。美國在一九一九到一九二〇年間，出現了首度的「紅色恐懼」（Red Scare）。[15]數年後，同樣的危機也出現在英國。

一九二四年英國大選前四天，《每日郵報》（Daily Mail）刊出了一封信，署名人是葛里戈里・齊諾維葉夫（Grigory Zinoviev），他是當時共產國際的頭頭，這封信據稱是要寄給英國共產黨的（該黨長年接受共產國際的資助）。[16]光憑信件內容去判斷的話，會覺得該信就是直接介入他國事務的鐵證。信中要求共產黨官員要「竭盡所能促成」蘇維埃政府和英國首位工黨首相朗西・麥唐納（Ramsay MacDonald）之間簽署條約，並「煽動英國無產階級大眾作亂」。《每日郵報》以「社會主義首腦的內戰陰謀…而麥唐納先生有意將我們的錢借給俄國！」為標題。[17]一旦秘密干預行動被揭發，受益者就必須出面捍衛清白，不論他是否真有求助於該國的干預襄助。因為齊諾維葉夫暗助工黨，右派很自然就將麥唐納打入俄國扶植的羽翼，認為工黨受到外國勢力的指使。麥唐納不得不站出來為自己的政治生命說話，他在大選前兩天說：「我只能說：就我所知，這封信的來源誰都有可能，任一個頭腦再簡單、老實的人去推斷，我都不可能躲得掉嫌疑，所以不該由我來下結論，但這整件事難道不是政治陰謀嗎？」[18]

麥唐納沒說錯：歷史學家現在認為齊諾維葉夫那封信，可能是偽造的。至今，那信究竟出自誰的手筆還是個謎。但在一九二四年當時，真相未明，所以保守黨就贏得了那次大選，工黨則將敗選歸咎於共產國際對英國政壇的公開干預（雖然當時包括泰勒〔A. J. P. Taylor〕等學者都很確定工黨本來就不可能贏得大選）。[19]不論這封信是否左右了選情，但選民肯定為此被撕裂。麥唐納的對手將工黨定位為蘇維埃的同路人，而工黨的支持者則認為是蒙受不白之冤、對他們不公平。因為秘密干預被揭露，造成了全國輿論兩極化。然而，即使在百年後的今天，這封信的影響力依然盪漾英國政壇。前英國外交與聯邦事務處（British Foreign and Commonwealth Office）的首席歷史學者吉爾・班奈特（Gill Bennett）就寫道：「這份文件，可能根本就沒有過原稿，更幾乎可以確定不是出自齊諾維葉夫的手筆，其影響卻始終在英國政壇盪漾著，尤其是影響著工黨的政治走向。」[20]

各民主國家都以為共產國際相當強大，但其實它是外強中乾。雖然公開呼籲各國發動世界革命，共產國際其實是虛張聲勢。共產國際沒有強大到可以幫共產黨員在各國取得政權，但是它卻有辦法在民主國家裡製造不和諧。光是靠著一封信，就在英國政壇投下震撼彈。但共產國際自以為對他國的影響，其實不是沒有付出代價的：這讓蘇維埃政權在國際舞台上遭到孤立。各國勝選的領導人在當時都對共產國際有戒心，連帶的也對史達林有戒心。

隨著希特勒讓德國國力變強，莫斯科需要國際盟友。可是共產國際這邊已經讓英國和美國在內的民主國家都感到反感了。列寧當年的產物反而成了史達林頭痛的包伏。奧地利政治理論家法朗次．波肯諾（Franz Borkenau）就在一九三九年時敦促道：「這下子，只有靠俄國自己親手解決掉共產國際，才能向國際證明，它決心戒除干預外國政權，藉此才能重返國際，和其他民主國家平起平坐，捍衛共同的理念。」[21]

史達林卻不這麼做，他在當年八月和德國簽訂了互不侵犯條約。德軍和蘇聯紅軍於是攜手進犯、瓜分、進而吞併了波蘭。英國和法國為此對德國宣戰。第二次世界大戰就此展開，但是造成這場戰爭禍端的德蘇互不侵犯條約卻沒有因此延續下去。一九四一年六月，希特勒背叛了史達林，入侵蘇聯。於是法西斯主義再次成為共產黨的敵人。史達林轉而與民主國家結盟，提供給共產國際的資源越來越少，也就「無法再提供海外共黨援助。」[22]

史達林最後終於在一九四三年廢止了共產國際，以此向美國示好。史達林當時對路透社說：「解散共產國際是對的，因為……這一來就可以證明希特勒政權是說謊，蘇聯當局根本就無意干預他國政權。」[23]但是，希特勒並沒有說謊。蘇維埃當局本來就一直在干預外國大選，日後也沒停過手。共產國際不是錯在它的秘密行動，而是錯在它明目張膽的使命，這嚇壞了二戰時蘇聯的盟友，所以才會導致其被廢除的命運。

＊＊＊＊

二次世界大戰讓史達林獲得了列寧想都想不到的豐收成果。兩次大戰期間，蘇聯緊抓自己的地盤，透過共產國際資助外國共產黨，但這些共產黨在當地多半不合法也不受歡迎。蘇維埃當局顛覆他國的能力在當時相當有限。但二次世界大戰讓不可能成為可能。戰前四強：納粹德國、日本帝國、英國、法國到戰後要不是百廢待興就是國力大衰，國際政局一時的權力真空，給了蘇聯和美國大好機會，趁勢而起。

紅軍在二戰結束後，行軍前去接管柏林的一路上，順道佔領了東歐各國，這些國家紛紛成為蘇聯干預大選的實驗室。戰後，這些東歐國家多半舉行選舉制度，但蘇聯把手伸進這些國家，影響之深根本沒有競選可言。當年共產國際的勢力來自其名聲響亮，戰後蘇聯行動的影響力則靠這些行動本身的範圍、規模以及野心。東德的統一社會黨（Socialist Unity Party, SED）的競選活動由蘇聯指揮，該黨是由東德共產黨和社會民主黨（Social Democrats）結盟而成。當年的一名蘇聯官員就說：「所有統一社會黨的決定，一定要經過蘇維埃軍政局高層（Soviet Military Administration）的同意。」蘇維埃這邊則用各種手段來支持統一社會黨的競選活動，像是縱容該黨領導人擅自印行一百多萬份的選舉傳單和海報。但一九四六年十月，統一社會黨的大選成績卻還是未能如蘇聯當局預期，因此蘇聯就採取更激烈的干預手段，隨即採取了逮捕、恫嚇以及威脅等行動。一九四七年十二月，蘇聯強迫統一社會黨的勁敵，基督教民主聯盟（Christian Democrats）領導人雅各·凱瑟（Jakob Kaiser）辭職。凱瑟就此流亡西柏林。[24]

同樣的情事也在其他國家發生，蘇聯都一律混用秘密和公開的干預行動，來左右原本該自由的他國選情。一九四七年波蘭大選前夕，多名反對黨領袖遭到逮捕，共產黨官員更偽稱一名反對黨候選人已經身亡，士兵則進駐投開票所監控開票過程。由蘇聯所支持的「民主陣營」大獲全勝，部份原因是因為投票數被動了手腳，全都灌到了勝選方。[25]同一時間，匈牙利共產黨領袖馬第亞斯·拉考西（Mátyás Rákosi）使用了所謂的切香腸手法（salami tactics）狠甩對手。一九四七年二月，蘇聯士兵逮捕了支持度高的小農黨（Smallholders Party）的總書記貝拉·柯瓦次（Béla Kovács），該黨其他黨員則被迫流亡海外。同年夏天的匈牙利大選，數十萬選民的名字被剔除在投票名冊之外；還有數千人則因為遭到恫嚇而不敢前去投票。到了投票日，成隊的軍人還一區一區的視察，有些人開著蘇聯的交通工具、毫不遮掩地朝票箱灌票。最後當然是由共產黨勝出，就跟在波蘭、東德的情形如出一轍，從此這些國家就被共黨一黨專政。[26]一直要等到四十多年後，這些國家才能真正享有公平競爭的選舉。

蘇聯對這些國家大選干預的行動之明目張膽，可以說是無人能出其右。紅軍在這些國家的駐紮，助長了這些干預行動，得以各種粗暴的手段進行，像是逮捕貝拉·柯瓦次這種作為。但是其他的技倆像是篡改投票名冊、篡改得票數，以及散發文宣等等手段，始終都是蘇聯干預他國大選的主要方式。

美國的政策制定者當初也擔心紅軍會得寸進尺，越過柏林侵犯西歐國家。史達林則完全沒打算要有所作為以卸除美國的憂慮。一九四七年十月，在解散共產國際四年後，他又創了另一個跨國機構，明顯就是以統一各國共產黨為目的。這個被稱為「共產黨和工人黨情報局（共情局）」（Communist Information Bureau, Cominform）的機構，講起話來非常不客氣。在該組織一份公報中，它斥責美國人是「帝國主義好戰份子」，意圖「奪取白人優勢美國世界的主導權、奴役他國及其人民、破壞民主體制並製造新戰爭。」[27]

＊＊＊＊

實際上，共情局是會吠的狗不咬人。這個組織很少開會，也缺乏資源、權限，或是支持他國政黨的基礎設備。列寧時代的共產國際一心向外，試圖煽動全球革命，史達林時代的共情局則一心朝內，其目的是要協助他鞏固對東歐各國控制。[28]蘇聯當局此後乃轉而使用其主要情報單位，即日後更名為格別烏的國家機構，來干預海外大選，而不再假手國際機構。[29]

從美國的角度來看，東歐落入蘇聯之手是個警訊。史達林的計劃在當時還看不清楚，乍看似乎並沒有不當行徑。前格別烏將領卡魯金就說：「當時的構想就是最終要讓蘇維埃體制擴展到全世界。」[30]美國自第一次世界大戰以來，一直袖手旁觀，但到二戰後則不由得他不做出決定，是否要在海外擔負領導地位。

第二章　中情局在義大利

哈利・杜魯門（Harry Truman）總統政府對於蘇聯的威脅，採用的是圍堵策略：它的外交政策步步為營，目的在防止共產主義坐大擴張。[1]這之後所採取的一些措施中，有些現在大家都聽過，從大規模援外計劃，到在西歐長期派駐兵力。還有一些舉措是秘密進行的。一九四七年，杜魯門批准了當時剛成立的中央情報局進行秘密行動。白宮步上克里姆林宮後塵，終於成立了承平時期的情報機構，有能力在海外部署行動。[2]

世界大戰後，出現了全球性角力，各國逐鹿天下，大選乃成兵家必爭之地。蘇聯在東歐一一培植共產政權，美方在歐洲則採用不同模式，看著各國的民主體制一一茁壯。但也因為這樣，美國盟邦的開放民主體制，讓其大選成了東西方角力的戰場。

這個角力的第一個戰場，就發生在一九四八年義大利的普選，在這裡，我們看到為了國家安全和意識型態選邊站的對決。在當時，義大利的經濟陷入困境，給了共產黨可乘之機。[3]美國這邊，杜魯門政權希望保存義大利政府中間派的路線，所以，他們採取了新的作法：由中情局共同參與，執行對義大利大選的干預動作。

＊＊＊＊

一九四八年初，紐約時報特派員杭丁頓・史密斯（Huntington Smith）前往位於南義的小村莊葛拉維納（Gravina）採訪，他看到的是一座被殘破不堪的小鎮，當地居民，一年中只有在橄欖採收季節那三個月有穩定工作。居民往往一家數口擠在髒亂的屋子裡。當地肺結核盛行，史密斯看到一間臥房擠了十個人，嬰兒和肺癆患者全住在裡頭，史密斯的床上則睡了三個人。一位當地婦女對史密斯說：「我們這邊居民全是共產黨員。」她伸手指了四周的斷垣殘壁。[4]

這種凋零景況全是二次大戰的產物，義國因此有了兩百萬共產黨員，是西歐國家中人數最多的。當年該國大選，中間路線的基督教民主黨（Christian Democratic Party）拿到三成五選票，相較之下，共產黨（一成九）和社會黨（Socialist Party）（二成一）共拿到四成選票。同一年，義大利人民也以選票廢止該國君主體制，改行共和體制，揮別過去的政治制度。[6] 隨著一九四八年大選將至，義大利既有政治體制面臨全新的考驗、又有國內選民結構高度對立的情形，這讓外國干預勢力有了可乘之機。

美國和蘇聯在這場未來大選中，各有矚目的候選人，美方青睞的是基督教民主黨和其黨魁艾西德・戴・加斯培里（Alcide De Gasperi），他曾在一九四七年初出訪白宮，拜會了杜魯門總統，並告訴在場記者：「美義有許多歷史和文化上的連結牢牢相繫。」[7]史達林這邊則對義大利共產黨伸手，後者對其親蘇聯的姿態也毫不掩飾。[8]比如當時該黨的選舉海報，就將美蘇分別比為帝國主義和盟友。[9]

一開始戴・加斯培里是率領自己的基督教民主黨、共產黨和社會黨共同組成反法西斯聯盟，可是卻發現運作不下去。一九四七年五月，戴・加斯培里解散了由這三黨組成的執政聯盟，另外成立一個聯盟，排除了親左政黨。這導致政局不穩，共產黨黨魁帕米洛・托格里亞第（Palmiro Togliatti）呼籲人民要「團結起來反對政府」。到一九四七年底，全義大利出現了十一萬次的示威遊行，杜魯門總統見義大利政局不穩，乃遊說美國國會，讓他啟動緊急援助方案，將義大利包含在其中，並在十二月時簽署法案正式通過。[10]

義大利共產黨這時已經聲勢驚人，乃在一九四八年年初宣布，將與社會黨結盟，在四月大選時組成人民陣線，等於是重現一九三〇年代中葉共產國際的戰略。[11]托格里亞第的目標是要透過結盟奪下執政權，以這態勢看來，他的確有機會如願。當時紐約時報的報導就說：「下次普選，共產黨加上左翼社會黨，外加幾個左派小黨和團體，不是沒有可能拿下五成一、甚或更多選票。我們不得不承認，共產黨現在氣勢旺、聲量大、人氣也高。」[12]

時任美國駐義大使的詹姆士・克雷蒙・鄧恩（James Clement Dunn）於是發電報給國務卿喬治・馬歇爾（George Marshall）這位五星上將、二戰英雄，電報中說：「當前選情非常讓人擔憂，萬不能大意。」鄧恩說，當時義大利人民陣線的策略，就是要吸引特殊選民結構，包括青年、退伍軍人、工人、農民，再朝女性等族群催票。[13]鄧恩也深信，人民陣線一定有拿到蘇聯資助。他跟馬歇爾元帥說，共產黨「資金不絕」，因為「蘇聯在背後撐腰」。[14]中情局和他的觀點一致，一九四八年駐守在義大利的該局官員馬克・懷厄特（F. Mark Wyatt）在數十年後就回顧說：「義大利共黨明顯是有拿到資金的，來源是蘇聯駐義大利的機構，可以看到該處有人拿著黑色醫師公事包裝現金，進入義大利共黨黨部。」[15]

＊　＊　＊　＊

華府看到這情形，做了最壞的打算，於是認定干預該國大選是勢在必行的事，不能讓共黨選贏的擔憂成真。中情局一份機密備忘錄就示警說，當時義共正在計劃要同時使用「合法和半合法方式」贏得大選。[16]另一份機密備忘錄中，中情局則詳述他們在這次義國大選中看到的風險。在冷戰時代逐漸形成的意識型態之戰中，要是讓人民陣線贏得勝利，那就意味著「會出現史上頭一遭，讓共產黨憑著選票合法取得政權的情形。」（此前近期東歐舉行的大選應該可以說都是非法的）。該備忘錄指出，萬一要是讓義國人民陣線當選，內戰勢必爆發。共黨一旦執政，事態只會益發惡化，因為蘇聯就可以插手義國的外交政策、經濟和軍事基地，這一來，蘇聯就能在地中海耀武揚威。中情局進一步預警，到最後義國民主制度勢必崩盤，毀於「東歐那套作法，並由警察國家取而代之，名正言順成為共黨治理的國家。」[17]

這情形是不插手不行了；但杜魯門政府會採取什麼措施加以干預呢？一九四七年十二月十四日，羅倫斯・簡恩斯（Lawrence C. Jaynes）少將和美國在義國僅存士兵，總數約有一千六百人，按照原定計劃，撤離該國。該部隊從來亨（Livorn）登船、駛向布魯克林港，行前還舉辦了告別儀式，將原本的美國國旗降下，換成義大利國旗。馬克・克拉克（Mark W. Clark）將軍是前美軍駐義大利指揮官，傳來一則告別訊息：「我同國人一同譴責義大利國內外的邪惡勢力，試圖在義大利植入另一種主義：共產主義。」就在美軍撤離的同時，杜魯門總統發表聲明，重申他的承諾「守住自由且獨立的義大利。」[18]

聲明中杜魯門總統也說，必要的話，他會「考慮採取手段」以捍衛義大利。[19]但同時間，其實美方已經有秘密計劃在進行了。美國國家安全會議（National Security Council, NSC）在一九四七年十一月十四日首度下達指令，決議美國「將義大利的安全問題視為當務之急。」且「保護其安全之手段應獲得強化且不容延遲」，這包含了「以美國資訊計劃和實際作法來對抗義大利共黨的宣傳行動。」[20]執行任務的方法則聽從美方官員的建議，採取秘密行動。杜懷特・艾森豪

（Dwight D. Eisenhower）時任美國陸軍參謀長，則提了一份名單，詳列義大利當地可以集結來進行未來任務的人才資源。[21]

但整個任務該由誰來統領呢？此前，美國從來就沒有在承平時期採取過秘密行動，因此也未建立正式運作機制。但義大利的情勢讓美國不得不有所改變。原先，秘密任務都是由美國國務院（State Department）執行，但是馬歇爾將軍拒絕授權國務院。他認為萬一要是計劃被揭露，那會破壞美國國務院在其他地區的任務。[22]馬歇爾將軍知道，既然美國公開宣揚自由主義的理念，那秘密操縱他國大選這種事，就會帶來風險的。

所以杜魯門總統找上了中情局。二戰期間義大利當地的宣傳活動，是由美國戰略情報局（Office of Strategic Services，即戰情局，OSS）主管的心理戰活動部（Psychological Warfare Branch）來負責。中情局作為戰情局的繼任部門，想當然爾就承接了他的業務。一九四七年十二月，隨著美軍撤離義大利，白宮發布了NSC 4-A的命令，授權中情局在海外「啟動並進行…秘密心理行動」。[23]杜魯門總統同時同意以船隻秘密將部隊派往義大利。[24]一個世代後，美國國會將NSC 4-A任務定義為「戰後期間，美國總統首度正式授權進行秘密行動。」且「用來在一九四八年義大利全國大選中，左右選情。」[25]

中情局的秘密行動，就是始於干預他國大選。

* * * *

中情局在義大利秘密干預大選的同時，美國國務院也沒閒著，兩個部門一暗一明，分頭展開對義任務。但是國務院公然干預他國大選的事，無可避免的招來了反擊的力道，因為這太昭然若揭又冤有頭債有主，受惠的一方，可能被對手抹黑成是外國操縱的傀儡，但是美國駐義大使鄧恩依然認為這樣的行動有其必要。同年二月，他告訴馬歇爾將軍說：「美國政策的完整執行，對於影響義大利民眾的選票去向至關重要，影響所及，將決定該國走向民主或是極權政府。」鄧恩大使解釋道，義大利人民很重視美國提供的經濟援助，希望能夠繼續享受援助。他寫道：「美義友誼對義國即將來臨的大選有很關鍵的影響，也對其國內情勢有所牽動。美國所採取的任何行動，都對大選結果有直接影響。」[26] 馬歇爾將軍也同意他的看法，回電報說他「同意美國的舉措將對義國大選有直接影響，因此他會盡其所能重申美義情誼。」[27]

美國在這場義國大選中主要的反制之道，都來自歐洲復興計劃（European Recovery Program），也就是美國對西歐國家的龐大經濟援助計劃。馬歇爾將軍是在一九四七年六月宣布了這個政策，日後這個政策因此也被稱為馬歇爾計劃（Marshall Plan）。義大利人民陣線的領導人則宣稱，要是讓他們贏得大選，義大利能夠參與馬歇爾計劃，雖然蘇聯拒絕參與，也下令東歐衛星國家跟他同進退。一九四八年初，鄧恩大使敦促馬歇爾將軍要公開出面，嚴正駁斥義國人民陣線此一說法，讓馬歇爾計劃成為美國干預義國大選的一項工具。[28]

在收到鄧恩大使電報後，馬歇爾將軍乃在同年三月於加州大學柏克萊分校的演講中大聲疾呼，表示若義國為共黨執政，將不會收到馬歇爾計劃援助。他說：「倘若（義國人民）以選票選出的政府，其執政黨卻是一個經常、公開且大聲宣稱其反對馬歇爾計劃的政黨，那美國政府將會決定將義大利排除在歐洲復興計劃的受益名單之外。」[29]

馬歇爾的公開訊息在義大利引起了廣泛的迴響，更傳到了貧窮選民的耳中，他們過去一直相信，義國要獲得美國的援助，才可能有更美好的將來。義大利的《時報》（Il Tempo）報導就指出：「馬歇爾的話都這麼明白了，」倘若人民陣線贏得大選：「美援一旦終止，就會導致義大利經濟大災難。」義大利左派媒體對此的反應則非常的酸，像和共產黨關係密切的《聯合報》（l'Unita）就寫道：「馬歇爾的話清楚顯示，美國把金援當成大選中勒索義大利人民的武器。」在基督教民主黨眼中，馬歇爾這番話簡直是天上掉下來的禮物。義大利政府和美國官方合作，印了六百萬份的海報，在教廷的同意之下，還印了一千萬份的禱告卡片，上面載明接受美援的好處。[30]

義大利選民的眼睛是雪亮的：美國一手拿著糖、一手拿著鞭子。而華府這邊，另一個政府部門對於義國的賞罰更為分明。美國司法部配合馬歇爾將軍的聲明，指出一條已經有數十年歷史的舊法，表明義大利人只要支持共產黨，將不會獲准進入美國。馬歇爾將軍去信美國駐義大利大使館道：「義大利人民不用懷疑，美國在此政策上的決心再怎樣都不會改變。」這條法律對上百萬義大利選民產生了很大的影響，美國國務院估計，當時有將近一千四百萬義大利人都想進入美國。[31]

有鞭子也有糖。美援源源不絕匯入義大利。該年二月鄧恩大使敦促馬歇爾將軍，要確保美國運往義國的小麥供應無虞。要不然，戴・加斯培里當局的麵包配給一定會被迫減少。隔月，杜魯門總統簽署一項命令，派出二十九艘美軍商船運送貨物給義國政府。隨著越來越多美援抵達義大利，鄧恩大使瞭解這在心理層面上對義國上下的影響，於是每隔一百艘美籍貨輪抵達義大利，他就親自到港迎接。[32]

但是美方這種公開介入義國大選的行動，並不是沒有負面代價的，而馬歇爾將軍對此也很清楚。在致鄧恩大使的電報中，他強調「要化解共產黨對於美國介入大選的攻擊。」戴・加斯培里不斷對義國人民強調，自己並非美國人培植的傀儡。有一次他還告訴義國立法委員說：「接受美援並沒有讓我對美國卑恭屈膝。」他稱美援是「不求回報的饋贈」。他同時轉將矛頭指向共黨政治人物說：「請你們向廣大勞工階級解釋，要是你們決定拒絕美援，那請你實話實說，會發生什麼後果，且這個後果由你們承擔。」[33]義大利當時艱困的經濟景況，成了戴・加斯培里的最佳保護傘。

但是再怎樣，華府明裡能做的事還是有限。美方的策略說到底都有一個共通的弱點：那就是忽略了選民的態度和成見。而這部份，則是國務院和司法部都鞭長莫及的地方。

＊＊＊＊

這個不足之處，就由美籍義人來加強了。從一八七六年到一九三〇年間，共有五萬義大利人移民美國，這些人之中許多都還和家鄉有往來。[34]所以隨著義國四月大選將近，這數量龐大的美籍義人就成了美國干預義國大選的武器，由他們投入一個在外人眼中看似自行發起的運動。

這場運動檯面上的發起人是簡納羅索・波普（Generoso Pope），他是美國發行量最大的義文報紙老闆，他搶在義大利四月大選前，作了一件非常高明的事：運用自己的報紙影響義國選民。他呼籲在美的義大利裔讀者寄信回家鄉，向親友譴責義國共黨。當時他在報上寫道：「我知道要擊潰義國共產黨，唯一的方法就是讓義國百姓瞭解真相，我發起這場運動的原因，就是因為我知道，只要遠在義大利家鄉的親戚們，聽到他們在美國的親人、兄弟、朋友所說的真相，一定就會信了。」[35]

他的點子很快獲得迴響。全美各地的義裔機構和媒體、從天主教會到其他義語報紙，也都響應他的運動，紛紛催促信眾或是讀者共襄盛舉，結果就發展成所謂的「寄信給義大利鄉親」（Letters to Italy）活動。紐約市律師維克多・安夫索（Victor Anfuso）二戰時在戰情局工作，他印了二十五萬份內容一樣的信，發放給義裔美人，讓他們在信末簽名後，郵寄回鄉。安夫索的信中有一段這麼寫道：「我們敦請您不要讓美好的義大利落入殘酷獨裁的共產黨手中。」同時在新澤西州則有另一種信，語帶警告說：「要是您投給了義共或是左派社會黨，那就會淪為蘇聯的奴隸。」[36]

＊　＊　＊　＊

眼看信件紛紛湧入義國，美國官方大感欣慰。原本深感憂心的鄧恩大使現在也受到振奮了，他在當年四月十七日向馬歇爾將軍報告說：「從美國寄至南義等地的大量信件和包裹，讓人民陣線選情不樂觀，他們因此開始大聲抗議。」國務院也鼓勵美籍義人要繼續寄信回鄉，美國政府更趕在義國大選前夕，要求郵政單位加速處理寄往義國的郵件。[37]

這場活動中，共有一千萬封信件由美寄往義大利。紐約州的一座小鎮中，有四成的美籍義人都參與活動。約翰・艾里斯（John Ellis）這位共和黨政治人物在四月間飛往義大利時就看到，這些信件所講的觀點在義大利已經「傳遍各地」，可以說是家喻戶曉的程度。一九四八年當時民情和時代都不同現在，那時親人之間對於投票意願，是可以互相影響的。但這場活動的缺點是，它跟馬歇爾將軍的演講一樣，都是公開。義大利共黨領袖因此見縫插針，譴責這些信是干預他國選舉的行為。[38]

但干預義國政局的人，可不只有寫這些信的人。包括羅斯福夫人艾琳諾（Eleanor Roosevelt）和亨利・史汀姆森（Henry Stimson）等名流都發表公開聲明，表示他們和義大利人站在同一邊，要對抗「壓迫和奴隸義大利人的威脅。」美籍義裔名人如法蘭克・辛納屈（Frank Sinatra）（譯注：歌手、影星）、洛基・葛拉齊亞諾（Rocky Graziano）、喬・迪馬喬（Joe DiMaggio）（譯注：職棒選手）也發表同樣的看法，廣為義大利媒體宣傳。（一份基督教民主黨的宣傳海報就寫著：「就連好萊塢巨星都反對共產黨。」）美國的私人企業也紛紛拍攝反共黨的影片，送往義國電影院播映。義國大選前夕，估計有五百萬義人，每週都看到這些影片。[39]

因為美國從各種層面對義國大選發動文宣攻勢，所以義大利人幾乎是無可避免地一定接觸到這些美方訊息。義大利人家中的信箱全都是美方寄來的信件，懇請他們不要投票給義國人民陣線。義大利的電影院中則上演著反共影片。義大利廣播節目上，則充斥著名人敦促義國人民投票給戴・加斯培里的聲音。而義大利報紙則不斷刊出斷然警告：票投共產黨，馬歇爾計劃就斷源，美國移民美夢碎。

* * * *

真正左右義大利選情的事件，其實不是由華府發起的。最重要的一件就是一九四八年二月由捷克共產黨所策動的政變。義國貨幣里拉在擔心義國陷入共黨手中的恐懼氣氛中，應聲下跌。基督教民主黨見機不可失，乃藉此提醒義國選民大選之重要性。該黨的聲明強調，東歐諸國「近來慘痛的遭遇」讓人看到共產黨不講信用的真面目，義國人民面臨了「布爾什維克極權主義和忠實的民主黨派之間」的抉擇。[40]

美國這邊，目睹捷克政變讓馬歇爾計劃得以通過。杜魯門總統催促國會上下兩院舉行聯席會議，一次表決加速通過該計劃，理由是「捷克共和國亡國」以及「共產黨以小搏大」即將奪取義國政權。這讓上下兩院投票通過該法案，並由杜魯門總統搶在義大利大選前十五天，以高調儀式在四月三日簽署法案生效。[41]

捷克的共黨政變讓天主教廷擔心，教廷跟美國一樣，也有意影響義國選情。教廷不只下令神職人員要投票，教會領袖也鼓勵天主教徒，尤其是女性教徒和修女要在大選日外出投票，以對抗人民陣線。[42]同年三月十日，教宗庇護十二世對牧師下令：「在這嚴峻的時刻，你們有權亦有責讓信眾瞭解，將屆大選的重要性。」他還強調，所有具投票權的公民一定要去投票。他說：「誰要是放棄投票，尤其是因為懶的出門或是因為害怕，那就是犯了無比的重罪，會下地獄。」[43]教宗把「天主教教廷的影響力和支持全都給了基督教民主黨。」當年的紐約時報就曾這麼報導。在同年三月二十八日的復活節彌撒上，美國媒體報導教宗講了「畢生最政治性的演講。」他現身聖彼得廣場，告訴廣場上的十五萬名信眾說：「基督徒發揮良知的時候到了。」[44]

華府和教廷的利益這下一致了。看在蘇聯眼裡，這全是陰謀。蘇聯最權威的報紙報導說：「梵蒂岡這顛覆的行動，全是駐義大利美軍勢力在煽動。」而基督教民主黨心知天主教會對義大利有著偌大影響力，所以就充份享受了教廷支持的優勢。當時該黨就有一個口號是「上帝看得到你在投票所的舉動，史達林看不到。」[45]

這段期間，對於公開干預義國大選幾股勢力的匯聚情形，中情局一點也沒有遺漏。他們在內部紀錄了教廷和美國國務院對抗人民陣線的作為。一份中情局內部的報告就說：「為了確保共產黨被擊潰」，鄧恩大使要美國運更多補給到義大利，以便支援戴．加斯培里的政府。另一份中情局報告則解釋說，國務院建議要把握「所有機會」來闡明「西方國家對義大利人民的絕對支持」。[46]當秘密和公開行動一同展開時，情報官員往往會追蹤後者的情形，據以加強前者。

＊＊＊＊

這同時，中情局則是躲在幕後，在有限的時間裡，憑他們有限的經驗和情報技術來秘密干預義國選情。到了一九四七年底，中情局派遣了一支特別行動部隊前往義大利。馬克．懷厄特當時也參與了這場行動，在退休後提到：「我們很倉促被派去支持基督教民主黨。」一九四八年一月，美國國防部長詹姆士．佛瑞斯塔（James Forrestal）就催促中情局局長羅斯可．希倫柯特（Roscoe Hillenkoetter）要擴大義大利的行動。[47]中情局的行動不能被人找到源頭，不然的話就會帶來反作用。時任白宮顧問的克拉克．克里佛（Clark Clifford）就證明說：「美國認為在義大利應該採用秘密行動，因為要是公開進行，不僅僅會事倍功半，還會反而幫共黨贏得大選。」[48]

中情局在義大利那段關鍵時刻的作為，多年來都不為外界所知。七十年後的現在，許多和當初行動有關的文件依然列為機密。不過中情局內部的歷史部門可以完整翻閱這些檔案。當時任職該部門的主管大衛・羅巴爾吉（David Robarge），日後成為中情局首席歷史官員，他花了很多私人的時間，根據這份機密檔案寫成了不公開的歷史。二〇一九年夏季，我和他在維吉尼亞州蘭利（Langley）市一間咖啡廳見面，之後幾小時就在討論中情局干預外國大選的歷史，其中特別談到了當年義大利的經過。

我們聊的越多，我就發現，原來，中情局和那些看似自發的公開反共行動，都有很密切的關連。當筆者問到中情局在那次行動的細節時，羅巴爾吉就提及幾份計劃，這些計劃本身乍看都和中情局毫無關連：「像是從美國寄信回義大利，以及和教廷同仇敵愾等事。」一九四八年三月，美國國家安全會議下達一份命令，要求「立刻在全美展開……平民寫信運動，由他們提及義大利政治相關議題。」[49]然而，沒有中情局在背後策動的話，這個寄信回家鄉的活動會出現嗎？羅巴爾吉對我這個問題的回答是：「我不覺得能有人想出這樣的點子，也不可能有人能像我們這樣，把運動搞得這麼大。」因為中情局「是透過美國方面的門路在策動整個運動，主要就是天主教會，還有紐約和波士頓等地的義大利裔族群。」[50]

同樣的情形也出現在天主教會的宣傳活動裡。羅巴爾吉說，教會對共黨的反對活動看似是自發性的，但其實，背後卻是有中情局在「運作」，讓整個活動「更擴大（且）更旺盛。」對羅巴爾吉而言，正是這種一在明一在暗的行動的整合，讓中情局的行動最後勝過了蘇聯的所有資助。他解釋道：「因為有這些連結網路，我們在策略上技高一籌，共產黨沒有發起寫信運動、也沒有和天主教會合作，這一高一低，任誰一眼都能明白。」

然後，當然也少不了鈔票這檔事，要很多鈔票。馬克・懷厄特就說：「我們運了一袋又一袋的現金到特定政治人物那裡，幫他們付掉政治運作的開銷、競選活動的花費、印海報和傳單的錢。」有了這些資金，基督教民主黨和其他反人民陣線的政治人物，才有辦法觸及選民，改變他們的想法。一九五一到一九八二年任職中情局的唐納・葛雷格（Donald Gregg）就說：「可以說這場選舉是我們花錢買來的，這是很經典的例證，證明干預他國政治體系能得到好的後果，要是你深信這是對的事，當初我們就是這樣。」[51]

有些歷史學家指稱中情局當年在一九四八年的義國大選大概砸了有一千萬美金之多（換算成二〇二〇年的幣值應該是一億零七百萬美金），但這說法沒有來源可以證實。一九七〇年代中期美國國會一份報告則把這筆金額低估到一百萬美金左右，遠低於上面的金額。羅巴爾吉說，真實的數字應該是介於兩者之間。他說：「應該是數百萬美金，因為這是當時被列為很重要的任務，美國非贏不可。」[52]

當時中情局資助的很多宣傳，多半都為達成一個主要目的：造成懼怕的心理。羅巴爾吉說：

「最主要就是讓義大利人害怕，而不去投共產黨。」這包括了散布不實的假訊息。有些文宣就警告義大利人說，就跟捷克的情形一樣，義共將在當地發動政變。其他文宣則挑起義人對於蘇聯軍隊潛伏在義國活動的恐慌。羅巴爾吉解釋道：「我們活動的目標，有一部份就是要造成人民恐慌，激出選票。這很花錢，要派人去做一些能激出選票的工作：像是挨家挨戶拜訪、組織群眾去支持親西方的選民中心，還有激起人民對共黨的恐懼。」[53]

懷厄特說，中情局執行這項活動時，是直接和義國首相戴．加斯培里合作的。他「當然知情，而且和我們有互動。他對於支援款項匯入義國的事是知情的，他也知道錢的去向，也同意其使用方式和分配的方式：我們沒有邀請他參與行動，也不要求他做什麼，但我們的確有來往。」中情局也和低階的義國基督教民主黨黨員有合作。羅巴爾吉說：「既然有個效率好又接地氣的政黨，怎麼可以不好好加以利用？」他進一步解釋說，中情局仰重該黨的人脈「來幫忙撥款，以保證這些錢都到真的有用的人手裡，這些人也會上報當地的活動消息、和當地媒體人員接洽，等於是靠這些人來協調整個活動。」[54]美國大使館也配合中情局活動。在義國大選前一週，鄧恩大使親口證實，他的團隊「成為政治行動委員會」，想辦法要擊敗義國人民陣線。[55]

中情局的任務主要是要影響義大利選民的心理意識。在我們的時代，數十億人把自己的心情、想法都上傳到網路去，等於是自動讓自己被人鎖定、任人操縱。現在出現的網路雖然是新的媒體平台，但是操弄人心的想法卻不是新的手段。一些像是知名的政治家喬治．凱南（George

Kenman）之流，他們的寫作都是政府、情報單位制定圍堵、牽制政策時參考的重要來源，都知道心理戰略功效很大。[56]凱南在義國大選前開過一場公開演說，他就說：「如果認為心理戰略無關外交政策，那就是犯了外交大錯。」[57]

* * * *

不過，中情局也不是無所不能：中情局官員能做的就只有左右選民的想法，可是卻無法改變選票票數。中情局「幾乎很少」在票數上動手腳，羅巴爾吉是這麼說的，那場義大利大選中，中情局也沒有灌票或是賄賂選務官員。[58]可是，因為中情局的行動檔案至今都還未解密，所以這場行動中很多該局的任務還無法跟歷史交待。確定的是，中情局的確有公開介入大選，散播誤導或是煽動性的宣傳，還給了戴．加斯培里陣營數百萬美金。

* * * *

但這樣就夠了嗎？因為中情局的行動只針對影響選民這部份進行，並沒有真正操縱選票，所以大選最後結果會怎樣，是沒有個底的。這種不確定性讓凱南很緊張，在義國大選期間，他剛好是美國國務院第一任的政策規畫主管。一九四八年三月十五日，他拍了一封極機密的電報給長官馬歇爾將軍，建議他採取更激進的作法。電報中寫道：「寧可不讓大選舉行，也不能冒險讓共黨在這情勢下當選。」接著他就寫道：

我覺得，要是義國政府如果在大選前，採取強勢作為，直接判共產黨為非法團體，會不會不算不好。雖然造成義共發動內戰：沒錯，是會導致暴力、更可能會出現義國軍隊分裂對立，但是，離大選期限已經不遠，我在想，這樣的結局，可能遠比完全沒有抵抗、不流一滴血，就把整個義大利半島，平白送給共產黨，結果弄得整個鄰近國家全都人心惶惶，要來的好。[59]

對凱南而言，他覺得關鍵在於如何操縱義國大選，而不是去討論該不該介入。他所提的這種方式，也就是說，要乾脆讓義國大選無疾而終，手段太粗糙、缺乏細膩性，不能算是干預選舉的選項。其他的國務院官員都認為這方式太莽撞，最終不會成功。資深國務院官員約翰・希克森（John Hickerson），在凱南的備忘錄頁面旁寫了很多他的意見，說明他為什麼反對這麼躁進又缺乏深思的提議。其中一處他寫道：「我倒是認為，美方政府應該盡一切可能，加強非共黨黨派和勢力的實力。」言下之意是他贊成採用其他干預大選的方式。[60]凱南的建議雖然不可能成功，卻顯示出當時華府第一順位的考量：要擊潰義共，並維持華府在義國的影響，就算要侵犯該國的大選主權也在所不惜。

不過，凱南這封信的確點出了一個問題，那就是，介入這次大選的主事者需要一個緊急計劃。任何會吸引到外國勢力關注的大選，都會面臨一個問題，就是大選過後接下來的情勢。像這次義國大選，美國官員最擔心的就是，義共要是輸了，一定會抗議選舉不公，藉此策動暴亂、推動政變。義國人民也心裡有數，早做好了選後會有動亂的心理準備。在大選前夕，義國的《時報》就出現這樣的報導：「無疑的，共產黨有心將義國推進恐怖的內戰狀態，時間只是遲早的問題。」[61]

就連美方，也不排除萬一讓人民陣線拿下大選，要在義國推動政變的可能。同年二月，義國左派的《統一報》（l'Unita）和《前進報》（Avanti!）就指稱義國政府有意取消大選。中情局一份一九四八年三月的備忘錄中記載，要是人民陣線大選獲勝，「可以用指稱選票數有誤或是強力介入方式，來阻止其接替政權。」美方當時已經接獲杜魯門總統命令，開始偷渡武器和補給給義大利軍方。冷戰時期中期局官員維克多．馬切第（Victor Marchetti）日後轉為評論家，他後來就說，要是義大利左派政黨在大選獲勝：「美軍當時已經擬好緊急計劃，對於義國軍官的支援必不會缺乏。」[62]

* * * *

義國大選成為雙頭陣線的對決：一方是義國境內人民陣線對上基督教民主黨檯面上的競選、一方則是蘇聯和美國的暗中較勁。蘇聯官媒《塔斯社》（TASS）重話指責美國介入義國大選。但另一邊，《紐約時報》則使用「義大利的關鍵抉擇：親蘇或親美」這個標題來點出這股拉扯的力量。義大利國內，兩大強國的競爭，則成了競選的主軸。親共的政治人物警告義國人民：「投給戴．加斯培里就是投給杜魯門總統。」而執政的基督教民主黨這邊則反擊說：「投給托格里亞第（Togliatti）的每一票都是投給史達林。」為了催票，教廷還特別改了彌撒的時間，不要和投票時間重疊。果然，到了四月十八日大選當日，義大利全國投票率高達到九成二。[63]

而投票結果，完全跟美方預期相反。親美的基督教民主黨拿下百分之四十八點五的選票，大獲全勝，人民陣線則只拿到三成一的選票。鄧恩大使向華盛頓回報說：「多數都視此為對共產黨的迎頭痛擊。」更重要的是，人民陣線的領袖宣布他們接受敗選的事實。（托格里亞第原打算訴諸暴力，但被蘇聯在幕後勸退了）。義大利右派報紙《時代報》（L'Ora）以「對史達林說不！」為標題，《紐約時報》則稱「美國在世界戰場上打敗蘇聯」。[64]

眾人紛紛喜形於色。教宗庇護十二世公開說自己：「發自內心喜悅。」杜魯門總統則公開慶祝。記者會上他還說：「我知道，這次義大利大選的結果，肯定讓自由世界得到鼓舞。」數週後，義大利收到馬歇爾計劃第一次援外物資。[65]義大利各地像葛雷文納這樣的小鎮，都得到實質幫助。

但是義大利方面的左派團體成員可氣壞了。托格里亞第把敗選歸咎於「外國勢力和教廷插手」，義國的「聯合報」則指控天主教廷干預教徒俗事。重要大選會撕裂國家，若過程又牽涉外國勢力介入，那情形更不可小覷。美國這次的行動許多都是公開的，手段都被人看的清清楚楚，也就因此讓義國選民嚴重對立。許多人民陣線的選民都覺得自己被騙，感覺好像上了賊船，整場選舉就是這艘船。[66]

部份美國人也有同樣的感受，因此抗議華府不該干預他國大選。在義國大選前夕，約有八十位美國人，包括美國參議員，共同發了份電報給杜魯門總統，要求他「終止干預義國民主選舉」。電報中寫道：「義大利人又不是沒受過教育的野蠻人，要人家教他們才會投票。立場互換，如果義國干預美國大選，美國人也無法容忍。」在當時，誰也想不到會有外國勢力干預美國大選。華府是以居高臨下的優勢發起了這次行動：作為民主制度非常健全的國家，美國的選舉似乎固若金湯。[67]

而戴・加斯培里的勝選，受到後續影響最大的，則是中情局總部。對於美國情報官員，這次的勝利證明了秘密干預大選的優點和可行性。懷厄特回憶到：「非常令人興奮，我們全都欣喜若狂：『贏了這次，就會贏下一次。』」在美國政府中，這次行動成了傳奇、也是鼓舞。一九八一和八二年任中情局副局長的巴比・殷曼（Bobby Inman）就說：「這次義國大選日後常被提出來，視為是中情局策動的成功案例。」美國國安顧問約翰・內格洛龐第（John Negroponte）是冷戰結束前的官員，他也有同樣的看法：「下一世代的政策制定者，全都記得當年的義大利勝仗，以及當時共黨勝選全盤皆輸的威脅，和我們投入大量精力防止惡夢成真的經過，那是中情局得以發揮高度影響力的年代。」[68]

如果大選結果如干預大選的人所願，就會覺得這一定是秘密行動奏效所致。但是歷史紀錄則不這麼看。一九四八年時，中情局才剛在草創階段，所以不僅沒有一套行動腳本，連經驗也很欠缺。在這次義國大選後，中情局的官員雖然嚐到勝利，卻苦無證據證明這應歸功他們的策略奏效，畢竟，美國這次干預行動從很多方面下手，有明有暗，中情局只負責其中一部份。或許勝選關鍵是馬歇爾的演說，又或者是戴・加斯培里本來贏面就很大，不用誰幫忙也能贏。羅巴爾吉說：「這我們到現在都還在爭論，即使到若干年後的現在，我們最多也只能說我們幫忙（基督教民主黨）拉開了（勝選的）票數，加大了差距，靠這差距讓大家沒話說，覺得贏得光明正大，共產黨輸的理所當然，所以他們心服口服，死了走上街頭抗爭的心。」[69]

羅巴爾吉這番評論並非無的放矢，但放眼美國對他國政策發展，他這番話對當局而言，卻是如同對牛彈琴。在華府眼中，就是靠中情局挽救了義國民主制度。冷戰時期中情局官員約瑟夫・魏波爾（Joseph Wippl）就說，中情局的貢獻「讓基督教民主黨獨霸義國政壇五十年，而支持該黨對美國有益。」我進一步逼問魏波爾後，他才承認說，他無法確定，是否是中情局促成這一切。他說：「要是你問我『喬瑟夫，你能夠證明我們花在義國選戰那一千萬美元，真的扭轉了大選局勢嗎？』我的答案是，我沒辦法。該黨可能原本就會贏。」[70]

　　但美國所青睞的政黨的確是贏了，這不需要證明。干預於焉抬頭。一九四八年義國一役後，杜魯門總統決策圈內的顧問艾維瑞爾．哈利曼（Averell Harriman），以及權傾一時的中情局副局長艾倫．達勒斯（Allen Dulles）於是施壓杜魯門，要求進一步干預義國大選。[71]達勒斯在一九五一年警示說，義國共黨「是對該國民主政府的持續威脅，也是對西歐北約諸國安全的威脅。」達勒斯更主張基督教民主黨太過「自滿和低能」，不敢自主行動。「但，如果獲得我們某種程度的支持，再加上看到我們這麼當一回事，他們可能就比較有意願，去認真執行一連串對於義共的打擊行動。」[72]所以，心理戰並不只適用於群眾：往往，秘密干預行動，也包括要影響親美的官員。

　　達勒斯鼓吹要採用激進的作為。要對「愛國人民」秘密增加支持，方法是「透過報章、廣播、電影、之類的媒體」，還要加強「打擊」和共產黨結盟的工會。這封電文最後，他的結論則是「美國和北約的政策應將重點放在癱瘓各國共黨勢力，找出他們真正的意圖，並在他們之間製造分裂、鼓動投誠、剝奪其優勢和受愛戴的程度，讓他們躲入地下。」[73]

　　中情局接著就開始動作。一九四八年一役後，中情局前後二十年間，一共資助了義國六千五百二十萬美元（換算二〇二〇年的幣值約為五億八千兩百萬美金）。這些資金中有八成四，約為五千四百六十萬美金是匯給基督教民主黨和相關組織，而其他金額則進到「其他非共黨和其相關組織」的口袋。[74]鄧恩大使這邊則在一九五一年提議「打擊共產主義最有效的方式，就是：和工人一個一個見面談。」[75]但到這階段，針對特定對象來干預他國大選的作法，已經很難實施了。沒有其他大選像一九四八年那場選舉一樣，獲得那麼高度的關注，所以寫信回鄉這樣的活動也就不再可能。因應新時代，美國需要新的戰略。

為因應新時代戰術，中情局挑選了威廉·寇比（William Colby）這位充滿企圖心的年輕幹員。他在一九五三年遷往羅馬，接下來五年的工作，就是要干預義國的大選。回憶錄中，他稱自己的任務是「至今中情局內既空前也是絕後、最大規模的秘密政治行動，這是千載難逢的良機，可以證明秘密援助能在無需動用武力或軍事的情況下，幫助盟友、大挫敵人。」美國所青睞的政黨使用中情局的資助，發送時事通訊、傳單、海報，及組織公開造勢、會員活動，還有選民登記專車接送—全都是為了觸及廣大群眾且影響他們。寇比解釋：「不能只是在大選那年才零星支持，尤其當蘇聯也同時秘密挹注義共的情形下。」[76]

寇比尤其鍾情媒體。所以在義國期間，他就招收一位報社編輯當下線，固定餵給他反共消息，再由他餵消息給其他新聞同業。湯瑪士·芬納（Thomas Fina）是當時美國駐羅馬大使館的官員，日後他曾說，美國在義國有「能力帶風向」，方式包括「藉由補助書籍出版、補助廣播節目內容、補助報紙、（也）補助記者。」[77]寇比很少和拿到中情局資助的對頭直接接觸。多數時候，他會找第三方或是人頭合作，這樣可以同時保護到中情局和收款人。[78]

* * * *

美國一心想讓此事在檯面下進行。達勒斯希望對付義共的手段，全都採「秘密而非公開」方式進行，而且「所有事件的發生都是獨立」進行的，互無關連。[79]鄧恩大使，一如往常，強調說「要讓義大利人民不倒向共產黨，最有效的行動，就是要不著痕跡，不能讓人找到有美國人動手腳的證據。」[80]他這時的態度已經和一九四八年那場大選時，美國很多行動都明著幹、斧鑿斑斑的態勢，大相逕庭了。杜魯門總統第二任任期時，他已經確信，公開介入的策略會招來反效果，所以他的行動策略轉向，儘量不讓中情局行動浮上檯面。這種秘密行動的方式，延續至之後的美國總統。一九五三年一月間，中情局局長華特・史密斯（Walter Smith）向繼任杜魯門的艾森豪（Dwight D. Eisenhower）總統簡報世界情勢。在簡報過程中，一位艾森豪總統的顧問說：「關於我們援助義國大選的這些報告」不要讓國會議員知道——他這一建議立刻獲得在場所有人「一致同意」。[81]

中情局將義大利執政權更替視為其任務效率指標。而如果依這個標準，那麼這之後每一場義國大選，都是對他們行動的肯定。因為基督教民主黨從那之後到一九九四年，每一屆大選都當選。到這時，冷戰早已結束。而華府內部的看法，則認為是中情局改變了義大利的命運。寇比在他的回憶錄中就同意：「我們的成就，不能以短期來衡量。」但他很堅定地認為，就長遠來看，中情局讓基督教民主黨壯大，分化了人民陣線，因此「算是成功」。他接著非常強烈地為秘密干預他國大選一事說話：

外界對於美國和中情局的指責，就是對於他國大選他們應該置身事外，在大選中支助某一黨，這種事根本就不合法也不道德⋯（要是）軍隊「干預」是可以被接受的，那比軍隊更輕的干預形式，在遇到相同的狀況時，就說得過去。檢驗是否對錯應視目的和手段而定。所用的目的，一定要是對干預國的國家安全有助，而不是以侵略或是壯大自己為目的，而使用的手段，則一定要限於為達成該目的，非用不可的手段，不能超過。在這樣的道德和推理的框架下，對於義大利民主政黨團體的支助，以助他們對抗獲蘇聯撐腰的顛覆活動，當然應被視為正義之師。更可以說是為了捍衛美國和其北約盟國，對抗蘇聯擴張威脅，所進行的自我防禦；而為此所投入的金錢資助和政治支持，則不過是低調且非暴力的手段，是為達成該目的的必要手段。這樣的框架雖然不見得能夠為中情局自一九四七年以來的所有政治干預行動爭取到全面理解，但肯定能為義大利的情形尋到合理解釋。[82]

寇比後來當上了中情局局長，像他這一類的人物，都很相信秘密干預大選的正當性和成效，而隨著後來冷戰的規模和嚴重性不斷擴張和增強，他們對這正當性和成效的信心與依賴也隨之提高。一九五〇年，杜魯門總統的外國政策小組成立了NSC 68檔案，這個極機密的檔案，目的是要提倡「在政治和心理戰方面，使用秘密行動」。[83]原本使用範圍一直很有限的秘密行動，後來成為美國涉外政策中很核心的部份。光是一九五三這一年，中情局就在四十八個國家中，執行了數百起的秘密行動計劃。[84]干預選務行動是他們這個行動網路的核心任務。邁爾斯・寇普蘭（Miles Copeland）在一九四七年加入中情局，日後總結了這些任務的作用所在：「在這些國家的大選中，蘇聯秘密警察支持這位候選人、中情局則支持另一位候選人，最後則由中情局的候選人勝選。」[85]

數十年後的一九八四年，威廉・寇比娶了莎莉・謝爾頓（Sally Shelton）作為第二任妻子，莎莉本人是前美國大使，這時寇比已經卸任中情局局長。寇比提議兩人到渡假勝地去辦婚禮，他心裡所想的地點，就是義大利威尼斯。

婚後冠夫姓的莎莉在寇比過世後，回想亡夫說：「我想他娶我，也是為了重溫自己對義大利的回憶，因為我們兩人都和義大利有很深的淵源，我們都愛義大利，而且也會說義大利語。他對義大利情有獨鍾，有一種迷戀。」因為他在義大利的那段歲月「是他生涯的高峰」。

寇比一直覺得和這個他親手挽救的國家有一種連繫。在和第二任妻子結婚後，他們就一同再次造訪義大利。在人行道上漫步時，寇比注意到牆上貼的左派民主黨海報，這是義共解散後的接班人。他請太太幫他和海報拍一張照。寇比盯著海報，眼中泛淚，跟她說：「我們成功了，美國成功了。」[86]

第三章 爆炸

義大利之後，秘密干預他國選舉的年代來臨。義大利任務成了一種「模具」，大衛・羅巴爾吉這位中情局首席局內歷史專員這麼解釋，之後中情局「在全世界很多、很多國家」都這麼幹了。[1]這個策略之所以吸引中情局的原因很明顯：費用在掌控之內，而生命的損失為零，至於報酬則非常大。利用左右大選來傷害一位政治人物，手段要比策動政變對付他來的高明許多（蘇聯和美國都在某些情勢下進行過政變，包括一九五〇年代前期，中情局在伊朗和瓜地馬拉，都推翻過當選的領袖）。

雖然用操縱民主選舉來保護民主，聽起來有點自相矛盾，但在冷戰期間，美國和蘇聯的對峙嚴重，已經到了不是你死就是我活的地步，所以為了目的不擇手段，也就合理化一切。中情局一九八一到一九八二年的副局長巴比・殷曼就說：「一個國家親美讓人安心的程度可是百分百，跟親蘇完全相反。當時所有事都是二分法在看待的：你要不支持我們，就是反對我們。」[2]美國政策操盤手深怕共產黨政治人物一旦大權在握，就會放棄民主型態，這事已經在東德、匈牙利、捷克、波蘭和東歐各國，都發生過了。這些殷鑑給了華府官員進行秘密干預大選的正當性：寧可在非民主派候選人的票箱中動手腳，也不要讓他們勝選拿到權力，得以從內部瓦解民主體制。他們的說詞是，短期左右選民民意，可以長遠保護這些選民的權力。

中情局既然將秘密行動升級，蘇聯秘密警察這邊當然也輸人不輸陣，鎖定了全球各個民主國家下手。歷史學家歐德・阿恩・魏斯塔就寫道：「冷戰影響了全球所有人」要是沒有冷戰「今天非洲、亞洲、甚至拉丁美洲都會是截然不同的地區。」[3]這裡應該說明一下，拿中情局去比格別烏很危險。因為，兩者在各自國內的作法完全不同：格別烏在蘇聯對人民實行恐怖統治，但中情局可是完全不會這樣對美國人民的。但就選舉方面而言，在一九四八年以後，蘇聯和美方的情報單位，都進入了「角力賽」，這詞很多中情局官員都用過。在一九八〇年加入中情局的亞圖洛・孟尼歐茲（Arturo Muñoz）就說：「干預他國大選，屬於一個整體戰略中的一部份，美蘇雙方都沒放過，彼此就像照鏡子一樣。」[4]

寇比和懷厄特在義大利期間，就懷疑蘇方在資助義國人民陣線，但他們缺乏有力證據。但現在回頭看就真相大白了。一九八〇年代蘇聯雖然面臨經濟困境，卻還是派格別烏給八個國家的共黨各兩億美金的金援（換算今天幣值就是四億八千萬美金）。[5]雖然義共始終沒能執政，格別烏卻還是不斷資助其陣營。他們的第一志願當然是希望義共能執政，如果不行，第二志願就放在大選結束後：義共候選人大獲人民支持。在他國大選的干預上，美國則只有一個第一志願，就是所青睞的政黨勝選。蘇聯不這麼想，他們就算落選也會見縫插針，想辦法逆境求生。看看義共在義大利的人氣就知道了，一九七六年義國大選中，義共一共拿下一千兩百五十萬票，這讓蘇聯得以在國內外都大肆宣傳，聲勢大漲。由蘇聯官方贊助的新聞媒體，可以把這件事說成，義大利雖然受到美國的操縱，卻還是有數千萬人渴望被共產黨統治。

對蘇聯而言，秘密干預外國大選是雙贏的戰略。所以格別烏在一九七二年提供義共六百萬美金選舉經費，一九七六年則是六百五十萬美金，能贏當然最好，不能贏照樣有好處拿。[6]除了資助競選活動，格別烏也資助新聞媒體，賄賂新聞從業人員，還散播假消息。一九七四年法國大選前夕，共黨就提供了大量的援助，格別烏進行十多種「大型的行動」，目的就是要讓該國左翼聯盟的候選人法杭梭・密特朗（François Mitterrand）的氣勢，壓過右翼對手瓦列里・季斯卡・戴斯田（Valéry Giscard d'Estaing）。其中一個手段就是散發假檔案，讓人以為季斯卡的政策，與他一名親戚的謀殺案有關連。這場大選，密特朗以些微幅度小輸，但蘇聯的干預行動並沒有因此暫歇。一九七九到一九八〇年間，格別烏的巴黎總部共在各報章雜誌中植入兩百八十七則新聞、進行一百四十六場的「干預對話」，以口頭方式散發七十八次的誤導消息，還派發各種傳單、書籍以及偽造文件。格別烏也不斷挹注資金到法國。另一次法國大選前夕，法國共產黨一共收到來自莫斯科當局兩百萬美金，該黨領導人喬治・馬夏（Georges Marchais）還覺得不夠。他寫信給當時蘇聯的領導人戈巴契夫（Mikhail Gorbachev），要求他投注更多的「緊急金援」。格別烏也就依言再匯了一百萬美金給他。[7]

比起美方情報單位來，蘇聯情報單位有一項優勢是美方沒有的，那就是他們不分國界、也不怕被人追查到，不過，它也有一項劣勢：那就是他們沒有真正舉行選舉的專業經驗。蘇聯國內從來沒有舉行過公平公正的選舉，所以，中情局當年在義大利想出來的那些手法，像是催票等等，這都是格別烏所不熟悉的。但對於這些劣勢，莫斯科方面則靠堅強的意志力補足。

被蘇聯鎖定要介入的國家，都有一共通點：這些國家都進行公平公正選舉。世界上很多國家的競選並不公平公正，而舉行公平公正選舉的國家，通常都是美國影響範圍內的親美國家。因此對中情局而言，和這些國家的關係，就不同於格別烏和他們的情形，因為，要操縱他國大選，就等於是介入盟國大選。[8]像一九五〇年代到一九六〇年代，中情局介入日本大選的行動，那是三頭並進的大選干預行動。首先，要匯現金，並給主要的右翼夥伴自由民主黨（簡稱自民黨）（Liberal Democratic Party, LDP）的主要黨員選舉意見。中情局介入的動機跟以前沒有兩樣，就是要保全親美政府，而方法也相近：中情局會找人頭，或是中間人，幫忙將資金轉手給對方。羅巴爾吉說：「自民黨基本上其實完全聽我們擺布。」一九五九年，中情局獲高層授權，要在日本左派之間製造分裂，這就是第二個攻勢。第三個攻勢則是，中情局要在充份資金的供給下，進行宣傳行動，旨在操縱日本民意。[9]

這些策略都是從當年義國大選的手段演進而來，到這時已經是中情局的標準手法：金援選舉、分化對手、左右民意。這方法顯然奏效。日本自民黨從一九五五年一路執政到一九九三年，毫無間斷。前美國駐日大使亞列席斯·強森（U. Alexis Johnson）在一九九四年曾說：「我認為這方法合情合理，因為不過就是資助立場相同的政黨。」[10]

某些情況下，華府會採用秘密干預他國大選的手法，來建立其影響，而不只是保全其在該國的影響力。在蓋亞那（Guyana）一九六四年大選前，中情局希望阻止該國左派領袖切迪·賈根（Cheddi Jagan）當選，就提供反對黨金錢和顧問。時任美國國務卿的狄恩·羅斯克（Dean Rusk）當時就拍了一封電報給詹森總統（Lyndon B. Johnson）說：「一定要讓賈根在下次大選時失勢。」這個行動再一次奏效了。美國屬意的候選人福布斯·本漢（Forbes Burnham）乃能組成多數聯盟。但一如往常，中情局在蓋亞那所領導的干預行動，並不是一次性就結束。[11]

所以，下次大選將屆時，中情局再次行動，以確保本漢可以再次勝選。[12]這一次，美國雖然帶動選民風向，進一步也對動手作票的事睜一隻眼閉一隻眼。一九六八年本漢大幅領先大選，但靠的卻是作票。當時華府下決策的人，事前就知道本漢有心作票。國務院近來承認了：「當美國政府得知本漢有意靠篡改投票人數作票，以讓自己可以在一九六八年競選連任時，曾勸他作罷，但並未進一步加以阻止。」結果是從一九六二年到一九六八年，中情局共花了超過兩百萬美金，在蓋亞那進行秘密行動，這讓本漢得以一直執政到一九八五年過世為止。[13]

華府這邊認定了秘密干預選票的行動有其成效。只要中情局出馬，美國屬意的候選人沒有不當選的。以奉行現實政治（realpolitik）知名的亨利．季辛吉（Henry Kissinger）在擔任國家安全顧問期間，就大力鼓吹使用這類任務，他從一九六九年開始，就擔任此職。季辛吉是德國難民，後來在哈佛大學拿到博士學位，當時他就因為總能掌握機會爭取美國利益而聞名。一九七〇年時，季辛吉向尼克森總統（Richard Nixon）報告了一份關於中情局出色表現的備忘錄，當中詳列「該局在自由世界大挫共產黨威脅，贏得大選的豐功偉業。」包括智利和蓋亞那等國都詳列其中。[14]季辛吉隨後將這份備忘錄寄給尼克森總統，以下節錄部份：

> 自由世界曾數次面臨共黨或人民陣線可能勝選的威脅，但總能化險為夷，扭轉劣勢。像一九六三年蓋亞那、一九六四年智利，就是很好的例子，在艱難的情勢下，終致成功。同樣的情況，可能很快會在世界其他地區出現，而我們已經準備好，要用縝密計劃的秘密干預大選行動來應對，只等美國的決策者一聲令下。[15]

智利的情勢在很多方面都很獨特，在當時可以說是傷透了季辛吉和中情局的腦筋。在那個莫斯科和華府對各國大選干預行動，於全球全面展開的時代，中情局對智利大選干預的行動，相形之下規模反常之大，而且也是少數具有代表性的案例，可以看到中情局干預大選的一些手段。現在，因為美國政府已解密許多當年的智利行動檔案，所以我們就可以好好來深入檢視中情局這個行動。

雖然，義大利那一役是中情局干預他國大選行動的伊始，智利這場大選卻堪稱極致。

* * * *

波特．葛斯（Porter Goss）非常樂意和人談自己在小布希（George W. Bush）總統任內擔任中情局的工作，但卻不太喜歡談自己在前一世代擔任中情局幹員的事。但其實葛斯自己在中情局服務的經歷和見聞，卻是中情局內部的一則傳奇。他在一九六〇年從耶魯大學畢業後就加入中情局的秘密行動部門。葛斯在他位於福羅里達珊瑚群島的家中門廊接受我訪問，他說：「當時中情局這個部門收的都是耶魯、哈佛、普林斯頓的畢業生、讀書人組成的組織，他們的規定非常鬆，因為覺得大家是非對錯觀念一定很清楚。」葛斯雖然已經退休了，但是他言談舉止都還是非常像情報員。他語帶興奮地說出自己的想法：「你看到好事發生，可能是一場大選，或者是好人當選。不覺有他，心想：『這不是很好嗎？事情就這麼順理成章地發生了。』很抱歉：好事會發生，那是因為有秘密行動。」[16]

葛斯記得當時為什麼中情局會介入智利政局那麼深的原因。他說：「因為很擔心美洲國家的局勢，為了捍衛門羅主義，共產黨就要踏進自家後院了，我們的政府夠穩固嗎？」等等的擔憂，而尤其是阿葉德（Allende）。

在訪問葛斯和他同時代人的過程中，一直會不斷聽到同一個名字：那就是薩爾瓦多．阿葉德（Salvador Allende），這位智利的政治人物，是中情局一而再、再而三想推翻的人。阿葉德出生於一九〇八年瓦帕雷索鎮（Valparaíso）富裕家庭。年輕時因為投入社會改造運動而兩度入監，但他其實是位醫學院的學生。在從醫學院畢業一年後，和一群志同道合的馬克思主義者，共同創了智利社會黨（Socialist Party）。因為身為知識份子、又善思考、再加上政治野心，他在一九四八年就當選智利參議員。隨即在一九五二年參選智利總統，不幸慘敗。六年後的一九五八年，他再次參選總統，這次只差三萬三千票以些微差距落敗。許多智利的政治分析家選前原本都看好阿葉德應該可以順利當選，因為當時智利的薪資下滑、貧富嚴重不均，再加上智利許多銅礦都是由美國公司控制，造成民怨高漲等等原因。即使如此，華府卻是萬萬沒想到：竟然會差點讓一名自封馬克思主義信徒的人，建立起美洲大陸第一個共產黨政權。[17]

之後，一九五九年，古巴被卡斯楚（Fidel Castro）奪得政權。[18]阿葉德隨即出訪古巴，親自和卡斯楚會面，兩人從此過從甚密。中情局內部曾示警，謂「拉丁美洲共產黨勢力甚囂」，這將會全面危及「美國和拉丁美洲之間的關係，包括外交、經濟以及文化。」格別烏同時也從卡斯楚的崛起得到靈感。歐列格．卡魯金這位格別烏幹員，當年曾經派駐紐約，他就說：「將美國孤立」於其他美洲國家，原本就是「反美戰略中最主要的一環。」[19]

在這樣的氛圍下，智利一九六四年的大選，就吸引了華府的注意，因為阿葉德又要再次參選總統。而就跟當年義大利大選一樣，美國想在智利再次使用圍堵政策。美國駐智利聖地牙哥大使館預料，阿葉德政權會想辦法「大幅減少美國對智利和美洲的影響。」藉此「擊潰美國政策」並讓「美國媒體和企業利益都得到當頭棒喝」。[20]若美國在智利失利，就會進一步重挫「爭取進步聯盟」（Alliance for Progress），這是美國援助拉丁美洲的一項重大計劃，當中原本美國是要拿智利當作範本給其他國家看的。[21]

最不利的是，阿葉德想要藉由公平競爭取得政權。一九六四年年中一名美國駐智利的大使館官員說：「如果讓另一位卡斯楚在美洲拿到政權，尤其如果他是透過民主程序取得政權，而這個國家又是我們投入最高比例援助的國家，那情勢一定會變得一發不可收拾。」同時，《時代》（Time）雜誌上刊出一篇文章，同樣也預警說，智利會成為美洲地區第一個選出馬克思主義者總統的國家。中情局很怕這樣下去，其他國家也會步智利後塵。[22]

* * * *

美國這邊秘密計劃的同時，蘇聯也不鬆懈。華府的懷疑，現在已經從格別烏解密檔案中獲得證實：阿葉德當時和蘇聯情報局攜手合作。史維亞托斯拉夫・庫茲涅索夫（Svyatoslav Kuznetsov）這位格別烏上校在一九五三年就和阿葉德牽上線，他給後者的代碼為「領導人」。一九五〇年代，兩人在不同的拉丁美洲國家見過面，兩人的情誼「友善又互信」、交情甚篤。[23]莫斯科方面開始供給智利共黨支助，該黨屬於阿葉德所率領的聯盟，蘇聯給該黨的補助款從五萬美金到四十萬美金不等。[24]格別烏的紀錄顯示，一九六一年與阿葉德之間「可信賴的關係」以及「系統性的連接」「獲得鞏固」。該檔案如此記載：

> 這段時期，阿葉德宣布，他非常樂意和蘇聯展開互信的合作，也願意提供蘇聯必要的協助，因為他自認是蘇聯的好友。他也願意應格別烏的要求，分享政治情報，並正面投入保護古巴的行動，並展開建立智利與蘇聯之間的正式外交關係。[25]

莫斯科方面希望智利成為它的衛星國。卡魯金解釋道：「我們當時正試圖拓展並強化支持古巴的左派勢力，拉丁美洲和中美洲任何友善卡斯楚的行動，也會成為親蘇政權。」[26]中情局確信蘇聯和古巴都在暗中支持阿葉德。一九六四年三月，詹森總統的每日情報簡報中，證實了古巴「同意要提供資金」給阿葉德陣營。隔月，中情局轉述古巴的革命份子切・格瓦拉（Che Guevara）「明顯相信阿葉德會在秋天贏得總統大選，阿葉德經常造訪古巴，也獲得古巴政府的資助。」[27]

一九六四年九月，阿葉德再次參選總統，背後支持他的又是美國大敵，這讓中情局勢必要大規模投入干預該國選舉。

＊＊＊＊

中情局成立早年享有高度自主權。只要該局內部評估為「低風險」和「低成本」的秘密行動任務，他們都可以自行作主，逕自進行。至於較敏感的行動，中情局局長則會下達機密提案給由高階政府官員組成的委員會或是特殊小組。這些小組的成員包括聯席會議主席、國防部副部長、國務次卿以及國安會顧問等。特殊小組的身份就像法官和陪審團。可以在不用告知國會或是總統的情況下，直接授權執行秘密任務。中情局從一九六六年到一九七三年的局長李察・赫姆斯（Richard Helms），隨後解釋道，這一安排是為了日後高層可以輕鬆否認知情。他說：「這個機制的設立，是為了安插一道保險絲般的防護，這一來萬一事情爆開的話，不會牽扯到總統，他就不用負責任。」[28]

秘密干預大選的行動，需要周全計劃。中情局早在一九六一年和智利特定政黨建立關係時，就已經為這些任務打好了基礎，同時間該局也打理好一個宣傳網路。到了一九六四年三月離大選還有七個月時，國安顧問麥克喬治・邦迪（McGeorge Bundy）要擬定真正策略，就已經面臨時間壓力了。[29]大選這時的發展已經形成雙邊對決的態勢，一邊是基督教民主黨的艾德瓦多・福萊（Eduardo Frei）、另一邊則是阿葉德所率領的人民行動陣線，該陣線是由社會黨、共產黨和左翼小黨共同組成。阿葉德當時打的政策，剛好是福萊認為太過冒險且煽動性而放棄的：「將美國所控制的銅礦收歸國有。」[30]

對華府而言，選擇很清楚：就是要支持福萊，並讓激進黨（Radical Party）的胡里歐・杜蘭（Julio Durán）形成第三勢力參選。杜蘭是不可能當選的，但中情局算好他的參選對福萊有利，對阿葉德則較不利。[31]白宮武官戈登・蔡斯（Gordon Chase）告訴邦迪：「一般而論，我們只要單純的盡我們所能及，讓所有人都支持福萊就好」，以免讓阿葉德當上總統後，將銅礦國有化，並因此讓蘇聯的勢力得以伸入智利。[32]

就跟當初在義大利時一樣，基督教民主黨對於和美合作是求之不得。同年三月底，福萊的顧問群造訪聖地牙哥美國大使館，他們表達了對於選情的不樂觀態度：福萊的競選活動為了每月十萬美金的開銷左支右絀，要想贏得大選就要花上三倍的金額。該陣營於是提出請求，請美方提供一百萬美元作為援助競選的經費。美國大使館官員在會議後有一個共識：首先，華府可以給這筆錢、也應該給這筆錢，但是針對第二點，他們則認為，這筆援助必須以秘密方式送出，且必須透過第三方的人頭送達。直接接觸會招來不必要風險。美方大使館督促白宮特別小組要想辦法，不讓這筆資助福萊陣營的款項「看起來像是來自美方」。[33]

同年四月二日下午三點半，白宮特別小組的成員聚集白宮戰情室，討論中情局針對干預智利大選的提案。這個計劃的預算是七十五萬美金，其中共分成八個階段。這八個階段中，有的是牽涉到高級政治，像是買通特定政治人物，讓他們出面挺福萊。其他的手段還包括資助特定組織，像是女性團體、農民、青年、勞工團體等等，並實施「特殊宣傳行動，像是反向操作以詆毀阿葉德。」這些策略都和帶動選民風向有關。其中更極端的則是授權直接的干預行動：「到了競選活動後期，有必要的話直接針對特定選民行賄。」[34]

特別小組放行了中情局所提計劃。該小組成員同時也對一個有爭議的問題達成一致看法：是否要讓福萊知道中情局介入大選的事。美國駐智利聖地牙哥大使館官員一向就主張，要讓行動找不到源頭。中情局卻不這麼想。後者的首要任務是要確保福萊當選。而次要任務，則是要在福萊當選後，持續對他的政權發揮影響力。所以，勝選只是手段，背後還有個更長遠的目的：那就是要讓福萊知道他之得以執政，是靠誰推他一把。中情局高階官員約瑟夫・金恩（Joseph King）就主張：「應該要有人花心思去改變特別小組所下禁令，要求中情局行動不被福萊所知，這樣才能對福萊產生更深遠的影響。提供資金的方式，應該要對福萊暗示，資金來自美方，但同時也要讓資金在被追查來源時，美方可以放心否認。」[35]

特殊小組最後贊同了中情局的主張。該委員會決定：「以暗示的方式提醒是來自美方的援助，但是不能留下證據。」[36]這項行動中，中情局試圖操縱的對象，不只是大眾，也包括受惠的候選人。

* * * *

為了要監督行動的進行，中情局、白宮以及國務院組成了一支跨部會海外大選干預委員會。其中的成員包括了助理國務卿湯瑪斯・曼（Thomas Mann）、國家安全顧問麥克喬治・邦迪、拉夫・鄧根（Ralph Dungan）、他的特別助理、中情局官員戴斯蒙・費茲傑羅（Desmond Fitzgerald）。另外，要在美國駐聖地牙哥大使館以外，也在當地組成一個對口委員會。其成員包括了中情局當地主管、美國駐智大使、高階大使館官員等。[37]

這個行動的指揮層級上達政府最高官員。四月二十九日這天，中情局局長約翰・麥克科恩（John McCone）、國務卿狄恩・羅斯克針對智利選情會談了兩次。數週後，邦迪將一份中情局行動的備忘錄上呈到詹森總統處，同時還附上一張簡單的筆記略述：「實質上，我們所面臨的問題就是，一名非常受歡迎且有魅力的候選人阿葉德，和共產黨站到同邊去，而他贏得大選的機率非常的高。我們成立了跨部會的行動協調小組，好力挺他的對手…我們會嚴密監看，但確實認為，您應該親自過目。」[38]詹森總統隨後打電話給湯瑪斯・曼，想確知詳情，這樣讓他可以一方面確立不用負責任的防火牆、一方面又能夠對於情報行動有所掌控。總統問他：「現在遭遇到什麼問題？哪些是比較棘手的問題？關於智利的選舉你說說。」湯瑪斯・曼則很有把握地回說：「我們會贏得智利的大選，情勢很樂觀，為此我們下了很大的功夫。」[39]

中情局的秘密行動分雙頭進行：直接支持福萊陣營，並在群眾間廣發宣傳。福萊競選團隊這邊，收到中情局提供的資金，以及協助進行民意調查、選民登記、催票等事宜。也就是將美式競選方式出口到智利去。至於宣傳造勢活動，中情局拍攝競選影片、傳單、海報、小冊以及郵件，讓其在民間流傳。他們散發的訊息有些很平常、有些則不然。美國國會坦承說：「誤導式的假情報和反向操作宣傳，這類的文宣都謊稱是從競選對手處發出的，像是偽稱是由智利共產黨發布的消息，都派上用場。」[40]

延續當年在義大利干預大選的作法，中情局花了大筆資金在恐懼宣傳方面，散發大量蘇聯坦克、古巴武裝部隊的文宣海報。這種散布恐懼心理的作法，特別鎖定女性族群，這個族群在上屆總統大選時，就已經壓倒性的投給阿葉德對手。其中一則海報上面警告：「智利的母親：卡斯楚送了一萬五千名小朋友到蘇聯去，硬生生將母子拆散。要是你不想骨肉分離，就投給杜蘭。」[41]

中情局同時還行賄智利媒體，收買記者、專欄作家、編輯。這些人幫忙置入不利阿葉德的假消息，其他人則會壓下反美報導。中情局還資助各家新聞通訊社、雜誌還有週刊新聞。到了同年六月間，光是一個由中情局資助的宣傳單位，一天就能在廣播電台上製作二十個特別時段，發送五個新聞節目，並散發三千份傳單，這些宣傳的內容，都在告訴智利選民不要投給阿葉德。[42]這麼鋪天蓋地而來的文宣攻勢，當然所費不貲，當年五月和七月間，到這時已經更名為「三〇三」委員會的白宮特別小組，就又撥了一百七十五萬美金來資助整個行動。中情局還加派三名官員前往聖地牙哥情報站。[43]

但是帶動選民風向這事一向風險很高。福萊有機會當選，也有可能敗選。不過，邦迪可沒打算要靠運氣來定輸贏。他的顧問說得很好：「我們輸不得，所以資金的挹注上絕對不能客氣。我們認為共產黨那邊一定也一樣在灑錢，雖然找不到證據，但他們一定也認定我們在大灑幣，他們也一樣沒有證據。但反正就來比誰灑的多吧。」[44]

總計，中情局為這次智利大選行動，一共花了三百萬美金（以二〇二〇年幣值換算約兩千五百萬美金），這可是一筆龐大的金額，因為，真正會前往投票的智利選民大概只有三百萬之數。更驚人的是，美國還負擔了半數福萊的競選經費。[45]在那個還沒有網路的年代，想要大規模操縱選舉，可是要花上大筆的金錢。

對於中情局的秘密行動任務，華府這邊三緘其口。同年八月，智利和古巴中止外交關係。邦迪突然告知詹森總統說：「我們在聖地牙哥的友邦希望白宮方面對此事不予置評。」邦迪解釋道：「要是讓外界看到這事我們好像有攙一腳，那會不利我們的盟友福萊。」[46]中情局當時多份備忘錄中的預估都認為，阿葉德一定會落敗，而他的支持者可能會在敗選後「訴諸暴力」。白宮國安委員會的會議上，狄恩．羅斯克就預言，「因為有中情局的出色表現」，福萊定會勝選。[47]

＊＊＊＊

同年九月四日投票日這天。美國駐聖地牙哥大使館持續每小時就向國務院拍電報更新選情，國務院再將之轉送到白宮。中情局果然有先見之明，當天晚上九點十分，阿葉德承認敗選。接著他就呼籲擁護者要接受敗選事實，選後暴力的擔憂於是煙消雲散。[48]

福萊不僅勝選，且是壓倒性勝利，拿下了五成六的選票，阿葉德則只拿到三成九、杜蘭則只有百分之五。這是數十年來，智利第一次總統大選出現真正明顯過半勝選的情形。紐約時報當時的頭版標題為：「智利大選福萊勝出、誓與美國合作」。就職演說中，福萊呼籲智利要再次效忠於「進步聯盟」（Alliance for Progress）。[49]他果真是美國的人馬。

華府這邊，福萊勝選的功勞，則歸於中情局，當局認為這都是該局秘密干預大選行動奏效所致。當然，中情局內部更是對福萊壓倒性大勝得意洋洋。中情局幫助福萊拿到過半選票，約翰．麥克柯恩就是這麼跟「三〇三」委員會報告的，而這樣的結果也讓部份美國商人相當滿意。大衛．羅巴爾吉就認為，如今我們對中情局最好的評價，就是「一九六四年的智利大選和一九四八年的義大利大選兩役，這兩者都是大捷」，靠的都是中情局，「保護了福萊的政權。」[50]

且不論中情局的行動究竟發揮了多大的作用，詹森總統本人當時因為要競選連任，當然不忘從福萊勝選的事上，沾上一點光。在一場記者會上，他就稱這次勝選是民主的勝利。詹森也不忘特別強調說，該國的鬥爭「是內部的問題，而智利人民則是這些問題的唯一仲裁者。」福萊為了詹森這番話，還特別向美國駐聖地牙哥大使表達他的謝意，他同時也感謝美國大使館大選期間「謹慎行事和配合」。[51]

智利的新領導人欠了另一個國家人情。他當然不想外人知道自己欠了人情。冷戰時期中情局的官員約翰．麥克洛夫林（John McLaughlin）日後升任該局局長，他就加以解釋：「要干預他國大選，一定要考慮到事情會不會曝光，反而因此對自己青睞的候選人造成傷害，因為一旦消息走漏，就會害他被視為外國政權的傀儡。」[52]

而這種情形就正好發生在福萊身上。中情局這次在智利大選上，所用的力道和規模都太大了，所以外界不可能不注意到。《時代》（Time）和《紐約時報》紛紛以「這不是秘密」來報導美國對福萊情有獨鍾的事。而在大選前夕，莫斯科廣播公司（Radio Moscow）就指控說智利「到處可見中情局幹員」[53]，指福萊是美國培植的傀儡這個謠言，在他總統任期期間一直擺脫不掉，更讓他當選的正當性遭到質疑。美國國會日後就指：「一九六四年智利大選有太多來源交待不清的金流，也有太多宣傳手冊、廣播置入，這讓美國涉入智利大選的事，多年來在整個拉丁美洲始終都被認為是事實。」[54]

＊＊＊＊

阿葉德這邊雖然敗選，卻始終活躍於智利政壇，伺機而動，放眼總統大位，等著福萊六年總統任期一旦屆滿，就要再次挑戰。然而，在這六年間，華府已經改弦易轍了，詹森總統在越南部署了數十萬軍力。光一九六八這一年，就有近一萬七千名美國士兵死於越南戰場，這導致美國本土抗議聲不絕於耳，身處內憂外患的詹森總統於是不再尋求連任。[55]

在美國政局不穩定的期間，智利政壇卻相對穩定。為了要操縱一九六五年智利國會大選，美國「三〇三」委員會撥了十一萬五千美元。但該國一九六七年市長選舉，美國則未撥經費。對於智利，美國還是保持公開援助，但是秘密干預大選的金援，則隨著該國政局惡化而逐漸枯乾。[56]中情局在一連串的備忘錄中提到福萊面臨了「要求提高工資的抗議聲音逐漸升高的問題」、「嚴重通貨膨脹」、「經濟遲滯」以及「政治孤立」。[57]福萊雖然已經動手讓智利銅礦收歸國有，但是許多選民還是不滿意，而他其他的改革工作也都功虧一簣。到了一九六八年三月，中情局示警說，智利的艱困經濟情形，可能會讓左派政黨有機會奪得政權。[58]

但即使如此，中情局卻在一九六九年智利的國會改選時，只花了二十萬美金進行干預。這次的行動，該局的工作方針是要破壞左派政黨，而不再支持特定政黨。在福萊一九六四年當選總統後，上面提到過的助理國務卿湯瑪斯·曼告訴中情局的代表說，幫助單一「非馬克斯主義者」政黨擊敗政敵這種事，並不是對美國有益的事，因為這樣做近乎干預他國內政。中情局謹遵他的指示。一九六九年該局官員在多個搖擺選區支持智利多個不同黨派的候選人，去挑戰阿葉德聯盟的成員。資深中情局官員威廉・布洛（William Broe）在該次選舉前說：「基本的概念就是要逐個選區去做分析，選票的模式，以及各選區的選情趨勢，這樣才能據以判斷在哪裡採用秘密行動，最能發揮功效。」在一百八十場提名競爭中，中情局只選中十二位候選人，認為是值得栽培的。但即使把範圍縮到這麼小，中情局內部還是瞭解：「任務曝光的風險始終存在。」[59]

還好，後來這十二名美國支持的候選人中，有十位都當選。但是中情局局長李察・赫姆斯認為這沒什麼好高興的。因為福萊預測，在即將來到的一九七〇年九月該國總統大選中，阿葉德非常有機會勝選。赫姆斯催促中情局應提早規劃，他說：「中情局從過去的經驗得知，干預大選行動要奏效，就要儘早展開行動。初期計劃有其必要。」這是他在一九六九年四月就對「三〇三」委員會說過的話。可惜赫姆斯的話沒有被重視，因為當時李察・尼克森（Richard Nixon）剛繼任總統，他的國家安全顧問亨利・季辛吉在意的是別的事。[60]一九七〇年一月間，智利的「人民團結」（Popular Unity）聯盟推派阿葉德為總統大選候選人，聲勢逐漸下滑的基督教民主黨則推派拉多米洛・托米克（Radomiro Tomic），另一位候選人則是前總統、右派的赫傑・亞列山德里（Jorge Alessandri）。[61]

這次，與一九六四年那次不同，華府不再積極從事秘密大選干預行動。阿葉德兩位競爭者的聲勢因此都沒有特別高。中情局報告說，托米克在民調上「遠遠落後其他兩位」，而亞歷山德里則是「年事已高」，而且還有「不光彩的過去」。[62]華府本身這時也已經今非昔比：掌權的都是新人。這些人中，許多都不願意有所行動。高階國務院官員約翰・克里明斯（John Crimmins）在一場跨局處會議中，就說他對於美國是否該和智利大選有牽連，頗表疑慮。美國駐智利大使艾德華・柯里（Edward Korry）則表示他也同樣「如果美方決定不採取行動，不會為此感到不快。」雖然他的確擔心，要是無所作為的話，會有政治上的風險，因為阿葉德一旦當選，對尼克森的政權就不光彩。[63]

但可能是怕來日被究責，所以委員會就決定只做半套：出動中情局去破壞阿葉德的選情。這時已經改名的「四〇」委員會的「三〇三」委員會批准這項計劃。所撥經費則只有十二萬五千美元。季辛吉的顧問維隆・瓦基（Viron Vaky）在他的回覆中問道：「要是阿葉德如報告所稱是個威脅，那我們不是該多做一些，好確保他落選嗎？」[64]

* * * *

這次的行動，中情局照樣延續過去的手法：反向操作不利阿葉德的宣傳，散播傳單、小冊，並在有影響力的新聞媒體像是《水星報》（El Mercurio）上置入報導文章。一九七一到一九七四年間派駐智利的中情局官員傑克・德梵（Jack Devine）說：「選擇《水星報》最主要的差異在於，這是有地位的報社。」但是中情局這次經費有限，而且好幾種過去使用的關鍵手法，這次也沒用上：民調、草根動員、直接支持特定候選人。[65]而且這時中情局也變成智利「政壇非常顯著的箭靶」，這是《紐約時報》所批露的，因為阿葉德支持者都指控當年福萊之所以能贏得總統大選，靠的就是中情局的幫忙。中情局內部如此示警：處境艱難「不宜再策動大規模的競選干預活動。」[66]

中情局受命令所限，行動綁手綁腳，讓尼克森某些顧問很緊張。赫姆斯在六月時告訴季辛吉說，中情局在智利「束手無策，不知該採取什麼行動」。同月，「四〇」委員會通過追加三十萬美金給中情局的智利行動，這主要是因為季辛吉的敦促。季辛吉說：「我不懂為什麼要眼睜睜看著一個國家，因為人民不負責任，就要落入共產黨的手中。」瓦基卻還是對這計劃有所懷疑，他告訴季辛吉說「這不見得就能夠有實質成效。」[67]「四〇」委員會至今撥出的四十二萬五千美金經費，遠比一九六四年的三百萬美金少上許多，而且這次的經費，還一毛都沒撥到阿葉德對手的手中。季辛吉日後寫道：「要是說三月時撥出的款項少太多，那六月底時不情不願去投出的選票就是太遲了（也少太多）。」[68]（季辛吉透過他的代表，回絕本書的採訪。）

華府這次是拿菜刀去跟人打槍戰了。阿葉德背後有人撐腰。古巴匯了將近三十五萬美金到阿葉德的陣營，蘇聯也支持他。[69]一九七〇年初，格別烏派負責跟阿葉德接洽的庫茲涅索夫回到智利。格別烏的檔案裡記載：「他的任務是要和阿葉德建立商業關係，從他那邊取得政治情報，並指揮幫助人民團結陣線的行動。」[70]格別烏除了每年撥款四十萬美金給智利共產黨，同時還撥給阿葉德本人五萬美金，並為他的聯盟花一萬八千美金聘請一位律師。七月，蘇聯政治局（Politburo）批准更多經費給智利共產黨。[71]格別烏同時也試圖加緊對阿葉德的控制。格別烏的檔案就記載：「格別烏把力氣都花在深化阿葉德的仇美情緒上，」其方式則是給阿葉德看「格別烏在智利情報站所搜集到的美國中情局幹員行動情報。」[72]多年來，中情局一直在操縱智利政局。格別烏現在則將這見不得人的過去，以其人之道反治其身。

格別烏暗助阿葉德，白宮這邊卻舉棋不定。七月間，季辛吉要求中情局報告，想知道萬一讓阿葉德當選，那美國該有什麼因應之道。[73]。「國家安全研究備忘錄九七」（National Security Study Memorandum 97. NSSM 97），就在八月十八日上呈給他，當中的主張分成兩點。首先，阿葉德一旦當選，將會想辦法建立「極權馬克斯主義國家」，而他的當選，「將會讓全球的馬克思主義者士氣大振，聲勢高漲。」但另一方面，智利其實在美國涉外政策大計中，無足輕重。一九六四年時，華府視阿葉德為心腹大患。但在這個關鍵時刻，國安研究備忘錄九七卻以「美國在智利並無重大國家利益」之語作為結論。[74]

阿葉德看來似乎不足為患。除此之外，中情局也很篤定他會敗選。在總統的每日簡報中，把阿葉德描述為曝光過度，又步履蹣跚，又說對手亞歷山德里「些微領先」。[75]

但最後，阿葉德卻拿到三成六的選票當選總統，打敗了三成五的亞歷山德里和托米克的兩成八選票。[76]一九六四年當年詹森政權極力想要避免的惡夢，卻在六年後成真了。中情局見狀態度立轉，稱阿葉德的勝選是「政治分水嶺」，卻沒有針對自己的行動失敗多作檢討。[77]大衛・羅巴爾吉說，中情局現在的看法是，當年之所以失算，是因為缺乏資源和準備，再加上奉命不得支持特定陣營。前中情局官員傑克・德梵則評論說：「中情局沒有抱著破斧沉舟的決心，他們下的命令都太愚蠢，想靠詆毀社會主義打選仗，卻沒有支持對手候選人。」[78]

當然，也有可能是，不管中情局再怎麼積極投入，阿葉德可能還是會當選。但是他只以三萬九千票之差領先第二名的對手，而中情局的行動，照參議院的說法就是：「遠比」一九六四年時規模小上許多。季辛吉這邊則懊悔不已。他在回憶錄中寫道：「要是一九七〇年春、夏季時，我就知道阿葉德極有可能當選，那我就有責要告知總統，給他機會考慮下令進行跟一九六四年同樣規模的秘密行動，包括支持特定候選人。」[79]

＊　＊　＊　＊

尼克森政權忘了美國當初在義大利學到的關鍵一課：秘密干預他國大選行動還要靠後繼有力才能竟其功。一九六四年中情局的行動，規模雖大，卻只是拖延阿葉德取得政權的時間。福萊當選對中情局而言是勝利，一九七〇年的大選，則只能怪自己不夠努力。

但也因為這次的失策，白宮因此走入危機。

＊ ＊ ＊ ＊

尼克森這下面臨了杜魯門和詹森兩位總統都不要面對的問題：秘密干預大選行動失敗該怎麼辦。因為阿葉德只是拿到相對多數，接下來就要看智利國會是要選他，或是第二高票的亞歷山德里為總統。要是尼克森想要阻止阿葉德當上總統，那就要趕在十月二十四日智利國會投票前有所行動。他面臨的抉擇非常艱巨：是要插手智利的民主制度，或是坐視阿葉德執政。當時美國方面的政治分析家都認為，阿葉德不足為患。

尼克森這邊，卻絲毫不覺得這個決定何難之有。在十月二十四日前，中情局以罕見的規模，襲擊了智利的政治體系，目的就是要阻止阿葉德當政。[80]

中情局這次所擬的策略包括要在國會選票中動手腳，這是他們這次發起的秘密干預大選集中行動中的一部份。回溯到同年八月，季辛吉當時就已經下令中情局，要他們研擬，萬一要是讓阿葉德在大選中以相對多數當選，如何買票。[81]作票這種事，會成為這類行動的備案有個原因。助理國務卿查爾斯·梅耶（Charles Meyer）警告道：「在國會賄選，要遠比競選宣傳攻勢來的敏感，要是被揭露，那後挫力和影響力要嚴重、深遠許多。」[82]但這次大選，帶動選民風向的行動失敗了。緊急備案就落到在國會賄選上，讓亞歷山德里以絕對多數當選，然後他就可以辭職，要求再辦一次總統大選。這樣就可以重新洗牌，進行改選。至少這過程中，有一個步驟後來真的出現了。

同年九月九日，亞歷山德里宣布他如果在國會當選，將會辭職下台，讓智利得以改選總統。九月十四日，白宮的「四〇」委員會批准二十五萬的賄選資金。[83]

但沒想到，美方就發現，國會賄選的行動無法執行。因為智利國會的兩百位參議員中，有大多數都是阿葉德的盟軍，中情局估計，他只要獲得比對手多十八票，就能贏得相對多數，而要贏，就要賄賂數十名國會議員，才能夠讓亞歷山德里當選。[84]結果變成，儘管白宮批准了二十五萬資金，卻一毛也派不上用場。因為行動太容易被發現了，另外，要收買的選票數量也太高。福萊這邊，則因為對於選情的不確定，不願意加入計劃。[85]正如赫姆斯所警告的，秘密干預選舉行動，計劃很重要。中情局這次是慢人一步、錢也少人一截。

季辛吉這下能下的棋不多了，根據「四〇」委員會的一份會議紀錄，當時他甚至要求他們做「冷血的評估」衡量「由美方協助在智利發動軍事政變，有哪些優缺點、又有哪些問題和成功機會。」[86]這時，白宮方面已經授權兩種干預行動：左右選民想法和篡改選票。但兩項行動都沒能成功，所以中情局只好另謀出路。在中情局拍給聖地牙哥情報站的電文中，就這麼寫道：「很明顯，在考慮防止阿葉德政府執政的各種方法中，走政治／憲法途徑，是完全不可能的。」所以這封電報繼續說：「唯一有機會成功的，就是軍事（政變）。」[87]

有些中情局官員像是威廉・寇比之流都主張，義大利一役中，他們的行動是為了民主而戰，他們也真心相信這個想法。但是，這次在智利，大家不再有這種心態。尼克森總統在九月十二日告訴季辛吉說：「我們別讓推翻智利政府的消息走漏。」[88]兩天後的電話中，國務卿威廉・羅傑斯再次對季辛吉表達了類似的立場：

羅：我的態度，我相信總統也跟我同樣態度，就是要不同的結果，但要暗著來，這樣才不會有反作用。

季：唯一有問題的就是「反作用」你怎麼定義。

羅：人贓俱獲。我們高舉選舉大纛，卻在共產黨終於贏得大選後，插手阻止該國依憲法合法程序運作，這事被外界知道，美國臉上可掛不住。

季：總統的意思是，要盡一切可能阻止阿葉德取得政權，但要由智利那邊來進行，而且要低調。[89]

至於阿葉德究竟有多大威脅，之後好幾個禮拜，白宮內部一直出現激辯。九月十四日，季辛吉的顧問維隆・瓦基認為要在智利發動政變「不可能」，而且是不智之舉。對於加強對智利的干預，他這麼寫道：「我們所盤算的，不正是和我們所信奉的原則和政策大相逕庭嗎？這些原則對我們的意義如此之重大，所以除非是生死存亡之秋，否則我們是絕對不會悖離這些原則的。阿葉德豈是會危及美國存亡之輩？這沒什麼好辯的吧。」[90]

但其他人的意見做不得準，只有尼克森的想法能左右一切，而他想要的就是瓦解阿葉德政權。九月十五日這一天，尼克森總統下令赫姆斯在智利策動政變，這場政變後續帶來一連串的影響，這些事其他書中都已詳述，本書接下來只會略提，以說明一場秘密干預大選行動一旦失敗，會有什麼影響。[91]

尼克森在傳給中情局局長的手寫紙條中，指示赫姆斯：「成功機率可能只有一成，但還是要出手救智利！……不要去考量會有多大風險……不要牽扯到大使館……給你一千萬美金支用……必要的話再多也可以……別的事都先擱下，出動最菁英的幹員……搞垮他們的經濟。」[92]隔天，赫姆斯把尼克森的指示簡報念給他的小組聽，這件事，從國防部到國務院，乃至美國駐智利大使柯瑞（Korry）都不知情。中情局從總部派發電報給聖地牙哥情報站，內容提到：「策略非常明確，而且一致，就是要以政變推翻阿葉德政權」，而且「最好能在十月二十四日前就成功，在這天以後，其他這方面的行動，還是會如火如荼繼續進行。」[93]

這一來，中情局就是要著手推翻一個以民主機制選出來的政府了。計劃中的第一步，中情局和兩群智利軍官接觸，共同策劃綁架智利武裝部隊領導人雷內・許奈德（Rene Schneider）將軍，因為他宣誓要效忠阿葉德政府。中情局為這個行動的解釋是：「許奈德是智利憲法的忠誠支持者，也是其他軍官在發動政變、阻止阿葉德就職過程中最大的絆腳石。」[94]十月二十二日凌晨兩點，中情局運送輕機槍給一群智利人。數小時後，另一群人則偷襲許奈德，當場將他擊斃。（事後，中情局給了這群人中一名成員三萬五千美元當作封口費，不讓他洩露雙方有接觸的秘密。）[95]

許奈德的死激起智利國內的團結，但美國想要的卻是在智利製造分化。數千人參加了許奈德的葬禮，這之後福萊和阿葉德共同率領一群護柩人走出聖地牙哥教堂。關於中情局涉入許奈德暗殺事件的謠言流傳開來。智利參議員安尼契托・羅德利貴茲（Aniceto Rodríguez）當時就指控說：「動手的人，全都受過中情局的訓練。」[96]

阿葉德談笑間清除了就位路障。十月二十四日，他順利獲得國會投票，當選總統。數天後，他宣布要邀三位共產黨員進入他的十五人內閣，十一月三日，他宣誓就職智利總統。[97]

接下來的三年，中情局花了數百萬美金要動搖阿葉德政權。[98]傑克・德梵曾參與這次行動，他當初曾希望白宮能從一九七〇年亞歷山德里敗選的事學到教訓，下令進行「大型政治行動」，介入下一次的大選。但是，他說，智利「沒機會再次大選了」。一九七三年九月十日，當時還年輕的德梵，在智利得到線報，立刻致電華府：九月十一日將會有一場政變。[99]事實上，九月十一日這天，智利軍隊推翻了阿葉德政府，阿葉德本人在被捕入獄前就自殺身亡。之後，智利將軍奧古斯托·皮諾切（Augusto Pinochet）建立了壓迫人民的軍事獨裁政權。[100]智利民主制度隨著阿葉德之死也煙消雲散。（一直到一九八九年十二月，智利才有機會舉行實質選舉，這次大選，由帕翠奇歐·艾爾溫〔Patricio Aylwin〕勝出，繼任皮諾切成為智利總統。）

阿葉德之殞始於十多年前，也就是美國首度介入智利大選時，這時期的美國，在全世界許多國家都展開秘密干預大選的行動，這是其全球戰略的一部份。一九七〇年阿葉德贏得總統大選後，尼克森總統並不樂見這結果。在維持智利民主體制和推翻阿葉德政權的權衡得失上，他寧失前者也要達成後者。秘密行動往往一不作二不休，既然干預大選不成功，那就會牽動下一個：策動政變。雖然中情局和阿葉德被推翻沒有直接牽連，歷史學者彼得·柯恩布魯（Peter Kornbluh）的結論就是，尼克森政權「本就有心、也支持，更著手策動這場政變。」[101]

在中情局智利秘密行動計劃被公開數年後，一九六九和一九七〇年擔任季辛吉顧問的莫頓·海普林（Morton Halperin）曾作證道：「我們的目標不為智利保存其自由民主制度。…我們的目標很簡單，就是要讓薩爾瓦多·阿葉德不能執政。」方法包括了「干預大選」、「製造假消息宣傳」，以及策動軍隊讓他們「推翻阿葉德政權」。[102]

第四章 東德國安局改變歷史

與此同時，半個地球外的西德，也正經歷風雲變色、時代更迭。一九七二年四月二十七日，西德民眾聚集在收音機和電視機前面，記者蓄勢待發，準備轉播即時新聞。而遠在白宮這頭，李察・尼克森和亨利・季辛吉兩人，也在等著下屬前來報告最新進展。因為，再過幾分鐘，西德總理威利・布蘭特（Willy Brandt）的政治命運即將揭曉。

事情的起因是因為西德在野的保守派領袖萊納・巴宰（Rainer Barzel）在聯邦眾議院發起對布蘭特進行不信任投票。要是通過，提案成立，布蘭特就必須下台。布蘭特下台，也會導致他所主張對東歐陣營的和緩政策、東歐政策等都將胎死腹中，後者是為了延續西德和蘇聯以及其東歐陣營關係所設計。[1]巴宰若想執政，就需要獲得眾議院過半數的選票。這關鍵的一役，將會在這重要的時刻揭曉，決定日後西德在整個冷戰中所採取的立場。布蘭特自從一九六九年當選西德總理以來，身為西德社會民主黨（Social Democratic Party）主席的他，和蘇聯及波蘭協調，談成了和解式的條約。要是他下台，這些條約就都會化為烏有。

投票當日，眾議院議員魚貫進入投票箱，圈選選票上的「同意」或「不同意」，或是完全不加圈選、直接放棄投票。[2] 這次選舉採不記名投票。布蘭特在一旁，鐵青著一張臉，看著眾議院同事投票決定他的命運。

這場投票對蘇聯而言太重要了，所以他非動點手腳不可。於是，暗地裡，莫斯科下令給東德的國家安全局（Stasi），要做同時期中情局在智利沒幹成的勾當：在西德聯邦眾議院這場總理繼任投票中動手腳。曾經參與這次秘密行動的前東德國安局官員霍爾斯特·寇普（Horst Kopp）在行動完成後二十五年，親自在柏林對我透露幕後秘辛：「我們是非常優秀的團隊，可以信賴彼此，必要時不擇手段。」[3]

在眾議員投完票後，眾議院院長要求大家安靜，手中拿著選舉結果。西德人民屏息以待。同樣屏息以待的還有蘇聯和東德官員，因為他們等著知道行動有沒有成功。

＊　＊　＊　＊

秘密干預大選行動的方式，往往反映策動國的國情。美國的總統大選每四年舉行一次，所以中情局官員下意識就知道，如何將美國傳統的競選技巧輸出到他國。威廉·寇比在義大利的行動、一九六四年智利的行動，全都是受惠於與事的中情局幹員熟悉公平競選的原則。

但是，蘇聯和東歐衛星國的國內制度和美國大相逕庭。他們國內都沒有公平競選制度，秘密警察還會恫嚇百姓。格別烏和其他國家類似的機構，像是東德的秘密警察國家安全局，把他們作為監控國家最擅長的手段，輸出到他國：像是賄選、勒索以及心理戰等。遇到時機適當，東歐間諜就可以使用這些武器，操縱國外選舉過程。像是一九七二年四月這次的例子就是。

東德國安局行動好幾年前就鋪好了路，當時東德情報官員是想利用該局來監視兩個人：朱里厄斯·史泰納（Julius Steiner）和里歐·華格納（Leo Wagner）。這兩個西德眾議院的議員都是保守派，愛喝酒、玩女人，債務纏身。這樣的惡習，是很適合被買通的。幾乎整個冷戰時期都在中情局服務的行動官員唐諾·葛瑞格（Donald Gregg）就說：「缺乏自制的惡習，往往是一個人能被收買的訊號，債務纏身的人，很容易被金錢誘惑。」[4]

巴宰的保守派陣營主要是由基督教民主聯盟（基民盟）（Christian Democratic Union, CDU）和基督教社會聯盟（基社盟）（Christian Social Union, CSU）所組成，兩人中的第一人，就屬於巴宰的保守派陣營。史泰納這種奢華的生活方式，讓他缺錢缺很大。寇普在一九六〇到一九八五年間在東德國安局擔任「X」部門的幹員，他就回想：「史泰納是個酒鬼，好女色、又背負債務。」「X」部門負責東德國安局的外國情報工作。為了弄錢，史泰納早從一九七〇年代初期，就開始拿情報來賣給東德官員。[5]他所提供的這些情報，在東德國安局檔案中都紀錄的仔仔細細：

SA7301219：基民盟的外國政策作法。

SA7301725：當前情勢，以及基民盟／基社盟因為基本合約的爭論，而造成分化的過程。

SE7301717：基民盟政治人物努力想要和自民黨（FDP）達成協議。

SE7301719：基民盟和基民盟／基社盟之間的會議紀錄，談到競逐總理職位的事。[6]

第二目標華格納，是巴宰保守陣營中的高階成員。東德國安局把他摸得很透，連他住哪、生日哪天、參加哪些政治活動，以及家人的隱私都不放過：「天主教徒、已婚、兩個小孩。」[7]一九六一年華格納當選眾議員，很外就成為眾議院的明日之星。他和長年領導基社盟的法朗茲·約瑟夫·史特勞斯（Franz Josef Strauss）是好友，而且「過從甚密」。一九七一年時，他是保守陣營在議會的總幹事。[8]

在公開場合，華格納給人自信、壯志滿懷的感覺。他甚至有個「帥哥里歐」的綽號。但私底下，他其實口袋見底、私生活糜爛到不行。在競選議員期間，他常會貸款，然後逾期不還。他是一些高檔俱樂部像是「我們的家」（Chez Nous）的常客，一晚光花在香檳和魚子醬上的錢就可以高達四千馬克（大約是二〇二〇年幣值美金七千八百元）。雖然是已婚身份，他卻同時劈腿好幾個女人。漢斯·柯納里（Hans Korneli）以前是「我們的家」這個俱樂部的吧台，他在一部由華格納孫子所製作、關於華格納的紀錄片中就說：「里歐·華格納，對我們而言，就是那位神秘的里歐。……他是真正重量級的貴賓，總是和人保持一定距離。」華格納長期的司機沃夫岡・楊科維亞克（Wolfgang Jankowiak）就形容他是「白天是政治人物，但到了晚上，在這些酒吧裡，則完全變成另一個人。」[9]

華格納作事不經大腦的作風，毀了他的家庭。女兒露絲・許瓦澤（Ruth Schwarzer）在上述紀錄片中說：「早在他過世前，我就已經埋葬了他。」華格納一生大半時間都待在西德的首都波昂，遠離老婆和小孩所住的家鄉。他波昂的寓所裝有後門，這樣訪客，包括情婦在內，都可以不被外人查覺進入他家。有一次，他的妻子艾爾菲德（Elfriede）無預警打電話來，結果另一頭是別的女人接的，艾爾菲德對著電話大罵：「妳這妓女！」然後就掛斷電話。她訴請離婚，但華格納是個非常愛惜聲名的人，拒絕離婚。女兒露絲回憶說，他對著老婆大吼：「妳休想離婚，想都不用想。」艾爾菲德困在無愛的婚姻中，只好藉酒澆愁，卻因此罹患憂鬱症，不久就死於癌症。女兒露絲心碎之餘，也試圖吃螞蟻藥自殺未遂，因此失去意識長達一個禮拜。[10]

華格納這種不穩定的私生活，讓他成為東德間諜的俎上肉。寇普就說：「我們想收買里歐・華格納，因為他破綻很多，尤其是他財務上的問題。」華格納不想外界知道他揮霍無度，也包裝得還算成功：德國議會都沒注意到他那種自我毀滅的生活方式。但對東德國安局而言，他這種表裡不一的情形，正好是他的弱點所在。

收買華格納是很複雜的工作。首先，要趁他一九六〇年底和巴伐利亞邦記者喬格・佛萊斯曼

（Georg Fleissman）會面時，佛萊斯曼其實是東德國安局的手下。寇普告訴我：「不瞭解佛萊斯曼這個人的手段之高，你就很難接受這個故事可以發生在真實世界中。」佛萊斯曼盯上華格納，原本就是為了東德國安局的任務，他用盡心機來掌控華格納這個人。寇普說：「華格納整個人就被佛萊斯曼玩弄在股掌之間：佛萊斯曼對華格納的財務、家庭狀況瞭若指掌、鉅細靡遺。」[11]

一九七〇年起，華格納就開始提供情報給佛萊斯曼，佛萊斯曼告訴華格納說，自己只是一家私人公司的業務代表，想要打進東歐市場。東德國安局幫佛萊斯曼想了一個非常精巧的偽裝身份。寇普說：「是東德的專家想出來的，我們還偽造了許多貿易公司的文件，上頭連姓名、住址以及詳細聯絡方式都有。」這一切都是為了讓華格納信以為真，以為佛萊斯曼是為美國擔任說客，而非蘇聯。而佛萊斯曼則以現金和布蘭特陣營中的內線消息作換，他謊稱那些消息是他當記者時聽來的。但其實，佛萊斯曼是靠東德國安局提供的線報。[12]

慢慢的，華格納開始依賴這些秘密的金援。他經常派司機沃夫岡・楊科維亞克到一些暗巷去和人接觸，對方會派不認識的對口送包裹來給他。楊科維亞克在紀錄片說：「每次拿到的都是牛皮紙袋，裡面則裝著不少現金。」楊科維亞克不知道錢的來源。[13]很有可能華格納自己也不知道來源，因為他是透過佛萊斯曼這個中間人拿到錢的。有時候，這類的秘密行動，干預內政的國家比較喜歡不讓主事者露面。不管華格納知不知情，透過這樣的安排，他將來就可以全盤否認。寇普說：「華格納只想要錢，他債台高築，沒有佛萊斯曼的援助，他就沒辦法過這種高級的生活。」[14]華格納也不在乎佛萊斯曼上頭老闆是誰，他只在乎佛萊斯曼提供給他的金錢。

東德國安局從史泰納和華格納身上下手，莫斯科當局則在高階政治中，尋找其經濟命脈。一九六八年時，蘇聯領袖黎歐尼・布里茲涅夫（Leonid Brezhnev）對自己的實力圈的穩定開始覺得不安，因為他的政權從一開始就已經出現腐壞徵兆。蘇聯當時已經假解放之名，行佔領之實，將東歐各國納入其控制圈，再透過非常侵略式的大選干預手段取得進一步控制。當時東歐各國，因為無法實行真正公平的選舉，就以叛亂來表達不滿。一九五三到一九五六年間，東德、波蘭、匈牙利等國的人民，都發起過民間暴動。一九六八年捷克共和國似乎也步其後塵，因為一連串的解放改革，而被其領導人亞歷山大・杜布契克（Alexander Dubček）稱為「有張人臉的社會主義」。

捷克共和國這場政治革命，現在以「布拉格之春」廣為人知，當初卻讓莫斯科當局起了戒心。布蘭特日後寫道，一九六八年的一連串革命「所帶來的動亂，餘波盪漾多年，影響深遠」但是「改變的足跡卻慢慢地消失。」同年八月，蘇聯和盟國聯軍入侵捷克共和國，這是該國淪入共黨統治二十年後的事。布里茲涅夫擔心捷克共和國的革命，造成其他東歐陣營起而效尤，於是就宣告日後被稱為「布里茲涅夫主義」（Brezhnev Doctrine）的作法，他說，一個國家出現對社會主義的威脅，會被「所有社會主義國家」視為「共同的問題」。對國際而言，這樣的宣示，象徵了他的意志和決斷。對東歐陣營而言，這其實是一種虛張聲勢，因為蘇聯領導人希望藉此嚇阻更多的叛變、異議出現。布里茲涅夫是終生的共產黨員，生性「謹慎、反應迅速、行事刻板、重技術官僚」，但他意志很明確，就是要維持這個脆弱的影響圈子。[15]

布里茲涅夫想要的是政權的穩定，所以就希望透過和美國及其盟邦之間的鬆馳或深化的合作，來幫他取得這樣的穩定。與西方國家開始有互動，也可能可以提振東歐國家的經濟，這些地區的經濟已經出現疲態。一九七〇年八月，布里茲涅夫和布蘭特見面，他強調「蘇聯準備要加入多樣化的經濟活動中」。一九七〇年代中期奉派西德的中情局官員約瑟夫・魏普（Joseph Wippl）就下結論說，蘇聯和東德「真正的政策，主要都是因為一件事而來：金錢，強勢貨幣。他們亟需強勢貨幣。」[16]在經濟以外，和超級強國的友誼，也有助蘇聯在歐洲戰後國際認同的穩定，這一點隨後就在一九七五年赫爾辛基獲得實現，再者，也能夠展現蘇聯作為共產運動世界的領導人地位，儘管當時他和中國已經分道揚鑣。[17]

但布里茲涅夫要先清除一個障礙才能如願：在採取綏靖姿態前，蘇聯要先修補和西德之間的關係，彌合東西方世界中間的那道鴻溝。德國未來何去何從，這事在當時鬧得沸沸揚揚，多次釀成了冷戰時期的嚴重危機，這包括一九四八和一九四九年間柏林空投危機、一九六一年的柏林危機，以及一九六二年的古巴飛彈危機（當時華府深信，這只是莫斯科當局想要趁機佔領柏林的調虎離山之計）。[18]和西德取得和解，就是讓布里茲涅夫政權得以跨出鐵幕關鍵的第一步。

也正是為此，莫斯科當局非常器重布蘭特。在一九六九年以前，西德政局始終由保守派陣營所把持。布蘭特之前的每一任保守派領袖，也都恪遵赫爾斯坦主義（Hallstein Doctrine），也就是不承認東德政權，也不承認任何承認東德的國家（除了蘇聯以外）。保守派的國會議員對於戰後波蘭透過協議，取得德國從歐德（Oder）到奈瑟河（Neisse Rivers）間的土地一事，非常的不滿。[19]寇普說，在赫爾斯坦主義之下，東德就「不是個國家，在貿易關係、文化、政治上都遭到孤立。」他補充道：「可是布蘭特卻打破了這個模式。」[20]

一九六九年的大選後，布蘭特的陣營在國會過半，他也成為總理。他矢志要「在面對東歐政權時，提倡西德的權益」，但也要和蘇聯及其衛星國建立新的連繫。[21]他的目標與布里茲涅夫正好不謀而合：讓柏林不再成為冷戰時期的火藥庫，為西德打開貿易大門。就是在這個前提之下，讓莫斯科當局想要保住布蘭特政權。

＊＊＊＊

秘密干預他國選舉，通常都是基於對安全感方面的擔憂所觸發的，不論這擔憂只是想像出來的或是真的存在的。美國相信圍堵左傾候選人可以讓對自身福祉、認同，甚至生存的威脅降到最低；因此才會出現中情局在義大利、智利和日本的那些行動。[22]蘇聯之所以干預他國大選，也同樣是為了在東歐建立一道保護其安全的緩衝區。接著才由格別烏在全世界各地支持左傾的政治人物，這一來這些人一旦當選，就會讓莫斯科當局在海外有盟友，也讓其在國內拿得出證據，證明共產主義是全球受歡迎的意識型態。不管中情局或是格別烏干預大選的行動，其目的千百種，有些行動是為了維持政權，有些則是要建立新政權，但不管目的為何，其實都反映出他們在當時所遭遇的威脅和機會。

不信任投票在歷史關鍵的時候出現，布蘭特成為箭靶。身為西德總理，他走的是緩和（一譯「低盪」和解）東歐政策，這一點和莫斯科所想要與西方世界和解的態度正好不謀而合。布蘭特一開始是和蘇聯溝通條約。一九七〇年五月間，波昂和莫斯科兩邊達成初步的和解協議。[23]同月，布蘭特陣營出現了裂縫。和蘇聯和談的事，他一直有在向內閣報告，但是眾議院這邊卻還是指控他的談判不夠透明。這時他所屬的保守派陣營中有人要投效敵方陣營的謠言開始流傳。不過在內閣會議中，布蘭特還是安撫這些議員，雖然也只是緩兵之計。[24]

蘇聯和西德的外交部長在一九七〇年八月正式簽定協議，《紐約時報》當時報導了會議中「近乎欣喜的氣氛」[25]。簽約兩邊不僅確認了歐洲的國界，同時也誓言要「推動並擴張兩國之間的合作，包含經濟關係。」合約一簽訂，布蘭特就前往莫斯科，他相信此舉會讓蘇聯重視這個條約。到了莫斯科後，布里茲涅夫迎接布蘭特進入他的辦公室，可以明顯看出他欣喜若狂，兩人隨後在辦公室進行四小時的對談。之後布蘭特就在電視發表會上，大大宣揚這個被稱為「莫斯科條約」的優點，他宣稱這是「重建與東歐關係的時刻。」[26]

其後，到了十二月時，西德與波蘭也簽署了「華沙條約」。該條約將兩國關係正常化，同時跟莫斯科條約一樣，也確定了兩國戰後國界是沿著歐德—奈瑟線，此舉激怒了保守派的參議員。[27]布蘭特在華沙時，當他前往一九四三年華沙街區暴動發生地獻花致哀後，雙膝跪地，這個二戰時期的暴動起於德國士兵屠殺猶太反抗鬥士，布蘭特在此時刻意把自己的姿態壓到這麼低，是有心要重新贏得這個曾經飽受希特勒摧殘的國家信任。[28]之後，東西兩德也在一九七一年簽定了一個過渡型式合約，這讓布蘭特的東歐政策再往前推進一步。[29]

布蘭特與東歐諸國所簽訂的多個條約，讓他贏得舉世好評，也讓他拿到一九七一年十月所頒發的諾貝爾和平獎。但在西德眾議院裡，他卻成了眾矢之的。飽守派陣營譏諷說，這些褒揚也來的太早：眾議院都還沒針對和約舉行辯論。布里茲涅夫在一九七一年底又再次和布蘭特會晤，他始終掛心蘇聯經濟利益問題，乃問布蘭特：「你知我知即可」，莫斯科條約是否有機會被德國眾議院批准通過。但布蘭特答以這事沒人說的準。一九七二年二月，布蘭特所簽的幾個協議終於送交德國眾議院辯論，保守派始終頑強反對。美國駐西德大使肯尼斯・羅許（Kenneth Rush）就對尼克森總統示警：「西德保守派反對和緩政策。這些人都是天主教徒，堅信不可以和魔鬼打交道。」[30]

布蘭特在海外聲名卓著，在西德家鄉卻是非常兩極的人物。他沒預料到自己的外交政策會在國內遭遇這麼大的反對聲浪。他自己的註解下得最好：「諸條約之爭，搞到我的執政地位都快不保。」[31]反對派巴幸這邊收下多位從保守派叛逃的眾議員，這讓他深受鼓舞，於是就要求進行不信任票的表決。他要拔掉布蘭特，這事不管蘇聯或是東德都沒辦法插手逼他罷手。因為，對於總理採取建設性的不信任投票，是由西德憲法第六十七條所保障的選舉機制。前中情局官員約瑟夫・魏普回想當時說：「這些條約能否通過事關緊要，因此巴宰敢為此豪賭一把，要求進行不信任投票，的確值得尊敬。」[32]

巴宰想藉由投票扭轉局勢，在最後一刻，讓東歐政策的政策歸零。

＊＊＊＊

蘇聯插手干預不信任投票的過程，為的當然不是意識型態，畢竟布蘭特本身並不是共產黨員，整件事為的就是蘇聯本身的利益。反對黨領袖巴宰日後就撰文提及：「莫斯科官方很多人在威利・布蘭特總理和其陣線成員身上看到的是，可以讓東歐政策延續的利益所在。」[33]

莫斯科方面派出馬可士・沃爾夫（Markus Wolf），他是東德國安會高端情報員，他讓人聞之喪膽，且神龍見首不見尾。前格別烏將領卡魯金說：「我和沃爾夫有私交，西德當時完全被東德滲透了，而馬可士・沃爾夫則是東德情報員中的頭號人物。」沃爾夫擔任東德國安局的外國情報單位主管長達三十多年。他後來在一九九七年出版回憶錄，當中詳述他操控對象的細節，其中最為人知的，就是他會在西德派出所謂的羅密歐間諜，這些人會去色誘那些能夠拿到國家機密的女性。回憶錄中他寫道：「將情慾和情報工作結合，我不是第一人，但要是我能在間諜史留名，則可能是因為我把用情色進行情報工作的方式發揮到極致。」沃爾夫為了達成目的，往往不擇手段。就跟多數東德人一樣，他很看重布蘭特，形容後者是「認真、聰明、道德正直的人。」[34]

一九七二年初，布蘭特在國內的地位出現動搖，沃爾夫和其他東歐國家的領袖適時伸出援手。布里茲涅夫宣布他會承認歐洲經濟社區（European Economic Community），這個機構就是日後歐盟的前身，此舉一箭三鵰，要同時激發對莫斯科條約、緩和政策和布蘭特的支持。二月間，東德政治局短暫實施其與西德所簽的過渡條約，這讓一百多萬名西柏林居民，得以進到鐵幕另一邊去。以上種種作為，都為了展現布蘭特政策所帶來的好處，在巴宰告訴眾議院同儕說自己會發起布蘭特的不信任投票後，上述作為在四月間實施得更是徹底。沃爾夫形容接下來的幾週是「保護布蘭特週」。四月二十五日，東德政治局主動在條約談判過程中，表示願意讓步，藉此帶起布蘭特作為東西方溝通者的聲量。巴宰到這階段已經開始嗅到不對，於是他高喊有人作弊。一名派駐西德的美國大使館官員在報告中寫道：「巴宰不滿說，在最後那幾週，蘇聯或東德的許多作法互相加成，對德國民意產生了影響。」[35]

華府全程緊盯東西德情勢變化。季辛吉這時依然是尼克森總統的國安顧問，他就對尼克森這麼說：「這是戰後第一次，有人想要進行不信任投票，正顯示布蘭特政權有多軟弱。」[36]這之前不過一年半的時間，這兩個人才想在智利的國會大選過程中動手腳，防止薩爾瓦多・阿葉德獲國會通過總統一職。但那一次美國的傀儡，卻只淪為旁觀者。

蘇聯可不同了，這次是他在「操控舞台」。布蘭特相信布里茲涅夫「把畢生名譽都賭在這條約上」，季辛吉則是預言，「要是西德國會沒通過條約的話，布里茲涅夫就完了。」沒錯，對莫斯科當局而言，這賭注的確很高，高到他無法只靠帶風向、憑運氣、看人品。花錢賄選才是必勝保證。沃爾夫在一九九六年時說：「大家都在買票。」他這話講的有點誇張，也有點在為自己開脫。[37]

格別烏想要直接把手伸進投票過程中。有次一位蘇聯代表和布蘭特的顧問艾根·巴爾（Egon Bahr）進行閉門會議，他就問巴爾，為什麼他不「對眾議員進行賄選」，還暗示說如果需要資金，莫斯科當局可以提供，無論金額多少。巴爾後來才知道，原來格別烏早就已經準備好「滿滿一皮箱的現金」，打算要拿來買票。[38]巴爾拒絕這提議，原因則可能很多方面，有道德上的，也有實質上的考量。

莫斯科當局處心積慮想護住布蘭特的政權，還動員了東德國安局。寇普解釋道：「我們收到莫斯科當局的指示：要盡一切可能不讓布蘭特下台。」他這番話沃爾夫和格別烏的檔案也都證實。[39]蘇聯欠缺人脈，無法直接和眾議院的保守派議員接觸，所以要透過巴爾，靠他當中間人。但相對的，東德國安局這邊，早就已經在西德社會滲透數十年，布線已久。前中情局副局長巴比·殷曼（Bobby Inman）就說：「西德到處都有東德國安局的人。」中情局官員波特·葛斯在一九六〇年代被派駐歐洲，他就說：「我怕東德國安局的人⋯⋯我對他們完全不信任⋯⋯他們完全就是惡棍，把別人的身家查的一清二楚。」[40]

因為巴宰的不信任投票提案完不到幾天就立即進行表決，這讓東德國安局有點措手不及，得加快動作。直接介入選局過程，不是東德國安局習慣的作業方式，他們比較常擔任海外情報搜集、在國內大型監控之類的行動。[41]直接在選票上動手腳，這種事風險很高，因為有機會被人識破。但東德官員為了保護布蘭特不下台，不能再袖手旁觀，一定要有實際行動。

而東德國安局袖中還有兩道乾坤：就是史泰納和華格納，這兩位拿了錢的議員。

＊　＊　＊　＊

隨著投票日越來越近，霍爾斯特．寇普一干人想出一個計劃：給史泰納和華格納一人各五萬馬克（二〇二〇年的幣值約為九萬七千美金），要他們放棄投下不信任票。因為同意和不同意票數應該會很接近，把史泰納和華格納兩個巴宰陣營的人拿掉，等於少掉兩張同意票，這可能就是成敗的關鍵。但是，寇普很擔心華格納會被人揭發。他說：「我是有點反對用華格納這張牌的，因為我不想一次就把他用掉。」但最後，他們還是覺得已經別無他法了。莫斯科當局下了命令，把保護布蘭特政權視為「決定是戰是和的關鍵」，寇普就說：「因為要是東歐條約無法被國會通過，那麼（東歐政策）就完了。」[42]

東德國安局接下來就開始策動史泰納和華格納，讓兩人配合。這兩人到這時候已經陷得太深，無力自拔了，所以這筆賄選的錢，他們沒有可能會拒絕。史泰納這邊一聽提議，幾乎是立刻就答應了。而當佛萊斯曼一對華格納施壓，他也是乖乖就範。寇普說：「他的債務、處境，一切都讓他在選票上沒辦法自行作主，」因為「沒有我們長期提供的金援，他早就破產了。」這壓力讓華格納崩潰。投票前，他服了「強烈的興奮劑」，以助他「不致於失控」，他的孫子班奈狄克特．許瓦澤（Benedikt Schwarzer）在紀錄片中描述。[43]

投票當天，華格納和史泰納與眾位議員一同來到眾議院，所有的報導都指出，布蘭特在這時已經作好準備，他就要下台了。之後，他說自己「當時已經接受了有可能失敗的下場。」[44]可是，他卻萬萬沒料到，當華格納和史泰納理應投出不記名投票時，他們卻在外國勢力的操縱下，棄權了。

一等所有眾議員都就定位，眾議院的主席就宣布投票結果：「巴宰博士，由保守派所提的提案，並未達到過半票數。」該提案未獲通過。僅有二百四十七位眾議員對布蘭特投下不信任票，差不信任案通過應得票數二百四十九票兩票。布蘭特陣營的議員互相擁抱。其中幾位還想把布蘭特拋向空中。巴宰這邊，則不可置信地猛搖頭。《紐約時報》的頭版以「布蘭特在不信任投票中勝出」為標題報導。[45]

華格納和史泰納背叛了保守派，讓巴宰與總理一職隔了一步之遙。秘密干預大選的行動，有時候是用來改變政局，但在西德這場投票，卻在阻止改變。布蘭特這邊在慶祝的同時，東德國安局也同樣在慶祝。寇普回憶當時：「我們既高興又驕傲。」寇普後來更因此獲得獎章。高階政治人物私下聊天時，也都不免要提到這個行動。在西德進行不信任投票前，東德當時的領導人艾利希・何內克（Erich Honecker）就告訴艾根・巴爾說，布蘭特一定會不動如山，「除了因為有我們的支持外，也因為有我們的手段。」[46] 一九七二年五月，何內克在寫給羅馬尼亞領導人尼可萊・索賽斯庫（Nicolae Ceaușescu）的信中更提到自己政府所用方法多有效：

> 在基民盟和基社盟向眾議院提案不信任進行投票前不久，我們用了好幾種方法來支持布蘭特政權……我們之所以會動手，是因為布蘭特政府明顯對我們較為有利，遠比在巴宰和史特勞斯的領導下，更為有利。[47]

對莫斯科當局而言，保住布蘭特政權，立刻就為他們帶來好處。在不信任案投票失敗後三週，西德眾議院通過了與華沙和莫斯科的條約。西德內部對於巴宰的領導能力信任度大幅下滑。一年後，巴宰黯然辭去保守派領袖的職務。《紐約時報》一篇以「巴宰先生退場」（Exit Mr. Barzel）為題的報導寫道：「在他於一九七二年四月發動對布蘭特先生的不信任投票，並以兩票之差落敗後，他的信任度就戲劇性直落谷底。」[48]

相形之下，布蘭特聲勢卻如日中天。一九七二年十一月，西德眾議院改選，布蘭特所屬的陣營拿下二百七十二席，大贏對手保守派的二百二十四席，這讓布蘭特獲得人民「充份的授權」，根據一份媒體報導：「足以讓他持續自己大膽的東歐政策，推動與歐洲共產黨執政國家關係正常化。」[49]翻轉東歐政策的機會稍縱即逝。前中情局官員約瑟夫・魏普說：「第二次選舉等於是為上一次的不信任投票背書，這再次穩固了布蘭特的政權，也顯示過半數的德國人對於東歐政策的態度，是站在布蘭特這邊的。」[50]

像這樣簡單的秘密干預選舉行動，就足以扭轉多個國家的命運。想想要是東德國安局沒有插手這次西德的不信任投票，後續發展會如何？最直接的影響，就是布蘭特會下台，而他和蘇聯還有波蘭的合約，也就無法獲得國會通過。東歐政策當然也就會無疾而終，並被視為是雷聲大雨點小、躁進的外交政策。隨著時間慢慢過去，巴宰的政權將會重新孤立東德。美蘇兩大強權，也會因為沒有東歐政策的鋪路，很難從緊張的關係中逐漸得到放鬆。布里茲涅夫也會被季辛吉言中，被迫下台。而就長遠來看，兩德的統一，要不是事前經過關係和接觸的深化，最後的走勢必定也會完全不同，同樣的，蘇聯發展軌跡也會截然不同。而冷戰的發展，更可能會完全改觀，而這一切，都是因為秘密行動所促成的。

如今，布蘭特被視為冷戰時期最牽一髮動全身的領導人物。歷史學家提摩西・嘉爾頓・艾許

（Timothy Garton Ash）就寫道：「因為威利．布蘭特，德國才真出現一位算是勉強稱得上偉大的歷史人物。」[51]而布蘭特的豐功偉業，竟然是來自一個外國情報單位的推波助瀾。即使有聰明才智如布蘭特，也得要有東德國安局的暗助，讓他得以保全總理之位，才能實現他的理念，改變了世界。

* * * *

當時，幾乎所有人都以為布蘭特會下台。所以，看到他竟然留任，立刻就開始有人疑心，認為一定是反對陣營中有人被收買而跑票。在不信任投票隔天一早，就有一篇文章這麼寫道：「基督教民主黨中有一或更多票，明顯是沒照巴宰博士的意思投。」[52]約瑟夫．魏普聽到很多人猜測這次投票有人作票。他回憶道：「我當時就知道有幾個人收了錢投票，但我不知道錢從哪裡來。」[53]

敗選的一邊，因為苦無證據證明有外國勢力介入，只能胡亂猜測、忿忿不平。法朗次．約瑟夫．史特勞斯這位保守派領袖，稱這次投票失利是「（西德）歷史上最大的醜聞。」巴宰在自己的回憶錄中不甘心地寫道：「當一九七二年四月二十七日我和布蘭特在德國眾議院的情勢不相上下時，出現了買票和叛國的情形。政治也不過就是如此。沒有這些不法勾當，德國的歷史，以及我個人的生活，都會走上一條截然不同的道路。」即使是布蘭特自己，雖然是受惠於東德國安局的行動，也懷疑這次投票不公，他在一九七六年寫道：「因為是採不記名投票，所以永遠也不會知道誰投了什麼。……我的臆測是，在競選期間，有舞弊的情事發生，但這臆測卻無法獲得證實，但整起事件卻給人留下不愉快的餘味。」[54]

布蘭特，再怎麼說，應該都不會知道東德國安局在背後幹的這些事。外國勢力，是有可能在不和受惠方合作的情形下，影響大選過程，而且這種事還滿常發生的。像西德這個情形，要是讓布蘭特參與秘密行動的話，就會功敗垂成。要是他參與的事被揭露，他當選的合法性就蕩然無存，這是莫斯科當局千方百計想要避免的事。至少在一九七二年這次，讓受垂青的候選人置身事外，有利莫斯科當局。

但是，整個東德國安局的行動中，有一項破綻，那就是參與的官員，沒辦法保證華格納和史泰納不會把事情說出去，這兩人自我毀滅的行事風格，在選前有利於東德國安局，但在選後，則可能會壞了大事。

要是東德國安局這次行動中有個大漏洞，那就是史泰納，他叛國的行動，在不信任投票一年後被人發現。這件事日後被稱為「史泰納事件」，整件事，果然不出預料之外，是史泰納自己不小心給說漏嘴的。在一九七三年五月史泰納接受德國《鏡報》（Der Spiegel）專訪時，他說巴宰不適合當總理，這種話出自巴宰自己陣營的人，也太駭人聽聞且不恰當了吧。史泰納接著又說，也就是因為這樣，他基於良心，在不信任投票時，棄權沒有投出自己一票。[55]

這一來，兩名投廢票的人就抓出一位了。數天後，又有報導指稱，史泰納其實是被人收買才投廢票的，右派報紙像是《萊茵信使報》（或譯：萊茵水星報）（Rheinischer Merkur）、《畫報》（Bild）、《世界報》（Die Welt）等，都聲稱這是「波昂的水門事件」。《鏡報》報導：「一如以往，與貪污脫不了關係，這一次則是在政黨聯盟中。一位國會議員遭懷疑、指控涉貪，但加以否認，但也有人因此見獵心喜。事件爆發的前數週，一開始只有幾個熟知內情的人知情。」[56]

史泰納謊話連篇，只為掩飾真相。之後他又改口，說是布蘭特領導的社會民主黨中一位眾議員卡爾．魏南德（Karl Wienand），給了他五萬馬克，要他投廢票。《鏡報》也證實，在不信任票投完隔日，史泰納的確在自己私人的銀行帳戶中，存進了五萬馬克。之後在六月的專訪中，史泰納又堅稱自己是在魏南德的辦公室裡收到賄款，現在對此懊惱不已。[57]

到這階段，史泰納對東德國安局已經沒有利用價值了。他的一舉一動都被人放大檢視，動見觀瞻，名譽也早就掃地。叛國的政治人物，裡外不是人，沒人會保你；就這麼一眨眼的時間，史泰納變得孤立無援。對東德國安局而言，史泰納不堪的處境，可以算是這次干預行動中的唯一要付出的代價。這樣的折損還在可接受的範圍。沃爾夫日後稱史泰納是「提供的線索普普通通。」寇普也一樣，覺得史泰納沒什麼價值：「沒人在乎他了，不管東德還是西德。」[58]

東德這邊比較擔心的是，史泰納事件是否會害整個行動曝光。所以，看到媒體緊咬史泰納追查，東德國安局一點也不敢大意。該局的檔案中可以看到，他們蒐集了一些報導，是關於巴宰陣營中出了兩個叛徒，而史泰納只是其中之一，另外也有關於整個醜聞事件發展的報導。[59]一九七三年六月十五日，西德眾議院展開對史泰納的正式調查。這個跨黨派的委員會，其成立宗旨是要查出「在巴宰對布蘭特總理發起不信任投票前，由誰行賄誰，又是透過什麼管道。」東德國安局在檔案中也指出，該委員會也將調查是否有「外國情報單位涉及投票過程，以及影響史泰納投出廢票。」[60]

但委員會的調查工作很快就陷入停滯。整個夏天，委員會的成員都忙著釐清證詞之間互相矛盾之處。證人之一的魏南德在七月時說：「史泰納先生從來也沒從我這裡收到過錢。」魏南德的同事也為他辯護，證明他在投票後並沒有進過辦公室，與史泰納所稱不同。《法蘭克福評論報》（Frankfurter Rundschau）報導說：「第一輪的調查站在魏南德這邊。」[61]委員會在一九七四年三月將最後的結論上呈。調查未獲無具體結論。東德國安局關於史泰納的檔案特別指出，該調查「並未查出史泰納和東德國安局之間的牽連。」[62]

即使給了特別調查委員會調查權，眾議院還是無法抓出東德國安局幕後的黑手，因為他們都是使用現金和面會，沒有留下蛛絲馬跡，史泰納把錢的來源賴到魏南德身上，誤導了調查的方向，反而是搞到他們黨內吵成一團。布蘭特的陣營更指控這個調查委員會成立的背後目的，是要抹黑布蘭特當選的正當性。布蘭特顧問霍爾斯特·艾姆克（Horst Ehmke）在一九七三年九月時就說：「史泰納事件就是想拖總理下水。」[63]但如果從現在來看，其實該委員會的成立，合情合理，因為選票的確是被動了手腳，可是一旦有人去提選舉被人介入這種事，那勝選的一方一定會擔心牽一髮動全身，一張選票有問題，全部選票都有問題。

＊　＊　＊

這類秘密大選干預行動的真相，要它水落石出，可能要等幾年，甚至好幾十年。而有時候，而這些行動中的主謀者本人，則自始至終都能逍遙法外。

華格納和東德國安局之間的關係，在不信任案投票後，依然沒斷。一九七五年，當關於他財務困頓的事終於浮上檯面時，他卸下身為議會總幹事的工作。隔年年底，他也離開了眾議院。[64]在這之前，華格納前去找佛萊斯曼調錢，兩人於是又牽上線。一九七五年底到一九八三年間，華格納持續擔任東德的線人，畢竟他在保守派陣營中還是滿吃得開的。東德國安局的檔案中，將寇普列為華格納接洽的窗口，這份檔案中，共有四十一筆紀錄，詳列華格納在這段過程中，所提供的情報。[65]

華格納在這段期間所提供給佛萊斯曼的情報，跟一九七二年的行動不一樣，而比較像是東德國安局平常會幹的勾當。東德情報單位是特別設來要滲透西德社會的，因為兩國之間有共通的文化、語言以及歷史。一九五〇年代，沃爾夫在西德上下都安置了間諜，包括與布蘭特關係極親的顧問，日後也因為這類角色曝光，才導致布蘭特在一九七四年辭去總理一職。[66] 華格納因為有人脈和地位，所以對東德國安局很有利用價值。寇普說：「他帶來很重要的情報、那都是旁人拿不到、有關基督社會黨內部發展的獨家秘辛。……從他這個管道得到的情報，最重要也最無人能及。」[67] 寇普作為華格納上級，當然要賣瓜自誇一下，但華格納的確在保守陣營中位處高階且極具影響力。

一九八〇年，華格納因為詐欺指控而上了法庭，檢察官後來發現他在一九七二年收到來源不明的五萬馬克，時間點就在不信任投票前後。[68] 這之後，柏林圍牆倒塌，兩德統一，前東德的情報員於是紛紛抖出以往的內幕。一九九三年，馬可士・沃爾夫就揭露他的人馬曾經花錢收買了史泰納那關鍵一票。格別烏的檔案也同樣紀錄了史泰納投廢票，是受到東德國安局「的指使。」[69] 一九九五年，佛萊斯曼被以為東德擔任間諜的罪名判處有罪。之後他就與世長辭。一九九六年，沃爾夫又揭露，除了史泰納外，東德國安局還賄賂了另一位眾議員。[70]

之後，最震撼的消息終於被披露了：二〇〇〇年，德國《鏡報》（Der Spiegel）報導，德國聯邦檢察官辦公室相信，華格納就是上面所指的另一位投廢票者。這時，已經高齡八十一歲的華格納宣布，他會終止所有和基督教社會聯盟的連結。他對媒體說：「我不想害基社黨被這些指控拖累。」從這一刻起，到他數年後過世，他始終都否認這些指控。[71]

＊＊＊＊

這之後，德國官方就定調，是東德國安局利用華格納，在不信任投票過程中舞弊。二〇一三年的官方報告就指出，沃爾夫的情報組織早知華格納有財務困難，也透過佛萊斯曼用錢買通他投廢票。這份報告的結論是，東德國安局透過賄賂華格納和史泰納兩人，造成了對布蘭特不信任案投票失利。[72]

華格納議員的真面目很少人知道，他把自己種種不為外人道的行為藏得很好，一直到冷戰結束前，都不為人知。他這個人，正好點出在干預外國行動中，會被利用來操縱的對象，可以多讓人想像不到。華格納身為保守派中的菁英，卻自甘墮落，願意背叛自己所屬的政黨，即使在差他一票，就可能害西德總理寶座換人的情況下，他也不惜背叛。在一些像是義大利和智利的國家，中情局操縱的是平凡大眾。但東德國安局卻不是這樣，他們下手的對象是議院中的議員，會深入研究他們私生活，再巡行操縱他們。而另一邊，寇普的為人，則點出東歐情報員的特色。他的目標只有一個：「幹大事。」[73]

寇普稱一九七二年的行動，尤其是他對華格納的控制和監視，是他畢生最大的成就。

第五章 格別烏朝美國下手

從賄選和訴求恐懼心理的寫信運動，到秘密經費贊助等等手段，蘇聯和美國對他國的大選干預行動，橫亙了二十世紀大部份的時間。在本書的歷史回顧談到二十一世紀之前，還有一塊拼圖要找出來：那就是，冷戰期間美國國內發生了哪些事？

中情局在海外忙著干預其他國家大選的同時，歷任領導人都以為美國國內的選舉，應該是不可能也不會受到他國情報單位的干預的。我問巴比．殷曼，在一九七七年到一九八二年間，是否有可能，會有外國勢力，操縱了美國國內大選。會問這個問題，是因為這段期間，正是殷曼擔任美國國安局長、隨後又接任中情局副局長的時間，當時美國國會正針對中情局秘密行動的計劃重新進行規劃。殷曼對這問題的回答是：「不會、不會……在共產國際還在的年代，是有過這樣的擔憂，包括它會影響全世界各國，但隨著共產國際不在，這樣的擔憂自然也就煙消雲散。」[1]

歐列格．卡魯金這位前格別烏的將領，看到的卻不一樣。他被派駐在美國的一九五八到一九七〇年間，可是無所不用其極的要干預美國大選，這包括散發很多不實、詆毀候選人的假訊息、找出對呼聲高的總統候選人有殺傷力的情報，再將之散播出去，另外也試圖直接和候選人合作，並想辦法影響候選人。卡魯金說：「我們的工作之一，就是要幫助勝選後會對蘇聯傷害最少的候選人。」不管在那時或是現在，莫斯科當局的目標，都分成三方面：在美國製造分裂、傷害仇蘇候選人，並幫助友蘇候選人。

對莫斯科而言，干預美國大選的風險很高，但是報酬也很大。要是格別烏行動曝光，超級大國之間的關係就會惡化，而美國就會實施經濟、外交，甚至秘密的反制行動。卡魯金說：「總是會聽到有反對的雜音說，曝光的話美國就會回擊，到頭來是傷人三分、傷己七分。」[2]但是成功的好處實在太難抗拒了：在美國選民決定國家未來方向之際，影響他們選票的去向。這樣的行動，並不是為了意識型態，畢竟，共產黨在美國政壇從來就不受到歡迎，而是為了蘇聯領導人政權的安定考量以及個人恩怨。

從一九六〇年到一九八四年間的多次美國大選中，莫斯科當局多次鎖定他們視為不利蘇聯的總統候選人，並暗中運作摧毀他們的競選大業。

＊　＊　＊　＊

第一個被蘇聯找上的目標是李察・尼克森總統。

「我想給您看看這個廚房，這跟我們在加州家中的一模一樣。」這是美國副總統尼克森，在一九五九年七月間對蘇聯總統尼基塔・赫魯雪夫（Nikita Khrushchev）所說的話。當時尼克森人正在參訪蘇聯，和赫魯雪夫一起參觀美國家居展。講這句話時，尼克森指著一台亮閃閃的洗碗機，藉此顯示資本主義遠比共產主義優秀。

赫魯雪夫不疑有他，就回嗆他說：「在我們俄羅斯，只要出生在蘇聯，就可以擁有一間房子。這是公民的基本人權。」

這段你來我往的對話，被稱為廚房之辯，意識型態之爭變成意氣之爭。

尼克森回嗆他說：「你這人盡是搶著話講，不給別人機會講，什麼事都不讓步……人不能怕別人給你建議。」

赫魯雪夫暴氣回他說：「你才不該怕別人給意見，我們什麼都不怕。」尼克森又回赫魯雪夫說他「又不是什麼都懂。」這話可把這位蘇聯領導人氣壞了。所以他又回：「要是我不是什麼都懂，那你對共產黨又知道些什麼，除了只知道害怕以外。」[3]

赫魯雪夫事後氣沖沖離開。所以，當一九六〇年尼克森順利拿下共和黨總統候選人資格時，赫魯雪夫緊盯著事態的發展。他在回憶錄中寫道：「（尼克森）對蘇聯的莽撞無禮，那種反共姿態，以及他過去與反動派及反啟蒙主義者參議員約瑟夫・麥卡錫（Joseph McCarthy）之間的連結，未來都對蘇聯只有壞處沒有好處。」[4] 赫魯雪夫的態度，貫徹到格別烏的基層幹員身上，卡魯金說：「莫斯科當局很怕尼克森」，卡魯金在一九六〇年時被派駐到紐約市，他說：「尼克森代表的是右派的共和黨員，而俄國人怕死這種人了：要是被他拿到政權，（美蘇關係）就會判若雲泥，冷戰可能就會演變為真正的戰爭。」[5]

共和黨高層也擔心赫魯雪夫可能會想破壞尼克森的總統競選工作。一九六〇年二月間，美國派駐聯合國的大使亨利・卡波特・洛吉二世（Henry Cabot Lodge Jr.）曾經和赫魯雪夫本人見面會談過，洛吉日後也成為尼克森總統競選時的副總統候選人，跟他搭檔競選。在會談中他向赫魯雪夫保證，也給予忠告。他對赫魯雪夫說，尼克森其實不是他擔心的那樣子，在他當選後，將會加強美蘇友好關係。所以蘇聯不用費神介入美國大選。赫魯雪夫在回憶錄中記載洛吉當時對他講的話說：「貴國不管支持那位候選人，這樣的干預不是我們需要的⋯⋯這會對我們造成傷害。⋯⋯我們只求您保持絕對的中立。不要介入美國內政，介入總統大選。」洛吉這番話的道理赫魯雪夫是懂的。他在回憶錄中寫道，不干預美國大選「基本上是明智的抉擇」，衡諸其中風險。[6]

但赫魯雪夫這人不是會考量風險的人。他這人見過大風大浪。身為貧農之子，他卻能夠突破種種不可能，擠進史達林的核心權力高層，在一九五三年史達林死後，掌握最高權力。身為蘇聯領導人，赫魯雪夫的行事作風向來深不可測，且往往詭譎多變：他反對對史達林的個人崇拜，並對外虛張聲勢說莫斯科當局擁有長程飛彈，挑起美蘇強權在柏林的對峙，並在古巴架設飛彈。赫魯雪夫想要的，沒有得不到。

一九六〇年時，赫魯雪夫想要的就是讓尼克森在總統大選中落敗。洛吉所不知道的是，早在他倆會晤前，赫魯雪夫就已經跨出第一步了。他想要讓民主黨前兩次都提名參選總統的候選人艾德萊・史蒂文森（Adlai Stevenson）當選。赫魯雪夫認為史蒂文森是「想法實際的人」，而且希望「與（蘇聯）發展友好關係。」[8] 問題是，史蒂文森這次大選並不打算再參選了。赫魯雪夫想勸他回心轉意。

一九六〇年一月間的一個下午，史蒂文森來到華府的蘇聯大使館，在這裡他拜見了莫斯科派駐美國的大使米凱易爾・孟席可夫（Mikhail Menshikov）。兩人在飽食了由莫斯科官方款待的魚子醬、水果、飲料後，孟席可夫從口袋裡掏出一封赫魯雪夫的親筆信，大聲念了起來。

史蒂文森轉述說，信中赫魯雪夫寫道：「我們對未來很憂心，希望美國選到對的總統。各國都對美國大選密切關注，我們不可能不在意自己的未來，以及美國大選的結果，這對全世界所有人都很重要。」對於美國的一九六〇年總統大選，赫魯雪夫在信中解釋自己的想法，他屬意史蒂文森「遠勝於其他候選人，因為我們知道史蒂文森先生的想法，我們所有人都由衷寄望於他。」

赫魯雪夫接著就表明自己有意協助史蒂文森取得大位的想法：

> 蘇聯媒體可能有辦法協助史蒂文森先生成功嗎？要怎麼做？媒體應該稱讚他嗎？要是

應該，要稱讚什麼？媒體應該批評他嗎？如果批評的話，該怎麼批評？（我們有很多地方可以批評史蒂文森先生，畢竟過去他對蘇聯當局和共產主義多所不滿！）史蒂文森先生是最清楚，什麼最有利於他。

念完這封信後，孟席可夫交待史蒂文森務必不要把信的內容洩漏出去。看來，莫斯科當局是想要拉史蒂文森合謀，對大選動手腳了。但史蒂文森斷然回絕。在表達了自己對赫魯雪夫的「信心」和「主動提供援助」的感謝後，他再次提醒孟席可夫，自己無意參選總統。但更重要的是，他強調自己「對於在美國大選進行干預是否合適或是否明智，其實有很深的憂慮。」史蒂文森覺得赫魯雪夫的提議不僅不恰當，而且非常欠缺深思熟慮。他說：「我告訴他，要是我要競選，我不可能接受他所提的援助。……我相信我把話說得很清楚，讓他知道我對他提供協助的事感到很不恰當，也覺得這不夠謹慎，對大家都很危險。」

數天後，因為這次會面實在太難從心裡抹滅，所以史蒂文森就親自提筆寫了一封信。在給孟席可夫的私人訊息中，他重申自己無意競選總統，而且就算他參選了「我也必須拒絕，您同胞的善意和對我的信心，我真的心領了。」[9]

赫魯雪夫干預一九六〇年美國大選的初衷失敗了，不過他可沒死心。尼克森和約翰．甘迺迪參議員（John F. Kennedy）隨後出線，成為兩大黨的提名人。赫魯雪夫在回憶錄中寫道，「要是甘迺迪當選，對（美蘇）關係的增進，會較有希望。」卡魯金為他的話作補充說：「因為甘迺迪被視為較自由派的一位。」所以莫斯科當局就想辦法要幫他當選。亞歷山大・菲克里索夫（Alexander Feklisov）當時是格別烏派駐華府工作站的主管，他接到指示要「定期向中央報告選情的發展，並提出關於外交、宣傳以及任何其他方面，可以幫甘迺迪勝選的方法。」[10]格別烏接下來進行了哪些行動，現在所知不多，但卡魯金說這些行動他都是其中重要的成員。他說，在競選過程中，格別烏分送了「各種文宣」，但他也說自己沒有證據可以證明自己的說法。「發生很多事。我們這行可以做的事太多了，真的是超乎想像。可能是偽造文件、可能是特定功能的刊物、書籍、雜誌、電台、廣播節目、電視…當然，還有一些匿名信。」[11]

赫魯雪夫不僅動員格別烏來影響美國選情，他同時也利用國際情勢來達到自己的目的。一九六〇年五月，一架美國U-2偵察機在蘇聯領空被擊落，莫斯科囚禁了機上的飛行員法蘭西斯・蓋瑞・鮑爾斯（Francis Gary Powers）。隨後在七月間，蘇聯又擊落了另一架美國RB-47偵察機，再次逮捕機上兩位生還的飛行員。洛吉向聯合國表達美國的不滿，稱蘇聯此舉「不合法」，並促蘇聯快快釋放三人。[12]

赫魯雪夫斷然拒絕，他跟蘇聯決策最高單位的政治局說：「要是我們釋放三名人質，那就是助長了尼克森的聲勢。…即使只是稍微讓情勢倒向他那邊，都可能不利我們。」尼克森和洛吉這兩人正好是共和黨的總統副總統參選人，他們也正好在即將卸任的執政團隊中，赫魯雪夫刻意在這時給華府吃閉門羹，就是要讓選民覺得共和黨很無能。九月時，美國駐蘇聯大使陸文林・湯普森（Llewellyn Thompson）再次敦促赫魯雪夫釋放RB-47偵察機上的兩名人質，同樣遭到拒絕。蘇聯領導人始終深信「兩人的釋放和返鄉時機，對選情有重大的影響。」[13]

＊　＊　＊　＊

大選當天，甘迺迪以十萬票之差、選舉人團三百零三比二百一十九票，擊敗了尼克森。據赫魯雪夫的兒子說，他父親在獲悉甘迺迪勝選後，「滿意地笑了開懷」。[14]甘迺迪就任五天後，赫魯雪夫同意展開人質釋放協調。甘迺迪隨後即宣布兩名RB-47上的飛行員即將返鄉。甘迺迪說：「蘇聯政府此舉，為增進美蘇關係的路上移除了一個重大的障礙。」一九六二年，鮑爾斯也跟著獲得釋放。[15]

我們很難確知，莫斯科的秘密干預行動，改變多少美國人選票的去向。（比如說，相較於看到總統辯論會中，尼克森汗流浹背的醜態，這對他選情的傷害之大，可能是莫斯科作夢都想不到的大禮。）不過，甘迺迪當政後，格別烏的秘密干預行動可沒有減少。格別烏的紐約情報站開始蒐集有關甘乃迪私生活的情報，卡魯金吐露更多內幕，他說莫斯科想要「利用這些情報，採取一些手段，來左右一些事情。」這項指令很符合格別烏一向的行事風格：蒐集情資。卡魯金接下去說，「在這些情報之上再套上看圖說故事的編纂，把一些純然編造出來的故事，呈現給大眾看，所以這麼就虛虛實實、真真假假。」[16]

格別烏這頭在暗地裡行動的同時，赫魯雪夫則忙著和美國的新政權套交情，搏好感。他既已下了功夫協助甘迺迪當選，這份功勞不能被埋沒，一定要讓對方知道。赫魯雪夫在回憶錄中，提到自己在一九六一年六月於維也納高峰會上的經過：

會議中，我問他：「甘迺迪先生，你知道我們投你一票嗎？」他面露疑惑地看著我說：「怎麼投？您這話從何說起？」我就把大選前，華府多次向莫斯科請求人質遣返的事一一告訴他，包括詳細的日期，我讓他瞭解，要是在那時我們就遣返鮑爾斯等人，那這事的功勞就會掛在尼克森頭上。他開始笑了起來，一直到他回過神來，才對我說：「您說的一點都沒錯，我同意您的看法，在那個時候，即使是一點點的差池，都可能有不一樣的結局。我同意您的說法，您為我的勝選投了一票。」

這雖是玩笑話，卻虛中帶實。我要說，當初選了甘迺迪這個決定，至今沒有讓我感到後悔過。[17]

赫魯雪夫這個動作的首要目的是要讓甘迺迪勝選。次要目的則是要操縱甘迺迪。他讓甘迺迪知道莫斯科當局「投了他一票」，就在暗示甘迺迪說要知道他登上大位，部份是靠蘇聯的幫忙。他這策略，儘管常見，但必須趁著競選期間，就提早讓受惠者知道，外國勢力正在幫他忙，就能事半功倍，像艾德瓦多·福萊和戴·加斯培里兩人就是如此，同樣的情形也適用史蒂文森，只要他當初願意接受赫魯雪夫的提議。但甘迺迪在選舉前，並不知道莫斯科當局在暗中幫他的忙，所以他對自己當選的正當性並沒有絲毫有愧於心，心理上也不覺得自己欠赫魯雪夫一份情。

＊　＊　＊　＊

甘迺迪還在慶祝當選時，爭議事件已經在美國爆發了。一九六〇年十一月，亞洲和非洲國家派往聯合國的代表們，全都不約而同收到一封由三K黨（Ku Klux Klan）署名的威脅信件。《紐約時報》以「種族主義者仇恨信寄往聯國援助團」的標題，報導了此事。[18]當奈及利亞大使嘉嘉·瓦丘庫（Jaja Wachuku）當著聯合國大會念出此信完整內容後，事態更為嚴重。瓦丘庫說：「這信直接寄到我辦公室，所以我覺得有必要讓大會紀錄記載此事。信的標題是：『白人統治的美國拒絕雜種化的聯合國。』」瓦丘庫接著念出信中內容：

非洲的黑種人和亞洲的黃種人……入侵了聯合國。這數量已經多到讓白種新教美國人作嘔。這些次等人種從樹上爬下來、從沼澤走出來，要來踐踏白種人……這些猩猩猿猴早該被曬黑、戴上羽毛的。[19]

這一刻讓美國人的臉都丟光了，一下子矮人好幾截。美國參議員韋恩．摩爾斯（Wayne Morse）是這次會議的美國代表，為了對此有所回應，他稱此信是「對美國人民的侮辱……絕對不能代表奉公守法美國公民的觀點。」他繼續說道，要是此信真是出自「美國瘋子手筆」，那麼美國真的是「要好好對聯合國大會致歉，因為我們國家的人民，竟然會想要散播這麼惡毒、仇恨的言論。」[20]美國這麼一個民主強國，竟然要在全世界面前，為自己國內的種族主義和黑白隔離政策道歉。

但這信根本不是出自三K黨之手。這是在美國的蘇聯情報員偽造的。格別烏的檔案就揭露，「正在準備一印刷品，要假三K黨之名發送到聯合國代表面前。」這份印刷品的「內容和型式，是仿自種族主義者的筆法。」格別烏參考了其他同類的書寫，好讓人相信這信是真的。這計劃奏效了。這份格別烏的檔案寫道：「美國內部的種族主義問題在聯合國大會上被點名了。」而當瓦丘庫將「這偽造信的全文」公開念出來時，讓美國官員不得不出來道歉，而聯合國也必須將此信列入正式會議紀錄中。[21]

莫斯科當局對尼克森發動這項行動，其目的很清楚：不跟蘇聯利益站在同一邊，我就讓你不好過。同一時間，格別烏又有另一使命：要在美國內部醞釀不和諧，好讓蘇聯的勁敵在國內外腹背受敵。這些任務可以多頭並進，他們不只在一九六〇年幹過，在二〇一六年也同樣又做了一次。卡魯金回憶道：「我們想辦法利用這所有的歧異，製造更多反黑人的運動。」卡魯金親身參與了很多三K黨的行動。格別烏在其檔案中，解釋了自己的目的，是要「讓全世界看到美國人生活中醜陋不堪的一面，尤其是非洲國家和其百姓。方法則是讓大家看到他們種族主義和沙文主義的真面目。」[22] 對莫斯科當局而言，美國的多元性，正是其最大的弱點。二〇一六年時，當俄羅斯在網路上散布了種族主義內容時，卡魯金看到很多跟當年似曾相識的作法。他說：「這是從前蘇聯的技倆，只是稍微調整、適合現在的政治現實而已。」[23]

格別烏這種偽造訊息的行動，主要鎖定兩個弱勢族群：黑人和猶太裔美國人。這些技倆之所以能夠成功，則泰半仰賴媒體，在數位時代來到以前，傳統媒體像是守門員一樣，會負責分辨新聞訊息的真偽，真的才會放行給讀者。格別烏為了要吸引記者的注意，他們會寄匿名的反猶太信給猶太裔領袖，或者安排人到猶太教會堂去漆納粹的萬字旗、或者付錢給小混混去污毀猶太人的墓地。卡魯金說：「我們在美國境內散播反猶太、反黑人的文件。」他記得當時「這樣可以讓人覺得這些事都是美國做的，不是俄國；美國不是它給外界看到的那樣。美國反猶太人、好戰、是魔鬼。」[24] 藉此讓包括美國和非美國人都看不起美國。要是這刻意犯的仇恨罪能得到大報的報導，那莫斯科當局就會視任務為成功。

而且，就算美國大報不相信，至少有一票為數不算多的記者，一定會照單全收：格別烏官員在美國假扮成外國特派員的人。這些人上頭的長官主要都是俄國人，如果瞭解這層關係的話，那格別烏在美國玩的這些技倆，其實目的不只在給美國國內看，也同樣放眼蘇聯本國。這類的假造消息，可以回流到蘇聯，給蘇聯民眾看，讓他們知道，美國號稱多元包容，卻其實是仇恨的溫床。卡魯金回憶當年的行動說：「我們想讓蘇聯人民看到，美國不是受上帝祝福的寶地，而是充滿了反猶太主義、新法西斯主義的地方。……這本來就是蘇聯官方的宣傳口徑，而格別烏只是用了特別的方式，讓這些宣傳更有效而已。」[25]

＊＊＊＊

對派駐美國的格別烏幹員而言，製造分裂並影響大選，是他們主要的工作內容。每一次的任務，莫斯科當局都會衡量，值得冒多少大的險去進行。一九六〇年時，赫魯雪夫似乎沒有用上格別烏最簡單武器：現金。當時，蘇聯在全世界各地都在資助其青睞的黨派。但金援美國主要政黨這事，卻可能反而壞事。要是美國的官員查到背後有人出資，那肯定會在冷戰情勢最危急的時刻，成為焦點，這只會害蘇聯有意暗助的一方失利，而且也會損及美蘇關係。

一九六八年，當尼克森再次獲得共和黨總統候選人提名時，莫斯科當局再次試圖破壞。這中間過了八年，已經物是人非，諸多改變。尼克森這次的對手是休伯特・亨佛萊（Hubert Humphrey），時任副總統，但因為當時美國人痛恨越戰，造成他的選情受到拖累。一九六八年時，赫魯雪夫已經下台，繼任的李歐尼德・布里茲涅夫（Leonid Brezhnev）希望和海外各國建立新的連結，以穩固他的蘇聯的政權。尼克森如果當選總統，似乎只會和蘇聯採取敵對態勢。卡魯金說：「亨佛萊是比較好的那個，因為他比較自由派、且比較好對付。」[26]

恐懼和絕望都會讓人採取非常手段，尤其是像秘密干預他國大選這樣的手段。那時的布里茲涅夫正好同時具備兩種心態。所以「這位蘇聯最高領導人，就作了最極端的決定」。當時蘇聯駐美大使安納托利・杜布里寧（Anatoly Dobrynin）說：「他秘密幫助亨佛萊的競選工作，包括金錢資助。」當時蘇聯外交部長安德列・葛羅米科（Andrei Gromyko）交待杜布里寧一個「最高機密的命令」，他要提供亨佛萊任何所需協助。[27]

但杜布里寧對於葛羅米科的命令，卻遲遲沒有執行。因為他擔心這「危險的舉動」萬一要是被發現，會毀了亨佛萊的選情，因此也不利於蘇聯，為此他敦促莫斯科當局要重新考慮。但葛羅米科不為所動，他回覆說：「心意已決，執行便是。」[28]這之後沒多久時間，亨佛萊就在家中招待杜布里寧，兩人共進早餐。蘇聯大使此行，是為了提議一樁在美國和蘇聯政府中，最高層級的陰謀任務。杜布里寧一邊用著早餐，順口就問了亨佛萊競選經費的情況。這時，杜布里寧想提議直接金援的話已到嘴邊，但是亨佛萊很機警，馬上就意會過來，杜布里寧寫道：「他馬上就明白事態，」回我說：「他經費非常充足，不勞莫斯科方面操心。」

莫斯科當局出手想贊助美國總統候選人經費，卻功敗垂成。既然亨佛萊都親口回絕了，這個計劃也就胎死腹中。杜布里寧結論說：「所以這件事就在大家都鬆了一口氣的情況下，無疾而終了，以後誰都沒再提過。」[29]和美國總統候選人直接合謀，這種事是一個銅板敲不響，得兩邊都有意願才成。不論是史蒂文森，或是亨佛萊，莫斯科都碰了釘子。這次尼克森就順利贏得一九六八年的美國總統大選，但差距非常的小，要是亨佛萊真的引外國勢力自重的話，搞不好真的就會當選了。

一九六〇年和一九六八年兩次美國總統大選，其最諷刺的地方在於，莫斯科當局都誤判了尼克森這個人，因為日後在尼克森任內，他一直致力於推動東西方的緩和政策（一譯低盪）。尼克森對於外來國際局勢的務實態度，讓德國的威利．布蘭特總理效法，才會向東歐伸出友善的手，不用擔心被視為背叛西方國家。[30]秘密干預大選的行動，往往都只能根據不完整的情報和預測作決定。有時候，看起來友善的候選人，就任後卻很不友善。而有時候，看起來有威脅的候選人，就任後反而不是那麼回事。

＊　＊　＊　＊

就大選而言，美國國內的情形和蘇聯判若雲泥。一方面是因為美國是超級強國中，唯一真正舉行公平選舉的國家，再者也是因為中情局，雖然會干預海外各國的大選，畢竟是出自民主制度下的社會，享受其自由的報業和司法體系，兩者都具能善盡監督的功能。中情局的秘密行動計劃，跟格別烏的不同，若在國內進行，就有可能被踢爆，進而被調查，最後會被規範。

中情局成立早年，則不是這樣，他很多時候都是作事不留痕跡，不怕被查到的。當薩爾瓦多·阿葉德在一九七三年自殺身亡後，大眾之所以沒懷疑到跟中情局有關，是因為中情局會秘密行動計劃這檔事，罕為外界所知。波特·葛斯這位一九六〇年代的中情局官員、日後升任該局局長，他就說：「我想，國會議員那時應該壓根都不知道中情局有什麼動靜。因為那時我們所有進行的行動，都非常秘密，密不透風，也不跟人討論。這種事，誰都不敢多嘴，就連政府最高層都不敢置喙。」約翰·麥克洛夫林同樣也是冷戰時期的中情局官員，日後同樣升任該局局長，他就形容國會對中情局的監督，一開始都只用私下、非正式的方式，跟幾位多數黨參議員像聊天一樣提一下而已，而聽到的議員則通常一律會回答：「你們該怎麼做就怎麼做，不用讓我們知道，我知道這些事沒好處。」[31]

不過，這種一切好說的好日子，在一九七四年九月有了變化。記者西摩爾·赫許（Seymour Hersh）揭露了中情局在智利的行動。這類的披露，再加上其他關於美國在東南亞秘密行動的報導，導致美國國會通過了修斯—萊恩修正案（Hughes-Ryan Amendment），該法案要求中情局所有秘密任務，都要向多數黨參議員告知，而總統則應向國會議員提供每個任務進行的理由。[32]哈洛德・休斯（Harold Hughes）是提議並起草這個修正案的主要參議員，他形容該法案「不過是規範秘密任務的初步。」有些美國高層擔心這個修正案會讓中情局跛腳。亨利・季辛吉這時已經成為國務卿，他就認為如果所有任務都要「列入檔案，且交由總統簽署許可」，那以後總統就不能在事發後，逕行否認知名，更何況「秘密行動要是事前都要對五十位參議員簡報，那之後怎麼還可能保得了密、秘密的起來。」[33]

赫許最具震撼力的報導，和選舉無關。《紐約時報》在一九七四年十二月二十二日的報導上揭露：「尼克森任內，中情局在美國大規模行動，對付反戰勢力、異議份子。」中情局監視了數千位反對越戰的美國公民，還另行對可疑的外國機構，進行竊聽、擅入以及偷看信件的行為。這些行動都違反了中情局的規範，因為該規範嚴禁該局在「國內進行國防工作。」[34]國會這下就必須有所動作了。一九七五年初，參眾兩院議員各自成立了調查委員會，對於美國情報機構進行獨立調查。歷史學家羅德里・傑夫瑞—瓊斯（Rhodri Jeffreys-Jones）撰文寫道：「從一九七四年秋天到一九七六年初，中情局成為全國政壇的眾矢之的。」[35]

各被人稱為丘奇和派克的這兩個委員會（The Church and Pike Committees），讓中情局許多過往行動都成為聚光燈的焦點，這裡面當然就不乏他們當年在義大利行動的許多細節。政治人物如正在競選總統的吉米・卡特（Jimmy Carter）之流，紛紛棄這些行之有年的國家秘密行動於不顧，原本被中情局內部引以自豪的豐功偉業，如今如過街老鼠。卡特在一九七五年十一月間就說道：「我當然不樂見義國共黨得勢，但我不認為我們應該以軍事手段或是任何秘密方式，來干預他國⋯我不認為這是對的。」[36]隔月，前國防部副部長賽勒斯・梵斯（Cyrus Vance）即促國會要通過「法案禁止在他國大選進行干預行動。」但這建議並未獲得重視。[37]

除此以外，中情局秘密任務所遭遇的反作用還有，被美國政府調查其海外暗殺的行動。一九七六年二月間，傑拉德・福特（Gerald Ford）總統下了一紙行政命令，要求貫徹「美國政府僱員，不得從事或與人同謀進行政治暗殺。」[38]同年和隔年，參眾兩院乃成立「常設情報調查委員會」（Permanent Select Committees on Intelligence）。

中情局的領導人這下子突然間面對到壓力，必須要公開為自己的工作辯護了。一九七六年剛退休的中情局局長威廉・寇比接受義大利記者歐莉雅娜・法拉奇（Oriana Fallaci）的採訪。這兩人的會晤可以說是爆炸性的一刻。寇比是親手干預了義大利民主大選過程的幕後人物；法拉奇則是一心捍衛義大利主權完整性的記者。法拉奇在訪問中指出，當年智利的百姓選中的是阿葉德，寇比回以：「當年墨索里尼不也贏得義國大選嗎？希特勒不也贏得德國總理大選嗎？」[39]講到義大利時，法拉奇逼他要「講出拿了中情局錢的那些渾蛋義大利政客名字。」寇比死也不說，他堅稱中情局必須保護這些重要參與者的身份安全。雖然中情局已經邁入必須接受監管的時代，卻不表示他就要什麼都透明；該局的任務紀錄，至今始終列為機密。

寇比隨後一一列舉美國秘密干預他國大選的合理原因。他強調，干預他國大選，「在我們的世界是必要的，因為幫一個國家中的自己人一點小忙，可以避免日後很大的災難。」談到干預程度，他繼續道，美國對抗的是格別烏。他說：「您怎不去問問蘇聯政府，義大利政客裡，哪幾位共產黨徒收了莫斯科當局的錢？」他再次強調，只要目標是對的，手段就是對的。寇比說：「美國當年對義大利的協助，保該國三十年免受極權統治之苦。⋯要是一九四八年時，換上來的是由共黨政府執政，那你今天不會這麼好過⋯所以美國的義大利政策並沒有錯。我們做得很對。」40

義大利方面，外國干預大選對國內影響有多大，引起了激烈的討論。中情局對於其在義大利長達數十年干預行動的細節，始終沒有透露，只承認有這回事存在，但光是這樣，就引起了無謂的臆測和恐慌。義大利共產黨領袖，為了想轉移大眾對他們多次失利的焦點，把以往大選落敗的責任，全都怪到中情局頭上。在這樣的氛圍下，中情局幾乎在義大利是人人喊打、人人懼怕。中情局資深官員傑克．德梵在冷戰結束前曾駐防義大利，他就說：「要是你人在義大利，美國在這裡的重要性、美國大使在這裡的地位，以及中情局在這裡的影響力，都大到不行。就好像中情局在這裡能夠呼風喚雨一樣。⋯我以前不喜歡〇〇七這類的諜報片，因為覺得把我們這行描寫的無足輕重。但後來我想想，要是世界都這麼小看我們，那我們就應該讓他們覺得我們力大無窮。」41

＊＊＊＊

雖然中情局現在開始要接受監督，但格別烏可不用，所以他就可繼續以美國大選為目標，毫無忌憚地下手。美國國會對於中情局的調查行動，幾乎涵蓋一九七五年一整年，正好就遇上共和黨和民主黨的總統初選期間。這正好讓蘇聯有了動手腳的機會，所以就想辦法針對其假想敵下手。

格別烏第一個找上的對象是朗諾．雷根（Ronald Reagan），他當時正與福特總統爭奪一九七六年美國大選共和黨的提名。雷根和對手最大不同的地方，就是他堅決反蘇的立場。歷史學家約翰．路易斯．蓋迪斯（John Lewis Gaddis）口中的雷根，是美國總統中「最聰明且看的最遠最廣的策略家」，他的原因是，雷根可以化繁為簡，一舉中的。蓋迪斯寫道：「在雷根眼中，事情很簡單，就是：因為東西和解政策會讓冷戰不斷持續下去，而且被期許要永久存在，所以只要讓東西和解政策不再存在，冷戰就會結束。」[42]雷根對於東西和解政策的批判一向不留情、也不客氣，而尼克森、福特、布里茲涅夫和布蘭特等人卻都是堅決的捍衛者。雷根提倡的是軍事武力、國力，以及國家的決心。他在一九七六年三月曾經公開說過：「和平不會來自懦弱或退縮。而是來自恢復美國軍事的優越性。」[43]

所以，雷根這人處處都讓莫斯科提防萬分。身為當時格別烏反情報單位的主管卡魯金就說：

「我們很怕他。」[44]當時格別烏的領導人尤里・安德洛波夫（Yuri Andropov）親自下命令要求對付雷根。格別烏的檔案就寫道：「安德洛波夫表示，除了原有和已經批准有關美國總統大選的計劃外，也進一步確認要執行一九七六年五月二十六日積極對付雷根的候補計劃。」[45]這個計劃包含兩點：格別烏原本就已經在執行一項要干預一九七六年美國大選的計劃，而安德洛波夫則將此計劃加以擴張（要在外國新聞刊物上植入反雷根的文章）。我們並不知道，此行動中格別烏還採取哪些行動來不利於雷根的競選，但確定的是，這次他真的輸掉了提名權，由同黨的福特拿到共和黨的提名人資格。[46]

但，這類秘密干預大選的行動，有時候只能拖得一時，卻拖不了永遠。尼克森雖然在一九六〇年未能贏得總統大選，但一九六八年還是讓他勝選了。阿葉德雖然一九六四年敗選，但一九七〇年還是讓他等到智利總統的寶座。同樣的，一九七六年雷根雖然沒拿到共和黨候選人資格，但一九八〇年時他就拿到了。

雷根總統任期的第一任中，他鷹派的說話風格惹惱了莫斯科當局，所以就想出了更多阻止他連任的招數。一九八二年，安德洛波夫下令海外格別烏幹員要破壞雷根的連任計畫。隔年年初，莫斯科當局下令，要格別烏在美國的各情報站與雷根競選團隊中的工作人員連繫，並提供計策以破壞雷根取得候選人資格。格別烏特別四處流傳一些攻擊總統的短句：像是雷根很腐敗、是種族主義者、好戰之類。但是，雷根終究還是在一九八四年以壓倒性的票數贏得總統大選。[47]

格別烏暗中破壞尼克森和雷根競選，並不是因為他們共和黨的身份，而是因為他們看似會威脅蘇維埃的安全。同樣的事也發生在亨利．傑克森（Henry "Scoop" Jackson）這位以反蘇聯知名的民主黨鷹派參議員身上。

一九七五年二月，傑克森宣布他要競選總統，這時雷根也準備要參選，同時期，美國國會也正在調查中情局。格別烏預期到傑克森會參選，所以就很深入在調查他。在格別烏的檔案中，特別提到他一直到四十九歲高齡才與一名女性完婚，而且私生活始終保護的非常隱密，這「似乎表示其中有見不得人的隱情，可以拿來對傑克森還有他的家人不利。」[48]一名格別烏情報站的主管就去電莫斯科總部，報告說傑克森的優勢就在他一塵不染的清譽，這在水門事件爆發醜聞後，成為格外重要的特質。[49]

對於蘇聯而言，使用國家資源來發掘政治人物秘密有其優點。這類總統候選人腥羶色的醜聞一旦爆開，就可以讓他止步參選。所以據格別烏的資料記載，他們就想從傑克森的「私生活找到污點，以積極運作破壞他參選。…並與我們在美方的朋友（共產黨員）商量讓他打消參選總統意圖的妙計。」為了獲得內線情報，格別烏找上一些過去就有在打交道的人脈。莫斯科總統指示說：「要充份運用機密線索、一些對傑克森不友善的人物，和他們進行非正式的意見徵詢，商量如何破壞傑克森的大計。」[50]

格別烏心中最希望的，就是能夠挖到傑克森是未出櫃同志的這條大消息。格別烏的幹員調查傑克森的性生活，包含他是否和約翰．沙特（John Salter）這位長年摯友兼顧問有同性情誼。格別烏檔案載道：「格別烏華府情報站的任務是要查出傑克森何時搬到華府定居，年份和月份都要清楚，寓所地址、一九四〇至一九四一年他住哪裡，而約翰．沙特當時是否和他同住。……」而「各情報站都被交待要蒐集這段期間所有有關同性戀被起訴的情報」，希望能在裡面看到傑克森的大名。[51]卡魯金解釋道，對莫斯科當局而言，讓一位政治人物被貼上同性戀的標籤，可以「讓他喪失領導國家的威信，讓全世界覺得這個國家不值得信賴，因為他用了不適合領導的人當總統。」[52]蘇聯希望用把傑克森私生活攤在檯面上這方式，摧毀他這個公眾人物，這是把集權主義國家的技倆，輸出到美國來用。就像德國學者漢娜．鄂蘭（Hannah Arendt）所述，極權主義就是希望摧毀「私生活與公領域的分界」，這樣才能讓所有的事都歸國家來管。[53]

一九七五年六月，格別烏還在尋找可以當他們黑函的證據時，時任蘇聯駐美國大使的杜布里寧前去和傑克森共進早餐。克里姆林宮當局依照一九六八年的計劃，要杜布里寧秘密警告「傑克森，不要和蘇聯領導人唱反調」，「即使是還沒就任總統時」。在會議上，傑克森說他其實很希望和莫斯科當局攜手合作，並請杜布里寧轉達布里茲涅夫他的心意。杜布里寧回答他說：「您放棄原本的反蘇維埃路線，莫斯科當局不會無視，如果您真心如此的話。」[54]

這次的早餐會，進行順利，但莫斯科當局卻無動於衷。格別烏依然按計劃行事，進行代碼為「敗德行動」的計劃，以破壞傑克森的競選大計。這個計劃另一部份，是要「找到傑克森和美國猶太族群之間關係的弱點」，並「鼓勵阿拉伯國家反對傑克森支持以色列猶太人的路線。」[55]但最主要的，「敗德計劃」只有一個目標：「揭露傑克森同性戀的身份。」[56]但格別烏面臨一個障礙：就是始終找不到傑克森是同志的證據。所以格別烏只好無中生有。卡魯金笑著回憶道：「我們什麼文件都可以偽造。我們製造假情報的能力，是全世界一等一的。」[57]

一九七六年初，一份偽造的聯邦調查情局文件送抵《芝加哥論壇報》（Chicago Tribune）、《洛杉磯時報》，以及吉米・卡特競選總部的信箱。文件上的日期是一九四○年六月二十日，該備忘錄載明，傑克森是未公開的同志。[58]這個技倆其實並不陌生：多年前，格別烏也散發過一份偽造文件，聲稱中情局局長艾德格・胡佛（J. Edgar Hoover）是同性戀的文件，說他把聯邦調查局變成「同性戀之家」[59]。為了「讓這齣戲碼演得夠像、夠大齣」，蘇聯官員還寄了另一批文件，同樣的，是指控傑克森是未出櫃的同性戀，給卡特、法蘭克・丘奇（Frank Church）參議員、《花花公子》（Playboy）雜誌、《閣樓》（Penthouse）雜誌，以及艾德華・甘迺迪（Edward Kennedy）參議員，後者是因為格別烏相信他「私底下不喜歡傑克森本人」。[60]

為了要「敗德計劃」成功。就必須讓收件人相信文件的真實性，才會願意刊登這些訊息。之前那份偽造的三K黨信件，就發揮效果，因為聯合國代表認為它夠像真的，所以才會念出其內容。但這次，這封假造的聯邦調查局文件，卻沒有人刊出來過，所以「敗德計劃」功敗垂成。在那個還沒有網路的年代，莫斯科當局沒辦法靠直接上傳假情報到美國的資訊生態中。所以他們只能仰賴第三方來發送假情報：選舉敵對陣營、銷路大的雜誌、主流新聞刊物，以及有頭有臉的政治人物等等。這些人算是消息的守門員，是可以適時識破莫斯科當局的技倆，像一九七六年這一次，他們就沒上當。不過傑克森最後終究退出了民主黨初選，但不是因為著了格別烏下三濫技倆的道。

整體看起來，莫斯科當局在冷戰期間，曾多次試圖干預美國總統大選。但是這些行動，沒有一次有發揮實質影響。蘇聯領導人的意圖：破壞並左右美國大選方向，和其真實能夠影響到美國大選的能力之間，存在著一定的落差。在數位時代以前，克里姆林宮官方欠缺手法，讓他們得以形塑公眾論述、切中選民個人想法、更無力觸及美國大眾整體。

* * * *

儘管蘇聯影響美國大選的行動總是未能奏效，他們對於分化美國人的企圖，卻始終沒有停過。格別烏分化美國的陰謀，從散布不實情報，到真的謀殺美國公民都幹的出來。一九七一年七月間，一項被稱為「潘朵拉行動」（Operation Pandora）的任務中，格別烏的紐約情報站，奉命在「紐約市的黑人區」放置爆裂物，最好能「放在黑人大學」中，然後再把責任怪到「猶太保衛同盟」（Jewish Defense League）頭上。[61]格別烏希望能夠用這種死亡行動，讓猶太裔美國人和黑人反目成仇，不過，這陰謀並沒有成功。

還有少數幾次，格別烏的身份還曝了光。一九八四年，蘇聯鎖定雷根的同時，還企圖發起類似一九六〇年的寫信運動，來羞辱美國。但這次美國學乖了。同年八月，美國司法部長威廉・法蘭區・史密斯（William French Smith）和聯邦調查局局長威廉・韋布斯特（William Webster）宣布，在一九八四年洛杉磯奧運之前，格別烏寄了偽造信給將近二十個亞洲和非洲國家的體育官員。[62]同樣是假稱由美國的三K黨所寫，內容同樣充滿種族主義仇恨氣息，信中警告道：

> 奧林匹克運動會只能給白人參加！非洲的猩猩！盛大的開幕式在洛杉磯恭候大駕！我們準備在奧林匹克運動會上，射殺黑色移動目標。在洛杉磯我們自己的奧林匹克聖火，準備要把你們燒成灰燼。真正愛國的美國人所獲得的最高榮譽，就是能夠給非洲猩猩鞭刑。黑人，歡迎來到洛杉磯奧林匹克運動會！我們會給你們終生難忘的歡迎式！[63]

司法部長史密斯解釋道，華府當局運用了「語言學和鑑識技術」，幾乎是立刻就識破了格別烏的行動。[64]於是一種文字之戰就此展開。史密斯公開將這封信的來源，指向蘇聯當局，藉此消減其效果。莫斯科當局隨即否認他的指控，聲稱史密斯不過是想轉移美國有嚴重種族主義問題的焦點。蘇聯的國家新聞機構塔斯社，堅稱這封仇恨信不過是「以極端低劣的方式，表達出建構美國政策的人心裡真正的想法」，而史密斯宣稱的，不過是「狂妄不實的迷思」。[65]要對抗不實假情報最困難的地方在於，即使已經點破它了，但要說讓大眾相信這是偽造的卻很難。

* * * *

格別烏為了在美國製造分裂，他們也資助美國共黨（美共）（Communist Party of the United States of America, CPUSA）。該黨的主席葛斯・霍爾（Gus Hall）在一九七二到一九八四年間，曾四度參選美國總統，但其選民支持度卻從未破百分之零點零七。到了一九八八年時，美共的全美會員數只剩下兩萬。但蘇聯還是持續提供資金贊助它的活動：經費從一九六〇年代後期的一百萬美金，到一九七〇年代後期的兩百萬美金、一九八七年霍爾寫信給莫斯科當局，要求更多援助、更多資金後，一九八八年更上升到三百萬美金。[66]格別烏對於美共的支持，並不在幫助他們參選總統，而只是要它存在著，藉此可以製造美國內部的恐慌，並進一步達成莫斯科當局的主要目標：讓美國人自相反目。卡魯金說：「我們有必要維持該黨存在。」讓美國人互相不信任。在冷戰後期，聯邦調查局對該黨進行滲透，其中最有名的就是吸收了其領導人莫里斯・柴爾茲（Morris Childs），以及他的太太與弟弟成為雙面間諜。[67]

聯邦調查局這頭秘密調查美共，中情局則在美國境內暗中調查知名人物。卡魯金回憶道，在冷戰結束前，格別烏就已經把目光鎖定唐納．川普（Donald J. Trump），這位知名地產開發商。一九八七年七月間，川普拜會過莫斯科，想要評估在這裡建設並經營旅館的可能性。卡魯金當時是格別烏派駐莫斯科的將領，他說：「那幾天他獲得官方的盛情款待，也在俄羅斯交了些朋友。」卡魯金後來從格別烏同事那裡聽說，他們在川普這趟訪俄之行中，蒐集到相關情報。卡魯金憑腦中的印象說：「川普在俄羅斯留下一些影響力，俄國人也都知道他這個人。」那這是否和「業餘活動」有關呢？卡魯金笑著回答：「有啊，就用這說法吧。」（川普向來就否認這項指控。）[68]卡魯金沒料到的是，在一個世代以後，川普在美國製造出的分裂，會比任何文宣都嚴重。[69]

＊　＊　＊　＊

隨著冷戰將終，格別烏還是沒停止在世界各地的大選中動手腳。一九八〇年代，莫斯科當局花了近兩百萬美金資助八個國家的政黨。[70]但同時期，因為國會改革和公關形象的影響，中情局走向了與格別烏相反的方向。因為干預義大利大選成功而甚乎眾望的秘密干預大選行動，在智利大選之後，逐漸消聲匿跡，取而代之的是綁手綁腳的法令：其中最主要的就是，被發現的後果，以及被追查責任的下場。因為事情被揭露後，美國總統也就跟著無法矢口否認。而智利和其他國家中情局行動被揭發後，更顯示，秘密行動最終還是要曝光。

但中情局還是有辦法繼續進行大選干預的行動，而且也執行了。在一九七〇年代中葉以來一些「特殊狀況」下，大衛·羅巴爾吉就告訴我說：「中情局會接到電話，直接干預大選，在其中有所動作。」一九八〇年代初期在薩爾瓦多（El Salvador）、一九九〇年在尼加拉瓜，中情局都匯了錢，並協助特定候選人。[71]一九八二年到一九八九年的美國國務卿喬治·舒爾茲（George Schultz）在被問到對於義大利大選那種干預行動的看法時，他說：「從雷根主政時期的角度來看，我們是偏好民主政權。要是該國人民願意自己動手，那我們會很樂意從旁協助。」[72]

要是協助是由中情局提供的，那中情局的主管就要有心理準備，有天得站出來面對。因為，愛追根究底的新聞記者，現在都想知道，美國政府在哪些國家、用了什麼方法，去干預人家的選舉。一九八二年七月，中情局局長威廉·凱西公開否認了該局曾經介入薩爾瓦多的大選。[73]兩年後，當美國偏好的候選人荷賽·拿破里昂·杜瓦第（José Napoleón Duarte）贏得薩爾瓦多總統大選時，中情局挹注了兩百一十萬美金到該選舉的消息不脛而走。[74]舒爾茲解釋道：「我們關心的是，薩爾瓦多能夠擁有健全的經濟，以及良好的政治體制。」他否認雷根政府協助杜瓦第獲勝這一說法。他說：「杜瓦第是非常完美的政治人物…在人民眼中就像聖人一樣。廣獲人民愛戴。所以他能當選不是因為我們，是靠他自己。」[75]

但是新的審視標準，讓美國官員被迫必須面對一個讓他們坐立難安的問題：秘密干預他國大選的行動本身，真的合情合理，而且值得這麼大費周章嗎？或者，如同前中情局長波特·葛斯跟我說的：「可以容忍的尺度在哪？我們的價值體系所能容忍的是哪些？」[76]

對於巴比．殷曼而言，這種價值觀和道德觀的衝突，在雷根總統任內到達了巔峰。殷曼在一九七七年到一九八一年間主持國家安全局，之後轉任中情局副局長，並於一九八二年卸任。他在中情局任內，被叫到參議院情報特別委員會去報告。有一次，中情局幹員在模里西斯（Mauritius）這個小島國進行了一次大選干預行動。這個委員會就是為了調查這次行動而召集的，該委員會的副主席，丹尼爾．派崔克．莫尼漢（Daniel Patrick Moynihan）向來對中情局就頗有微詞，在聽證會上就不假辭色地「回擊說：『你們根本搞不清楚輕重，你們根本就不懂選舉，你們又怎麼知道哪一邊才是好的候選人，壞的候選人，或者誰真的有能力贏得大選，你們太誇張了。』」殷曼回憶道：「莫尼漢站起來，走出聽證會。」去外面和該委員會的主席巴瑞．高華德（Barry Goldwater）參議員討論。兩人回來後，一致同意說：「你們根本就不該插手這檔子事。你們除了浪費錢，根本就不明白來龍去脈。」[77]

面對美國國內對於中情局定位的分歧，中情局依然沒有停止對於外國大選的干預行動，只是不再那麼為自己的工作引以為榮，也較少進行了。美國的決策者也擔心，如果操縱他國選票，將可能引來預期之外的反效果。更何況，秘密行動遲早都會被公諸於世，讓中情局四面楚歌、腹背受敵。所以當冷戰逐漸走向尾聲時，中情局所領導的海外大選干預行動，儘管曾在義大利到智利大選這幾年間，成為關鍵武器，終於還是走向逐漸勢微的地步。

第六章 提倡民主

一九九二年六月，首位俄羅斯聯邦總統波里斯·葉爾欽（Boris Yeltsin）造訪華府。在這裡他受到英雄式的歡迎。他以「理智從此戰勝瘋狂」為致詞內容，在參眾兩院聯會上發表談話，美國和俄羅斯從此不再「持槍瞄準彼此，不用隨時準備扣扳機。」美國參眾兩院議員齊聲高呼：「波里斯、波里斯、波里斯」，足足起立為他歡呼多達十三次。但葉爾欽此行並非只是為聽眾人喝彩聲而來，他另有一項請求：希望美國國會「採取行動支持俄羅斯。」[1]

早在數年前的一九八九年，平民革命改變了整個東歐。公平公正的選舉在這些國家得以舉行，在此前才不過一個世代的時間，約瑟夫·史達林還在這些國家裡操縱選舉。米凱亞·戈巴契夫（Mikhail Gorbachev）這位蘇聯最後的領導人，打破前任蘇聯領導人慣例，下令禁止這種行為，整個東歐陣營突然間以平和的方式獲得自由。[2]一九九〇年，兩德統一。[3]隨後不久，一九九一年十二月，蘇維埃政權也告終。[4]

華府快速填補了這些國家中，由蘇聯留下來的權力真空。一九八九年美國國會通過支持東歐民主法案，匯了數億元美金到波蘭和匈牙利，一位美國參議員戲稱此法案是「對民主實驗」的「賭注」。就在葉爾欽訪美前，喬治．布希（George H. Bush）總統才剛提出「俄羅斯與新興歐亞民主國家之自由與開放市場」（簡稱：自由）（Freedom for Russian and Emerging Eurasian Democracies and Open Markets, FREEDOM）支持法案，提撥四億一千萬美金直接援助俄羅斯和其他前蘇聯共和國，另外還撥了一百二十億美金給國際貨幣基金組織（International Monetary Fund, IMF）[5]。時任參議員的約瑟夫．拜登（Joseph Biden）說「自由」法案會協助「穩定俄羅斯民主體制」，而時任國務卿的詹姆斯．貝克（James Baker）則警告說，沒有該法案「要是民主體制垮台，集權政體就會回歸…那就是眾人皆輸的局面。」四位卸任美國總統尼克森、福特、卡特以及雷根，共同發表一份聯合聲名，支持該法案，聲稱該法案通過之必要，「以保證這些前共產國家可以和平過渡到民主體制」。[6]

葉爾欽在美國國會的演講之後，「自由」法案通過了，並由總統簽署立法。該法案同意在有助民主施政的相關領域撥款，像是銀行金融、教育以及獨立媒體。在當年秋天的總統大選辯論會上，布希說他致力於讓這些前蘇聯的小國變成「完全民主化」，視此為他外國政策的一部份。他解釋道：「新世界秩序對我而言，意味著自由與民主。」[7]

數十年來，華府的涉外主要目標一直就是要圍堵共產主義。中情局干預全世界各國的大選，無非就是為了支持這個目的。如今華府政策終於得以從原本的防堵共黨轉為擴展民主了。全球除了華府以外，已經沒有其他強權國家。原本是資本主義與共產主義相爭，現在除了自由民主以外，沒有別的競爭者了。列寧原本希望要建立的全球共產秩序，現在美國責無旁貸，要一肩扛起建立全球民主秩序的責任。思想家法蘭西斯・福山（Francis Fukuyama）所宣稱的「歷史的盡頭」終於來到。[8]一九九〇年資深白宮兼國務院官員詹姆斯・史騰堡（James Steinberg）就說：「一時之間好像充滿了各種可能。……大家都因為這可以塑造和平、繁榮、民主世界的光明大計感到非常樂觀且興奮。」[9]

意識型態上的競爭者現在消失了，華府終於可以為民主而民主。第一步就是要帶領東歐諸國和前蘇聯小國前進。「自由法案」有一項前提規定，在決定是否要撥款援助一個國家前，美國要先查證該國是否實行「根據法治、個人自由，以及經自由公平選舉選出的代議政府等原則所建立的民主體制」。[10]接著則是交由美國國務院負責，執行大量支持民主倡議方案。像是國際開發署（國發署）（Agency for International Development, USAID）以及美國國家民主基金會（民主基金會）（National Endowment for Democracy, NED），後者是一個幾乎完全由美國政府資助的私人非營利機構。到一九九四年為止，民主基金會每年編列的預算從原先的預算逐年增加，最後高達三千五百萬美金，是最初成立時的兩倍以上。[11]接任布希的比爾・柯林頓總統，也是第一位任內完全沒有冷戰的總統，他就將提倡民主視為他國家安全政策三大要務之一。[12]

＊＊＊＊

選舉是民主的心臟。要提倡民主，美國就要決定如何在後蘇聯時代，自己與他國的選舉之間的關連。華府的目標這時已經從如何擊敗該國左派候選人，轉向幫助該國進行穩定、公平、競爭性的選舉。於是美國採取新型態的外國選舉任務：以公開、受到規範的方式協助「民主」候選人。多數時候，是由兩個由美國出資的非營利機構執行這些任務：美國國際共和學會（International Republican Institute, IRI）以及國家民主學會（National Democratic Institute, NDI）。[13]在一九八九到一九九九年間，國際共和學會和國家民主學會，前往十多個國家推廣民主選舉。他們提供政黨訓練課程，由美國和外國官員來主持，教導競選策略、競選訊息開發、召募競選志工、籌措競選經費、候選人甄選、挨家挨戶拉票、政策規劃，以及催票方式等等。美國政府在一九九九年時指出：「多數國際共和學會和國家民主學會的計劃，都集中在幫助國外政黨，以策劃成功的競選活動。」[14]

美國聯邦法律規定，援外計劃不得影響該國選舉結果。美國國家民主基金會的憲章中也同樣嚴定其基金不可直接流向競選陣營。在接受筆者採訪的過程中，多數美國政府的官員都強調，國際共和學會和美國國家民主學會提供的協助都是兼容並蓄、不分黨派：他們不會從事買票或是資助候選人的情事，提供的援助則不分特定政黨。[15]

不過，國際共和學會和國家民主學會並非就這麼絕對中立的團體。他們的目的是要提倡民主，也因為如此，他們只會協助鼓吹民主的政黨。有時候這就意味著支持反對勢力，以求營造一個公平競爭的選舉環境。但也有時候，則是要停止支持擁抱暴力、國族主義、對族群採取不包容態度，以及似乎太過偏共產的共黨等等「不民主的」團體。[16]從一九八五年就在國務院工作，到二〇一七年才以生涯大使身份離開的維多利亞．紐蘭德（Victoria Nuland）就說：「國家民主學會和國際共和學會，只要有政黨需要這方面的訓練，他們都可以提供，除了極為偏激的政黨，像是擁護集權主義、暴力、反民主體制的以外等等。」在二〇一八年以國家民主學會長期主席身份退休的肯尼斯．沃拉克（Kenneth Wollack）則說，少數的情形下，他的機構會只提供協助給特定幾個政黨：「我會說，在那些情況下，外界的援助的確對這些政黨有些幫助，但這絕不會是這些黨派之所以勝選的唯一原因。」[17]

一九九〇年代，國際共和學會和國家民主學會在一些國家，像是波蘭、南非、克羅埃西亞、保加利亞等國，都支持了特定政黨。國際共和學會就在年度報告中非常自豪地記載：「國際共和學會對於保加利亞民主黨派的援助，讓他們得以從原本在一九九五年時微不足道小黨的地位，扶搖直上，在一九九六年贏得總統大選。」國際共和學會甚至特別用飛機，將保加利亞該反對黨載回美國，讓他們可以在新罕布夏州觀察當時正在進行的美國總統初選。[18]紐蘭德接著說：「整個九〇年代，我們較常做的通常是在改革派候選人後面，負責監看。」根據美國政府的說法，這類的工作，在不同的情況下，幫助了各國民主政黨在「選舉上取得勝利」，也獲得「比預期更好的表現」，這包括國家民主學會在波士尼亞和赫塞哥維納（Herzegovina）的計劃、國際共和學會在蒙古、羅馬尼亞以及斯洛伐克等國的計劃。[19]

＊＊＊＊

美國在這些提倡民主的行動中，最極端的一次是在二〇〇〇年時發生的，這是當時的南斯拉夫總統斯洛波旦．米洛塞維奇（Slobodan Milošević）打算競選塞爾維亞總統連任的時期。[20]米洛塞維奇這人犯了很多項忌諱：他是和莫斯科當局站在同一陣線的共產黨員、塞爾維亞國族主義者，還是嚴重侵犯人權的領導人。他在一九九〇年代中葉，在波士尼亞和赫塞哥維納縱容了一項種族淨化行動。多年後，他又在科索沃進行了同樣的事，放任士兵針對性地恐嚇、屠殺、驅逐阿爾巴尼亞裔人口。這些血腥行動的嚴重程度震驚了北大西洋公約組織（NATO），所以該組織就在一九九九年對米洛塞維奇的部隊發動了空襲行動，並在國際法庭上以戰犯的罪名將他起訴。[21]在美國華府，米洛塞維奇把民主黨和共和黨都得罪光了。眾議院情報委員會共和黨主席波特．葛斯就說：「我對米洛塞維奇的看法就是，他這個麻煩得要解決掉。」從一九九四到一九九七年擔任柯林頓總統參謀長的里昂．潘內達（Leon Panetta）則說：「米洛塞維奇被視為壞蛋，也是壞榜樣，要是沒人制裁他的話，肯定會搞得那個地區天翻地覆。」[22]

這場二〇〇〇年波士尼亞的大選，給了美國這個制裁的機會。時任柯林頓總統派駐巴爾幹半島特使的詹姆斯．歐布萊恩（James O'Brien）就說：「我們是否說過，目標是要政權輪替這類的話，這我不知道。⋯但我們的確認為在米洛塞維奇領導下，國家無法正常運作。」[23]當時柯林頓的國務卿麥德琳．歐布萊特（Madeleine Albright）決定把行動鎖定在這次選舉上。美國駐克羅埃西亞大使威廉．蒙哥馬利（William Montgomery）在二〇〇〇年時就說：「她要他下台。⋯美國很少這麼大手筆、全神貫注、風行雷厲、一鼓作氣地去作一件事，塞爾維亞在米洛塞維奇下台前那幾個月，美國可以說是罕見的全力以赴。」[24]（歐布萊特和蒙哥馬利都拒絕接受本書採訪。）詹姆斯．歐布萊恩解釋道，美國這次藉由支持反對黨，想要製造一個公平競爭的狀況，因為米洛塞維奇已經準備好要在選舉中動手腳。歐布萊恩說：「米洛塞維奇掌握了國家機器的優勢，」包括「國家媒體、所有的一切，要是這些東西，反對黨也有的話，那就不用我們插手幫忙了。」[25]

所以接下來要做的，就是要積極幫助米洛塞維奇的對手，去改變選民的想法。從一九九九年年中到二〇〇〇年年底，美國公家單位和私人組織一起合資，花了近四千萬美金在這個塞爾維亞計劃上，不只支持該反對黨，還支持獨立媒體、公民團體以及催票，並監票好讓計票過程公平順利。[26]這所有競選的層面中，每一個層面美國都參與了。一九九九年十月，肯尼斯．沃拉克在一家布達佩斯的飯店中招待這幾位反對黨的領袖，與他們共商選舉大計，他們事先已經請國家民主學會聘請一家美國公司，進行了民調，這次會議就是要依該民調作計劃。沃拉克說：「這份民調讓塞爾維亞人知道，要是他們願意團結起來，那就大有可為。」沃拉克所屬的美國國家民主學會，這次就只願意提供援助給反對黨。美國國際開發署則透過第三方，印製了上百萬張反米洛塞維奇的貼紙、上頭印有簡單的訊息：「他完蛋了。」最重要的是，美國資助且負責訓練歐特波爾（Otpor）這個年輕有活力的反抗團體。該團體一位領導人在當時就說：「西方非政府機構給我們很多財務上的協助。同時，有些西方政府組織也是。」他所指的就包括美國國際開發署所屬的過渡振興辦公室（Office of Transition Initiatives）在內的國家機構。國際共和學會和美國國家民主基金會，分別在選前匯了一百八十萬和三百萬美金的款項到塞爾維亞，主要就是要給歐特波爾，並支持其他計劃，像是催票等等。[27]

回到美國這邊，比爾．柯林頓總統對整個活動依然不感樂觀。柯林頓對當時剛當上俄羅斯總統的烏拉德密爾．普丁說：「這些選舉將會舉足輕重，但可能無法公正公平。」當時普丁正在進行選前為期兩週半的紐約之行。柯林頓又說：「米洛塞維奇在民調數字上落後，所以他很可能會用偷吃步。他輸的話比較好，但他可能會動手腳讓自己贏。」（普丁對他的話則以抱怨北約前一年不該武力干預該國作回應。他說：「轟炸南斯拉夫的事都沒有來徵詢過我們。這不公平。」）[28]

美國官員和美國政府支持的非營利組織，也跟柯林頓總統一樣，對選情不感樂觀，所以更加把勁，要確保米洛塞維奇不能在選票票數上造假。國際共和學會於是就訓練了超過一萬五千名的社運人士，請他們去投開票所進行監票。[29]投票日當天，反對黨的民眾和政府官員一同唱票。特使歐布萊恩說：「所以就出現平行唱票的情形：這同樣要靠訓練，要先培育種子計票員，再由他們教下去，因為有上千投開票所，而我們希望一間投開票所要有三人監票。」[30]塞爾維亞政府所算出來的票數顯示，米洛塞維奇的票數些微領先。但監票員的平行計票，卻顯示真實的狀況，他大幅落後。於是出現了大型的示威活動。米洛塞維奇無力鎮壓人民革命，只好被迫辭職下台。[31]

美國於是也曾參與，讓外國領袖在投開票上落敗而下台。美國提倡民主的反向力道，幫助塞爾維亞反對黨可以被選民聽到，也防止了米洛塞維奇在選票上舞弊。這樣的行動，該算是公開行動嗎？歐布萊恩特使認為這算是「不引人注意」。[32]他這麼說的原因在於，一方面，塞爾維亞人民並不知道該國反對黨的選舉策略，有美國在後面下指導棋，同時還出資贊助了像反米洛塞維奇貼紙之類的活動。另一方面，這又不能算是秘密行動。不過，選後，報章雜誌還是都報導了國家民主學會、國際共和學會、國務院共同參與這些活動，對抗米洛塞維奇。

這類型的選舉支持活動，不同於中情局或是格別烏所主導的那種干預選舉活動，後者都是在暗處進行，還會資助競選團隊，讓他國的意見為主，卻讓人民以為是來自本國的想法，選民不僅獲得錯誤資訊、也被誤導方向。反之，美國國家民主學會和國際共和學會會出版公開的報告。他們也不會散播假情報，或是隱藏自己的身份。他們主要的目標，就是為該國建立公平競爭的選舉機制。

但不能否認的是，美國的確也透過了國際共和學會和國家民主學會在影響他國選舉。只是，聯邦政府是透過非營利組織在運作，所以外國公民不太可能知道這些援助的來源。這種新型態的影響選舉方式，雖然是公開的，卻是以私營機構的方式在進行，這對美國總統而言，比起透過中情局去進行秘密行動，於情於理都讓他比較站得住腳。比爾・柯林頓總統就對我說：「我真的比較偏愛國家民主學會這種方式，」較不愛中情局的方式，因為「國家民主學會是開放、光明正大、取得國會同意、行動公開，而在任何真民主選舉中，提供技術援助和建議給競選的諸政黨。」[33]這裡面的關鍵是，公開的話，那就不怕將來被揭穿而造成嚴重後果，而透過國際共和學會和國家民主學會運作的方式，則就算是青睞特定政黨，後果也遠比秘密發動源頭不祥的恫嚇式選舉，來得更不那麼惹爭議。在華府的角度來看，公開提倡民主，放棄秘密干預選舉，這就是其今後的行事準則。

＊＊＊＊

但其實，為了擊敗米洛塞維奇，美國並沒有百分百恪遵這項新準則。二〇〇〇年時，國家民主學會和國際共和學會以及美國國務院三頭並進，公開行動，但是，另一邊中情局卻暗中在支持米洛塞維奇的反對陣營，這項說法來自多位直接接觸到該任務的前美國官員。約翰・賽佛（John

Sipher）就說，從一九九一年到二〇一四年他擔任中情局行動幹員期間，他唯一知情的一件「成功」干預外國大選的任務：就是二〇〇〇年時的塞爾維亞行動。賽佛回憶道：「當時有出動秘密行動，以支持米洛塞維奇的反對黨。」當初是在柯林頓總統通知了特定國會議員後，中情局才出動「暗助特定反對黨候選人，並提供金援和協助，這才是真的發揮作用的部份。」賽佛是在塞爾維亞大選後才升任中情局在該地的分局局長，他解釋說，該局挹注了「數百萬美金」給反對米洛塞維奇的陣營，方式主要是靠在該國國界以外地區，和援助塞爾維亞反對黨領袖的關鍵人士碰面，並在現場「提供現金」。[34]

柯林頓總統在接受筆者採訪時，證實是他對中情局下的令，要他們在二〇〇〇年時干預該國大選，以暗助米洛塞維奇的反對者。他提到中情局這項秘密任務時說：「我不認為這行動有何不對，米洛塞維奇是個冷血的殺人狂，在他手中葬送了數十萬條性命。」不過，中情局這項任務的主軸是要影響選民的想法，而不是要篡改選票。柯林頓總統說：「我們沒有在選票上動手腳，也沒有刻意對選民撒謊，要他們支持我們支持的候選人。」中情局的作法是，為反對陣營提供金錢，以及其他型式的援助。這項秘密任務，當時國會的領袖都知情，也都支持。參議院多數黨領袖特倫特・洛特（Trent Lott）就回憶當時聽中情局任務簡報時，他就由衷贊成該任務。他說：「（米洛塞維奇）完全失控了，我們沒打算要入侵，但是該國真的是一團糟，我們一定要有所行動。」洛特當時的判斷是，中情局的任務能夠對該國的財政有「正面」的影響。他說：「該國害得無辜人命枉送又暴力漫延」，所以干預該國大選「就是必然之勢，才能解決這個困境，哈利路亞，事後證明果然有用。」[35]

二〇〇〇年當時，道格拉斯．魏斯（Douglas Wise）和史提芬．霍爾（Steven Hall）兩位前中情局分局長，都正以資深行動幹員奉派駐守於巴爾幹半島。他們都否認，說自己並不清楚柯林頓總統曾下令，要該局進行對付米洛塞維奇的秘密行動計劃，但他們卻講述了中情局在這場大選中的行動細節。霍爾說：「當時每個派駐在巴爾幹島的幹員，都全神貫注在觀察塞爾維亞的情勢，和米洛塞維奇的政權。」[36]魏斯則說，米洛塞維奇是個「種族屠殺的狂人」，而且「情報單位被派來，負責政府處理米洛塞維奇問題的一部份任務。」魏斯接下去說：美國情報單位在這場大選中涉入的程度是「相當深的」，因為華府動用了「所有美國能力所及的工具，以打造出讓美國滿意的結果。」當筆者問及，是否是美國情報單位支持選後的抗議活動，最終導致米洛塞維奇辭職下台？魏斯僅回答：「中情局涉入的範圍很廣。」[37]

多名中情局前官員，都對於該局在米洛塞維奇下台所扮演的關鍵角色，表現得相當自豪，但是功在何處又說不清楚。約翰．賽佛稱中情局的行動是「竟其功」。道格拉斯．魏斯則說美國「力挽狂瀾」，整個行動是「結合了」秘密和公開行動，「以美國的角度而言是打造了一個滿意的結局。」但其實，就如同一九四八年的義大利大選、一九六四年在智利的大選，中情局都無法真正評估自己在其中究竟起了哪些作用，這次二〇〇〇年的塞爾維亞亦然。賽佛坦承：「真的要量度並不容易。」但是，他指出，塞爾維亞政府官方在關起門私下評估時，的確把擊倒米洛塞維奇歸功於中情局。賽佛說：「可以說在競選過程中，各方面都給予援助，從廣告到資助、到做事的方法無所不包。」[38]

國家民主學會和國際共和學會對這些事卻被蒙在鼓裡。肯尼斯・沃拉克在筆者向他提到中情局介入塞國大選的事時，就說：「我老實跟你說，向上帝發誓，我始終沒聽說，也從沒有看到過證據。」中情局官員跟國家民主學會工作人員不同，他們是可以穿著便服進行任務的。道格拉斯・魏斯解釋道：「因為我們進行任務的方法，塞爾維亞的任務對我們來說，比起對從事公開活動的那些人來，要更容易滲透。」[39]

在接受筆者採訪時，高階政府官員一聽到筆者提及中情局與米洛塞維奇下台之間的關聯時，都會顯得不自在。約翰・麥克洛夫林在二〇〇〇年時擔任中情局副局長，他說：「這些事我知情，但我現在不能論及這些事。」當筆者問及中情局在當地的任務時，詹姆斯・歐布萊恩身為柯林頓總統派往塞爾維亞的特使，他就回答得非常謹慎：「美國政府有一上下一貫、妥善安排的政策，來支持該國的反對勢力，而原因是因為這個反對勢力是自然形成、有民意基礎，而且更有可能在公平競選中脫穎而出。」[40]其他高階政府官員則對於前中情局官員竟然開口講這次選舉的內幕一事感到失望。一位二〇〇〇年時在白宮任高階職位的官員就說：「我不能跟你說我們和這件事的關聯。這我不打算公開。其他人可能對自己的當初的宣誓和法律責任不當一回事，但我很在意。」

他們會這麼不自在其實很合理：中情局在二〇〇〇年介入塞爾維亞選舉的事，和該局在冷戰後的大部份任務風格很不一樣。畢竟，把一個戰犯用選票趕下台也不是常見的事。約翰．賽佛就說：「在那個階段，去做那件事，就像是一件神聖的任務一樣。我不記得當時國務院或其他單位對此有出現過異議。」史提芬．霍爾則說，當初對於中情局干預該國大選的事，在國內遭遇很少反彈聲浪是「正確的」。他說：「對於此事，不僅對於情報單位介入開了方便門，整體政策也都非常贊同，認為面對巴爾幹半島的問題，美國應出面處理。」道格拉斯．魏斯則說，對華府而言「干預他國選舉」，在那時已經成了「不到最後關頭否則不採用的手段。」而塞爾維亞當時的情勢，就是「可以容許的例外」，部份原因在於米洛塞維奇的嗜殺成性，部份則是因為該國反對勢力「好教肯學」、「值得信賴」以及「具吸引力」等特質。魏斯因此辯護道，像這種情形，「為達目的可以不擇手段⋯風險是，你可能要作一些事，在某些人眼裡，會認為這違反了美國人的行事風格」，但是，其結果卻是能讓「種族大屠殺的狂人下台。」[41]

當我向柯林頓總統詢問，為什麼這次在塞爾維亞的秘密行動，是功大於過呢？他回答得很簡單：「這牽涉到有一道死亡門檻，而米洛塞維奇就跨過了那條死亡門檻。」[42]

＊＊＊＊

那麼在後冷戰時期，中情局的角色有什麼改變呢？即使已經有國家民主學會和國際共和學會在公開倡導民主了，但只有中情局可以以秘密的方式，直接影響他國選舉。二〇〇四年，小布希總統差點就要下令中情局，進行另一次秘密行動。這次的故事，要從白宮的戰情室講起，這年秋天，美國的國防部官員再次提了一個似曾相識的建議：要中情局秘密干預他國選舉。而這次干預的對象則是伊拉克。

故事回到二〇〇三年三月，美國已經入侵伊拉克，且拔掉該國長久以來的獨裁者總理海珊（Saddam Hussein），也沒收了海珊聲稱該國所擁有的大規模毀滅性武器。海珊的政權在短短幾週內就垮台，但是卻找不到他所聲稱的武器。該年底，數百名美國士兵和數千位伊拉克人都不幸犧牲。[43]為了要讓這場戰役師出有名，布希總統重申先前承諾，要讓伊拉克徹頭徹底獲得改造。二〇〇三年年底，他宣布「伊拉克的民主將會獲勝」，而這個民主體制的成立，將會成為「全球民主革命的重要分水嶺。」[44]布希總統將前朝美國總統提倡民主的說詞一改，成為侵略他國的武器了。美國外交界的菁英都因為他這樣而對他嗤之以鼻。前總統雷根任內長期的國務卿喬治・舒爾茲就說：「我們當時是站在民主治理這邊，提供他國援助，但是我們不像後來布希政權這樣，拿民主當成打仗的理由，我覺得我們那樣比較有效。」[45]

在那之前，小布希總統就一直聲稱，伊拉克的民主將會取代暴政，伊拉克國民將能享有民選代議政治。時任中情局行動官員的亞圖洛・穆尼歐茲說：「對當時的美國政府而言，一定要讓該國享有自由和公平的選舉，因為這樣才能為其侵略找到正當性。⋯只要我們一直沒找到大規模毀滅性武器，我們就很難為入侵伊拉克的行動找到合理說詞，所以至少我們要在那裡建立民主政權。」[46]因為這樣，美國民主提倡機構開始挹注資源到伊拉克。國際共和學會和國家民主學會於是就在該國啟動大型計劃，幫助該國製造教育選民的材料、訓練黨工，並推行政治辯論、催票等等。[47]

舉辦選舉的目的，是要讓選民可以自己決定國家未來的方向。從這個角度去看這次活動，小布希面臨到一個難題，那就是，根據情報單位回報，小布希所青睞的候選人伊亞德・阿拉維（Ayad Allawi），將會在二〇〇五年一月，這場該國有史以來第一次的國會大選中敗下陣來。

美國的情報單位深信，這是因為伊拉克的世仇伊朗，該國屆時會操縱選情，讓阿拉維的對手佔上風。二〇〇四年任中情局副局長的約翰・麥克洛夫林說：「想當然爾，伊朗會來淌渾水，他們怎麼可能不來？他們就在隔壁，又有操縱的實力，而且他們和某些領導高層還相當親近。」道格拉斯・魏斯選前就被派駐伊拉克，擔任行動官員，數年後他升任該國的中情局情報站站長。他說伊朗在伊拉克的干預行動範圍非常廣：「包括金錢、社會運動、威脅、敲詐、國會中的影響力。」[48]

小布希總統和他的顧問於是想到秘密選舉干預這一塊。時任美國駐伊拉克大使的約翰・涅格羅龐第，就經常在巴格達以視訊方式和他們開跨部會的會議，這些會議都只有一個議程：討論中情局帶領的選舉干預行動。涅格羅龐第接受採訪時對筆者說：「我們真的有認真想要朝這方面發展。」他說，在和其他政府高階官員像是麥克洛夫林和國務卿柯林・鮑威爾（Colin Powell）討論時，他「不排除任何可能性」。（鮑威爾透過電子郵件回覆筆者說他「並未參與」這類的談話，但在第二封電郵中，則澄清說，他「不記得涅格羅龐第所提到這類對談的細節」，但不願再多說。）[49]

他們的討論後來發展到非常成熟的階段，因此白宮方面也向國會領袖簡報這個計劃。時任參議院少數黨領袖的湯姆・戴雪（Tom Daschle）回憶當時說：「就整體來看，就是有個機會，如果採用這種方法的話，可以獲得更有把握的結果。」我採訪的幾位官員卻都不記得有這件事，或者是不願啟齒，總之就是問不到當初中情局在伊拉克秘密行動的計劃，不過，戴雪說這個計劃包含了「許多不適合或是最好不要的行動。」[50]小布希總統、狄克・錢尼（Dick Cheney）副總統、國家安全顧問康朵莉莎・萊絲（Condoleezza Rice）、副國家安全顧問史提芬・海德利（Stephen Hadley）等人都透過代表回絕本書採訪。

對中情局這方面而言，去伊拉克干預其大選，不過是老調重彈。所以該局在那年夏天，就已經準備好要行動了。阿拉維也在等著秘密援助。阿拉維曾在二〇〇七年時說：「美方一開始的態度就是要在財務上和人力上適度地給予支援，也包括媒體。」但是，突然之間，毫無預警的，整個援助計劃「嘎然而止」，阿拉維說：「說詞是，美方不願意介入。」[51]

這一次，中情局、白宮還有國會竟然不可思議地，異口同聲反對對伊拉克進行秘密選舉干預。涅格羅龐第回憶說，當時中情局的代表「是最不想被扯進來」這個任務的，因為要是被發現，會害該局遭受外界批評。麥克洛夫林在筆者一次採訪時，聽到涅格羅龐第這段回溯，他笑著說：「其實滿同意的。」他說：「畢竟我們入侵該國就是為了讓他民主化，既然這樣，如果我們還去顛覆他的選舉，豈不是證明我們是偽君子嗎？」穆尼歐茲則說，一般而言：「要是你要干預他國選舉很容易被發現，因為這種事是紙包不住火的，」那麼一旦「被發現，大家就會開始說某某人是因為中情局幹了某某事贏了大選，那你努力打造的美國外交政策形象就被你毀了。」[52]

國會領袖也反對該計劃。對戴雪而言，反對秘密任務的原因有二。一、外界觀點：要是行動曝光「會有多難看」。二、時代不同了。他說「這已經不再是冷戰時期了，拿二十年前的作法來現在用，不再合時宜，這違反了我們現在的容忍度。」戴雪記得當時眾議院的反對黨領袖南西·裴洛西（Nancy Pelosi）在反對該計劃上「非常不假辭色」。[53]據傳裴洛西的意見甚至獲得國家安全顧問萊絲的支持。[54]涅格羅龐第說：「我聽到辯論的聲音此起彼落時，我就知道不用白費力氣了，這任務不會有人贊同。所以就加以否決了。」[55]

小布希總統這邊雖然希望在該國建立民主體制，但卻不願意採用秘密干預大選的方式，來介入該國的民主。麥克洛夫林說：「在進行干預大選行動時，你會希望最好做得不著痕跡又乾淨利落，我參與過很多秘密行動計劃和決策，在做決定時，常要自問：『做這些事時，會有哪些預料不到的後果產生？』」

中情局這個干預計劃於是胎死腹中。二〇〇五年一月伊拉克大選，阿拉維的聯盟在不穩的政局和恐怖攻擊中慘敗。與德黑蘭伊朗當局親近的執政聯盟取得政權。[57]

俄羅斯總統普丁一向指控，美國至今都還在操控全球各國的選舉。相信這種事的人還不只他一個。前格別烏將領卡魯金也這樣認為：「中情局的腳步沒有停下來，他們永遠都不會停的。」[58]筆者一路從基輔採訪到布魯塞爾、再到倫敦，問過的美方政府官員都告訴我，中情局當然都還在干預各國的選舉。他們會有這個看法是可以理解的：至少，過去幾十年的時間，這個說法是真的。

但現在時代已經不同了。外界的疑慮，不見得就反映出真實情況，就像上述伊拉克大選的情形一樣，中情局最後決定不採取干預行動，而同樣的情形也反映在前美國官員在形容塞爾維亞大選一事上，他們稱那次是「例外」事件。根據筆者訪談八位前任和現任中情局局長、再加上前中情局副局長和國家情報總監的心得，美國現在其實已經放棄了秘密干預大選的作法。

＊　＊　＊　＊

這些過去美國的情報人員，在談到中情局的秘密大選干預行動時，共分成兩類。其中第一類主張，中情局已經今非昔比。前中情局代理局長兼副局長麥可・莫瑞爾（Michael Morell），他從一九八〇年到二〇一三年都在該局服務，他就說：「美國過去的確是有干預他國大選的紀錄，但現在已經金盆洗手了。」前中情局副局長大衛・柯恩（David Cohen）也是同樣看法，對於像俄羅斯等國指控中情局還在干預各國大選的說法，他答道：「這不是真的。」而二〇一一到二〇一二年間帶領中情局的大衛・佩特雷斯（David Petraeus）則說「近年來，他都不知道有」這類的任務存在。二〇一三年到二〇一七年就任中情局局長的約翰・布萊南則較提供了較整體性的答案：「在歐巴馬總統和小布希總統任內，從來沒有過試圖影響民主國家選舉的企圖。因為我們相信這是違反民主程序的作法。」他繼續說，中情局以前的確是曾經在他國選舉中動手腳，「但在過去十八年來，這種事就沒有再發生過了。」[59]

另一組我所訪談的官員，其答案則有較多的想像空間。他們暗示說，對於影響海外選舉這方面，中情局已經不把重心放在這上面，但卻沒有完全停止。約翰・麥克洛夫林，這位二〇〇〇年時中情局的第二把交椅曾說：「這方面沒什麼動靜。現在可不比冷戰初期，情報人員可以那麼有彈性又自由地執行任務，現在限制可多了。」麥克洛夫林應該是有參與米洛塞維奇下台的任務。在那之後，對這類行動的容許程度，已經被拉到最高的標準檢視了。像布希政府就為了伊拉克案爭論不休。歐巴馬政府也面臨同樣的抉擇難題。東尼・布林肯曾經從二〇〇九年到二〇一七年擔任高階國防官員，他說：「這一類的想法並不是沒有人一再提出，只是至少在（歐巴馬）政權中，總是會被人打回票。」艾維瑞爾・海恩斯曾在二〇一三年到二〇一五年擔任中情局的副局長，她則打包票說：「美國已經把態度說得很明白，干預他國選舉這種事，在現代是不被容許的。」她話雖這麼說，但當被筆者問到，中情局是否還是會想影響選民意向的事時，她則不願意回答。二〇一〇年到二〇一七年擔任國家情報總監的詹姆斯・克雷帕也一樣，在被問到美國是否還在幕後操縱其他國家選情時，[60]他不願意進一步做說明。

這第二類的官員中，二〇〇九年到二〇一一年任中情局局長的里昂・潘內達是講話最沒有保留的一位。他說他從來沒有直接「涉入」篡改選票，或是散播反操作或假情報。但是他也說，在很少數例外的情況下，他帶領下的中情局，的確在關鍵選舉前曾影響外國媒體單位，以求「在該國改變選民的態度。」潘內達繼續解釋說，中情局的方法是「會在該國或該地區收購適合散播特定訊息的媒體，藉此影響那些可能擁有該媒體部份股權或產權的人，使他們配合我們來遞送這些訊息。」潘內達不願意再進一步說明是哪些媒體，不過，亞圖洛・穆尼歐茲這位從一九八〇年到二〇〇九年任職中情局的官員補充說，中情局對待外國媒體的方式一向很直接：「就是給錢。付錢讓人在報紙上刊東西。」在這類情形中，美國的手是藏在幕後不被查覺的。潘內達說：「這通常都會是秘密行動。我不記得有什麼行動不是以秘密方式進行的。因為所有人都會對這個過程保密。」[61]

這種影響選民心態的方式，其實和過去的作法很像。就像在義大利和塞爾維亞那兩次大選行動中，潘內達所描述的行動，都是在補公開宣傳活動不足之處。他說：「就算我們是以秘密方式在進行，也要確保公開行動所傳遞的訊息，和秘密行動是一致的。」但是一如以往，他同樣無法證明中情局的秘密行動有多大的貢獻。他說：「說老實話，這又不能計量，也無法證明它是否有真正的影響力。」不過他又說，雖然「國會總是會問這一類的問題。」而儘管這一類的秘密任務本身存在著許多風險。潘內達接著說：「毫無疑問，這是一種賭博。」也正因如此，這類行動就是萬不得以的手段，也是因為如此，有很多更不擇手段的手法都沒派上用場。[62]

筆者所進行的每一個相關訪談，都指向同樣的結論：對中情局而言，秘密干預他國大選的行動，現在都變成少數例外的情形，而不再是常態了。可能是就如莫瑞爾和布萊南所言，中情局不再試圖干預他國大選，也有可能只有在極罕見的情形下，像是要用選票推翻米洛塞維奇這樣的暴君時，才會用上。真實的情況我們不得而知。但整體而言，中情局在這方面有了重大的改變，已經不再是冷戰時期那樣了，就如同中情局內部的歷史專員大衛．羅巴爾吉所言，中情局在當時的確是在「許許多多」國家干預大選，但那已經是過去式了。在現代，這類任務的代價已經高過其所得。在布希執政時也曾擔任國家情報總監的約翰．涅格羅龐第就說：「老實說，這種型態的政治活動已經是過去式了。伊拉克的大選讓我證實了這點。現在美國已經對干預（他國大選）這種事完全喪失了胃口。」[63]

持懷疑態度的人可能會說，這些美國情報主管都是扯謊。但若考量當今的事態，存疑的人在想法上可能不合乎邏輯。因為，以當前世局來看，中情局再要去干預外國大選，只會是拿磚塊砸自己的腳，除非情況真的非常特殊。這種演變的原因之一是因為冷戰已然告終，中情局長久以來的唯一目標：對抗蘇聯，已經不復存在。像米洛塞維奇這樣的人物，可以說是舊時代的孓遺。大體上來說，只要是和平在即，那中情局就近乎失業狀態。前中情局長波特・葛斯就說：「我們在九〇年代都在從事哪一些秘密行動呢？答案是，沒多少可做。我光用兩隻手都可以數得出，都只是些勉強可以算是秘密行動的任務。」亞圖洛・穆尼歐茲則解釋說，蘇聯既已解體，在中情局內部的想法就是：「要是已經沒有可以怕的，沒有人是巨大威脅，那幹嘛還去暗中搞人家的選舉，已經沒人在乎了嘛。」[64]二〇〇一年九月，中情局在反恐任務中找到他們的新行動方向，但這次派上用場的是無人機攻擊和準軍事行動，不再是干預大選了。

美國在冷戰後期的領導人鼓吹自由派民主模式，也就是強調奉行自由且公平的選舉。這樣的轉變，一路從圍堵共產主義，到提倡民主體制，讓秘密干預他國大選的行為，變成風險增高的舉動：要是中情局被發現，美國就成了國際上人人皆知的假道學、裝清高。前中情局代理局長麥可・莫瑞爾就說：「人不能說一套作一套，嘴上說擁護自由與公平的選舉，卻轉過身在背地裡搞秘密干預的情事。所以我們現在不來這套了，（俄羅斯）還在幹，我們不幹了。」前中情局局長麥可・海登同樣也這麼解釋道：「干預他國選舉過程這種事，違反我們自己的基本信念。你可能會覺得該國大選環境不公平想要介入、你可能會覺得為了國防安全想要介入，但就是會覺得這樣做不對。」另一位前中情局代理局長約翰．麥克洛夫林把美國這種態度的轉變說得最懇切：「要是你干預了他國大選，卻曝了光，那虛偽的程度遠比冷戰時期被曝光來的嚴重，冷戰時期這種事被抓到，頂多就被當作是情報工作的成本解釋過去。」[65]

但在過去，虛偽這個考量可沒讓中情局卻步過。近年來，隨著強國競爭又再度浮現，美國對外國選舉牽連甚多且希望能夠置喙。所以，高級政治只是中情局行事作風轉變的部份原因。

中情局的這個轉變，其實剩下的部份，是和網際網路的傳播有關，這種科技的巨大進步，讓干預外國選舉的行動很難不為人知。前中情局局長大衛．佩特雷斯就說：「這類的行動，難保終有一天會被傳出去。」而美國丟不起被人逮到的臉。艾維瑞爾．海恩斯就說：「要是美國被發現在某國散布偽情報或是選票舞弊，那有損美國威信，也讓我們在政策努力上打折，因為，我們所鼓吹的價值，與我們的行動不一致，而我們的價值是我們軟實力的核心。但對俄羅斯而言，卻沒有這層顧忌。」[66]

但這並不表示中情局就無法讓秘密干預大選的事不曝光。他事實上是有這個能耐的。但在數位時代，被人發現的風險實在太高了。而且，萬一要是這樣的行動曝了光，那就會成了美國對手最好的宣傳利器。約翰．麥克洛夫林就說，「在考慮要使用秘密行動干預選舉時，由於現今曝光的可能性大增，所以進行秘密行動的回報一定要比過去高，才能讓這風險值得一冒。」[67]

而稍後也會詳述，數位時代也讓美國大選成為有心人干預的對象。華府官員己所不欲故不施於人。大衛・佩特雷斯就說：「住玻璃屋的人，自己就別丟石頭（己所不欲勿施於人），就網路的連通性而言，我們就住在最大的玻璃屋裡。」[68]

美國在面對這些新的局勢變化時，也開始變成使用公開的方式來影響外國選舉，方法則較符合原則和標準。葛斯就說：「現在定義變了、期待也變了。以前稱為秘密行動的，現在則是『有什麼好遮遮掩掩的？』」現在出現的新替代方案是背書。大衛・柯罕這位前中情局副局長就解釋道，美國會做「各種公開的訊息，在他國選舉時讓他們知道我們的偏好。」比如說，二〇一六年時，歐巴馬總統就為英國脫歐公投中留歐的陣營背書。當時任國家安全副顧問的艾維瑞爾・海恩斯就說：「那次英國脫歐公投時的情形，你怎能說我們那樣不是試圖要影響公投的結果？這說不過去吧。」[69]

另一種替代選項則是提倡民主體制，這需要一個過程、還要預算經費。莫瑞爾說：「我們會公開干預他國的政治，方法是透過支持民主體制的非營利組織，但其實背後是美國政府、國務院在運作，只是換成公開進行。」從二〇〇七年會計年度到二〇一七年會計年度，美國平均每年都撥出二十五億的經費，給提倡民主倡議基金，這包括每年撥出數億元美金給「政治競爭」。國際共和學會和國家民主學會目前都還在十多個國家中運行。另外也單獨付給美國國家民主基金會：二〇一〇年以前，其每年預算都在調漲，從原本的每年一億一千八百萬美元，到二〇二〇年時已經調漲到每年三億美金。海登說：「這些檯面上的非營利組織要散布我們認為成功的自治模式。」

但有時候，這樣的獎勵卻有偏見。莫瑞爾說：「國務院有些事情會比較喜歡悄悄的做，不想讓外人知道。在我看來，這樣不好。」但是他接著說，中情局已經不幹某些任務了。他提到自己擔任中情局局長的時代說：「從秘密行動的角度來看，這些都不涉及選舉。」[70]

美國這一提倡民主的作法現在依然在進行，一九九〇年代充滿希望的歲月卻已經過去。美蘇關係再次惡化。強權競爭又回到檯面上。隨著全球各地出現許多懷抱極權想法的領導人一一出現，民主開始走回頭路。非營利組織「自由之家」（Freedom House）的研究發現，二〇一九年，有六十四個國家，其人民的參與政治權和公民自由有下滑的情形，相對的，卻只有三十七個國家在這方面是有上升的，這已經是連續十四年下滑國家超過上升國家了。[71]造成這樣的趨勢的背後原因，則是複雜的經濟、社會還有政治因素。[72]不過，最主要的原因，則是在冷戰後，美國不再只是全球唯一想影響其他國家的國家。華府在這段期間，不再從事秘密干預他國選舉行動的同時，莫斯科當局卻重新又找回這項武器，並且還予以強化。這是因為他有了新的領導人：普丁。

第七章　從葉爾欽到普丁

一九九六年四月二十一日，比爾・柯林頓總統和波里斯・葉爾欽在克里姆林宮會晤。他們講些場面話噓寒問暖。之後葉爾欽切入正題，這個正題日後他會不厭其煩一再提起：美國能幫他什麼，讓他贏得夏天即將來臨的俄羅斯首度總統大選。他敦促柯林頓不要「支持另一位和他打對台的共產黨員。」柯林頓回他說：「別煩惱。」葉爾欽打蛇隨棍上說：「我們花了五十年要朝另一個方向去，你要知道，比爾，你在俄羅斯選舉中很有影響力。」柯林頓當然是想要葉爾欽贏，這沒問題，但是，他擔心的是，如果他公開干預俄國選舉，會遭來反效果。他跟葉爾欽解釋道，如果外國勢力向選民喊話，選民往往會反其道而行。柯林頓告訴他：「我正在想辦法，可以真的幫到你，而不會害到你。」他點明自己支持之意，「但要用最合情合理的方式，」而不要「反成為被人拿來攻擊你的口實。」[1]

柯林頓已經走在這條險路上有一年的時間了。早在一九九五年五月，葉爾欽民調數字還只有個位數時，就已經跟柯林頓訴苦過，來年大選他「不甚樂觀。」[2]所以葉爾欽從那時開始，就一直在遊說美國總統來介入俄羅斯大選。柯林頓總統當時的副國務卿史特羅布・塔波（Strobe Talbott）告訴我說：「他老是這樣：『救救我們，比爾！』」柯林頓總統一九九六年時的參謀長里昂・潘內達解釋說，葉爾欽和柯林頓總統兩人的情誼「非常堅固」且「非常坦誠」，也因為這樣，在大選前，「葉爾欽直接跟柯林頓挑明了說他需要哪些幫助」，而且他們「決定要盡力拉抬他的聲勢」，只要是在合情合理的範圍內。國務院政策小組召集人詹姆斯・史騰堡就回憶說，每次聽到葉爾欽拜託柯林頓干預俄國大選，他「最不安的地方就在於，他很清楚說出自己的需求，毫不含混，但我們卻不覺得照他要的做，能幫得了他，所以這讓人很困擾。」史騰堡也強調，葉爾欽是很相信民主體制的人，但是他卻不明白，求外國勢力援助選舉這種事，實際上是壞了俄國的民主體制。史騰堡說：「有些葉爾欽的請求，我們完全不打算照做，因為那樣做就是不對，就算我們覺得這有利於他選情，也不能做。柯林頓那時很努力在做的就是想讓葉爾欽瞭解，怎樣才是真正的民主價值。」[3]

但是，葉爾欽一心一意就是想要繼續掌權。他心裡盤算最重要的一件事就是北約，當時柯林頓總統一直想要擴張北約。[4]葉爾欽卻在一九九五年五月間跟柯林頓建議說：「北約擴張的事，讓我們先緩一緩，大約緩個一年半載或者兩年。沒必要在大選前搞得大家不愉快。」柯林頓很小心地跟他解釋說，這件事可以有個雙贏的結局。他說：「我跟他說的很清楚，我不會讓北約擴張提前。我想在這次對談讓你安心。但我們兩個也要小心，不要讓外界覺得我們互相妥協。」柯林頓也承諾說他要幫葉爾欽「擋幾顆子彈」，因為他不想要「看他受傷。」[5]

那次會晤中，葉爾欽還提出另一個請求：要柯林頓「送佛送上西天，讓俄羅斯進入G-8高峰會。」因為美國是七國高峰會的成員（Group of Seven, G7），葉爾欽想要加入這個由七個民主國家組成的國際組織（加上俄羅斯就成了八國高峰會）。葉爾欽說：「這將在選前推我一把」。另一次會晤時，葉爾欽告訴柯林頓說，如果能讓俄羅斯在七國高峰會於法國里昂舉行的前夕加入該組織，「將會讓我的選票多一成。」[6]柯林頓則承諾會幫忙，但在一九九六年初他卻帶回讓人灰心的消息。他告訴葉爾欽說：「大家都想幫你們，但是，真相是，在里昂高峰會上不會有第八個國家參與。」但柯林頓還是向他承諾說「會讓里昂為你帶來成功」，方法是要讓高峰會前「不會有不利消息傳出，在你選前只會聽到好消息……這肯定能對你選情有數倍幫助。」[7]

不只如此，葉爾欽還要柯林頓給他財務上的援助。他在一月間就已經給柯林頓打過電話，提到一筆國際貨幣基金會（IMF）給俄羅斯的數十億貸款。葉爾欽跟柯林頓哭訴說國際貨幣基金會「延遲付款以及九十億美國的信用貸款」，他請求柯林頓「幫忙稍微催一下該基金會，要他們早點付款。」柯林頓說他會盡力。[8]隔月，葉爾欽又催柯林頓「運用他的影響力」去遊說國際貨幣基金會「把原本的九十億美金追加成一百三十億，好讓他可以應付國內社會問題，因為這對選前的情勢很重要。」[9]柯林頓還是一樣說他會盡力，這還不能滿足葉爾欽的胃口。葉爾欽在五月初又說：「還有財政的問題，進展的不太順利。」然後他就不再客套了，催促柯林頓要他直接介入俄羅斯大選。他說：「比爾，為了我的競選活動，我急需為俄羅斯貸到二十五億美金。」柯林頓則建議他用比較間接的訴求：找國際貨幣基金，這類第三方的機構，要他們加快付款給俄羅斯。他說：「我會去和國際貨幣基金會商量看看，也和我們的友邦商量，看他們有什麼辦法。我覺得這是唯一的解決之道。」[10]

卡洛斯．帕斯瓜爾（Carlos Pascual）是當時白宮負責俄羅斯事務的主任，他說自己和同事針對葉爾欽要求直接貸款的事，進行了「長時間的內部討論」。他說：「他們要現金。」所以柯林頓的小組針對是否要提供現金一事有了辯論，要暗中提供、公開提供，還是不要提供。結論則是幾乎所有人都同意不要提供。帕斯瓜爾說：「這顯然不會是俄羅斯方面想要聽到的答案。」但是「這種直接提供現金給特定候選人的事」會給人「以不適當方式介入俄羅斯政治過程」的印象。帕斯瓜爾說，柯林頓總統於是決定，轉命令賴瑞．桑瑪斯（Larry Summers），當時的財政部副部長持續和莫斯科當局合作，促進俄羅斯的市場改革，以讓國際貨幣基金會加快對俄羅斯的投資。[11]當筆者向桑瑪斯詢問到這段過程時，他說：「我不認為我當時的做法是在操縱俄羅斯大選。支持俄羅斯改革運動，並居中協助國際貨幣基金和俄羅斯的溝通，本來就是美國優先順位要處理的事，我和我的同事就是在做這些事。」[12]

大選前那幾個月，柯林頓總統回絕了葉爾欽多項請求，但還是不斷給他支持。大選前最後幾個月間，在美國的協助下，國際貨幣基金會給俄羅斯的那數十億美金貸款終於核准了，《紐約時報》當時稱此為幫葉爾欽「選舉壯大聲勢」，[13]柯林頓對塔波說：「我非常想讓這傢伙贏，想到讓我心痛的地步。」[14]在幕後，有許多美國私人顧問（有些許影響力）在提供葉爾欽選舉的建議，也不斷將最新消息告知柯林頓的政治顧問，再由他向總統轉述。[15]其他美國方面提倡民主的機構，也公開運作。「在俄羅斯地方、區域、全國性的選舉活動中，都可見由國際共和學會所訓練的俄羅斯政治街頭運動者參與。」國際共和學會一九九六年的年度報告就說：「代表民主候選人。」[16]不過，根據現有的證據來看，中情局並沒有參與協助葉爾欽的競選活動。柯林頓在對筆者談他支持葉爾欽選舉所用的手法時說：「我們沒在偷來暗去。我只是覺得將自己政策的偏好說清楚，讓所有人都知道，我青睞葉爾欽，並沒有什麼不對，反正大家本來就知道。」柯林頓的參謀長潘內達進一步補充說，當時要進行秘密行動的風險太高了。他說：「總是會擔心，萬一要是中情局做的事被發現的話，可能反而會給對方帶來反效果。」所以「小心為上，不要讓這些事影響大局。」[17]

對柯林頓而言，俄羅斯一九九六年大選的第一輪真的是膽顫心驚。隨著選舉結果在六月十六日揭曉，他致電塔波要討論大選。柯林頓說他已經「看過中情局在週四或週五所做的民調，從中顯示（葉爾欽）明顯領先（對手），雙方是四成對兩成八。」但是他「很擔心雙方差距正在拉近」。塔波和柯林頓討論了將屆的七國高峰會，要怎麼讓「峰會改名」藉此成為「葉爾欽的助力」。柯林頓一直很關心葉爾欽的選情發展，他對塔波說：「除非是我自己在競選，我是絕不會這麼投入的。老實跟你說，直覺告訴我，他一定會贏，因為他真的很想贏，這傢伙是全力以赴，一心一意要贏。」[18]

同年七月，葉爾欽贏得第二階段大選，得票數領先一成三，儘管大量報導說有選民舞弊的情事。塔波說這是「有根據的疑慮」，而選舉有舞弊事件也「可能是有根據的事實」。[19]不過，儘管如此，看到結果出爐，柯林頓還是大感興奮，他致電葉爾欽，不斷重複地說他為這個朋友感到「驕傲」。柯林頓拿自己的競選經歷與葉爾欽的作比較，他說：「你從原本的低民調翻身，他們當初也說我是『谷底翻身』，這說法現在也能套用在你身上了，波里斯。」葉爾欽樂壞了，當然也滿心感激。他對柯林頓說：「很感激你從競選第一天到最後一天，講的話都正好切中要害，沒有發出錯誤的訊息過。你放心，將來你競選時我也會投桃報李。絕不會干預你的內政。但我內心深處知道我支持的是誰，我希望誰贏。」[20]同年十一月，柯林頓總統拿下連任寶座。這時他告訴葉爾欽說：「因為你的競選和我的競選，我們有了歷史上重要的一刻，來保住我們兩國和全世界自由且和平的未來。」[21]

俄羅斯一九九六年大選重要的地方，不在美國幫了葉爾欽什麼。其實過程中，因為柯林頓基本上是非常克制的，重要的地方在於，這兩位領導人之間的互動發展。葉爾欽面對公開競選，亟需柯林頓幫他一把，這因此讓柯林頓佔了上風。美國在七國高峰會、國際貨幣基金會和北約等國際組織都居領導地位，這些組織正是葉爾欽自認其未來政治生命所繫。而這同時，像是國際共和學會和國家民主學會，則都正在俄羅斯內部持續進行改革。時任國務院參謀長的湯姆．丹尼藍（Tom Donilon）就說：「我們在俄羅斯支持改革，而且是以非常公開的方式進行。」[22]對許多俄羅斯人而言，莫斯科對於華府這麼依賴，其實是很丟臉的。在他們看來，民主似乎就是要向西方卑躬屈膝。《紐約時報》一九九一到一九九五年派駐莫斯科的史提芬．厄蘭格（Steven Erlanger）就說：「當時美國散發出一種好像他們施捨了什麼給俄國的那種感覺，這讓俄國人深惡痛絕。」[23]

柯林頓總統當時主要顧問群其實心裡都多少知道，雖然柯林頓的俄國政策是善意居多，但是卻免不了有負作用。塔波就注意到當時有很多俄國人對於美國在俄國提倡民主，有一種反感，不喜歡自己國家的變化。賴瑞．桑瑪斯後來當上了柯林頓總統的財政部長，他就說，美國可能一不小心在援助計劃中，「誤把俄羅斯當成了領救濟的貧戶」，「對一群不久前才視自己為超級強國的人民，不夠尊重其尊嚴。」桑瑪斯現在相信，當初北約軍事擴張和美國在塞爾維亞的行動，可能多少表現出對俄國的這種不敬，讓俄國人的尊嚴因此受到傷害，進而很容易就被小事激起報復心態，讓他們對於市場、資本主義和美國都無法認同。」[24]

這其中對此最無法認同的一位俄國人就是烏拉德密爾．普丁，他在葉爾欽無預警辭職後，於一九九九年十二月三十一日成為俄羅斯代理總統。葉爾欽曾私下對柯林頓保證，他親手挑選的接班人普丁是位「民主人士」、「有足夠的體力和智慧來成就大事」、「瞭解西方」、又「胸襟開闊」。就任隔天，普丁就和柯林頓通上話，他對柯林頓說：「我們要私底下感謝您，因為您為美蘇關係發展做了很多。」[26]

那普丁上任後會怎樣呢？答案一開始並不明朗。柯林頓對葉爾欽說：「他很聰明。」[27]普丁是前格別烏幹員，笑裡藏刀當然是必要的本事。塔波後來才知道，二〇〇〇年初他前去克里姆林宮拜會時，格別烏方面已經知會普丁：「塔波到了，他是我方的朋友。」普丁表情一沉，嚴厲回他：「我們在那邊沒有朋友。」[28]但在接見美方官員時，卻又可見普丁笑臉迎人，態度可親。他稱塔波是「出色的外交官」，說自己從他身上「學到很多」，還讚許柯林頓「對於我國抱持開放且具建設性的態度」[29]他甚至還恭維說，柯林頓夫人未來政治前途大有可為。普丁在二〇〇〇年十一月時說：「我要恭喜希拉蕊在紐約參議院競選中獲勝。」[30]

嘴上是一套，背地裡卻是另一套，普丁當時的作為，其實已經顯示他的狡詐、固執和野心勃勃。就在葉爾欽辭職前不久，柯林頓就曾經要求當時任俄羅斯總理的普丁，在轟炸車臣方面要有所節制。普丁頓時理智斷線怒答：「你要知道我們不可能袖手旁觀，我不會進行大規模的轟炸，不會有地毯式轟炸。我們有健全的軍事行動。你去聽中情局的報告吧。」[31]二〇〇〇年九月，普丁抨擊北約對米洛塞維奇的塞爾維亞發動攻擊。同年十二月，他毫不客氣地跟柯林頓說，要他別忘了俄羅斯現在還是個「泱泱大國」。[32]柯林頓在會面後對此留下深刻印象，但也很擔心。柯林頓在採訪中對筆者說，普丁顯然是「訓練有素」、「強悍」、「非常有能力」，而且「表裡如一，絕不作態，我喜歡這樣」。問題是，普丁似乎完全「不在乎」俄羅斯的民主，也不贊同葉爾欽那種和西方領袖走得很近的方式。柯林頓這麼一路觀察下來，給他的結論是「普丁覺得我當初有佔葉爾欽的便宜，藉此增強美國在冷戰後世界的國力。」[33]

普丁可不是葉爾欽。他有自己的一套世界觀、專長，以及很容易疑神疑鬼的特質。相對於前任，俄羅斯第一任總統葉爾欽挾西方自重，普丁一點也沒有想要靠別人，只想靠自己。

＊　＊　＊　＊

普丁出生於一九五二年一個俄羅斯的工人階級家庭，他成長於冷戰時期，當時還叫列寧格勒的聖彼得堡。他和雙親並不特別親，日後他曾抱怨說：「爸媽從不提他們自己的事。」雖然送他去學拳擊、俄拳桑搏（一種俄式武術），之後又學柔道，但都是不情不願。小時候普丁就夢想要進格別烏。他在二〇〇〇年時就說：「還沒畢業前我就一直想要在情報單位工作。」[34]

格別烏的秘密任務很吸引普丁。而且其權力也吸引他。他就曾讚嘆道：「最讓我覺得了不起的是，憑一人之功可以勝過一整支軍隊。一名間諜可以決定數千人的命運。」[35]

一九七五年普丁圓了他的夢想，進入格別烏。這之後好幾年，他來往於蘇聯的國內工作和官方訓練課程。服役十年後，普丁被派往東德的德勒斯登，在這裡他學習干預大選工作中最重要的一項技能：操縱人心。他說：「招收線人、蒐集情資、評估分析等工作，對這類行動很重要。就是要知道是誰在用什麼方法進行什麼工作，這點很重要。」普丁在東德時學會了分析外國政府的技能，他說：「我會蒐集政黨的情報，瞭解這些政黨內部和其領導人的趨勢走向。」[36]

這之後發生了一九八九年的全民革命、柏林圍牆倒塌、東歐集團瓦解。[37]還派駐在德勒斯登的普丁，看著抗議人群湧入東德國安局辦公室、洗劫格別烏情報站（曾暗助西德總理威利・布蘭特政權），心情大壞。示威者也來到格別烏在德勒斯登的分駐所，正好就是普丁被派駐的那一間。

他心想：「這些人群真的很危險，但都沒人來保護我們。」當普丁的團隊向外求援時，回覆的訊息很明確：「莫斯科方面沒有命令的話，我們不得妄動。莫斯科一直默不作聲。」普丁這次的經驗，其實正可見克里姆林宮的一慣作風。歷史學家烏拉迪斯拉夫・祖波克（Vladislav Zubok）寫道：「看到鐵幕在一九八九年那麼輕而易舉的倒下，真的讓人感到不可思議，這還不只，蘇聯當局對此事的不以為然和自滿心態、以及蘇聯在中歐各國所散發的種種示警和威脅意味，也同樣讓人感到不可思議。」普丁和其同僚在這樣的勢態下，只能急急忙忙地把手邊的格別烏檔案焚毀滅證。最後，包圍格別烏辦公室的群眾終於散去。[38]

普丁在一九九〇年離開德勒斯登時，他的想法和人格已經基本定型了。過去十五年來他一直在格別烏任職，那段期間，他是以情報官員的身份學著在世界上生存的：也就是要操縱別人的想法和說謊、顛覆，並且以帶著什麼事背後都有陰謀的想法來看待世界。格別烏作為美國中情局的對手單位，長久以來就在世界各地操縱著各國的選舉。普丁本人雖然沒參與這些行動，但他卻研習過格別烏執行這些活動的方法，這包括要左右人心、用最簡單的方法達成最大的功效等等。當時的訓練讓他把美國視為天敵，尤其是中情局。而且因為巧合，讓他第一手見證了群眾示威有辦法推翻封閉社會中的政權。

東歐陣營的瓦解，讓普丁內心從此蒙上陰影，因為他內心深處一直把自己的價值和蘇聯緊緊綁在一起。他日後曾說：「要是當初蘇聯不要那麼快就撤出東歐的話，就可以避免掉很多的問題，我希望當地能有別的政權取代原有政權。可惜都沒有人提出別的替代方案。這才是讓我心痛的地方。就這樣放棄然後看著一切煙消雲散。」[39]普丁的出身屬於蘇聯社會裡保守的邊緣階層。格別烏的領袖歷來就反對戈巴契夫在國內推動的改革，甚至還曾在一九九一年八月企圖發動政變，還好被葉爾欽居中化解。四個月後，蘇聯就解體了，而葉爾欽也因此成為獨立的俄羅斯聯邦建國的第一位總統。[40]

普丁隨後返回聖彼得堡，在這裡投入政界成為政治人物，之後遷往莫斯科定居。然後他的仕途就平步青雲一路高升，一九九八年，他成為蘇聯聯邦安全局（聯安局）（Federal Security Service, FSB）局長，聯邦安全局就是轉型後的格別烏。一年後他就被任命為總理了。[41]這段期間，都是由葉爾欽在掌政，為未來的俄羅斯規劃了藍圖，並在不久後交給普丁接手。

＊＊＊＊

在葉爾欽任內，俄羅斯的秘密情報單位改了新名字，但還是跟以往一樣的鐵桿風氣。約翰・賽佛一九九〇年代大部份時間都駐守莫斯科，擔任中情局官員。結果就被聯安局裝了錄影監視，二十四小時不間斷地監看他的行動，竊聽他和誰通話。他的情報站只好大費周章安排，才能每隔數月和蘇聯方面的合作管道見上面。賽佛說：「我們被跟蹤和騷擾的程度，跟在冷戰時沒有兩樣，葉爾欽用意可能是好的，但他的情報單位作法還是跟以前一樣兇狠，視美國人為敵人。他們對我們的態度，並沒有隨著國家開放而有所改善。」黎昂・佛特（Leon Fuerth）是當時美國副總統高爾（Al Gore）的國安顧問，他說，白宮方面知道俄羅斯情報單位對於葉爾欽推動透明化和民主化的努力，出現了日益高張的反彈聲浪。[42]

但是美方還是不為所動，努力要推動俄羅斯走上市場經濟和民主治理的道路。佛斯說：「我不認為，當時對於美國可以隻手改變了俄羅斯的未來，有任何的幻想成份在。然而，話說回來，蘇聯垮台，則像留下一張白紙一樣，但這白紙可能沒有我們以為的那麼白，但在葉爾欽的領導下，俄國的確展現出誠意，想要成為一個『正常化』的國家。」[43]

＊＊＊＊

柯林頓總統深知這個民主化工程之巨大程度。畢竟，俄羅斯過去經歷了沙皇時代和共產統治，是完全沒有民主化的經驗，所以當時就認為，要讓俄羅斯進入西方國家所組成的這個大家庭，就需要外界提供一些援助。美國、七國高峰會、國際貨幣基金會因此匯了數十億的美金給俄羅斯，主要就是為了強化其經濟發展。[44]柯林頓總統連任期間擔任美國國安副顧問的詹姆斯．史騰堡就說：國際級的機構是「我們可以用來讓俄羅斯採納我們要的經濟改革的槓桿。」一九九六年葉爾欽獲選連任後，他曾對柯林頓說，「我現在要靠你支持和領導」，藉此他敦促美國企業「前往俄羅斯進行大規模投資。」[45]

但是在一九九八年八月，俄羅斯的經濟進入危機。柯林頓總統怪自己之前做得不夠。柯林頓同月飛往莫斯科的專機上，曾對幾位手邊的顧問說：「國際貨幣基金會和多家銀行為俄羅斯做的根本就九牛一毛，想想他們面對的問題有多大，風險有多高。」他又說：「我們告訴他們，俄羅斯要進行重大、嚴峻的改革，但他們不僅主菜沒端上來，連甜點都沒出現過。」[46]俄羅斯在那風雨飄搖中，見不到一個明確的未來。柯林頓又說：「要是俄羅斯經濟走壞，不可小覷其對美國國安的影響，以及對全球經濟的影響。要是能讓他們做出正確的選擇，讓錢留在俄羅斯，發揮一些正面的作用，那我們就要多做一點、加快腳步，比現在做得更多更快。」塔波當時問柯林頓說，他這樣的想法，是否等於是俄國版的馬歇爾計劃。柯林頓的回答是：「沒錯，規模就跟當初一樣大。我絕對贊成馬歇爾計劃，但金援一定要到位。」[47]

問題是，葉爾欽沒能實現這個計劃。一九九〇年年代，貪婪、貪污、舞弊癱瘓了俄羅斯的政治情勢，根據詹姆斯．史騰堡所言，這成了柯林頓推動更多金援俄羅斯的最大阻力。因為大家都不知道，金援的錢會被誰拿走。賴瑞．桑瑪斯解釋道：「要是金援的錢進到俄羅斯，卻在某瑞士銀行的帳號中憑空消失，或是流入某寡頭獨裁統治者企業中，那什麼事都推動不成了。」[48]

葉爾欽發展起來的民主體制是空心的，只見議會疲軟、貪污四處，還有寡頭獨裁階級。他拿國家資產賣給有錢的菁英階級，以便籌措他二度選舉的經費，謠傳說，一九九六年葉爾欽的選舉是靠舞弊勝選的。俄國聯安局也始終保留著格別烏時代的基本架構、態度和威權。[49]再加上葉爾欽酗酒成性，讓跟他搭配的人很難信賴他。塔波在一九九八年八月告訴柯林頓說：「在我要出門搭上這班飛機前，中情局的醫生才剛告訴我，葉爾欽沒按時服用血壓藥，盡只是喝酒，因為他聽別人說，這樣有助血壓穩定。」接著他對柯林頓描述了葉爾欽這個人：「頑固、有抗壓性、叛逆、強悍，不輕易放棄」，但同時也是「百病纏身、虛弱、怪癖的渾蛋。」柯林頓聽完後說：「他雖然是百病纏身、虛弱、又怪癖的渾蛋，卻是我們的渾蛋，對吧？」[50]二十年後，里昂．潘內達回憶道：「你看，這不是在開玩笑的：葉爾欽有他的問題，酗酒又喜怒無常說變就變。但話說回來，他這人我想大家也都感覺得到，代表了未來俄羅斯的新氣象。」[51]

葉爾欽辭職後，他讓俄羅斯陷入了危急的不確定狀態。二〇〇〇年時中情局的副局長約翰．麥克洛夫林就說，俄羅斯的民主那時是「一團糟」，差不多就是「無以復加了」。其他人則說的比較客氣。佛斯說：「他是有民主體制，但是很混亂，根扎的不深，但算是有了。」但是，繼任的普丁接收的是一個還具可塑性的國家。柯林頓就對筆者說「當時莫斯科當局已經可以感受到有問題即將發生」，這些問題是肇因於俄國「左派的老共產黨員」、「右派的極端國族主義者」、「不可信賴」的金融體系，以及缺乏「具制度化的民主勢力」。柯林頓接著說，但「我原希望可以透過這些人來讓俄國進步，我當時盡最大努力，我就常跟別人說，不管葉爾欽有哪些缺點，他依然是比起其他人來，好上許多的最佳人選，可以贏得大選管理俄羅斯，我至今依然相信此點。」[52]

柯林頓幾位最高階的顧問現在說，當初想形塑俄羅斯的未來，是太天真。其中賴瑞・桑瑪斯尤其認為自己和同事「當初誇大了自己的能力，自認為可以改變莫斯科的命運。」他補充說：「俄羅斯在被共產黨統治七十年，再加上缺乏民主型式、市場經濟的傳統，這等等所帶來的挑戰難度之高，我認為這狀況真的比我們瞭解的嚴重許多，所以我們當時真的對於自己的影響力太過樂觀。當時在俄羅斯的變化，主要還是取決於俄羅斯政府和其人民的想法，而不是光靠我們對於金錢流量的控管所能決定。」[53]

＊　＊　＊　＊

到了二〇〇一年時，葉爾欽和柯林頓都已經下台了。普丁這位職業情報員出身的總統，現在肩負為俄國這個前超級強權規劃未來命運的重責大任。他一旦掌權，就一步一步有計劃地拆解葉爾欽一手建立起來、岌岌可及的民主架構。他先是系統性地操弄人民的想法。官方將俄羅斯的電視台收歸國有，這原是人民資訊來源的中心，現在則由克林姆林宮掌控，用它來散播假訊息、打壓群眾、廣播一些看似真實生活的假象。前俄羅斯電視製作人彼得・波莫蘭謝夫（Peter Pomerantsev）就寫道：「電視是唯一可以統治這個國家，讓其一致、不至分崩離析的力量。」普丁同時也搭到了俄羅斯經濟爆炸的年代：從一九九九年到二〇〇八年，俄羅斯的薪資每年增加十點五百分比，這讓普丁在國內的地位聲望更加穩固、也讓他可以把俄羅斯的民主歸零，卻不致遭致民怨反擊。[54]卡魯金這位前格別烏的將領就說：「普丁是典型的蘇聯時代格別烏產物，不是史達林時代的，是再晚一點的時期，他的工作就是要把螺絲栓緊，然後監視所有人。」[55]

普丁一邊讓大眾轉移注意力，一邊則悄悄在鞏固自己的權力、累積自己的財富。二〇〇五年，一家莫斯科為主要據點的研究機構發現，俄羅斯企業每年要付超過三千億美金來賄賂，比起四年前足足增加了十倍之多。[56]到了二〇一四年時，俄羅斯當地前百分之一富有的人口，擁有該國百分之六十六點二的財富。世界主要的經濟體中，俄羅斯成為貧富差異最大的國家。[57]普丁和他的親信，大發利市。俄羅斯人賽給・羅杜金（Sergei Roldugin）是普丁的心腹大提琴家，他海外的帳戶中，藏了數十億美金在其中（這是所謂的巴拿馬檔案所揭露的，這份文件在二〇一六年初出現，普丁說這是美國在背後指使對付他的陰謀。）[58]頂尖的俄羅斯專家凱倫・戴維莎（Karen Dawisha）把普丁的權力結構形容的非常貼切，她說那是盜賊集權統治（kleptocratic authoritarianism）。戴維莎寫道，普丁想要強化俄羅斯的方法，「不是瓦解葉爾欽所發展出來的寡頭政治體系」，「而是要將原本獨立於國家、且比國家更強大的寡頭政治國家，改造成法人社團式（corporatist）的結構，讓掌權的寡頭們聽命於國家官員。」[59]

但是在這樣的貪污氛圍中，普丁其實活在他一九八九年遭遇的恐懼中：他時時擔心著有一天示威者會衝進克里姆林宮，推翻他的政權。普丁是否真的有必要擔心俄羅斯會發生道地的革命，這點頗有爭議。畢竟，一方面可以看出，他的國內滿意度調查一直都能維持在高點。但是，從另一方面來看，到二〇一六年時，只有百分之十四的俄國人認為國家的經濟有改善。對於普丁所有的政策，選民最不滿的就是，普丁未能改善俄國嚴重的貧富不均問題。[60]正是基於此點，讓普丁相信，人民暴動將會推翻他的政權。一向就相信陰謀論的他，長久以來就懷疑美國會在背後支持這樣的運動。[61]

普丁這種疑神疑鬼的個性，或許可以追溯到葉爾欽的時代。前中情局官員約翰・賽佛就說，俄羅斯內部深信一九九六年大選中，柯林頓以不當的方式暗助葉爾欽當選。中情局幹員史提芬・霍爾在一九九〇年代被派到俄羅斯，日後升任該局駐俄羅斯情報站主管的他說，葉爾欽對於柯林頓的依賴，讓普丁放不下心，普丁對這種情形的結論是「和所謂的民主政體打交道，不過就是美國和其他西方國家，試圖削弱偉大俄羅斯的陰謀。」所以後來等普丁當上總統後，他就一直「和情報單位保持密切關係」，因為「他們打從葉爾欽時代就懷著恨意」，約翰・麥克洛夫林這位前中情局局長記得當初就是這樣。[62]

普丁於是在當選總統後，就把美國怎麼支持各國草根運動來對付強人統治都看在眼裡。二〇〇〇年米洛塞維奇的下台，大出克里姆林宮意料之外。前中情局官員道格拉斯・魏斯就說，俄羅斯的國安體系「全都睡著了」、「完全沒注意到」塞爾維亞的大選。他說；「俄國沒有涉入這次大選，也沒跟上腳步。」部份原因是因為莫斯科當局「當時沒辦法知道」中情局會涉入這次大選，要不然，普丁一定會「攻擊」中情局的行動。魏斯笑著說：「俄國一定會對我們的病毒下藥解毒的。」史提芬・霍爾當時駐守在巴爾幹半島擔任情報站主管，也同樣說普丁和身邊顧問，一定會將中情局的行動曝光，「要是他們能夠作得夠具說服力的話」，但他們自己「還丈二金剛摸不著頭緒」。[63]

塞爾維亞大選六天後，柯林頓致電普丁。柯林頓說，反對黨顯然是贏了，但米洛塞維奇想要進行第二輪投票。柯林頓說：「最好還是勸米洛塞維奇下台，但我覺得你是做這件事的最佳人選。」因為米洛塞維奇是由俄羅斯背後撐腰的。普丁東閃西躲不肯正面回答，最後才說，第二輪投票好像無可避免。柯林頓越來越不耐煩，就說：「我還想問你另一個問題，要怎樣才能夠把他趕下台？」普丁一副狀況外的樣子，或者是他裝出來的，他問柯林頓說：「你是說要拔掉他？」

柯林頓答：「沒錯，他會怕下台嗎？」[64]

接下來的幾天，抗議米洛塞維奇的聲浪越來越高，普丁依然不為所動。隨後他發了一份聲明，說自己「正在關注⋯在與蘇友好的南斯拉夫悲劇情勢的發展。」一直到十月六日，米洛塞維奇辭職當天，普丁才終於承認了該大選的結果。美國國務卿麥德琳・歐布萊特氣炸了。她說：「俄國根本就沒有盡到當時應盡的責任。」[65]莫斯科這邊，議員們則高喊這是西方策動的政權更迭。史提芬・霍爾說，當米洛塞維奇下台時，普丁顯然腦中想到的是美國，然後說：「我被你們陰了。」[66]

普丁不喜歡的是，美國照著自己的樣子在打造其他國家。普丁在二〇〇七年時說：「沒錯，近年來，似乎大家都在跟我們說：我們在等你們，我們歡迎你們加入我們的大家庭，加入我們文明的西方大家庭。但是，首先，你們憑什麼自認你們的文明就是最好的？」[67]

美國推翻集權統治者的方法之一，就是軍事干預。二〇〇三年，美國帶領聯軍入侵伊拉克，罷黜了該國長年的獨裁者海珊。普丁不滿道：「要摧毀這樣的小國似乎很容易，但是那餘波盪漾、無窮後患卻是一直到現在，讓我們都沒辦法收拾的。」[68]之後二〇一一年北約部隊又協助罷黜了另一位獨裁者，利比亞的格達費（Muammar el-Qaddafi），他死在叛亂士兵之手，這些人先是毆打他、雞姦他，最後才射殺他。[69]普丁稱北約的行動是「中世紀的十字軍之征」，還問說，是否現在全世界的「腐敗政權」都即將面臨類似的攻擊。[70]普丁說：「美國積極介入毀滅這些國家體制。你們知道這會導致什麼樣後果嗎？」[71]對普丁而言，答案就是政變和混亂。

在普丁眼裡，最具威脅性的美國干預行動，並不是空襲或是部隊入侵。他也不相信美國軍隊會對擁有核武的俄羅斯進行轟炸。但是他深信，美國有辦法藉由煽動群眾示威，來針對他的政權。二〇〇四年烏克蘭大選，在普丁眼中就是證據。普丁當時有他屬意的烏克蘭候選人，美國則挹注了數百萬美金到該國，以讓選民受到選舉教育洗禮和政黨訓練，並且進行關鍵的出口民調。這種二次計票，顯示出正式票選中有大規模的舞弊發生，因此造成了「橙色革命」，並進而擁立了魏克多・尤申科（Viktor Yushchenko）這位親西方的政治人物。歷史學者安・艾波鮑姆（Anne Applebaum）寫道：「普丁疑神疑鬼的個性，因為二〇〇四年烏克蘭所發生的橙色革命而更嚴重，而利比亞革命則讓他看到更可怕的景像：街頭暴徒、在西方的支持下，追捕獨裁者並加以殺害，而且數個月前，他還一副一切大權在握的樣子。」[72]

普丁覺得到處都有人要害他。他領導的國家在經濟、軍事或是合作的友邦數量上，都無法與美國匹敵。但他並不用真的和美國一較高下。只要想辦法破壞美國、然後削弱他就好。而在數位時代，他找到一樣好方法可以達成這個目的。

* * * *

在他有計劃地一步一步干預西方國家大選以前，普丁先拿他的鄰居下手，測試俄國在數位上的能耐。二〇〇七年，愛沙尼亞拆掉了一座悼念二次大戰陣亡俄國將士紀念碑。俄羅斯盛怒之下，對愛沙尼亞發動了長達一週的網路攻擊，讓愛沙尼亞政府官網、新聞網站、銀行入口網站全都因此關閉。隔年，俄羅斯結合傳統和網路多重方法，入侵喬治亞這個前蘇聯共和國之一。[73]但在當時，美國的政府高層都以為，普丁應該只是想要維持自己在鄰國的控制。記者大衛・桑格（David Sanger）寫道：「愛沙尼亞和喬治亞的情形，是俄國第一次使用網路攻擊的方式，來癱瘓對手，或是讓其不知所措。」但是，相對的，華府這邊卻因為「想像力不足」，讓他們無法採用同類型的攻擊。[74]二〇〇八年，受到總統任期限制的普丁，轉換職位成為總理，開始用他的影響力來控制俄國政局。

二〇一一年是普丁政治生涯的轉捩點，他宣布他要再度競選總統。任何對於俄羅斯會出現民主體制的奢望，就此灰飛煙滅。普丁沒讓俄國人有機會選擇自己想要的總統，並成功地將注意力轉移到外部敵人：美國身上。[75]

二〇一一年十二月四日，俄羅斯舉行國會大選，全國卻因此陷入緊張情勢。美國在這次大選前，灑了數百萬美金，給多個民間社團，包括俄羅斯唯一一個獨立選舉監票單位「俄羅斯之聲」（音譯：葛洛斯）（Golos）。[76]俄羅斯之聲成立的目的不在影響選民投票意願，而在阻止普丁讓自己當選。

對於普丁這樣的集權統治者而言，大選監票機制就已經算是外國勢力干預他的選舉，因為這會讓在選票動手腳的事曝光。隨著十二月四日逼近，俄羅斯之聲報告說，發現數千起選舉不法的情事。普丁則不滿道：「所謂的資金受贈者」正在干預俄羅斯的內政，國家監察機構於是介入調查俄羅斯之聲。投票日當天，投票所監票人都紀錄到猖獗作票給普丁的統一俄羅斯（United Russian）黨投票舞弊事件。數千俄羅斯人走上街頭，高喊「普丁是小偷」。數百人因此被捕。[77]中情局莫斯科情報站主管史提芬．霍爾，親自到街上和這些示威者交談，但其實美國大使館有提醒他們，這可能會被普丁逮到藉口，說是中情局在背後策動街頭運動不利於他。但霍爾不以為意，他說：「不管怎樣他們都會有話說的。」[78]

對普丁而言，這就是美國要不利於他的陰謀。俄羅斯之聲則是幫手，刺激了示威者。之後時任國務卿的希拉蕊．柯林頓又煽風點火。當時希拉蕊是美國最知名的政治人物。身為前第一夫人、又曾當選參議員，她二〇〇八年還差點贏得民主黨的總統提名人資格。她在國務院時，支持白宮和俄羅斯關係歸零重談的政策，同時還痛斥克里姆林宮的政策，尤其是俄國對喬治亞的作法。她在二〇一〇年告訴喬治亞的觀眾說：「對俄羅斯的行動，我們始終反對，且不斷加以譴責，我們認為那是錯誤的行為。最不該的就是入侵並佔領了喬治亞。這不是場面話，我們支持任何提供你們所需支援的行動，好讓你可以面對你們認為來自俄國的威脅。」[79]

希拉蕊和普丁兩人一直就看不對眼。她接受筆者採訪時說：「我和普丁見面時，他就老是充滿防禦性，一副好像妳們女人不懂的樣子，跟我講些我已經知道的東西。」她認為，普丁這些動作是因為她對俄羅斯本來就不信任，再加上普丁本人「對世界就抱著男女不平等的態度。」另外，希拉蕊也主張應該以軍事介入，處理格達費的政權，而格達費在二〇一一年十月的慘死，也讓普丁心裡深深感到不安。[80]

二〇一一年十二月，希拉蕊接到有關俄羅斯國會大選「公然舞弊」的報告，這讓她決定要公開表態。她在十二月十五日這天公開譴責道：「應由公正單位，對大選不法和舞弊事件，進行全面調查，以還俄羅斯選民公道。」因為，在自由、公平、透明的選舉中，負責任的領導人，應該負責讓選民「投出的每一張票」都正確呈現在投票結果上。[81]

但在普丁眼裡，這已經是在政治上和他公然開戰了：希拉蕊這是在煽動人民起來向他示威抗議。普丁隨即在十二月八日指控說，她幫俄羅斯「某些激進社運份子定了調」，還「給他們發出開戰訊號」，而示威者「聽到她的訊號後，在美國國務院的支持下，就積極投入示威了。」[82]他逮到機會好好給希拉蕊迎頭痛擊，但其實目的只在把國內的不滿輿情，轉嫁到外國勢力身上，希拉蕊就成了這個代罪羔羊。希拉蕊猜到普丁的用意，知道他是在利用她來掩飾自己的不當行徑，轉移注意力。她對筆者說：「我不認為俄國的大群街頭示威人潮和我有關，我覺得普丁的指責全是在演戲，但因為示威人群太多了，讓普丁膽怯。」[83]

到了十二月十日，數萬名俄羅斯人參與了冷戰結束後，俄國最大的街頭示威活動。[84]中情局副局長麥可．莫瑞爾說，這些抗議讓「普丁不注意到都不行了」，因為他本來就「怕死了」人民起義，他覺得這一定是「美國策動」的行動。不過，對於普丁的想法，中情局的看法跟希拉蕊不同。中情局內的分析師認為，在那個點上，希拉蕊簡直就是集普丁最討厭和懼怕的美國特色於一身。史提芬．霍爾說，在普丁眼中，他深信這一切就是「一名美國有權有勢的人，想要在莫斯科的街頭，發起顏色革命，這真的惹到他了。」85

希拉蕊和普丁之間的關係，在接下來的幾個月裡越形惡化。兩人之後的第一次碰面時，希拉蕊斥責普丁不該把莫斯科抗議事件怪到她頭上。希拉蕊對我說：「我告訴他：『不是我做的，總統先生，是您自己的百姓。』」普丁不相信。之後，二〇一二年六月，墨西哥的二十國集團（G20）上，普丁和歐巴馬、希拉蕊約好見面，卻足足遲到四十五分鐘。希拉蕊說：「我告訴歐巴馬，要是換作是我，就會取消會面。普丁這樣我是不可能等他的。」後來等到普丁到達了，她記得「也不是讓人滿意的會面。」當年稍晚，在海參威會議上，普丁乾脆直接拒絕見希拉蕊。她說：「他連話都不跟我講了。」（後來兩人在晚餐前短暫會面，因為晚餐時兩人的位置在隔壁。）我問希拉蕊，現在回頭來看，會覺得當初如果和普丁搞好一點，會比較好嗎，她毫不後悔，說：「我想（示威遊行）當時可以不要說話吧，但我不想這樣。」86

＊　＊　＊

普丁對外鬥希拉蕊，對內可沒放鬆控制。在二〇一二年重登總統大位後，他馬上就動作起來，要重新整頓國內政局。艾倫・貝瑞（Ellen Barry）當時是《紐約時報》派駐莫斯科辦事處的主管，他說：「一等普丁重掌政權，原本美國在俄國提倡民主所建立的一切基礎，就都灰飛煙滅了。」因為「俄國人眼中看到的，是斬釘截鐵的這個意思：這是他國寄錢來，破壞克里姆林宮對人民的控制。」[87] 同年九月，俄國外交部長賽給・拉夫洛夫（Sergey Lavrov）告知希拉蕊說，克里姆林宮要驅逐美國國際開發署，而該署當時每年都會在俄國花五千億美元，用在民主和人權的工作上。約翰・麥肯（John McCain）參議員稱這項決定是「對美國的侮辱」。同年十二月，原本都接受國際開發署大筆撥款的國際共和學會和國家民主學會，也被迫退出俄羅斯。普丁同時也盯上好幾個示威者用來聯絡組織的網路平台，透過簽署法案，他授權聯邦執法機關，將這些網站強制關閉。[88]

到二〇一三年時，因為另一波草根暴動的出現，普丁腦海裡幻想的影子戰爭就更嚴重了。這次發生的地點是在烏克蘭，其抗議的目標則是維克多・雅努柯維奇（Viktor Yanukovych），他是前一任總統尤申科的繼任人，普丁在二〇〇四年支持過他，而雅努柯維奇也跟尤申科一樣立場親俄。因為一連串的示威、加上政府的掃蕩，造成反對雅努柯維奇的抗議越演越烈，到最後成為真正的革命事件。但在普丁眼裡，這只是陰謀，因為從冷戰結束後，美國人就一直進入烏克蘭。[89] 而且，隨著抗議情勢越演越烈，許多美國官員像是助理國務卿維多利亞・紐蘭德就一直在基輔的反對陣營間拜會其領袖，也和雅努柯維奇見面。普丁的顧問賽給・葛拉齊耶夫（Sergei Glazyev）就砲轟美國，指責其「單方面且粗暴地介入烏克蘭內政。」二〇一四年二月初，俄羅斯情報單位透過網路，釋出一通他們攔截到紐蘭德的電話通話內容，當中紐蘭德討論烏克蘭政府的未來情勢。這個行動非常的具攻擊性且出其不意，紐蘭德告訴我說：「我知道自己被竊聽，但是沒想到他們竟會覺得我很具危險性，到有必要摧毀我、把我幹掉的程度，這真的是過獎了，為我把情報層級拉到這麼高。」[90]

俄國用網路駭客和釋放訊息作為攻擊手段的方法，預告了其將來的發展，但在當時，並未能阻止烏克蘭追求改變。烏克蘭抗議聲浪始終沒有散去，之後在同年二月十八到二十日之間，烏克蘭秘密警察對示威群眾開火，十多人因此被射殺。雅努柯維奇這下威信蕩然無存了。隔天當群眾衝入他寓所時，他已經先一步逃離基輔。雅努柯維奇逃到東烏克蘭後說：「今天的事件，主要就是破壞公物、搶劫，還有政變。」普丁於是派遣特別部隊前去接雅努柯維奇，之後他就一直流亡在俄羅斯。[91]

＊＊＊＊

烏克蘭示威者跟俄羅斯示威者一樣，都是在網路上集結的，這一點讓普丁起了警覺心。二〇一四年一位俄羅斯的記者就寫道：「他被迫要思考網際網路在示威過程中的角色。」這讓普丁「起了戒心」，於是他決定要「把網路納入控制。」[92]在雅努柯維奇逃離烏克蘭後，普丁就把網際網路稱為「中情局計劃」。二〇一四年四月，俄國最受歡迎的社群媒體平台「維接觸」（VKontakte），其執行長宣布下台，該公司交由克里姆林宮的支持者全面接管。五月份，普丁簽署一份法案，要求每天超過三千流量的部落格要跟政府登記，並且不得匿名貼文。國會議員同時也通過法案，要求網路平台要將俄國用戶的資料儲存在俄國境內的伺服器。[93]另一方面，政府情報員則讓假情報充斥各網站，以混淆、控制大眾。[94]克里姆林宮把國民思想當成對手，展開了計劃縝密的攻擊。

＊　＊　＊　＊

二〇一一年到二〇一四年所發生的這兩件抗議事件，讓普丁懷恨在心。在他心中，美國先是在俄羅斯國內暗助群眾運動，之後又在他的鄰國點燃革命之火。他曾經問一名美國記者梅根・凱莉（Megyn Kelly）：「你們國家怎麼會去鼓勵烏克蘭政變呢？怎麼會去做那種事？美國都正面承認，自己為了這件事花了數十億美金。」普丁厭惡當前的狀態：華府隨自己高興去影響他國政情，而莫斯科只能唯命是從。他說：「就因為你們帶來民主，就可以隨意去干擾各個國家，我們卻不行，這就是衝突的起因。敬人者人恆敬之。」[95]

普丁現在站在一個交叉路的起點。他不想重蹈前人在一九八九年時的覆轍，就像他當時說的「沒有提出別條路的可能」，結果東歐陣營垮了、不久後蘇聯也跟著垮台。從他的觀點來看，美國操縱的魔手無處不在：推翻像雅努柯維奇和米洛塞維奇這樣的領導人、攻擊像伊拉克和利比亞這樣的國家、在烏克蘭和俄羅斯這樣的地方提倡民主。二〇一一年到二〇一四年的美國國務副卿威廉・柏恩斯（William J. Burns）就說：「他總是高估了我們，認為那些事都是我們的陰謀，但那其實只是他個人對世界的詮釋。」[96]對普丁而言，所有美國在海外的活動，都以同一個目標為中心：藉由獲得影響力來把俄羅斯踩在腳下。他腦中的世界就是一個零和的世界。華府贏了，莫斯科就輸了。[97]俄羅斯想贏，只有回擊。

但更重要的是，要瞭解在普丁心中什麼叫贏。他沒有列寧的野心，想要用共產主義推動全球革命。普丁相信自己被鎖在一個權力鬥爭的場子裡，對手是美國，這戰的不是意識型態。所以原則並不重要；只有影響力才是一切。有分析家認為，普丁的目標是要重建蘇聯，這想法是錯的。他不可能重建那個控制半個歐洲的超級強權。單是靠強化俄羅斯，他再怎樣也不可能超越美國，所以他只剩下一個選項，那就是減少美國在全球的影響力，方法則是在美國的盟國中動手腳，分化他的選民。里昂・潘內達說：「他們的主要目標就是要製造不穩定、尤其是被他們認為是競爭對手的民主國家。」[98]

普丁想要讓美國和其盟國放棄其國際主義，改成國族主義，放棄開放、改為封閉、放棄包容、改為排斥。要完成這個任務，最說得過去的方法，就是要在民主國家中支持集權想法的候選人，並加大這些國家中的分裂。對普丁而言，這個策略有很多附帶好處。可以讓俄國人民看到民主的模式功能不彰，不值得羨慕，這做法跟當初格別烏刻意安排的仇恨罪如出一轍。在美國他破壞社會的凝聚力，破壞華府領導的能力。而此舉則可以在全球，為他創造增加影響力的機會。一些成效出色的民主國家，往往和美國站在一起。而像歐盟、北約這類的國際機構，主要是靠共通的自由價值觀在維繫其連結，這也強化了美國在全球的勢力，讓俄羅斯無法霸凌落單的歐洲國家。如果可以顛覆民主國家，那普丁就可以破壞美國所領導的機構，反制美國所提倡的民主體制，而在這過程中，莫斯科就能夠靠著削弱美國的國力，而在國力上有著相對的成長。

普丁因此決定，莫斯科要再次朝全球的民主國家下手。麥可．莫瑞爾就說：「要是你覺得這一戰是與美國的殊死戰——普丁就是這麼覺得，那就要把所有精銳派上用場。」[99]只是，普丁能用的精銳不多：他沒有經濟資源或是盟邦網路可以資助他，讓他公開進行不自由任務。他也缺少使用核武的能力，更難以動用軍隊。僅剩的，就只有一項資源：驍勇善戰的情報單位，這些人都是他的老長官舊部屬。俄國的軍事情報單位「聯邦安全局」（FSB）以及俄國軍事情報局（GRU），他們的新武器是網際網路。卡魯金說：「從很多方面來看，普丁其實是找回蘇聯時代的老方法，就是操縱其他國家的人心、情緒，當然，還有選舉。」[100]

於是秘密干預選舉的行動又回來了，只是這次是針對數位時代作了調整。普丁身為訓練有素的格別烏官員，這時就重新找上他在格別烏中的徒子徒孫，要藉他們之力暗中破壞美國和其他民主國家。他藉網際網路來強化一些老式的戰略。普丁最親近的顧問之一烏拉迪斯拉夫・蘇寇夫（Vladislav Surkov）就在二〇一九年二月間記載到，在「毀天滅地」的一九九〇年代之後，俄羅斯展開了「對西方的情報反攻擊」。蘇寇夫又說：「事實上這次的攻擊更為猛烈：俄羅斯要操縱他們的大腦，而被操縱的人卻不知該怎麼處理自己被人弄亂的意識。」[101]

這時華府因為恐怖戰爭而把注意力放到別處，所以完全沒料到普丁的攻擊和高招。從一九九九年到二〇〇五年期間擔任美國國家安全局局長、二〇〇六年到二〇〇九年時又接任中情局局長的麥可・海登就說：「俄羅斯這場大戲，我們居然沒注意到。我們一心一意在對抗恐怖主義、反擴張。我以中情局局長的身份，去了五十多個國家，但卻沒一次踏進俄羅斯⋯要是我對中情局局長任內有什麼過錯應該懺悔，那就是我沒提防到普丁。」[102]

但普丁則早就已經緊盯著美國。現在他就要用他手邊現有的資源，悄悄破壞全球的民主體制。烏克蘭軍隊總參謀部部長顧問呂波夫・齊布斯卡（Liubov Tsyulska）就說：「這是為了要打散西方國家的團結一致。一個國家要是沒有盟國或支持者，俄羅斯就比較容易挑撥分化。一旦社會出現分化，那就更容易遭將之一一擊潰。」[103]

第八章　新時代

二〇一四年二月的某一晚，烏克蘭爆發了革命。普丁總統召集一眾情報官員開會，眾人一早共同構思對策，以平定這場被他們認定是西方國家支持的政變。普丁指示底下的秘密警察隊長：「我們要開始努力，讓克里米亞重回俄羅斯懷抱。」[1]一九五四年時，蘇聯早就把克里米亞半島轉送給烏克蘭，不過，當時烏克蘭還是他的共和國成員之一。現在普丁則想把克里米亞拿回來，還給俄羅斯。他下令軍隊要奪取克里米亞，並入侵東烏克蘭，就此對烏克蘭的民主和領土完整性，進行了長達一年的攻擊。[2]

俄羅斯的攻擊惹來了國際眾怒。但，普丁的反應並不是自責內咎，而是忿怒。同年三月十八日的演講中，他不滿地說，在沒有另一個強權與美國制衡的情況下，「我們頓失穩定」，因為華府和其盟邦已經「騙了我們許多次」，「也在我們背後暗自作下許多決定」。他又批評說，這一次，美國並沒有依照國際公約運作，而是依他自己的利益。他們以為憑他們這樣結黨營私、自己可以別人不行的作風，就可以決定全世界的命運，只有他們是對的。然後他就列舉了南斯拉夫、阿富汗、伊拉克以及利比亞等國的命運，他宣布：「如今在烏克蘭身上，西方國家欺人太甚。」[3]儘管在國外普丁這麼無法無天，對他在國內卻是一大利多，他在俄羅斯的聲望節節攀升。[4]

兩個月後的五月二十五日，烏克蘭舉行總統大選。面對俄羅斯對烏克蘭領土的攻擊，歐巴馬總統出言警告普丁，要他不可介入該國大選。在記者會上歐巴馬說：「要是讓我們發現這樣的動亂和不穩定持續惡化，最後讓大選受到阻礙的話，我們別無選擇，就只能採取行動，進行更嚴厲的制裁。」[5]

普丁不為所動。在烏克蘭大選前數天，烏克蘭中央選舉委員會的電腦系統被一群支持克里姆林宮的駭客集團破壞，這個集團被美國情報單位稱為「俄羅斯國家支持的網路活動陣線」，這樣的作法，讓人預見，未來真的有可能出現外國勢力破壞選舉過程的狀況。烏克蘭政府官員只能沒日沒夜地趕工修復受損的系統，以便投票日當天選票可以如期計算，並即時公布選舉結果。該選舉委員會的電腦資訊部門主管瓦拉里．史特里加諾夫（Valeriy Striganov）於二〇一五年說：「這是嚴重的有計劃攻擊。」駭客隨後就將他們從該委員會網路上竊取的個人電子郵件和照片都外洩出去。格別烏的集權想法，認為可以隨便公布他人的私生活，在數位時代以後，又捲土重來。所幸選舉當天，烏克蘭政府只偵測到一隻病毒躲在系統裡，意在造成其所公布的票數計算錯誤（而這份錯誤的計票數字，也被俄國官方媒體還依樣公布了。）[6]

秘密干預大選行動的目標，就是要在一個原本政局不穩的國家，製造更多的混亂和不知所措。俄羅斯的數位行動，除了攻擊電腦選務系統外，也以烏克蘭選民的思想為攻擊對象。葉夫罕．菲德欽科（Yevhen Fedchenko）說：「二〇一四年俄國打算藉由假新聞的散布，來測試這種手法。」菲德欽科是「停止造假」（StopFake）這個基輔組織的共同創辦人，該組織的目的是要及時偵測並破解俄羅斯假情報和反向操作。美國這頭，記者們都只專注於報導俄國併吞克里米亞的新聞，卻沒注意到其對烏克蘭網路攻擊，但其實，後者才是真正隱憂。菲德欽科說：「俄國真正想要擴張到全球的，其實是網路攻擊，而這種攻擊是無法只鎖定單一地點加以阻止，因為這就像傳染病，會到處流竄的，從烏克蘭的例子就可以看到俄國是怎麼利用大選，而同樣的作法，他也可以用到別的國家去。」[7]

＊　＊　＊　＊

俄國近年來用網路干預的國家，可不只烏克蘭一個，他還干預了超過二十多個國家。[8]川普總統的前國家安全策略副顧問娜迪亞．夏德洛（Nadia Schadlow）就說：「二〇一六年俄國在烏克蘭的行動，顯示出一個模式，同一個模式，他在過去十多年間，已經在歐洲其他國家重覆使用多次。」[9]

對普丁和他的顧問而言，數位時代讓秘密干預大選的計劃，成為越來越有吸引力的政策選項。俄羅斯最高階的將領瓦拉里．傑拉西莫夫（Valery Gerasimov）在一篇二〇一三年的文章中，就提到一項綜合性戰爭策略，這種戰爭要結合「政治、經濟、情報、人性，以及其他非軍事手段」，這類手段，屬於戰爭與和平之間的灰色地帶。[10]因為，透過使用數位工具，俄國可以達到削弱民主體制的目的，卻不用正式對該國宣戰，也就不用軍人冒生命危險，更不用花大筆費用打仗。這樣的作法，既是俄國的長處，也切中民主國家的短處。開放社會對於網際網路沒有管制或審查，遇到俄國這種攻擊，就形成敵強我弱的不對稱破綻。前中情局局長波特．葛斯就說：「敵人尋找一個自由、民主、開放的社會，而選舉就是最好下手的目標，沒有防備的一般人就是最好下手的目標，謠言是個好下手的目標，資訊不足的人是個好下手的目標。」一位派駐歐盟的西班牙特使告訴筆者，西班牙偵測到「俄羅斯來的持續試探」想要操縱其選舉。挪威駐北約代表阿里爾德．海厄斯塔德（Arild Heiestad）形容俄國干預大選的行動是從不懈怠。他說：「要是你到波羅地海去走一圈，這種干預情形就是他們的日常生活。」[11]

俄國這種針對民主國家選舉活動的攻擊，其實是故技重施，舊瓶新酒。在這些故技中，一項基本不變的元素，就是現金。就像昔日共產國際、格別烏和中情局，俄國現在還是在以金錢資助其屬意的政黨，較近的幾次資助，像是在法國大選前，支助了瑪琳．勒．朋（Marine Le Pen）所率領的極右派政黨國民聯盟（National Rally）。[12]其他故技重施的情形還有：

- 蘇聯時期曾經和各國內應串通，在二戰後波蘭和匈牙利的大選中，直接在選票上動手腳，現在俄國也使用網路，攻擊各國的選務系統，和選民登記資料庫。
- 格別烏和中情局會透過第三方代理人幫忙發送宣傳，像是製作廣播節目、報社，現在俄國則是利用網際網路上的第三方媒介，像是維基解密（WikiLeaks）、社群網路上的假帳號，以及不知情的外國人，來替他們散布宣傳。
- 從前的格別烏會流傳一些他們偽造的檔案，假裝是中情局紀錄某些政治人物的檔案，現在俄國則利用網路，藉由駭客手法取得資料，再透過電子郵件來散發公眾人物的私生活。
- 中情局從前會發起恐懼運動，現在俄國也會利用網路散發宣傳，藉以激發恐懼而達成目的。
- 格別烏會利用種族和反猶太情緒等仇恨手段來加大分裂，現在俄國則利用網路來散發具有分化作用的內容，藉此讓他國人民對立。
- 中情局曾經在智利和義大利等國家催票，現在俄國也會利用數位廣告和文宣，來動員他國選民去投票，或者讓某些人不去投票。
- 冷戰時期民主國家都要苦苦捍衛自己的選舉過程，現在民主國家的選舉依然需要保護。

這些故技重施藉網際網路脫胎換骨，讓普丁擁有空前彈性和普及率。過去中情局和格別烏要花數年時間，才能完成秘密干預大選行動的前置作業，現在俄國可以在很短的時間內，就完成干預大選布署，像二〇一四年在烏克蘭就是這樣。現在要進行這些行動花的錢都少很多，而且方法也更簡便，還更無遠弗屆。中情局和格別烏當初花的金額，換算通貨膨脹率，折合現在匯率得要數十億美金，才夠他們在冷戰時期操縱他國選舉。現在普丁只要花上少許多的資源，就可以普及數百萬選民。民主國家是沒有辦法可以及時全面地偵測到這類干預行動。但普丁卻可以在全球世界各地部署這種行動，不用擔心會損及其在俄國的政治威信。前美國副國務卿威廉・伯恩斯就說普丁「當過情報專業人員，所以他很清楚情報工作要成功，往往就是要攻敵之必救，而不是要去炫己之所長。」[13]

＊＊＊＊

二〇一六年十月，俄國再次發動干預行動，這次攻擊的對象是黑山（Montenegro，一譯蒙特內哥羅）的國會大選。該國的首相米洛・杜卡諾維奇（Milo Dukanovic）和其所率領的社會民主黨，當時正在推動讓黑山加入北約的計劃，但普丁不喜歡這樣，因為「這太靠近我們的邊界，簡直是步步進逼。」[14]大選越來越近時，俄國的國家單位出資金援杜卡諾維奇的敵對政黨。杜卡諾維奇說：「我可以很肯定的跟你說，金額高達數千萬美金。」[15]據黑山政府的記載，俄羅斯同時也在社群媒體上散布假情報，包含指控有選民舞弊的情事，另外也讓政府和新聞媒體的網站全都癱瘓。投票日當晚，俄國軍事情報局的幹員，肩負動搖歐洲國家的任務，計劃要在黑山發動暴力政變，藉此暗殺杜卡諾維奇、並成立親俄政權。黑山當局說他們在前一晚就瓦解了該任務，杜卡諾維奇的政黨乃得以贏得大選。[16]

這次政變失敗兩年後，我拜見了順利登上黑山總統寶座的杜卡諾維奇，他在保鑣簇擁下來到，身高六尺六的他，氣宇軒昂，威風八方。在講到有他國試圖暗殺他的過往，他是那麼平靜，不像一位國家領導人會有的態度，但在和他的翻譯官講述時，有時會面露激動。他很確定俄國一定會持續對他國家的選舉下手。他說：「現在就是組織起來捍衛保護我們價值的好時機。」[17]

對於二〇一六年黑山大選的干預行動，克里姆林宮方面是一概予以否認的，杜卡諾維奇的競選對手也稱他這種指控是看圖說故事，憑空杜撰。但美國情報圈對於俄國在背後操縱一事，一點都不感到懷疑。時任美國國防情報局（Defense Intelligence Agency）的道格拉斯．魏斯就「確知」俄國策動政變的事。時任助理國務卿的維多利亞．紐蘭德也說：「我們當時就知道俄國派了一整支暗殺部隊到黑山。」在選前美國就想協助杜卡諾維奇：根據時任白宮資深顧問的瑟雷斯特．沃蘭德所言，華府方面極力「讓黑山得知進展」。[18]事後，美國參眾兩院議員都對俄國行徑極度忿怒。參議員約翰．麥肯稱此不利杜卡諾維奇的計劃是「讓人驚恐的看到，烏拉德密爾．普丁多麼處心積慮想要將自己黑暗、危險的世界觀付諸行動」[19]。當我詢問杜卡諾維奇，是否確定俄國官方為幕後黑手時，他傾身肯定地說：「毫無疑問」。

＊　＊　＊　＊

黑山、拉脫維亞、愛沙尼亞等民主國家，近年都飽受俄國的攻擊，他們共同的特色就是人口都少於兩百萬，這點讓他們的大選特別容易受到數位型式的秘密干預行動破壞。杜卡諾維奇即言：「國家越小，就越容易遭受攻擊。」[20]這些國家因為本身的情報系統不強，偵測能力有限，對於這類針對選務系統的攻擊，也就非常乏力。

但現在，這股威脅已經漫延到全球了。二〇一八年夏季，哥倫比亞總統胡安·曼紐爾·桑多斯（Juan Manual Santos）私下對墨西哥總統安利奎·佩尼亞·尼葉托（Enrique Peña Nieto）緊急示警：他的情資顯示，他們兩國的大選，可能都會遭到俄國方面的干預（桑多斯和佩尼亞·尼葉托當時都已任期屆滿，不得再尋求連任）。桑多斯對筆者言：「我們接獲許多的示警，提醒我們會出事。我為此特別下了一番功夫，下令調查⋯還請了外國的情報單位協助調查。」

哥倫比亞大選後來由右派民粹主義一方勝選，桑多斯並沒有查到俄國干預的確實證據，墨西哥方面也一樣，但該國卻是由左派反體制的候選人勝選。桑多斯說：「墨西哥跟我一樣，沒有證據可以證明。」但桑多斯的任期在二〇一八年八月就屆滿，卸任時他心中頗是不安。因為，這兩國當選人的政治理念，和普丁的策略目標不謀而合。桑多斯瞭解俄國可能還是採取干預手段，只是未被查覺，他因此也擔心，自己是否讓哥倫比亞俱備充份的自保能力，能夠保護其選舉不受外力侵擾。他說：「但願我有辦到，但這真的不是我能控制的，畢竟科技的進展實在太快了。」[21]

這種情形所帶來的不知所措和挫折感，連民主化最早的英國都沒放過。二〇一六年六月，英國脫歐公投，脫歐派以些微領先票數獲勝，突然間，英國變成反對國際主義、反對移民、反對菁英建制政治。[22]但根據現在所蒐集到的證據顯示，這一切都是俄羅斯在暗中支持脫歐派搞的鬼。二〇一七年年底，研究人員發現，有一百五十多萬個以俄語申請的推特帳號，在脫歐公投前夕，以英語推播脫歐言論和文章。二〇一八年年底，推特官方揭露了在英國脫歐公投當天，許多與俄國連繫的帳號，總共推播了數千條支持脫歐訊息。這些帳號的言論，目的都是在改變英國選民的想法。而同樣的這些推特帳號，隨後又轉戰美國，推播支持川普的內容，以影響美國選民。[23]

羅伯．漢尼根（Robert Hannigan）二〇一四到二〇一七年間擔任英國通訊總部（GCHQ）的主管，這個單位就等於是美國的國家安全局，但他完全忽略了俄國在社群媒體這些活動對英國的威脅。他接受筆者訪問時說：「我們當然知道俄國希望英國脫歐成功，因為這樣會讓削弱歐洲的實力，擴大分裂，這點很清楚。但我們並不清楚，他們可能會計劃性地使用社群媒體，來影響脫歐公投，因為我們真的沒想到這部份。」[24]俄國的社群媒體情報戰，依定義就是秘密地下手段，因為這些發文的帳號，講的內容雖然是有利於發動國，但卻以受攻擊國的語言發聲，讓該語言的使用者，誤以為是同國人的言論。[25]

普丁支持脫歐的理由很簡單：就是要擴大英國內部分裂，並且顛覆歐盟。二〇一〇到二〇一七年間擔任美國國家情報總監的詹姆斯・克雷帕說：「影響脫歐，就是俄國在英國和歐盟還有美國之間見縫插針的絕佳時機。」[26]而且，比起脫歐的結果，更中普丁下懷的其實是整個脫歐的過程。因為，對英國而言，脫離歐盟是個極其複雜又分化人民的過程，而這就是普丁想要的。在脫歐公投兩年後，克雷帕說：「脫歐案通過了，可是卻沒人要真的實施法案。因為英國就是不想接受選舉的結果。民主程序被弱化了，被摧毀了。」[27]一直到二〇一九年十二月，離脫歐公投整整三年半的時間，英國又經歷兩次的普選後，英國國會才真正批准第一項脫歐計劃。[28]

漢尼根離開英國通訊總部後，充滿遺憾。因為被俄國的情報單隊在脫歐公投先發制人了。漢尼根坦承：「我們原以為普丁只是希望英國脫歐，那就該有人好好針對此去計劃防範，但沒有人有動作，這算是失策。但俄國是否真的影響選舉最後票數，導致翻盤呢，誰知道？這事我個人是存疑啦，但俄國的確是見縫插針，靠此大作文章。」[29]

＊　＊　＊

英國等國家對於俄國網路攻擊之所以沒有防備，和時機有關。脫歐公投的事發生在二〇一六年七月前，那時俄國情報單位還沒有作一件事，堪稱是其秘密干預大選作風的分水嶺。在那之後，一切就變了，而關鍵就是二〇一六年七月，那就是他們駭進了美國民主黨全國委員會（Democratic National Committee, DNC），竊取電子郵件後，再透過維基解密外流公開。此前，少有情報人員洞悉普丁的新計謀。道格拉斯・魏斯就說：「老實說，大家都沒注意到俄國有介入英國脫歐公投的事。」[30]外國的通信記者也不例外。《紐約時報》駐倫敦辦事處的主管史提芬・厄蘭格（Steven Erlanger）在二〇一六年時就寫道：「老實說，脫歐被外國介入的事，早於美國選舉，」厄蘭格在多年後的現在，依然「想多知道一點，這些軟體機器人在脫歐公投競選中，影響有多徹底。」但在當時，厄蘭格和他的報社同事對此都恍若未聞。他說：「可能大家都沒注意，但我真的不記得當時有人認真看待這件事…老實說，當時我連想都沒想到。但，這明明可以是很好的新聞題材啊，不可能沒注意到。」[31]雖然這樣，美國報界多年來還是持續大砍外國辦事處的員工人數，這些人原本都會充當美國國內的耳目，報導全球重大變化。[32]

經歷過這段時間後，可以看出一個模式了。中情局二〇一五到二〇一七年的副局長大衛・柯恩說：「過去十年我們觀察俄國干預歐洲的行動，這裡面有一套一成不變的技巧，在各個國家竊取情報、釋放假情報。」但至今，美國的國防官員，依然認為秘密干預大選行為無足輕重，這種武器以前中情局也在國外，遙遠的地方用過。二〇一三到二〇一七年擔任國土安全部部長的傑・強森就說：「你以前可能會覺得：『這種事只會出現在第三世界國家。』」怎麼想都覺得普丁不可能會挑中世界最強的民主國家下手，要也是挑些其他國家。

華府這邊，對這來襲的颶風很少有人預料到的。柯恩說：「我們該做卻沒有做的一件事就是提前預警。我們沒有讓自己作好萬全的準備，告訴自己說：『俄國既然在那個國家幹了這事，那就不可能說他不會來我們國家這樣幹。』」中情局內部，史提芬．霍爾在二〇一五年擔任局內分部部長，負責監看俄國行動，他也完全沒有料到、甚至也不相信，普丁會對美國大選發動秘密攻擊行動，他說：「他們會這樣做不合理。」[33]因為格別烏過去想碰美國的大選都沒成功，華府也就沒有研發出保護自己選舉不受攻擊的經驗，雖然它在以秘密行動干預他國大選方面有經驗也無助於事。美國冷戰時期的經驗，讓後來的政策制定高層失去了戒心。二〇一五到二〇一七年任美國副國務卿的東尼．布林肯就說：「我們都太大意了，完全只注意到俄國在他國干預的情事，卻沒去注意到他會搞到國內來。我們的計劃裡從來沒有過這部份，我覺得過去我們把自己想得太強，以為這種事不可能發生在美國國內。但我們錯了。」[34]

經過這幾年後再回頭看，可能會覺得，俄國在二〇一六年對美國大選所發動的攻擊，本來就無法避免。但這種後見之明其實忽略了在當時，普丁有他要考量的權衡。柯罕、強森、霍爾、布林肯等官員，在當時之所以會覺得美國很妥當，不是沒有原因。首先，莫斯科當局從來沒有成功攻擊過美國的大選。其次，攻擊美國可不同於攻擊像烏克蘭這樣的國家，其所冒風險要高上許多，畢竟烏克蘭就在俄國自家後院，而且該國又沒有充份的報復能力。但美國可是惹不起的，一旦觸怒了美國，憑著他龐大的軍隊、情報單位以及經濟實力，夠讓俄國得不償失。

普丁因此面臨抉擇，要不要進行當初格別烏沒成功的事：破壞美國總統大選，並改變其選舉結果。

＊ ＊ ＊ ＊

俄國要拿美國大選開刀時，牽涉在內的主要人物性格會影響成敗，這一點在秘密干預選舉行動中是屢試不爽的。像一九六〇年時，赫魯雪夫因為對尼克森不爽，破壞了他問鼎總統寶座的希望；一九七六年，布里茲涅夫因為害怕雷根上任會不利於他，所以陰謀策動讓他無法當上總統候選人。而在二〇一六年時也一樣，普丁因為厭惡希拉蕊・柯林頓，所以就想方設法破壞她的選情，並在美國國內擴大分裂。前美國國家情報總監詹姆斯・克雷帕就說：「普丁對希拉蕊所懷有的敵意，非常的明顯。」[35]

歐巴馬任內的另一位情報頭子也下了同樣的結論：希拉蕊做什麼都惹普丁嫌。他討厭她身為女人卻當眾質疑他，而且他深信，就是希拉蕊讓巴拿馬文件流洩到外面的。[36]普丁也討厭希拉蕊的丈夫比爾・柯林頓，因為是他讓北約擴張軍武，也是他投資發展美國提倡民主行動。他也討厭她在二〇一一年公開支持莫斯科的示威群眾，而且也是她鼓吹武力對付伊拉克和利比亞。

普丁和希拉蕊的關係，從二〇一三年她離開國務院以後，就一直非常緊繃。希拉蕊在國內的滿意度高居將近七成，大多數的政治分析家都看好她可望贏得總統大選，任何明眼的觀察家都看的出來，民主黨的總統大選提名人非希拉蕊莫屬。她對俄國的看法，因此就舉足輕重。希拉蕊在擔任國務卿任內最後一件工作，就是遞了一份機密的備忘錄給歐巴馬總統，請他對普丁採取更強硬的姿態。[37]而在二〇一四年，當烏克蘭危機爆發時，她更公開把普丁比作希特勒，說他對烏克蘭國內俄羅斯人的優遇，就跟一九三〇年代希特勒對德國人的一樣。同樣的情形一再重演，群眾革命讓克林姆林宮政權搖搖欲墜時，希拉蕊又跳出來指責普丁，普丁同樣又是氣得牙癢癢。當有人問普丁，對於希拉蕊對他的批評有什麼看法時，普丁不甘罷休，回他說：「一般而言，跟女人吵架是不好的，但是柯林頓夫人一向講話就不是很留情面，或許，女人最差的缺點並不是柔弱。」[38]

我們現在已經知道，普丁當時心裡在打什麼主意，他在想的是要在希拉蕊接下來的大選中動手腳。這件事要不要發動都在他一念之間。史提芬・霍爾說：「俄國任何事都是由他一人作決定。」[39]對普丁而言，要不要干預美國大選，並不是那麼好決定的事。往好的想，干預的話，可以破壞他勁敵的好事，又能在美國國內擴大分裂，這事格別烏當年就幹過了。但是往壞處想，赫魯雪夫當年針對美國一九六〇年大選時講的話，依然是金科玉律：對美國大選動手腳，會有反作用力。要是事跡敗露，華府就會回擊，而且絕不手軟。在網際網路的年代，要想不被偵測到是難如登天的事，這點早在二〇〇四年，小布希當政時就已經證明過。

普丁作為前情報員出身的領導人，很清楚如果行動的話，找到一絲證據都一定會立刻被指向莫斯科當局。問題的關鍵在於，歐巴馬總統知道後會如何處理。從這角度來看，其實，二〇一六年俄國是否干預美國大選的關鍵在於普丁對於歐巴馬的判斷，所以歐巴馬就成了這個故事的主要角色之一。[40]

＊　＊　＊　＊

歐巴馬當上白宮主人的過程可謂平步青雲。二〇〇二年，他還是州參議員時，他曾經反對過入侵伊拉克，當時他警告說，小布希政權是在窮追猛打一場「愚蠢」又「莽撞」的戰事。二〇〇七年時他擔任參議院議員時，他宣布自己將競選總統寶座，他的個人魅力、渴望改革的態度，以及早年反對伊拉克戰爭的姿態，讓他深受全國各地選民的青睞。在民主黨黨內初選擊敗希拉蕊後，他贏得二〇〇八年民主黨總統大選提名人的資格，他於是提名希拉蕊進入他內閣。當選後，他的就職典禮致詞誓言要終止美國長久以來的經濟衰退問題，並終止美國長年在海外的戰事。[41]

對歐巴馬而言，俄國已經國力大不如前，因此美國應該趁這時候和他重新建立關係，畢竟俄國已經不再有能力製造麻煩。歐巴馬上任初期時，就與莫斯科當局開始進行關係上所謂的重啟。

一直到二〇一二年十月時，也就是在普丁將美國國際開發署驅離俄國之後不久，歐巴馬在電視辯論會上，還以此嘲笑他的對手米特・隆尼（Mitt Romney），藉此批評隆尼對俄國所採取的敵對態勢，他說：「數個月前，你被問到美國所面對最大的地域政治威脅是什麼，你答是俄國而非蓋達組織，是俄國。這讓人想到一九八〇年代的外交政策，我的意思是，你知道嗎，冷戰都已經結束二十年了。」[42]歐巴馬比較想談蓋達組織，因為當時他才剛非常大膽的下令對蓋達組織進行空襲，並成功的殺死了其領導人歐撒瑪・賓・拉登（Osama bin Laden），俄國不是他有興趣的對象。

歐巴馬的外交政策如何，那是另一本書的題材，但普丁對歐巴馬可不是這麼不當一回事的。列寧有一句名言：「軟土要深掘、遇到鐵板就撤回！」[43]普丁就是這樣，只要對方不回手，那他就會繼續進逼。在歐巴馬身上，他看到的是美國選民選他出來，要他去把海外戰爭一一結束，而不是開戰的人，所以他小心翼翼地不要與強權起爭端，對俄國則總是不當一回事。二〇一一年到二〇一二年時任中情局長的大衛・佩特雷斯就說：「歐巴馬任內整體態度而言就是步步為營。」他還引歐巴馬二〇一三年八月下令不對敘利亞攻擊的決定為例，當時該國總統巴沙爾・阿薩德（Bashar al-Assad）無視歐巴歐底線，對人民使用生化武器，殺死了一千多名平民。佩特雷斯繼續說：「歐巴馬政府眼見有人踩了他的底線，卻沒有作為，按理巴沙爾・阿薩德作了這事就該下台，但美國卻沒有讓他走人，等於是沒有言出必行，你定的政策卻沒有執行，言出而法不隨。」[44]

當時白宮內部許多歐巴馬的顧問都督促他，應該對敘利亞採取軍事行動。但包括參謀長丹尼斯．麥唐納（Denis McDonough）在內的部份人則認為應該有所節制，因為使用武力可能造成局勢升高，形成惡性循環，讓後果無法預期。[45]歐巴馬因為不想造成軍隊長期滯流海外的膠著戰事，也認同後者，於是就放棄了採取升高在該地區主導權的作法：因為擔心對手會升高情勢、採取毀滅性的再次回擊，所以從一開始就決定，我方不採取應有的初步報復行動。[46]維多利亞．紐蘭德當時擔任歐巴馬的助理國務卿，她說，歐巴馬經常選擇反對攻擊行動，原因都是因為害怕會造成情勢惡化。她這麼解釋道：「這是歐巴馬常見的自制作法，他擔心情勢會一發不可收拾，他最擔心情勢升高。所以採用嚇阻攻勢對他而言，是很困難的。」[47]

同樣的，歐巴馬在面對烏克蘭情勢時，也是這種作法。在美國和歐盟針對俄羅斯併吞克里米亞並入侵東烏克蘭進行制裁後，普丁並沒有意思要有所收斂。美國上下兩院不分黨派都敦促歐巴馬不能手軟，應該運送致命型的武器到烏克蘭給當地政府自衛。國防部長艾希頓．卡特（Ashton Carter）和參謀長聯席會議主席馬丁．丹普西（Martin Dempsey）甚至為此公開表態，表示他們支持這個運送武器到烏克蘭的行動，但是歐巴馬總統因為擔心會刺激俄羅斯而斷然拒絕。[48]兩度在歐巴馬任內擔任中情局代理局長的麥可．莫瑞爾，他認為歐巴馬在烏克蘭事件上的無作為，就是導致普丁膽敢處心積慮在二〇一六年美國大選動手腳的原因。他說：「普丁心裡的盤算是『烏克蘭我全身而退，這可是二戰後歐洲第一次發生的併吞他國領土事件，這我都可以沒事，我每天用網路干預烏克蘭政局也可以沒事，而且這只要花少少的成本。』我都敢跟你打賭，再多錢都不怕，這就是普丁心裡頭的盤算，然而，當初美國如果在克里米亞和東烏克蘭的態度上再強硬點，就不會發生這件事了。」[49]

歐巴馬任內第一位中情局長里昂．潘內達，日後也升任他的國防部長，他同樣也認為，是歐巴馬總統任內對於重大國際事件的過於保守，讓普丁得寸進尺敢插手美國大選。歐巴馬任期初期不是沒有冒過險，潘內達補充，像是突襲賓拉登就是，但越往後他就越小心翼翼。潘內達說：「歐巴馬越小心翼翼，就會讓敵國越容易觀察到他們可以佔他的便宜。」他把敘利亞事件視為分水嶺：「敘利亞事件踩到他底線時，他沒有反擊，這所發出的訊息，不僅是敘利亞接收到了，全世界也都接收到了，那個訊息就是，你這人沒有言出令從，你說的話可以打折扣，這就是示弱的訊息，我覺得普丁一定視之為軟弱的暗示，所以他不只視其為朝克里米亞下手的大好時機，也是在敘利亞插手不怕有人擋他的大好時機，然後，就更天不怕地不怕地朝美國的選舉下手了。他一定是覺得，不管他怎麼膽大妄為，都不會有事。」[50]

潘內達、佩特雷斯和莫瑞爾，這三位都曾在歐巴馬總統任內擔任過中情局長，三人全都認為歐巴馬的決策能力，讓普丁判斷出他可以為所欲為，甚至介入美國總統大選，也不用怕會遭到嚴重後果。佩特雷斯說：「就是在一些關鍵時刻，其中最嚴重的當然是有人踩到你的底線，但還有別的，都顯示你有某種程度的遲疑，當然考量到伊拉克和阿富汗的經驗，或許可以理解，但的確是因為擔心事態會升高，怕無法控制，因此產生遲疑，這情形的確存在。」[51]

但即使歐巴馬給他國這種感覺，也不能保證普丁貿進會萬無一失啊。歐巴馬的國安團隊相對於他，都比較鷹派，但當初會投給他的美國選民，本來就是因為對於美國介入海外戰事失去信心，才會投他一票的。二〇一四年，有高達四成一的美國成人，希望美國「不要插手世界局勢」，這是同一個民調團隊，在過去四十年來，數字最高的一次民調。[52]在這樣的氛圍之下，讓歐巴馬對於烏克蘭和敘利亞的情勢都格外小心謹慎。但是，這樣態度的他，在遇到作為美國民主核心的選舉被攻擊時，會作出什麼反應，卻沒有人說的準。關於俄國決定干預美國大選的事，莫瑞爾說：「要是換成你是普丁，要作這決定可不容易。對他而言這是很大的決定。」[53]不過，這個行動如果能成功，那可是一石多鳥，讓他很難抗拒：破壞希拉蕊的選情、分化美國、又可以向全世界和俄國人民證明，民主體制有多不堪一擊。

* * * *

但在二〇一四年時，普丁其實還不知道，干預美國大選的行動，可以作得多徹底，儘管如此，他還是動手了。同年五月，位於聖彼得堡的俄國情報中心俄國網路研究局（Internet Research

Agency, IRA）開始透過社群媒體在帶動美國民意風向、操弄輿論。根據日後美國政府所公布的資料，這波行動的目標是要「散播對特定候選人和整體政治體制的不信任感。」[54]二〇一四年，俄國政府也開始針對美國選務系統進行「大規模行動」。[55]到二〇一五年七月時，俄國情報單位就已經取得管道，可以進入美國民主黨全國委員會的網路了。[56]

這些發展都跟川普一點關係也沒有，他當時還沒開始參選總統，也不知道自己其實勝選機率很低，他參選是二〇一五年夏天以後才有的事。俄羅斯原本為干預美國大選設定了兩個目標：「第一個是傷害希拉蕊，」當時的中情局局長約翰．布萊南說道：「第二個則是要嚴重撕裂美國社會。」[57]亞歷山大．杜根（Alexander Dugin）這位俄國理論家是普丁的心腹，他是位法西斯主義者，長久以來他就一直主張，莫斯科當局應當「從美國內部動搖其政治運作過程」並「藉由煽動各種分離主義、族群分化、社會與種族衝突，讓地域政治的動亂成為美國國內日常生活的經驗。」[58]而透過秘密干預美國大選，普丁再不濟也可以至少達成這個目標。至於，萬一要是共和黨最後提名的是一位更保守的候選人，像是馬可．魯比歐（Marco Rubio）參議員，這樣一位對俄國採取跟希拉蕊一樣鷹派作風的人的話，那普丁是否還要繼續推進這一策略，這一點就還不明朗了。

但共和黨總統的初選，卻讓美國的未來走向另一條路，因為同時有兩個發展走向了同一個方向。一方面，俄國情報單位在社群媒體上散播宣傳，攻擊美國投票系統，並且滲透了民主黨的網路。另一方面，川普的民調開始快速爬升，他自己也開始和俄國方面不管在私下或公開，都深化其連結。到了二〇一五年十一月時，他秘密前往莫斯科簽署了一份房地產計劃意向書。[59]而全世界也開始看著兩個本不該有交集的人，開始熱烈的互動起來：川普和普丁竟然會英雄惜英雄。普丁在二〇一五年十二月時說：「川普絕對是有趣、幽默又有才能的人。他絕對是總統選戰中領先的那方。」普丁還強調，俄國「絕對不會介入」美國大選，會讓選戰結果「交由美國選民自行決定」。[60]這種謊言是典型普丁式的說謊不打草稿，既語帶嘲弄又刻意誤導方向。

這兩條平行線——普丁對美國的秘密干預和川普完全不可能的崛起，很快就交會在一起了。俄國開始為川普拿到共和黨提名權出力，他們這麼做的原因有二：他對莫斯科當局的友善態度，以及他對於種族、宗教、性別的態度和口吻。普丁進行這個行動的目標之一，原本就是要分化美國，而川普的言論本來就會撕裂選民，所以這就更中了普丁的下懷。二〇一六年二月間，俄國網路研究局收到明確的指示：「首要目標：抓住任何機會抨擊希拉蕊，以及其他人（桑德斯和川普除外，這兩個我們支持）。」[61]到了三月時，兩黨的全國初選已經可以看出是由希拉蕊和川普領先其他候選人，他們最後終將一決的態勢也已經形成。[62]這時，俄羅斯方面突然間全力投入秘密行動。從三月十日到四月七日，俄國軍事情報單位俄羅斯軍事情報局，開始針對希拉蕊競選團隊中一百多位成員的電子郵件帳號下手，連希拉蕊的都逃不過其魔掌，而競選總幹事約翰．波德斯塔（John Podesta）的電子郵件也被偷。四月時，俄國軍事情報局更成功駭入民主黨全國委員會和民主黨國會競選委員會的網路。[63]

到了二〇一六年五月時，大勢底定。川普拿下了共和黨提名寶座，希拉蕊則拿下民主黨的提名。[64]這兩人，一與普丁交好、一與普丁為敵。俄國在數年前就已經盯上美國大選動過手腳，但當時兩邊的候選人對莫斯科當局的態度，都同樣的鷹派。但這次普丁走運了：共和黨選民全都挺川普，他和莫斯科當局的淵源已經有數十年之久。格別烏將軍卡魯金說，「美國想要改變，川普就象徵這樣的改變。」早在一九八七年時，川普就已經拜訪過莫斯科。卡魯金說：「沒有人會懷疑到川普可能受到莫斯科當局的影響，或者甚至他和蘇聯或俄羅斯之間有淵源在。而其實早在那時雙方就已經結下淵源。」不管別的，其實這段淵源在一九八七年時就種下了，而且其實二〇一六年初，川普還私下在與莫斯科當局談生意，也曾公開讚揚過普丁本人。[65]

這下川普被提名了，這讓俄國持續進行的秘密干預美國大選計劃，找到一個新的目標。中情局副局長大衛．柯罕說得最貼切：「他們想要唐納．川普選上總統，然後希拉蕊落選，但他們最想要的是不讓美國好過。」[66]

第二部份

二〇一六年

二〇一六年時，曾經擔任歐巴馬總統任內國土安全部副顧問的艾美．波普（Amy Pope）已經定居倫敦，在一家危機控管公司擔任合夥人。她的工作內容和當初在白宮時一樣，只差客戶從白宮換成私人客戶：就幫忙快速、小心且有策略的解決危機。二〇一六年夏天，波普和白宮同事面臨了一件爆炸性的危機：他國針對美國總統大選所進行的秘密大選干預。美國選民的想法遭受攻擊了。同樣的，美國選舉基礎設施，精確來說就是「投票、計票、回報，以及登記的相關設備、過程以及系統」都遭到攻擊。[1]

當初俄國究竟做到了哪些？對於美國大選造成了哪些傷害和影響？這些在當時都被列為機密不得公布，即使到現在，也是一直不為外界所知。波普在二〇一九年六月時告訴筆者：「完整的真相並沒有向外界披露，因為這是敵國對於美國大選系統的干預，這樣的事，不可能有人願意說出來的。」[2]

本書所採訪的這些人，各自說出了這塊拼圖中的一部份，要靠這樣，才能拼湊出真相。歐巴馬前外國政策顧問所告訴筆者的那一塊，則是關於如何抵禦外國勢力對於美國大選的干預。川普和柯林頓競選團隊的主管，則向筆者描述競選過程中，俄國行動對他們所做的事。而美國頂尖記者和科技專家則向筆者透露，當年他們的團隊是如何無意間助紂為虐，成了普丁操縱美國大選的意外幫兇。而這些採訪，加總起來共同呈現了一個問題：二〇一六年美國大選，讓我們看到秘密干預他國大選的行動，在當時和過去有多大的不同？

美國過去在其他國家也進行過類似干預行動，但一直到近年來才成為這類行動的受害者。不論是在一九一九年或是現在，秘密大選干預行動的目的，不外是要改變最終的投票結果，和改變選民的想法。差別是，只有到二十一世紀以後，這樣的行動才有辦法跨國進行，不用親自踏入該國國境，就可以動手。過去要干預他國大選，情報人員都要真的親身實地去進行，才有辦法動手灌票、塞錢買票，或者散發傳單之類。那年代，非要親身到該進行選舉的民主國家，才有辦法做這些事。但是隨著網際網路的擴散，美國自己的選務系統和資訊生態系統全都數位化了。二〇〇五年時，全美成人中只有百分之七會上社群媒體；但到二〇一五年時，這個比例已經飆升到六成五。而且，在當時幾乎已經有九成的美國成人都在使用網際網路了。[3]美國的數位化，給了普丁一大助力，這可是在他之前的俄國領導人所沒有的：大規模影響美國大選的工具。他的駭客團隊可以人坐俄羅斯電腦前，卻突然就能夠滲透數千里外的美國投票箱和選民的想法，非常精準卻有效地達成他要的干預目的。

第九章 延遲攻擊

二〇一五年和二〇一六年初，歐巴馬總統的每日簡報中，就不斷接到各式各樣的情報，在在透露不安訊息。這些情報，有些是關於有人在窺探美國選務基礎建設。有些則提到有人試圖駭入民主黨網路。[1]時任美國國家情報總監的詹姆斯·克雷帕，身為退役三星上將，從一九六三年到二〇一七年間一直在美國政府服務，中間只有幾次短暫中斷，他就說：「我們知道每次大選，都會出現一些零星的俄國干預行動，但都沒有蔚為影響。」克雷帕本人的仕途在冷戰時期節節高升，這段期間美國雖會在海外干預他國大選，本土大選卻大抵未遭他國嚴重干預。所以，這一次他一開始也以為，俄國這些暗地裡的行為，應該也不會起太大作用。他說：「他們應該也只是來蒐集情資、偵察美國的行動，這也不是只有俄國在做，很多國家都會。」[2]

但這一次，莫斯科當局把重點都放在華府，這是他們長久以來的頭號勁敵，但，美國以前雖也這麼看待俄國，但卻已經很久不這樣。二〇一五年時，負責處理俄國事務的中情局俄國分部主管史提芬．霍爾就說，打從二〇〇一年九月十一日恐怖攻擊事件發生後，中情局就將大部份用在俄國方面的資源，轉而使用在其他部份。同一時間中情局副局長約翰．麥克洛夫林也同意：「九一一讓中情局不再那麼注意俄國，因為該局把大部份精神都集中在恐怖主義上。」二〇一三年中情局代理局長麥可．莫瑞爾則說，這種中情局作業的轉向，後來一直持續下去。他說：「為了恐怖主義，所以包括俄國在內的中情局資源全都被吸收過去，結果就是，中情局對俄國不再像以前那麼熟悉。」[3] 美國人民也不再把莫斯科當局當成是值得擔心的對象。二〇一四年，僅有百分之九的美國成年人，還認為俄國是美國的頭號大敵。美俄新近在烏克蘭事件上的引爆點，也很少人記得。二〇一五年時，有六成美國成人，都說自己對俄國入侵烏克蘭的事件所知甚少，甚至一無所知，更只有一成六美國民眾能指出地圖上烏克蘭的位置。[4]

美國對於俄國這麼的淡漠，成就了俄國大好機會。對於早期俄國干預美國大選的示警，在當時那個時空下，是一點也不起眼的，只有在日後將之放入前後事件發展的脈絡中，才能夠看得出其影響力。俄國在二〇一五年時的國際態勢，要比起他前幾年來的不友善許多，也比美國前一任總統大選時不友善許多。這中間的幾年間，普丁已經有過很多動作，像是指控美國策動讓俄國和烏克蘭政壇變天、並用數位方式在烏克蘭製造紛亂、並在歐洲多國間操縱訊息空間。這些其實對於像詹姆斯．克雷帕之流的美國高階官員而言，並不陌生，但他們似乎都沒把它們放在心上。

唯一有放在心上的只有歐巴馬任內的俄國專家。兩位有放在心上的專家中，一位就是維多利亞．紐蘭德，她是負責歐洲和歐亞事務的助理國務卿，另一位則是瑟雷斯特．沃蘭德，她是美國國家安全會議專責俄羅斯和歐亞地區的資深主任。二〇一四年時俄國曾經把一份紐蘭德的錄音外流，錄音中可以聽到紐蘭德對烏克蘭大使說：「操他的歐盟。」[5]她的強硬態度，其實華府早有耳聞，但因為這次外洩，讓她的強悍為外界所知。她和沃蘭德兩人，想法接近，負責為華府制定政策，都對普丁非常不信任。她們的職責就是要追蹤普丁的外國政策，所以她們一聽聞俄羅斯在干預他國大選的報告時，就已經擔心只是冰山的一角、暴風雨前的寧靜。紐蘭德說：「我們早在二〇一六年三月和四月間就已經示警了，當時其他人都還沒有警覺俄國已經在插手美國大選。」一開始紐蘭德以為，普丁不是要暗助某位候選人，而只是想要把美國大選「搞得一團糟，讓它變成一樣亂糟糟』」歐巴馬的情報主管在這個階段時，都還不相信這是真的。紐蘭德說：「他們說，辦不下去，以此報復美國插手烏克蘭，一方面也可以讓俄國人民知道『你們看，每一國的大選都這是我們這些俄國專家疑神疑鬼。」[6]

＊　＊　＊　＊

但到那年夏天時，俄國所構成的大選威脅已經不容人否認其存在了。二〇一六年六月十四日這天，《華盛頓郵報》報導了一家網路安全公司「眾擊」（CrowdStrike）研究結果發現，有兩個由俄國國家所資助的駭客集團，滲透了民主黨國家委員會的網路，時間分別是早在二〇一五年和二〇一六年四月。[7]當然，這樣的發現，還是無法排除俄國可能還是只停留在進行情蒐的階段。但這之後，突然出現了之前所沒有預料到的狀況：六月十五日當天，一個自稱為「古奇法二點〇」（Guccifer 2.0）的匿名人物，開始上傳許多竊自民主黨國家委員會的資料到網路上。歐巴馬總統的國土安全兼反恐顧問莉莎·摩納可（Lisa Monaco）說，到這時，俄國正朝美國二〇一六年總統大選下手的說法，就在白宮內部「獲得證實」了。摩納可過去的工作是對抗恐怖攻擊和流行疫情，這下她的工作重心則必須轉移到防衛美國的選舉主權。[8]

美國民主黨委員會電子郵件外流事件，成為這次總統大選中關鍵的時刻。六月初，希拉蕊拿下民主黨總統候選人資格。黨內另一位主要對手伯尼·桑德斯（Bernie Sanders），在這之前數月間，一直將兩人的選民代表性作強烈對比，桑德斯是屬於草根代表，而希拉蕊則是與既得利益菁英有所連結。桑德斯在四月時就說：「只要你們選的候選人是像國務卿希拉蕊這樣，和富有階級糾纏不清，那你們就無法成為一個能夠代表全體國民的政權。」桑德斯和希拉蕊之間的衝突，即使在她拿下民主黨正式提名後，都沒有平息。桑德斯在七月十二日的造勢活動上為希拉蕊代表民主黨競選一事背書，但是他的支持者卻有人帶著「我們不會投給希拉蕊」的看板到場。[9]同月二十五日預定要舉辦的民主黨全國大會，因此確立了兩個目標：讓民主黨口徑一致，並且宣布希拉蕊競選活動正式開始。

但就在民主黨全國大會開始前夕，俄國發動攻擊了。俄國情報總局本來苦苦經營社群媒體，卻乏人問津和關注，這時趁機將從民主黨全國委員會網站上竊取的資料寄給維基解密，該網站本來就是以人頭作為第三方，供人上傳檔案用的國際機構。到了七月二十二日這天，維基解密公開了一大筆的民主黨全國委員會的電子郵件。這些電子郵件的內容中，全都是民主黨內高層偏坦希拉蕊，不利桑德斯的種種情事。[10]美國各大全國性報紙的記者紛紛熱烈地報導這些郵件中的內容，這些內容全都不是造假、現在又隨手可得、內容又是灑狗血的很，當然很適合新聞。一位CNN新聞網的外國政策新聞節目主持人法里德．札卡利亞（Fareed Zakaria）就解釋為什麼新聞頻道會熱衷這條新聞，他說：「新聞媒體本來就很現實取向，重視收益，題材極為聳動又有新聞價值的新聞，在競爭極激烈的電視新聞網和數位新聞網環境下，我完全想像不到有什麼，能阻止我去播報這條新聞。」[11]

民主黨全國委員會電子郵件外流事件當然是夠聳動。像ABC電視網、《華盛頓郵報》新聞媒體，全都有篇幅報導這樁由維基解密所洩露出來、「極具殺傷力的」新聞。希拉蕊的顧問宣稱這是俄國人在背後搞鬼，但歐巴馬政府卻不加以證實，而且電子郵件本身的內容，貨真價實，比起他們所指控的幕後始作俑者更引人注意。[12]俄國以前就搞過這勾當。二〇一四年烏克蘭大選前夕，俄國駭客竊取該國選舉委員的許多郵件，再將之貼上網。但是，當時美國的新聞機構，只將這則新聞視為國內新聞，忽略了從國際新聞的角度來看待它：俄國正在將其全球情報手段，套用在美國大選上。[13]

這事引發的災情漫延迅速，桑德斯抱怨這些電子郵件「太過份」，可是「不覺得太意外」。他的支持者則在希拉蕊發言人發表公開聲明時打斷他們。七月二十四日當天，佛羅里達州的女性眾議員黛比・瓦瑟曼・舒爾茲（Debbie Wasserman Schultz）宣布辭去民主黨全國委員會主席一職。七月二十五日，民主黨全國委員會發表聲名，「為其在電子郵件中，所作無法原諒的言論，向參議員桑德斯、其支持者，以及全民主黨，表達誠摯深刻的歉意。」原本打算要凝聚民主黨共識的全國會議，結果卻是紛亂和分裂收場，而這一切都是普丁的黑手在作怪。[14]希拉蕊接受筆者採訪時說，當時她完全「措不及防」，而且「不知所措」，因為俄方的攻擊實在太大膽也太有效率了。普丁這頭則是興高采烈。他在該會議結束後時說：「誰駭走希拉蕊女士競選總部的資料本身不重要。」他並否認這是俄國幹的：「重要的是信件內容已經公諸於世。」[15]

民主黨高層這下成了數位集權主義的受害者。俄國傳統的間諜手法就是找出對象的弱點，這早在一九七六年，格別烏想找出美國參議員亨利・傑克森的私生活瑕疵時，就已經用過了。在這次民主黨全國大會上，俄國情報單位只是把同樣的技倆，換成數位化的方式進行而已。

* * * *

但在美國國內，對於民主黨全國委員會電子郵件遭駭且外流事件的嚴重性，卻沒有獲得一致的看法，而是因人而異。對於一般百姓而言，他們在乎的是信件內容所傳達出的訊息。沒有人在乎維基解密是怎麼拿到這些電子郵件的。或許是俄國搞的鬼，但也可能不是啊。對於共和黨高層這邊，這些文件外洩，對他們的選情無異是一劑強心針。川普選舉團隊的副總幹事瑞克・蓋茲（Rick Gates）事後告訴聯邦調查局幹員說，他和團隊成員都「樂見信件遭外流」，這是他在接受調查時的證詞。[16]至於民主黨高層，則將之視為是俄國有意破壞希拉蕊的選情，但他們又苦無證據。這些證據其實就握在歐巴馬總統手上。時任美國國防情報局（Defense Intelligence Agency）副局長的道格拉斯・魏斯就回憶道，當維基解密上傳這些電子郵件時：「我們知道是俄國人上傳的，我們立刻就知情了。」白宮內部，歐巴馬的顧問群對此事也是獲得同樣的結論，倒是美國情報單位，對於這個背後黑手，卻一直無法取得正式的共識。白宮網路安全協調官麥可・丹尼爾（Michael Daniel）在提到民主黨全國委員會電子郵件遭竊事件時就說：「我們很早就已經透過科技取得來源，所以一發現有動靜，就知道是俄國情報單位在作崇。」[17]

但是，因為只有聯邦政府極少數官員能夠看到最高機密的情報，因此，事情的來龍去脈，也就只有他們才清楚。對於不知道內情的外人來看，民主黨全國委員會電子郵件外流事件，似乎只是單一個案。但是歐巴馬總統的團隊看到的不只這樣，他們也觀察到，俄國駭客在這同時也一直在掃描複製和研究美國大選所用的各種基礎設施。傑・強森就這麼告訴我：「如果他們可以掃描複製，就可以研究出它的構造，進一步就可以加以篡改。」瞭解俄國行動的第二個面相，再來看民主黨全國委員會郵件外洩事件，就會覺得事情不是那麼單純：俄國正在執行一個從許多不同方面進行的行動，試圖要改變美國大選的結果。紐蘭德說：「黛比·瓦瑟曼·舒爾茲電子郵件在七月外流的第一時刻，就已經可以清楚看到，對方是要暗助哪一方了。」[18]

但是，究竟俄國在七月到投票日這中間的幾個月裡做了哪些計劃，當時其實並不清楚。歐巴馬顧問群最擔心的是，俄方對投票系統和選民登記資料庫的窺探摸索。傑·強森繼續說：「這是我們最擔心的部份，因為我不知道這會有什麼樣的後果，但因為我瞭解美國投票機制和政治制度，所以我知道，透過這樣的滲透，就可以篡改全國性大選的結果，因為美國的選舉人團投票制度，再加上只有少數州是搖擺州，只要針對特定幾個關鍵州的關鍵選區，就可以讓大選結果翻盤。」早在七月初，民主黨全國委員會電子郵件外流事件發生時，麥可·丹尼爾就召開白宮內部跨部會委員會，專責評估美國選務基礎設施的缺失和問題。同月稍晚，一個由中情局、國家安全局以及聯邦調查局官員所共同成立的最高機密小組開始調查，分析俄國在這次美國大選中干預的情形。[19]

到了這個階段，白宮已經知道民主黨全國委員會的電子郵件是俄方外流的了，也知道俄方正在攻擊美國選務基礎設施。但是，要命的是，根據國家安全顧問蘇珊·萊絲（Susan Rice）的研究，俄國行動中有第三條線，也就是透過社群媒體發動情報戰，在投票日一整天下來卻「始終罕為人所知」。而歐巴馬總統座下其他九名外國政策顧問，也同意她這個看法。時任副國務卿的東尼·布林肯就說：「這些社群平台被俄方帶風向操縱的事，我們當時並沒有即時獲知。我們對此一無所悉。」[20]

也因為白宮方面對俄方行動只知其一二、卻不知其三的疏忽，只知道俄方在入侵選務系統以及外流電子郵件，卻不知道其在社群媒體上帶風向的事，因此造成影響甚巨，因為，這誤導了歐巴馬總統對情勢的判斷。即使在民主黨全國委員會電子郵件外流事件發生後，許多白宮官員對於這種下三濫的手法，能否影響選民判斷深感懷疑。即使如此，光是其他部份為人所知的俄方行動，就已經夠引起恐慌的了。瑟雷斯特·沃蘭德就說：「二〇一六年夏天日漸增加的證據，都顯示，俄方已經滲透了許多的投票系統，而我們卻一點也沒有作為，只是任人宰割，真的把大家嚇壞了，要是俄方的目的是要癱瘓我方的選務基礎設施的話，那怎麼辦。」[21]

到了六月底，聯邦調查局通知亞利桑那州，俄國間諜滲透了該州的選民登記資料庫。該州官員於是在六月二十八到七月八日間，將整套系統斷線。[22]之後七月十二日時，伊利諾州的選務官員也告知聯邦，說他們全州的選民登記資料庫都出現異常的外流量。同月底，聯邦調查局就通知伊州選務官員，開始針對其被滲透的情形進行調查。[23]聯邦調查局的幹員會發現，俄國軍情局派了一個單位在滲透該州的選民登記資料庫，取得上百選民個資，竊走超過五十萬筆資料，包括這些人的出生日期、姓名、地址、部份社會福利號碼等等。[24]駭客這樣還只是手下留情。美國參議院所公布的調查指出：「俄方的網路情報人員，已經足以刪除或篡改這些選務系統中選民的資料。」[25]

但是俄國軍情局雖然顯示具有篡改選民資料的能力，卻沒有真的動手作。歐巴馬總統任內的國土安全顧問莉莎・摩納可說，伊利諾州被駭客入侵：「我記得是許多州中最嚴重的。」那整個夏天，白宮方面不斷接到報告說，俄國入侵了美國選務系統。白宮網路安全協調官員麥可・丹尼爾說：「每天我們都會接到報告說，系統被人掃描、複製、滲透」。摩納可的副座艾美・波普後來逐漸認為，這是普丁在給歐巴馬下馬威：「我要讓你們知道，你們不是無懈可擊。」[26]

＊＊＊＊

歐巴馬這下遭遇了空前的狀況。過去莫斯科當局不是沒有攻擊過美國大選，但是過去從來沒有遇過在美國遭受攻擊時，就發現俄方的蹤影。普丁手持著數位刺刀步步進逼的同時，歐巴馬就必須要決定，自己要何時、以何種方式回擊。蘇珊・萊絲說：「最低的限度是要讓俄國受到懲罰，但不確定的是，該在選前做，還是選後做才能最有利於我們。」[27]為此白宮內部出現激辯。

有一群官員希望歐巴馬能在夏天，也就是選前就教訓俄方，這樣可以讓他們知道美方不再能容忍任何對大選的干預。瑟雷斯特・沃蘭德和麥可・丹尼爾都評估過這個策略的後果。七月時，他們召開了一次跨部會的委員會，想好了各種可以用來對付俄方的反制策略。這個委員會中的核心成員之一就是維多利亞·紐蘭德，她就是堅持主張美方應儘快給俄方教訓的這一派。她說：「我們應該早點就進行反制行動，手法不會很重，而且還可以事後不予承認，但在七月時就該進行。我所接受關於俄國的訓練和經驗都告訴我，一定要強力嚇阻俄方、正面回擊，這樣才能讓他們痛定思痛、考慮後果，尤其是普丁這種人。」[28]

該委員會想了一整套的報復手段，沃蘭德一口氣念了一堆：「制裁、揭露情報、私下傳訊告知、公開傳聲、破壞俄方行動，能想到的都想到了。」到了七月底時，紐蘭德向國務卿約翰·凱瑞簡報這些步驟，包括一項「非常具報復性」的手段，可以讓普丁「非常丟臉。會看起來就像是普丁自己的手段，完全可以否認是我們做的，卻讓他痛苦不堪。我們建議的是嚇阻的手段，讓普丁個人付出慘痛代價。」（紐蘭德不願意細說是什麼手段，但她幾位同事說歐巴馬考慮過，要公布普丁的秘密財產、私人交易，以及一些見不得人的關係。）紐蘭德說當時凱瑞聽了以後告訴她說：「你繼續構想這些反制手段，我負責轉達給白宮知道。」[29]

但凱瑞轉達白宮後，所帶回來的消息卻是：稍安勿躁。紐蘭德說：「到了八月時，我們被交待要繼續進行反制手段，說等選舉後會重新來談這部份。」[30]（約翰·凱瑞的代表針對筆者提出為此書所進行採訪一事，並未回應。）

沃蘭德感覺得到，白宮高層對她這個委員會的成果「不感興趣」，一方面也是因為，這樣的攻擊行動，有可能會傷害其他政策尋求和俄國合作的機會。所以，她就依自己的權限寫了一份「直言不諱、機密層級較高的備忘錄」，點出可以立刻報復普丁的幾種方法。網路安全協調專家丹尼爾，則從旁協助想了一些反制之道，一併被收錄在備忘錄中。丹尼爾說：「我一直就有在表明，說自己是相信應該對俄方採取強硬手段的人，我主張美方應該主動出擊。」八月底時，沃蘭德的備忘錄就已經遞交上去了，上頭寫的很清楚，哪些報復手段是她認為最有效的：將普丁和他心腹那些秘密「行動」、「閨密」，以及「渡假」的事全抖出來。沃蘭德不願說她把備忘錄交給誰，只願意說是交給了她的「頂頭上司」。但她得到的答覆，跟紐蘭德一樣：「我得到的回應是：『這你們不用操心。』」[31]

當時沃蘭德的主管是國家安全顧爾蘇珊・萊絲，以及萊絲的副手艾維瑞爾・海恩斯。萊絲和海恩斯都不願意針對沃蘭德這份備忘錄接受訪問，不過海恩斯說，對於重要危及國安的威脅，跨部會委員會就會制定政策，提供給更高層的官員來參考。[32]

海恩斯掌管的是當時被稱為「次長會議」（Deputies Committee）的會議，這個會議會邀集政府各機關中的副主管層級官員與會，所以像是當時任職國務院的東尼・布林肯、中情局的大衛・柯恩等人都列席其中。海恩斯的直屬長官蘇珊・萊絲掌管的則是「首長會議」（Principals Committee），這是閣員層級的決策小組，成員有詹姆斯・克雷帕、約翰・布萊南、丹尼斯・麥唐納、莉莎・摩納可以及傑・強森等人。這些跨部會的會議負責衡量攻擊行動是否利大於弊。

克雷帕說：「光看我們當時開這些會議次數之頻繁和討論之激烈，就知道俄方的攻擊有多激烈了。」[33]

在所提出的美方攻擊計劃中，只有一項是一開始就被棄置的。東尼·布林肯說：「散布不利俄方的假情報這個方式，立刻就遭到否絕。」約翰·布萊南對這種假情報是極度的反對，這以前中情局在很多國家，像是智利和義大利都做過。布萊南很堅持地說：「真相要比假情報有力的多，很多事都可以拿來增強你的主張，因為要是造假被人戳穿，那反而不利於己。」[34]

其他攻擊選項則有獲得更認真的考慮。其中一種就是要洩漏關於普丁秘密財產和貪污的細節。東尼·布林肯說：「但是有人懷疑這麼做的效果，這做法肯定是好壞參半。」傑·強森則認為「有很有力的證據顯示，應該要在選前採取行動，而且不管做什麼，都應該是透過網路，而且要跟俄方對美國攻擊的行動相關。」但是要在網路上跟俄國較勁，卻有著許多重大的障礙存在。布林肯認為，美國很可能會「大敗，如果和俄國在網路空間中，以眼還眼地不斷升高攻擊的話，因為俄國在這方面，對我們的傷害，會比我們對他們的多。」至於有人提的驅回使節這個選項，則被大部份人視為對普丁無效。[35]

歐巴馬的顧問群最後決定，大型的經濟制裁，應該最有可能讓普丁罷手。布林肯說：「財政部非常樂意支持我們採用經濟制裁這種平常不會採用的方式，這真的是一大驚喜。」因為這「等於是對俄進行經濟戰。」[36]這種攻擊行動的意圖很明顯：在選前就讓普丁吃到苦頭，可以讓他不再插手美國大選。可是部份官員卻持相反意見：攻擊行動的風險太高，歐巴馬應等到大選過後，才進行報復。

＊＊＊＊

所以歐巴馬其實已經知道該怎麼回擊俄方了，也準備好要出手了。但是，就跟他處理敘利亞和烏克蘭問題一樣，他對於讓局勢升高的可能性，非常的在意。他覺得自己並不是站在制高點來行動：八月時，美國情報單位已經針對俄國駭客可以篡改實際投票數字一事，向白宮作過報告，這件事獲得歐巴馬四位高階顧問證實。知道這件事，讓整個態勢改觀，因為美國選務基礎設施被人滲透了。東尼·布林肯說，早在夏初，白宮內部最主要的考量是「俄方要藉由控制投票箱來改變實際選票的結果，這就是白宮方面一開始最擔心的，所以就費了很大的精力在這上面進行防範。」[37]

＊＊＊＊

從上述的民主黨全國大會的事件，就可以看出俄方想要操縱美國大選選情。而他的下一步則似乎是要破壞美國選民的投票程序。選民登記資料庫是很脆弱的部份。各州依法，要自行維持一套中央化的選民登記名冊，這個名單要當作「全州登記選民正式名冊儲存和管理唯一系統」。[38]而有些州這份名單並沒有加密，非常的不安全。[39]到了九月時，布林肯說，美國情報單位推測，俄方並沒有辦法篡改到足以改變選情的票數。但是根據像約翰・布萊南等官員的說法，駭客還是有辦法在特定地區操縱選民資料庫的總得票數。真如此的話，那傷害會很嚴重。布林肯說：「他們只要煽動選民去質疑選舉的合法性，這產生的效果，就跟真的操縱選舉結果一樣有效，於是這就成了我們最擔心的一點。」[40]

但也正是因為考量到會被作票這件事，造成歐巴馬核心圈成員逐漸傾向要延遲攻擊行動的論述。莉莎・摩納可說：「我們都擔心會讓情勢升高，很擔心一旦走錯一步，就可能破壞和諧，進而讓真實票數成為遭到破壞的目標。」也就是說，要是歐巴馬出手教訓普丁，這位俄國領導人也可以藉由改變真實投票數字來報復，這是歐巴馬所極力想要避免的。從這角度來看，那在投票日前的行動，有可能遭到反擊。約翰・布萊南說：「我們也考慮過其他的攻擊方式，包括去破壞俄國網路機房，但如果這樣做，後果很難預料，因為不知道會不會惹來俄國加倍報復，加碼破壞大選。二〇一六年夏天走下來，我們知道俄方可以進行哪些手段，卻不知道他們打算要怎麼做，他們可能還有更多我們不知道的手段沒使出來。」[41]

歐巴馬總統這邊要擔心很多各式各樣的風險，有些相關，有些則是衍生出來的。比如說如果美方太早採取報復行動，那就會害潛伏在俄方的情報網曝光，到時候歐巴馬若需要深入探知普丁意圖時，情報網就不管用了。詹姆斯．克雷帕強調說，美方的情報單位「花了數十億美金」，在俄國收買眼線和線人。[42]一旦美方發動攻擊，就會危及這個情報網路，一旦走到這地步，歐巴馬的團隊就要跟國會，甚至百姓解釋，為什麼要發動這樣的報復，危及數十億美金布好的情報網。因為俄方情治系統一定會盡一切辦法，要找出歐巴馬是循何管道得知他們的秘密、又知道了些什麼。可能白宮內部的情報評估會被人外流出去。也可能是被俄方駭客入侵竊走。但不管怎樣，結果都一樣：會危及美方的線人和情報管道，俄方也會採用新的方式來躲避我方偵測。

另外，還有唐納．川普這邊的問題，他似乎有意選在這個美方政治特別紛擾的時期，來鬆動選情。[43]七月二十七日這天，就在民主黨全國委員會電子郵件外流之後不久，川普就請俄國去攻擊希拉蕊。他說：「俄國，你們要是有聽到，我希望你們能找出失竊的那三萬封電子郵件，如果找到，美國的媒體一定會好好獎勵你們。」[44]（關於川普這些話，史提夫．班農跟我說：「這是川普這個人的個性。對他而言都是在作秀，就是演場戲。」）數小時後，俄國駭客第一次駭入希拉蕊的私人辦公室。[45]川普這時也開始提醒支持者說：「選舉被人動手腳了。」這種說法他在訪談、選舉活動以及總統辯論上都一再說過。[46]

川普說選舉被人動手腳的話，讓白宮很困擾，不僅是因為俄方很可能真的會讓選舉像是被人動手腳的樣子。當時經常被討論到的一個假設就是，如果俄方軍情局在關鍵選區篡改了選民資料、讓登記選民無法投票，那該怎麼辦。這會讓川普可以見縫插針，坐實了他的陰謀論指控。艾美．波普說，只要有這情形發生，川普就可以藉機「質疑整個選務系統，然後宣稱系統不可信賴，全是造假。」[47]

這種最糟的一種情況基本上幾乎都假設一件事：希拉蕊贏得大選。歐巴馬在九月時告訴顧問群說：「普丁賭錯了邊。」言下之意是他很有信心，前國務卿希拉蕊必將接下他的總統寶座。[48]就是因為預料到川普一旦落選，一定會用選舉不公為由大鬧，歐巴馬想盡辦法要營造出選舉沒有一絲舞弊的假象。麥可．丹尼說：「總統表達的很清楚，我們不要去稱了俄方的心意，破壞美國民眾對於自家選舉公正性的信心。」[49]就因為這個原因，所以在十一月大選前，對俄方出手制裁，正好就是會造成這個後果。這不僅會讓人指責歐巴馬是利用國家安全為由，替希拉蕊穩定選情，也會讓外界看出，他對俄方行動有所憂慮。這就會造成選民開始無法判斷，選舉本身究竟是公還是不公。歐巴馬總統的參謀長丹尼斯．麥唐納就說：「保護選舉意味著同時也要保護人民對於選舉公正性的信心，要是一個不小心，或者讓外界有偏坦一黨的疑慮，那就會很危險，尤其是當共和黨已經在嚷嚷選舉不公時，更會造成大眾留下選舉不公的印象。」[50]

＊　＊　＊　＊

因為預期希拉蕊一定會勝選，所以歐巴馬凡事都很謹慎，出手攻擊這種事就有點是自找麻煩。艾美·波普就說：「許多對俄鷹派都認為美方應該採取強硬的姿態，國家安全應置於選舉政治之上，但是很多人都擔心，因為希拉蕊的選情已經超前這麼多，」因此，「不應該」貿然進行沒有必要的報復。強·費納（Jon Finer）也同樣認為是因為希拉蕊的選情優勢，讓大家過於自滿而誤判情勢。他說：「在歐巴馬政府中許多人」都相信歐巴馬可以「兩邊都贏：一邊擋住川普的勝選、一邊又可以不用插手選情。」[51]八月時，全國民調顯示希拉蕊大幅領先川普，有些民調更顯示差距達到二位數之多。[52]

白宮戰情室在討論戰略時，沒有人會提到大選民調數字，但歐巴馬總統身邊的首席顧問們，心中其實都掛著這些數字。傑·強森說：「我們還是會考慮到民調數字，但這都沒人說出口。」詹姆斯·克雷帕就承認政治影響了最高層級的決策。他說：「大家有一個共識，就是覺得不管如何，選民最後還是會做出正確的決定，也因為有這層的考量在，所以讓大家覺得可以不用端出最強悍的回擊。」當筆者問克雷帕他所指的「正確的決定」是什麼時，他進一步解釋說：「這顯然是我個人一直以為希拉蕊會勝選的迷思。」在當時，唐納·川普這樣一個電視實境秀的主持人，會繼任歐巴馬成為美國總統的事，被許多美國人視為不可能，尤其在民主黨內，而在華府高層更是如此。財政部副部長莎拉·布隆姆·拉斯金（Sarah Bloom Raskin）就說：「某些政治圈認為希拉蕊勝選是勢在必得的事。」[53]

當時的政治風向很篤定的認為：希拉蕊一定會贏得總統大選，川普則一定會把事情鬧大。在這樣的氛圍下，歐巴馬政府官員都擔心，如果報復俄方，那一定會讓情勢上升。瑟雷斯特・沃蘭德說，當時白宮內部「很不願意有所作為」，因為他們覺得現況雖然不好，但卻不是最差，還有下探的可能。民主黨全國委員會電子郵件被駭且外流事件雖嚴重，但比起真正選票被人篡改的事來，只是小巫見大巫。沃蘭德補充說：「所以當時花了過多的精神在投票機上，我到今天還是無法瞭解，為什麼有那麼多事情該煩惱，他們卻偏偏擔心投票機，把它視為第一要務，但明明這東西除非俄方有辦法手動去篡改票數，不然就是絕對不會有事的啊。」[54]

筆者的採訪中，歐巴馬的決策圈包括海恩斯、萊斯、麥唐納、摩納可等人，都覺得自己的決策沒錯。摩納可說：「我相信我們已經根據當時的情資，作了最好的決定，當時我們的作法就是，將焦點放在確保投票行為的確實，以及選舉完整性沒有遭到破壞。……如果我們進行攻擊，可能會反而讓各州選務系統遭受入侵的情形更嚴重。」海恩斯則解釋道，白宮已經準備好「一系列重要的回應方式」，只等俄方朝選票下手。白宮戰情室這邊，對於篡改選票和改變選民心態兩件事的差別態度，也影響了他們的決策。海恩斯說：「一般人會覺得，影響真實選票、包括讓人無法前往投票之類，套句很多人常說的話，算是底線了，但是這和需要做另一種反應的情報活動，最少就有材質上的不同。」歐巴馬一再退讓，他不想刺激普丁，就是怕普丁越過底線。萊絲說：「我們最大的目標就是要防止俄國被我們發現其行動時，更進一步，升級其攻擊行動。」[55]

在這個成敗取決於一念之間的時刻，歐巴馬因為擔心發動攻擊後勢難以控制，因此選擇自制。他的底線是，只要俄方駭客不操縱美國選務系統，那他的報復行動就可以等到大選後再進行，到時希拉蕊已經選上總統了。歐巴馬自以為可以靠容許一種干預選舉的方式，來預防另一種干預方式，歐巴馬採用退而求其次的政策，讓外國干預美國大選停留在可管制範圍內。普丁這方面，則不知是經過計算，還是只是巧合，藉由展示他的能耐，竟然在歐巴馬總統的自家門，優先掌握了升高情勢的主導地位。

第十章 採取守勢

歐巴馬團隊遲遲不進攻，還在衡量著該如何出手的同時，就已經是挨打的份兒了。敵方鎖定的是美國的投票系統。時任白宮參謀長的丹尼斯・麥唐納說：「我們把主要防禦攻勢都擺在了投票基礎設施上，就只關心一件事：選舉公正性，選舉能否舉行、順利舉行、人民對於投票結果是否有信心，投票結果的正確性、計票不遭人質疑。所有的政策都以此為中心來制定。」莉莎・摩納可則說歐巴馬的目標很清楚：「唯一優先：能否讓人民在投票日投出自己的一票？」[1]

而這所有行動居中協調的一位就是傑・強森，美國國土安全部部長。二〇一六年時，強森是華府重要成員，在這之前他一直在私人企業法律部門和聯邦政府任職。歐巴馬卸任後，強森回歸律師專業，在寶維斯律師事務所（Pau, Weiss）上班。二〇一九年夏天他接受筆者採訪，他的態度很友善，但措詞非常謹慎。他說：「我這人不臆測的。我都是根據所知實情作判斷。」[2]他所知的實情可多了。筆者原本預計採訪他半小時，結果一聊卻聊了好幾個鐘頭。

早在二〇一六年七月時，強森的國土安全部就已經在針對美國投票基礎設施進行加強和維護的工作。但是他的職權範圍並不容許他對全美的投票設施作全面性、完整性的更動和改善。全美各地總共涵蓋了九千個不同的選區，十萬多個投票所。州立和各地方政府負責管理投票、採購投票設施，以及維護保管這些設施。投票系統每一郡都不一樣，選民登記資料庫也是各州不同。對於他們投票系統的安全標準，國土安全部只能給各單位提出建議，不能下強制命令。[3]這樣的選務監管權責分配，看在外人眼裡會一頭霧水，但是這卻是美國聯邦體制最重要的精神所在，各州和聯邦政府之間的權責分配就是持續的拉扯，沒有一定。

＊ ＊ ＊ ＊

二〇一六年以前，負責美國國家安全的官員，很少理會美國選舉權責的問題。國土安全部、聯邦調查局和中情局，大家都有自己的事要忙，選舉不是他們的要務。但突然間，這次大選的選舉安全卻成了首要之務。而且外國和本土政策整個都糾纏在一起。當俄方開始在美國選務系統中鑽來鑽去時，強森只能仰賴各州自行偵查，再向他報告有哪些地方被駭。而各州則不見得有問題都會向他報告。他說：「要是有哪一州不把問題上報，國土安全部也無法得知，選民登記資料庫和投票基礎設施本身的問題，我們並沒有設監看設備，所以也無從得知，一定要等各州上報，並主動公開問題所在才行。」[4]

這種權責下放的情形，是在數位時代來臨前就建立出來的，很早以來就已經問題層出不窮。而現在俄方情報單位已經可以將投票系統加以掃描、複製，偏偏美國聯邦政府卻無法統一下令，要求進行全國性的反制措施。像是麥可．丹尼爾之流的白宮顧問，就深為各州「把持」其選務、各自為政的情形所苦。聯邦官員現在被交待要保護美國的選務安全，但是卻對這些選務基礎架構頗為生疏。國土安全部的副顧問艾美．波普就說：「有上百個不同的自治市、上百個不同的選區，每一個做事的方式都不同。聯邦政府鞭長莫及，再加上選務本身又是政治敏感的議題，要在短短六個月內改善，真的不可能辦到。」[5]歐巴馬的團隊一方面希望保護美國的選舉基本設施，一方面又不希望加重原本就已經緊張的國內政治情勢。美國國內的政治氛圍，從冷戰高峰至今，已經有了大幅的變化。一九六四年時，有七成七的美國成年人信任聯邦政府。到二〇一五年時，僅有一成九的成人對聯邦政府有信心。[6]

面對這麼艱難的環境，強森還是逼著手下想辦法提升美國選務系統的安全性。有一位顧問就建議，可以把選舉基礎設施設為「關鍵性基礎設施」，這種分類，並不用強制命令，但是可以讓各州和國土安全部之間的訊息分享管道更流暢，也可以讓聯邦資源優先用在選務安全的加強上。這也可以讓普丁知道，美國對於俄方在選務動手腳的威脅，視為非同小可。強森很贊同這個想法，他說：「我想要正式為之定名，讓這種作法進入體制。」[7]八月三日一次記者會上，強森告訴記者，他正在「慎重考慮」，是否要將選務基礎設施列為關鍵設施，畢竟「選舉程序攸關我們國家安危」。[8]

八月十五日當天，強森與五十州的選務人員開會，會中他重申自己正在考慮將選舉基礎設施列為關鍵國家設施的事。當中有幾位選務官員指控強森是有意讓聯邦政府統一接管各州選舉。強森說：「我在電話上向他們解釋了將近十次，說這完全是採各州自願，但是就是有幾州的官員對此非常反感。」強森始終沒有提過俄方的威脅一事。他說：「當我開始鼓吹這件事時，我不能提到俄國的行動。」因為這種內部的情資很敏感，而且也一直在變動，白宮無意讓民眾覺得美國在這方面有破綻，進而感到恐慌。[9]因此，在八月十五日的正式會議紀錄上，國土安全部就只是記載道，該部「並未察覺任何特殊或是可信的網路威脅，會不利於即將來臨的全國大選選務系統。」[10]不知道有外國情報系統正在美國進行秘密任務的狀況下，各州的選務官員是不可能團結一致的。

強森在會議上語帶保留的態度，完全沒有透露出白宮方面對於這個議題爭論的熱切程度。就在這次會議後不久，強森、萊絲、麥唐納等高階官員就再次開會，討論俄方持續的攻擊行動。強森感受到這幾位同僚間透露出緊急的氣氛。國家安全顧問萊絲就對他說：「你一直在提的關鍵基礎設施一事，你可以實施了嗎？」[11]萊絲後來接受採訪時曾說，她一直希望這項作法能夠「越早實施越好」，但各州的選務官員卻「對此非常反感」，一直在阻撓進展。她說：「我們遭遇到的問題是，五十個州的系統各自為政，全都不用聽聯邦政府的，也不願意聽聯邦政府的。」[12]

麥唐納答應要為強森辦一場簡報會，向他解釋為什麼政府越來越緊張。中情局局長約翰・布萊南還特別和強森約在「機密情報隔離設施」（Sensitive Compartmented Information Facility）中碰面，這是特別設計來交換最高機密情報的場所。強森說：「布萊南來我位於內布拉斯加大道的總部見我，不設主題、不帶隨從。在我的機密情報隔離設施裡，鉅細靡遺地告訴我，所有關於俄方行動的細節，以及我方是如何發現的。」[13]強森不願意詳述這次簡報會議的內容，但布萊南可能是把他在月初對歐巴馬報告的內容轉述給他聽：「普丁親自下令俄國的秘密干預美國大選行動，目的是要幫助川普、傷害希拉蕊，並在美國製造分裂。」[14]

聯邦官員雖然對俄方行動知情，但卻不知道這規模有多大。所以只能仰賴各州回報，才能知道更多細節。八月十八日這天，聯邦調查局向各州示警，指出有兩個選民登記資料庫被俄方突破，並列出八個和這些攻擊有關的網際網路通訊協定位址。（媒體新聞很快就報導說，這兩個被駭的州就是伊利諾州和亞歷桑那州。）之後又有二十多個州上報說，他們的網路和上述這些網際網路通訊協定的位址有接觸。到了八月底時，麥可・丹尼爾就已經確定，俄方對全美五十個州都發動攻擊。[16]聯邦調查局的示警沒有提到俄國，所以各州其實並不瞭解華府的深意。

各州對於聯邦政府示警的回應，都是出於自主意願。莉莎・摩納可說：「如果沒有各州通報，我們就什麼都不知道。一切都必須仰賴各州的自主提報，他們不說，我們也不會知道。」理論上，各州選務官員可以管理網際網路通訊協議位址，找出相符的部份，但是，要不要通報給聯邦政府，則取決於他們，要是他們因為過於疑神疑鬼、擔心聯邦會有政黨私心，不上交他們的發現的話，也沒有辦法。在當年夏末發表的一篇名為「選舉安全：聯邦是協助或是奪權？」的文章中，喬治亞州的州務卿布萊恩．肯普（Brian Kemp）就質疑歐巴馬政府，認為他是誇大安全威脅，藉此來奪取對於選務的控制權。（喬治亞州在這次選舉中，拒絕通報國土安全局。）[17]強森並不想落人口實。他說：「我們最不希望的，就是讓整件事演變成政治事件。」所以，到了八月底時，他就擱置了這個想法。萊絲說：「最好還是鼓勵各州單獨向我們求助。」萊絲覺得強森的考量有道理，她認為，「與其強制要求，不如給甜頭，諄諄善誘，以取得各州合作、分享資料」，這雖然「不是我們比較想要的方式」，但是在當前的狀況下，「卻會是比較有效的方法。」[18]

將全國選務基礎設施列為關鍵，這個作法本來很有希望，發展到這裡顯然反而是與初衷背道而馳了。歐巴馬還是需要各州選務人員的合作。但很顯然，各州選務人員對華府疑心病很重，波普就說：「因為缺乏對聯邦的信任」讓各州產生「選務系統歸我們管，這是我們管轄的範圍，我們不用聯邦的保護，我們摸不清楚你們究竟圖的是什麼。」[19]其實，早在八月初，強森就可以下令要求將系統指定為重要設施，但是他選擇徵詢各州意見，同時也未告知各州關於俄國干預的危機。他設想太過周全的結果，反而是遭到了反效果，害得聯邦政府進退失據。

＊＊＊＊

為了要讓各州官員願意接受國土安全部的協助，歐巴馬只好再想辦法先贏得他們的信任。他不想要用總統聲明來向各州強調，接受國土安全部協助的重要性，因為他覺得在選舉陷入膠著狀態時，親共和黨的州一定會覺得不管他說什麼，都在偏坦民主黨。所以他只好向國會四位領導人求救：共和黨的保羅・萊恩（Paul Ryan）和米契・麥康納（Mitch McConnell），以及民主黨的南西・裴洛西和哈利・萊德（Harry Reid）。

他這想法是走老路。前白宮參謀長、中情局局長、國防部長里昂・潘內達說：「如果遇到國安問題，先取得國會兩黨領導人的支持和背書。」他的前任老闆，比爾・柯林頓總統也是這樣，他的兩任總統任期中，一直都和共和黨參院領袖特倫特・洛特（Trent Lott）密切合作，洛特在訪問中也說，他在外國政策上，傾向支持柯林頓。洛特說：「現在不像從前，可以的話我都會盡量站在總統這邊，因為他是總統，而我們一直關係很好。」洛特也舉一件事來說明兩人關係，在他卸任國會議員職務後，國會要掛上他的畫像，柯林頓還特別為此發表演說。洛特說：「他親自來一趟，這真的很有心，很大器，很夠意思。」這是老一輩的政治人物才會作的事。他說，現在華府內部的國會議員「已經沒在溝通了，但其實作為領導人，最重要的工具就是耳朵，偏偏現在大家都不聽別人說了。再者，他們之間也擦不出火花，因為大家都不熟，也沒有感情可言，只會張牙舞爪，講髒話、完全失控，但華府現在最大的問題是領導人：已經沒有領導人了。」[20]

洛特口中那種不分黨派的氛圍已經不在了。歐巴馬和參院領袖麥康納兩人勢如水火。麥康納在二〇一〇年十月時說：「我們想要做到的唯一一件事就是，讓歐巴馬總統只做一任。」[21]就連後來歐巴馬連任成功，麥康納也處處加以阻撓，不願與他合作。二〇一六年二月間，最高法院大法官安東寧．史卡利亞（Antonin Acalia）過世，麥康納就拒絕歐巴馬提名的人選填補出缺大法官職位，理由是不到幾個月就會進行總統大選。此舉前所未見，而且，麥康納還在五月出版個人回憶錄時，補上一刀，在書中毫不留情，提到歐巴馬時他寫道：「他就像念書時班上那個想盡辦法要讓大家知道，全班最聰明的就是他的那個同學。他跟人講話都一副高高在上的樣子。」[22]當年稍晚，歐巴馬則說，麥康納覺得妥協就是示弱。他說：「有時我還是要和米契．麥康納見面，他就會老實不客氣的說：『我跟你說，我和你合作是在賣你人情，所以是便宜了你，因為光是被人看到我跟你合照，都不利於我。』」[23]（筆者為此書多次徵詢麥康納受訪，但他的代表都未回應。）

這麼不良的互動，延伸到二〇一六年夏天，當歐巴馬要構思如何捍衛美國選舉基礎設施時，也受到影響。在八月十一日到九月六日之間，約翰．布萊南特別向這幾位國會領袖一對一簡報，告訴他們俄國正在對美國進行什麼樣的攻擊行動。布萊南記得當時眾議院發言人保羅．萊恩就對他的簡報非常「當一回事」。可是麥康納則「完全不想知道這件事」。[24]他在九月初向麥康納報告，麥康納反而是「質疑情報單位的可信度」，他不相信俄國干預美國大選，他認為這是中情局在搞鬼，想要「阻止川普選上總統。」布萊南聞言氣炸了，因為他覺得這是對他個人誠信的質疑。布萊南說：「我毫不留情地回擊，雖然沒有說你好大膽子這樣的話，但差不多就是這意思。他也知道我動怒了。」[25]麥康納此舉把他的態度說得很清楚：在他眼中，所謂的俄國秘密干預美國大選這件事，純然是政治操作，所以，他認為國內政治遠比美國國安重要。

民主黨國會議員則沒有別的選擇：因為遭受攻擊的是自己黨的候選人，所以美國國安危機，就是他們政黨的危機。在聽完布萊南簡報之後，參議員哈利・萊德認為，俄國的行動太嚴重了，應該讓全國選民知情。[26]八月二十七日這天，他寫了封信給聯邦調查局局長吉姆・柯米（Jim Comey），要求他針對俄國干預大選的事進行調查，並將調查結果公諸於世。信中他寫道：「最近我開始擔心，俄國政府干預我們總統大選的情形，似乎比外界想的還要更嚴重，他們似乎可能會篡改投票數。」他說出了歐巴馬最掛心的事，但卻略過提供消息的中情局不提。萊德在信中也促柯米應調查川普陣營和俄國政府之間的關連。柯米不願接受本書採訪，但聯邦調查局到這階段，已經針對此任務，展開了反情報調查。[27]

萊德此信也把他的立場表明的非常清楚：對於俄國的行動，他是絕對不會坐視不理的，歐巴馬的衡量不在他的考量之中。他說：「我寫這些信，不用請示任何人，我又不聽命於白宮，我和他們是平行的關係，在政府中我們各司其職。」[28]但其實萊德此舉，不只是他個人的意見，還有別人對他的影響在：那就是希拉蕊選委會主委約翰・波德斯塔的意見。波德斯塔告訴筆者：「我特別催促萊德」要他去施壓白宮，要他們揭露俄方行動的細節。[29]

既然各方都已表明立場，歐巴馬只好在九月初時，將裴洛西、萊恩、麥康納、萊德四人全都請進白宮的總統辦公室中。他很直接的拜託四人：請他們發表一份聲明，提及俄國的威脅和接受國土安全部防護協助的重要性。萊恩給他正面的回應。艾維瑞爾・海恩斯回憶當時「萊恩的態度是，只要麥康納支持，他就願意簽署跨黨派聲明，譴責俄方干預美國大選。」[30]（萊恩透過代表，回絕接受本書採訪。）但是麥康納不肯讓步。萊德記得當時麥康納這麼告訴歐巴馬：「這是各州權責範圍，聯邦政府不該插手。」歐巴馬聞言整張臉都垂下來了，他回擊說，俄國對美國大選的干預「不該是牽涉黨派之爭」，如果由他自己來發聲明，「會顯得好像偏坦某黨」，這不是他想要的。海恩斯記得當時，麥康納的態度就是一副「當局純然是為了政黨政治考量，刻意誇張了俄國干預大選的情事」的樣子。海恩斯說：「我當時心想：『你在政壇數十年，也不是沒見過俄國是怎麼樣，怎麼會覺得這東西是我們編出來的？』」[31]

這場會議結束後，萊恩擬了一份聲明稿，傳給其他人，其中特別指出俄國是始作俑者。丹尼斯・麥唐納說：「兩位民主黨員說：『很好，可以，我們支持。』」但是「麥康納參議員拖了好幾個禮拜，就是不願意簽，而且只要萊恩聲明中有提到俄國的地方，全被他刪掉。」[32]麥康納還堅持，要在聲明中加一句話，強調聯邦政府，絕對不會透過指定選舉設施為關鍵基礎設施，來「對選務進行任何程度的控制」。強森在麥唐納的辦公室和裴洛西會面，他告訴裴洛西說，這句話不重要，因為將選務設施指定為關鍵設施，並不會讓聯邦獲得控制設施的權力。強森告訴在座兩人說：「這句話無傷大雅⋯⋯也不具意義⋯⋯就依他意思讓他們簽了好發出去。」[33]

這份聲明的最終版本在九月二十八日發出，終究沒有提到俄國，但的確鼓勵各州應該加強選務保護機制。但這份聲明卻連媒體都很少報導。萊德說：這份聲明的最終版都被稀釋掉了，所以一點影響力也沒有。[34]歐巴馬的顧問群至今都還是認為，是麥康納壞了大事。沒錯，在總統辦公室那次會面，麥康納的確是處處與歐巴馬作對。但是，是歐巴馬邀他來的，也是歐巴馬在過程中，給了麥康納阻撓整件事的機會。佩德斯塔就說：「現在回想起來，是他們自己在九月時，讓自己處於不利的位置上，看著麥康納遲遲不簽聲明好長一段時間，等於是給了他否決權。」前白宮參謀長潘內達則說，歐巴馬這種處理事情的方式，非常不適合現代政治現實。他說：「因為政黨對立的緣故，國會早就功能不彰，所以他們是絕對不會平白支持你的，這表示，身為總統，就要出手霸氣，不能讓人看扁你，必要時就要以指揮官和領導人的身份，逕行發布行政措施。」[35]

不過，保羅．萊恩倒是很願意配合的樣子。那為什麼總統就非要網羅麥康納進來，才願意發表聲明呢？當我問丹尼斯．麥唐納這個問題時，他情緒變得很激動。他說：「麥康納對於選務基礎設施的態度有他身為參議員，過去很長的一段淵源，」他指的是麥康納過去的相關立法紀錄。他說：「因此如果你的首要目標是要保護選舉的話，聲明中沒有他連署，外界就會作非常負面的解讀。」[36]

但是這種做得過頭的努力，卻是一再幫倒忙。之前是強森去和各州選務官員解釋，結果遭到反對，只好被迫放棄宣告選務設施為重要設施的計劃。這下歐巴馬同樣因為努力過頭，想讓國會議員共同聲明，反而壞事。麥康納這下找到了借力施力的機會，刻意拖延簽署聲明，讓最後發表的聲明完全失去作用力。海恩斯說當時麥康納的態勢就是「最典型以政黨政治危及國安的範例。」[37]

＊＊＊＊

這同時，歐巴馬在海外也施展了另一項防禦策略。想要預防投票日的網路攻擊，方法之一是加強投票系統的安全控管。另一個方法，則是要叫俄國撒手。八月四日當天，中情局局長約翰・布萊南透過電話和俄國情報單位主管亞歷山大・波特尼可夫（Alexander Bortnikov）通話。在通話結束前，布萊南對波特尼可夫下了警告，口氣跟一九六〇年洛吉對赫魯雪夫的口吻沒有兩樣：你干預美國大選會遭致反擊，不僅會損及美俄關係，也會讓美國人群情激忿而團結。波特尼可夫聞言除了一貫的否認以外，還說他會將此訊息轉達給普丁。[38]但接下來幾週，白宮卻越來越擔心，普丁會下令直接篡改票數或是選民資料。

歐巴馬政府這時又出現了另一個難題：要怎麼和普丁本人為此事打交道，因為在九月四日和五日時，他和歐巴馬總統都會出席中國峰會。歐巴馬要他的顧問幫他構思「該說什麼、什麼時候說、要做哪些事、什麼時候做、要讓普丁知道我們的發現嗎？這些全都要事先作好盤算。」這是傑．強森事後向筆者轉述。光是這些問題，就已經夠幾位顧問忙壞了。東尼．布林肯回憶道，就在中國峰會前夕，我們舉行了許許多多的次長會議、首長會議，還有完整的國家安全會議。[39]

白宮為此在內部舉行了一系列的跨部會會議，針對普丁這個人的心理層面，以及如何理解他的行事風格作了很多的討論。最後得到的共識是，歐巴馬應該在峰會上以私下、當面的方式，對普丁出言警告。海恩斯說，雖然口頭小小的警告，並無法處理俄國到目前為止對美國大選所作的一切，但是，這似乎可以「嚇阻俄方繼續影響選票，或是持續干預我們的大選。」[40]這個建議獲得歐巴馬的首肯。

九月五日當天，歐巴馬和普丁見面了，這是美俄關係中既具歷史性又關鍵性的一刻。二十年前，比爾．柯林頓和波里斯．葉爾欽各自連任總統，並互相承諾會進一步合作。現在歐巴馬則努力要捍衛美國，不受到葉爾欽繼任者所發動的秘密行動攻擊。歐巴馬在中國峰會上和普丁禮貌性的擁抱，接著就直視他的雙眼，鄭重地出言警告：「你敢動我們，我們就讓你幹不下去。」據歐巴馬身邊的高階顧問轉述，當時他是這樣說的。（歐巴馬在同年十二月時曾轉述當時這段對話，他說自己對普丁說的是「給我住手」不然就「有你苦頭吃」。）[41]歐巴馬的警告，是衝著俄國試圖直接篡改選票的企圖而來，和其他帶風向或操縱民意的作法一點關係也沒有。摩納可說：「我們告訴普丁團隊這件事，因為這就是我們在各州選務系統中看到的情形。這才是我們的目標。」[42]

數年後，歐巴馬的幾名心腹都說，他的這個警告，是一種實力的展現。麥唐納說：「合眾國現任總統去找俄羅斯聯邦總統，向他發出嚴正的警告，那絕對不是在客套或是基於禮貌。」麥唐納認為歐巴馬「果斷的作為」和「清楚的訊息」的確嚇阻了普丁。其他歐巴馬的顧問則不同意他的看法。瑟雷斯特．沃蘭德認為歐巴馬和布萊南的警告是：「我覺得一點作用也沒有。」歐巴馬任內的前中情局局長麥可．莫瑞爾也同樣不以為然。他說：「太荒謬了，竟然有人認為這樣會有作用。這樣做不是在讓對方知道不停手會付出代價，也不是在叫對方住手。這完全沒有嚇阻的效果，既無法讓對方知道代價何在、也無法讓對方知道你有辦法讓他停手。我真的不懂，這做法除了可以在公關時拿來說嘴，告訴別人說你有作處理以外，怎麼會有人覺得有助於事。」[43]

歐巴馬這個處理方式，乍看好像是他透過國內的管道努力無效後，轉而直接在海外嚇阻了普丁。因為，峰會後，美方的情報單位的確報告說，俄方對美國選務系統暗中動手腳的行動驟停。東尼．布林肯說：「我們原以為『這樣對方聽懂了』。」但不到幾個禮拜，白宮又接到新的情資，說俄方又在對美國的選務基礎設施動手腳了，四名白宮高階官員都有同樣的觀察。國土安全顧問莉莎．摩納可提到十月間俄方秘密摸索查探的頻率：「情況很持續。沒有突然間的竄高，也沒有增加的趨勢。」[44]

但究竟會不會有真正的攻擊行動，到這階段情況仍未明。

＊＊＊＊

但另一方面，關於俄國在美國大選動手腳的事，也越來越難把美國民眾矇在鼓裡了。在九月初時，吉姆．柯米就曾想過，要把俄國竊走並外流民主黨全國委員會電子郵件，以及其在竊探選民資料庫的事，投書到報紙上，將之公諸大眾。但白宮方面卻面露難色。柯米在他的回憶錄中就寫道：「歐巴馬團隊對此事的考量，一如以往，就面面俱到、詳盡、又非常緩慢。」[45]隨著九月慢慢流逝，將事情公諸大眾的必要性越來越強。媒體因為沒有得到官方確認，所以拿到有關的消息就亂報，結果搞得選民更加莫衷一是。希拉蕊的競選團隊公開指責普丁，說他想要破壞希拉蕊的競選。艾維瑞爾．海恩斯說，而歐巴馬政府內部則「有足夠的信心和協調度，調動情報單位必要資料，好公開做一份聲明，指控俄國對於大選的干預。」[46]

在戰情室中，傑．強森和吉姆．柯米兩人的意見相左。強森說：「我非常強硬地堅持應該向大眾交待。但是在座其他人，尤其是吉姆．柯米，他就堅持說，如果只是簡單公開聲明，那就掉進俄國的算計中，讓選民開始懷疑美國民主制度有問題。」[47]儘管柯米曾提議說要投書報社，他卻認為公開聲明會「不小心遂了俄國的願，破壞人民對於選務系統的信心。」強森則反駁說，美國選民就跟股市股民一樣，如果市場被人炒作，股民當然有權知道，默不吭聲形同政治自殺。他告訴在座其他人說：「要是我們什麼都不說，結果讓川普勝選，這時才被揭露說我們原來知道這些事，卻沒有公開，那就成了千古罪人，萬劫不復了。」憑著這論點，讓在座其他人被說服了。[48]

那該說多少，又該由誰來說呢？布萊南告訴國會領袖的那些事，必須是機密，包括普丁個人參與其中，以及他喜歡川普。至於歐巴馬，因為他身為民主黨的領導人，不方便由他來發表這個聲明。大衛．柯罕說：「歐巴馬對於大選的結果青睞誰這太明顯了。這會影響我們怎麼公開這個問題。」強森說，為了該由誰發表聲明，開會時，歐巴馬的顧問團隊一輪又一輪地討論，最後才獲得他和詹姆斯．克雷帕同意，由他們共同發表聲明。因為兩人不具黨派身份，由他們來講可信度較高。海恩斯說：「我們盡量讓執政團隊中最沒有政治色彩的人來發表聲明，這樣外界就會覺得可信且不會聯想到有政黨利益牽涉其中。」[49]

強森和克雷帕在聲明中揭露了兩件事：其一，是俄國政府中的高層，下令要駭入民主黨全國委員會的網站，並竊走郵件和發布；其二，美國各州的選務基礎設施，都被人在網上掃描且窺探了。這兩件情報案的細節都沒有揭露。傑森記得在擬稿過程中，一度有提到是普丁策動了民主黨全國委員會郵件的外流事件，但是後來卻把他的名字刪了。當筆者問克雷帕為什麼要刪掉普丁名字時，他頗為不悅。他很堅持，因為有必要的原因不能提到普丁，再加上這是跨部會討論出來的，有時間上的限制，所以擬稿過程很不順利。他在二〇一九年初告訴筆者說：「在擬聲明稿時，大家都會細細推敲字句的運用，字字斟酌，光一個可能會、想過會、應該會，就可以推敲個一整天，而現在隔了兩年後你問我？」[50]

這份聲明中提及美國選務基礎設施時，講得很籠統，但這其實是刻意安排的。聲明中沒有提到設施被人掃描、窺探是俄國政府的作為，但是讀者可以從字裡行間推論出這個關連。強森說：「我們的身份不適合公開來講說：『我們知道是俄國政府在選務基礎設施裡動手腳。』」因為，白宮一方面要盡到「提醒選民這個威脅存在」，一方面也要避免讓選民誤解成選票「全都被人操縱和舞弊」的印象。聲明也特別強調，駭客幾乎不可能一舉篡改投票所有結果，因為美國的選務設備不是集中的。但強森覺得這點其實是誤導。他說：「我們說因為美國有上千個選區，所以駭客很難一一篡改，但事實上並不是這樣的，因為駭客只要選中關鍵州中的關鍵選區，就可以成功。」[51]

該聲明預計在十月七日發表，這一天後來成為美國政治史上最讓不可置信又亂糟糟的一天。當天一早，強森分別向希拉蕊和川普簡報，讓他們知道正在進行的颶風紓困案。川普聽取簡報時，他邀強森等歐巴馬下台後，可以到川普大廈來跟他一起吃個飯。強森聽了就說：「誰知道，你搞不好會選贏呢。」川普聞言不以為然地答道：「最好是啦，我會贏。」強森並沒有獲得授權，所以不能將即將要發表聲明的事告知兩人。他記得：「我掛掉川普的電話後，心想，天啊，我只跟他們提了紓困案，卻完全沒讓他們知道即將發表聲明的事。」[52]

強森和克雷帕在下午三點時發表了這份聲明，他們心中以為這應該成為所有報導的焦點。但才隔一個小時，四點時《華盛頓郵報》就貼出一份二〇〇五年川普的談話錄音，當中他向電視節目《前進好萊塢》（Access Hollywood）的主持人比利・布希（Billy Bush）吹牛說，他可以把任何女人都玩弄在「股掌之間」（譯注：但川普實際上用了一個很粗俗的字講女性陰部）。之後才隔半個鐘頭，四點三十二的時候，維基解密就開始上傳希拉蕊競選辦公室主任約翰・波德斯塔的個人電子郵件。[53]所有的新聞記者全都立刻被吸引到這些電子郵件去，在整個大選過程中，這些郵件每天都會被流出來。《華盛頓郵報》駐白宮的辦公室主任菲利普・洛可（Philip Rucker）就打圓場說：「有些時候，我們真的花太多篇幅在談電子郵件外洩的事。何況我也很擔心，成為報導外國干預美國大選的利用工具。但俄國深明美國新聞媒體、推特、新聞機構所面對的競爭壓力。而且他們還知道如何運用這些郵件，所以才會一天流出一點來，因為只要一有新的情報披露，記者們就會惡虎撲羊般衝上去搶。」[54]

幾乎沒人注意到強森和克雷帕的聲明，原因之一是因為俄國下一波行動搶了版面，也就是維基解密上披露的故事，另一方面則是因為《前進好萊塢》影集的錄音帶。克雷帕說：「比起來我們的訊息完全不吸睛。」強森則覺得很失望的說，該則聲明「都被排在次要新聞欄位」，因為記者「都在報導跟性、慾、美食有關的新聞。」[55]川普陣營的人則都完全沒空理會這聲明。史提夫・班農說：「要是《前進好萊塢》的錄音沒有外流的話，聲明可能就會吸引更多注意吧，比利・布希那份錄音實在太引人注意了，我連同一天波德斯塔的電子郵件被人外流的事件都不記得。」[56]

一個半禮拜之後，最後一場總統辯論會舉行，辯論會主持人克里斯・沃里斯（Chris Wallace）

問希拉蕊，關於她之前曾在一次付費演講中，提到「開放邊界」的事，這場演講是在講「我們從維基解密學到的事」。希拉蕊聞言立刻引用了強森和克雷帕這份聲明，並強調沃利斯遺漏了一個重點：幕後的主謀並非維基解密，俄國才是。但是，沃里斯想講的並不是誰把這些郵件外流，而是郵件的內容。川普於是見獵心喜立刻接話說：「她才在說要開放邊界，怎麼一下子跳成在講這個？怎麼會一下跳到普丁身上？」他先這麼反擊，接著就切入話題，開始質疑十月七日那份聲明的真實性。他說：「她根本不知道是俄國、中國或是誰才是幕後黑手。」[57]川普這虛晃一招，成功讓大家轉移了對俄國的注意，到選舉結束前再沒人提俄國。強森說：「一直到十二月大選結束後，主流的新聞才發現說：『天啊，俄國人干預了。』」他對此頗有微詞道：「我們早在兩個月前就告訴你們了。」[58]

但歐巴馬政府也一樣，他們作了一些決定，影響到這份聲明，讓其未能及時喚醒民眾的注意和警戒。首先，是未揭露在聲明的部份。美國情報單位一直到選後，才公開揭露這場複雜的干預大選行動的幕後指使者是普丁，而他的目的則是要美國擴大分裂、傷害希拉蕊選情、暗助川普。歐巴馬任內第一位國家情報總監丹尼斯．布萊爾（Dennis Blair）就說：「我第一個想到的是，應該更早公布消息並有所反應，也應該讓美國民眾知道所有已知情報，並告知我方有何反應。」但布萊爾不懂的是：「最怪的是，敵在暗我在明，他們幹什麼他們清楚，但我們的民眾卻不清楚。我們幹嘛瞞著自己人？」他也說，如果白宮一開始就揭露俄國的行動底細的話，「對美國會比較好。」他說：「我們應該要讓對方付出代價，也應該讓人民得到更充足的資訊，心裡有個底，沒做到這些真的算是我們為政者失職。」[59]

但其實，這則聲明中最主要的部份，也就是民主黨全國委員會電郵外流案幕後主使者是克里姆林宮一事，早就已經在媒體間流傳。柯米日後寫道：「其實政府在十月發出的聲明，對大眾對此事的認知，只是聊備一格罷了。」[60]歐巴馬同時也一直等到十月，才把自己團隊已經知情長達數個月的情資對大眾揭露。強森說：「因為面對的是前所未見的狀況，所以我們也很掙扎。」他為聲明時間這麼晚說話。他說：「對於該不該揭露此事，事關重大，像是會不會讓消息來源和管道曝光？會不會因此讓川普撿到槍，讓他找到攻擊的點？會不會稱了俄方的意？我只能說，我很慶幸是在那時候發表了聲明，而不是在十一月七日。」[61]

另外歐巴馬也決定不由他親自發表這份聲明。他將這份工作交付給強森和克雷帕，同樣的想法，之前他也曾想要讓萊德、裴洛西、麥康納和萊恩來代他發表聲明。到這地步，歐巴馬的親信都拼命想幫他講話，丹尼斯．麥唐納說：「我是有聽到有人認為，當初要是由總統親自發表聲明，而非由國家情報總監和國土安全部部長來代勞的話，那可能會有更多記者有興趣報導。但我覺得這是鬼扯，記者的工作就只是要報導，誰來發表聲明有差嗎？」[62]

歐巴馬面對了這種前所未見的國安威脅，但是想出來的每一步棋都沒辦法好好走。十月七日的聲明沒人報導。麥康納又把原本國會擬的聲明改得四不像。州立選務官員則對華府的意圖抱持疑慮。還好，國土安全部主動和各州直接接觸後，終於有了進展。投票日前，有三十三個州的選務辦公室與三十六個地方選務辦公室，都願意讓國土安全部來為他們檢查投票系統的安全狀態。[63]但這樣的進展雖然正面，卻還是不夠。還是有些州拒絕配合。CBS電視台在十月二十八日就報導：「在選前，有些州拒絕聯邦協助對抗駭客。」並列舉十多個州到當時都還沒有接受國土安全部協助，這包括了新罕布夏、喬治亞和密西根等州。[64]

而普丁這邊，儘管歐巴馬已經給他下了通牒，他可一點也沒有要退縮的意思。瑟雷斯特・沃蘭德說，俄國在美國選務基礎設施中動手腳的行動，整個十月都沒有停過。到了十一月初，俄國軍事情報局寄了惡意電子郵件給超過一百二十位佛羅里達州的選務官員，目的是要藉此駭進他們的電腦中。聯邦調查局之後的調查就發現，佛州至少有兩個郡的網路，被俄國軍事情報局成功滲透，因此選民登記資料全都曝了光。[65]大選前不久，麥可・丹尼爾苦無對策只好使出殺手鐧，直接用網路安全熱線打給莫斯科當局，要他們「別再動腦筋」想要「掃描並滲透到美國的選民登記資料庫」。不到四十八小時，俄國政府的對等官員就回電了。丹尼爾說：「不過是典型的俄國官腔，只會說，收到，需要更多資訊。」[66]

到了投票當日，美國情報單位依然認為，俄方的駭客只要高層一下令，一定會篡改選民資料，甚至更改投票數字。[67]

一切就等普丁一聲令下了。

第十一章 投票日

二〇一六年十二月八日當天，一早傑．強森醒來，整個腦袋都在想俄國的事。之前他已經下令，要國土安全部成立危機應對中心，以防俄方情報人員破壞選舉過程。當筆者詢問他，成立這個秘密小隊是由誰下令時，他解釋道：「這決定是我下的。」其目的是要提供「快速的網路協助」給各州，以防萬一「投票日當天出現網路入侵的情形，或者是在票數的回報上出現錯誤。」在這之前好幾個月的時間裡，強森一直在想辦法補強美國投票設施的防護系統。他這些補強做法，的確有一些成果，但最終還是沒能成功。選務系統依然很多漏洞。因此強森在最後關頭改變作風，從原本的防範網路攻擊，改變成要與網路攻擊正面對決。[1]

暗地裡，歐巴馬政府一直在等著投票日當天會發生的網路攻擊事件。緊急計劃也都已經擬好上路了。艾美．波普說：「每個人都作了最壞的打算。」這包括了成立「一個危機小組，一個非常大型的團隊，準備要和俄國攻擊正面對決。」她說：「這個警戒的層級非常高，所以大家都嚴陣以待。」[2]

位居在整個緊急團隊核心，擔任調派的則是白宮本身。麥可・丹尼爾說：「其實我們在白宮設立了一整支的危機小組。」還有「常設的國家安全部門」待命中。丹尼爾當時並沒有找到證據，可以證明俄方情報單位還在美國的選民登記資料庫，但從夏天開始以來一直偵測得到有外界入侵的跡象來判斷，應該還在，何況，華府本身並沒有太多管道，可以去偵察選務系統的安全性，所以也無從證明沒有。隨著當天選民持續進行投票，丹尼爾也不斷向蘇珊・萊絲和莉莎・摩納可更新最新狀況，再由她們兩位向歐巴馬報告。萊絲說：「我們一直都有密切在觀察，不只是投票當天而已，在選前就一直這樣做，觀察是否有證據，可以證明俄方在投票電腦上動票數的手腳，或是在票數上造假或灌票的行為，不論是投票當日或是之前。」當筆者詢問她有關危機小組的事，她說：「這是一定要成立的，有其必要。」[3]

而另一方面，普丁則在別處暗示了，美國大選來到時，他一定會鬧事。美國情報單位很清楚當初烏克蘭大選時，俄國駭客破壞了該國的選務系統，同樣的情形也出現在黑山（蒙特內哥羅），選舉當晚的政變，就是由俄國情報單位策動的。[4]所以，在投票當天，普丁絕對有可能會將對美行動升級，好好大鬧一場。

歐巴馬的國防安全官員都很清楚，美國其實漏洞百出。約翰・布萊南就說：「俄方可以動手腳的地方很多，最過份的像是選民登記名單。甚至連記票票數都可以篡改。」白宮也認為「很有可能」，艾美．波普說，選舉當天「一定會有實際對於投票紀錄和投票系統的外界干預行動。」在傑．強森眼中，最擔心的情形包括了「關鍵選區如邁阿密—戴德（Miami-Dade）、戴通（Dayton）、俄亥俄、密西根州的關鍵選區、威斯康辛州的關鍵選區，以及賓州的關鍵選區等，他們的資料會被篡改。」[5]

白宮最擔心的是，俄國駭客會在選民登記資料庫上動手腳。這可以讓選民來到投票所後，看到自己上面所登記的地址是錯的，或是自己的姓名不在上面。莉莎．摩納可說：「要是這樣的情形大規模出現，那問題真的就大條了。一定會造成選民投票秩序大亂。」當美國人連投票都出現問題，接著一定會跟著出現嚴重的驚慌失措和混淆，然後新聞報導就會說成選舉舞弊了。這時網路專家就會猜測一定是俄國搞的鬼，但到這時候都無濟於事了，因為川普一定會有別的話說。艾維瑞爾．海恩斯說：「真正會發生的狀況可能是，俄方只動到一小部份的選票，例如說，改了某些選民的登記地址，讓他們到時候投票遇到困難，因此讓這些人對美國選舉制度的信心產生動搖。」[6]

當時公開民調顯示的是川普會落選。到了選舉當天，《紐約時報》所追蹤的六個預測，分別認為希拉蕊勝選的機率為七成一、八成五、八成九、九成二、九成八，甚至高於九成九。[7]川普則表示他絕不會乖乖認輸的。在第三場總統辯論會上，他質疑過選民登記資料庫的安全性。他說：「如果你去翻選民登記清冊，就會看到裡頭上百萬人⋯根本就不符合投票資格。」針對有人問他，如果希拉蕊勝選，他是否會承認敗選的問題，他也不置可否。他說：「到時候我再跟你說，現在先賣個關子。」[8]

在歐巴馬團隊的眼中，川普很顯然會在一旦選輸後，就指控選舉不公。所以要是傳出選務系統被網路攻擊這種事的話，那更會坐實他的指控。情勢已經夠亂的，丹尼斯．麥唐納說：「為因應形勢，執法部門已經在針對緊急事件，像是政局不穩定或暴力事件，構思因應策略。」[9]特別有一份危機處理計劃，是針對這個可能性去研擬的。波普說：「比較合理的假設是，希拉蕊應該會贏，而川普則會去煽動人民進行暴力手段，指控系統被人動了手腳。」所以「也特別針對暴動和相關的情形作了計劃。」波普又說：「我們預料的狀況是，這個人凡事不按牌理出牌，要是事態發展正合他的構想，他就會善加利用，藉機指控選舉過程出現弊端，刻意不利於他。」[10]

另一方面，美國情報單位也在追查，美國大選後，俄國在打什麼主意。秘密干預大選的行動，很少會在特定一次投票之後就嘎然而止的。克雷帕說：「俄方早就已經改弦更張，他們早就在朝希拉蕊勝選的可能性盤算，所以早就集中全力在設法想破壞她當選的合法性。」[11]

而根據內部情報，俄國行動的下一階段會在大選後開始。首先，莫斯科會先讓大家知道，美國選民資料被人篡改過的事，這樣可以讓川普指控大選不公的說法獲得證實。接著，俄國會流出足以傷害希拉蕊的情報，而且這些情報是中情局早已知道被克里姆林宮竊走，但還沒有外洩的。布萊南說：「俄方預料希拉蕊會成為美國總統，因此他們想準備好可以攻擊的武器，好在她任內發動攻擊。」他的意思是，俄方掌握了一些情報素材，一直沒有對外發布。傷害候選人是一回事，但是等某人當上美國總統後，不斷地傷害他，甚至在什麼重大聚會的前一晚發布出來，那就是另一回事了，因此才會沒把所有情資都在選舉時派上用場。布萊南不願意說是哪些情報。希拉蕊在一次訪談時說過，她不知道俄方掌握了不利於她的情資，也不相信有這些東西。[12]

瑟雷斯特．沃蘭德也說：俄國方面的確在美國「偷到很多情資，但至今都還未公布的。」而這些情資很多都是有關希拉蕊打算派任在她執政團隊中的人。但同時，他們也「從共和黨那邊偷了很多有傷害力的情資，適當時候也可以派上用場。」[13]

但後來，美國這邊所擔憂的這些事，沒有一件真的發生。所有那些相關資料被竊走的人，都沒有被散播私人不利消息到網路上去。甚至連白宮以為理所當然的事，也就是希拉蕊會當選的預測，也完全走樣了。雖然總得票數是川普輸了將近三百萬票，但是他卻在關鍵的三個搖擺州，以僅有八千票的些微差距領先希拉蕊，這讓他在選舉人團投票上獲勝。[14]歐巴馬的主要顧問團隊，其中許多人都說希拉蕊在選前始終領先的選情，影響了他們的決策，看到結果出爐全都驚呆了。克雷帕就說：「這對我個人是很震驚的事，原來我和美國中部民情這麼脫節。」[15]

參院少數黨領導人哈利．萊德在二〇一六年時，為了找出川普勝選的原因，曾指出俄方的行動，一定有很多至今未被查出。但是，就算是中情局、格別烏，或是東德國安局在冷戰時期所進行的秘密干預他國大選的行動，也是要等數十年後才為世所知。俄國軍事情報局的檔案至今沒有公布，而普丁核心顧問群也沒有人開口說話。萊德相信，一旦這些人願意說出內情，那美國人就可以知道，二〇一六年大選投票日當天，的確發生了網路攻擊事件。俄國駭客的確暗中更改了選舉票數。他說：「我覺得這次選舉之所以大出眾人意料之外，就是因為有俄國人在操縱選票，就是這麼簡單。」萊德還進一步強調說，他目前僅有的證據，就是傑．強森和其他人在選前，對於美國選務系統曝露弱點的事那麼緊張。他說：「這不用什麼專家來分析也知道，只要更動幾張選票，就可以讓選舉結果全面翻盤。所以我對這說法毫不懷疑。」[16]

歐巴馬的最高顧問團不認同萊德的說法，但是有個但書：那就是他們也無法完全排除有這可能性。詹姆斯．克雷帕說：「我們並沒有看到有干預選票的證據，但這不表示這件事沒有發生，我們只是沒有看到證據而已。」蘇珊．萊絲則說，她沒有看到有證據顯示，俄方「成功地篡改了選票或是選民資料庫。」丹尼斯．麥唐納則說：「到目前為止，我們最好的情報都指出，我們選出的總統，是在自由意志下選出的。」[17]或許，萊德的說法最終會被證明是正確的，但反過來，也可能是他個人主觀想要相信這個說法，歐巴馬總統也是這樣相信的。

大選過後，歐巴馬總統整個人陷入了超現實的狀態。他原本預期會發生的網路攻擊事件，竟然沒有發生，但普丁所青睞的候選人的確是當選了。在他卸任前的一次訪談中，他也說自己沒有意識到，網際網路讓美國人民受到外國勢力的操弄有多嚴重。歐巴馬說：「我低估了其程度，在這個資訊時代，假訊息、網路駭客行動等等，對於我們開放社會、開放系統的衝擊，是足以用蠶食鯨吞的速度，慢慢侵蝕我們民主社會的典章制度，而且其速度正在加快中。」[18]

＊＊＊＊

美國選務基礎設施有弱點一事太過顯眼，讓歐巴馬的決策過程顧此失彼。俄國諸多攻擊行動的其中一個面相，也就是入侵各州選務系統這件事，讓歐巴馬中了調虎離山，忽略了另外兩個方向的攻擊：偷竊並外流電子郵件，以及操縱社群媒體上的風向。維多利亞．紐蘭德說：「他們全神貫注在那方面。」她說，因為疑心俄方會篡改選票，讓歐巴馬的核心團隊全都中了調虎離山之計。她說：「她們完全忽略了我們知道的其他有效管道：影響選情、改變輿論風向。」[19]

歐巴馬一心一意都在設法阻止實質攻擊，對普丁操縱選民想法卻完全沒加以防範。瑟雷斯特．沃蘭德說，歐巴馬政府裡的高階官員都「太過自滿」，覺得像是將竊來的電子郵件外流這種事，對於選舉結果「發揮不了作用。」她說：「要說服人把這類行動當一回事，瞭解其嚴重性，比登天還難。」吉姆．柯米同樣也感覺到，歐巴馬不信俄國操弄選民想法能影響選情。他在回憶錄中提到：「歐巴馬似乎覺得，如果俄國方行動沒啥作用，又何必冒險動搖選民對選舉的信心。」艾維瑞爾．海恩斯也說，總統的高級顧問有些對此說法也認同。她說：「老實說，當時我們真的沒現在看的那麼清楚，不知道俄國人打的是什麼盤算，也不知道他們可以發揮多大的影響。」[20]

美國過去長期干預他國大選，但卻忘了從經驗中學到教訓：秘密干預他國大選這種事，很少真的會去篡改對方選票數字，較常的做法是，改變選民的想法。這個教訓前一代的美國政策制定人都從經驗裡學到過。一九四八年時，中情局不就讓數百萬美籍義人給家鄉義大利親人寄信，要他們別投給義共嗎？一九六四年時，再笨的白宮顧問，都不會建議你在選舉中實際動手腳，藉此來干預大選。畢竟，在當時，中情局才剛在智利策動了一場大型的選戰，來對付薩爾瓦多．阿葉德。在當時信件、海報、手冊、文章、造勢活動都可以用來左右民意，而在二〇一六年的現在，則又加進了推特推文和偷竊的電子郵件。萊絲就說：「毫無疑問，隨著網際網路的問世，新的攻擊手法也出現了，這不僅僅是可以為俄羅斯所用，大家都可以用得上。」[21]

不管這是不是普丁的用意所在，但是放出要篡改選票數字的風聲這招，的確讓歐巴馬被調虎離山。布萊南說：「為什麼他們後來決定不做了？或許他們壓根就沒打算這麼做過。」他指的是，後來始終沒有發生的網路攻擊選務系統的事，但他還是堅稱，俄國方面的確是「有打算」要用「比較強烈的手段」干預美國大選，只是後來「選擇」行動不要上升到這程度。約翰．波德斯塔說：「我不確定我們嚇阻了他們多少，或是說究竟有沒有嚇阻到，我們送出的嚇阻訊息，真的有奏效嗎？」波德斯塔身為歐巴馬的顧問，他說總統和身邊的高階顧問，「都誤判情勢」，把注意力都放在選票會被篡改的攻擊上，他說這是對俄方行動「非常狹隘」的判斷。波德斯塔說：「他們把所有的精力都放在那方面，而對俄國的警告也朝那方向去進行。……他們就朝俄方會直接干預的假設去預防，卻沒有防到對方會進行間接干預的手段。我想這就是誤判情勢。」[22]

歐巴馬未能及時正視的俄方威脅之一，和波德斯塔本人有切身關係：那就是竊走他的電子郵件並外流的事件。俄方這方面的行動利用了民主國家一個極為重要的特質來攻擊它自己，那就是出版自由，俄方將竊來的波德斯塔私人電子郵件洩漏給新聞記者，因為他們知道這些東西會是新聞記者有興趣報導的。《時代》（Time）雜誌駐白宮特派員柴克．米勒（Zeke Miller）就說：「怪到記者頭上很容易，⋯但這些電子郵件本身真的很有報導價值。」但其價值主要在於「揭露謎一般大黨總統競選陣營的內部運作，讓大家看到總統候選人心裡在想什麼，還有她身邊的人在想什麼⋯以及他們對於事情直接沒有修飾的看法等等。」《華盛頓郵報》記者菲利普．洛克（Philip Rucker）也同樣認為，波德斯塔和民主黨全國委員會電子郵件外流案，其之所以值得報導，就在於內容都不是假造，且讓大家看到了權力大黨內部的情形。洛克就說：「要是再重來一遍，我們還是一樣會刊出這些郵件。⋯但是報導方式應該會比較不那麼聳動和精彩⋯但是，有報導價值的新聞，我們當記者的是不可能不公諸於世的。」[23]

不容爭議的是，媒體的確很熱烈地爭相報導了這些被竊的郵件，這些郵件也在選戰勝負最關鍵的時刻，讓選民都看進心坎裡去了。通訊專家凱瑟琳．霍爾．傑米森（Kathleen Hall Jamieson）就寫道：這些電子郵件「影響了媒體報導的方向，讓川普罵起對手來更理直氣壯」而且「也在新聞媒體心中種下反希拉蕊的心態和立場。」[24]像《紐約時報》就足足刊了九則有關波德斯塔電郵的新聞，標題都是些像「希拉蕊陣營電郵精選：怎麼對付拜登和桑德斯」之類的。但這些標題，從來沒有提到俄國，部份原因是因為歐巴馬政府到這階段，都還沒有證實這是莫斯科當局在幕後操作的，另一原因則是因為這種揭發內幕的消息，本來就比較容易吸引讀者注意。[25]當時擔任《華爾街日報》（The Wall Street Jounal）國家安全相關題材記者的保羅・宋恩（Paul Sonne）提到這些電郵時就說：「人性本來就喜歡看真相，而對中介者較沒興趣；喜歡訊息本書，而對媒介較沒興趣。」[26]外國政策專家則全都氣壞了。瑟雷斯特・沃蘭德就說：「《紐約時報》根本就是淪為俄國行動的無知打手⋯他們成了克里姆林宮的陰謀工具，平白被人利用了。」[27]在二〇一六年十二月問世的一份報導中，三位資深《紐約時報》記者全都承認：「每一家大報，《紐約時報》也不例外，舉凡引用了由維基解密所洩漏的民主黨全國委員會和波德斯塔電郵的，莫不成為俄國情報單位有實無名、無知的傀儡。」[28]

約翰・波德斯塔和史提夫・班農，這兩人分別是希拉蕊和川普陣營的選戰參盤手，他們對於此電郵事件至少有一樣事情看法是一致的：媒體對於波德斯塔電郵案的關注度太過度。波德斯塔就說，新聞記者「對新聞採訪和民主題材的態度，就跟BuszzFeed網站靠標題騙點閱一樣，都圖方便現成」，他們對於他的電子郵件外流事件「過度的著迷」了。他說：「他們喜歡知名人物的內幕新聞，但換作同樣東西如果是普通人在街上說的話，對他們就一點吸引力都沒有。」班農也覺得電郵的內容無足輕重。他說：「那些電子郵件剛被流出來時，可以看出就是有人在自己辦公室裡抱怨的內容。到現在，還有人記得這些波德斯塔電郵的內容嗎？」這是他在二〇一九年九月說的話。但是，班農又說，記者當年報導這些電郵的瘋狂程度，就好像是世界末日快到了一樣。[29]

* * * *

但在俄國人眼中，這次外流郵件的事件，實在是成效斐然。相對之下，幾乎沒花多少成本，就達到這麼好的效果。七月第一次透過維基解密的電郵外流，在民主黨製造了混亂和分裂；之後十月和十一月初第二次的電郵外流，則將希拉蕊在銀行的付費演說聽譯稿外流，成為媒體不斷報導的對象，讓她身邊的核心人士全都亂了陣腳。

希拉蕊首席數位策略顧問泰迪・喬夫（Teddy Geoff）就說：「這是我畢生最糟的兩年中，最糟的一個月。」他指的就是十月七日到十一月七日這段期間，維基解密在這段期間共發布了三十三批遭竊電郵。他說：「這件事對心理造成的影響，不可謂不大。維基解密刻意配合報社資深編輯發稿的速度，就是每天發一批，有些天則是一天兩份。而我們這些郵件被竊的人，除了要面對已經被揭露的郵件外，還要擔心『明天還會有哪些關於我同事的郵件要被披露，還有我們私下怎麼批評彼此的事要被披露？』」[30]對波德斯塔而言，十月這個月完全就是敵暗我明，而他的電子郵件收件匣則成了公眾話題的焦點。他說：「不過，這還不止，還有另一種效應，對他才是最痛苦、最難自處的。」那就是他這些通信內容竟然衍生了「一整個假新聞的世界，每一則都自稱是郵件證實或提到過的，但其實都是子虛烏有的杜撰。」[31]

俄國之所以會竊走並公布這些電子郵件，是因為他們有過去的經驗作基礎。一九七六年時，格別烏曾經偽造過聯邦調查局的檔案，再將之寄給美國的報社，這個檔案號稱是亨利．傑克森參議員的私生活醜聞。但是，當時的記者大人擔任了消息守門員的角色，決定不加以刊登，所以那次俄國的行動並沒有成功。到了二〇一六年這次，俄方的作法則不是偽造單一文件。而是真的偷走上萬封電子郵件。而且他選擇不將之寄給報社，而是將之貼上網。《紐約時報》的首席白宮特派記者彼得．貝克（Peter Baker）就說：「今天的媒體世界，我們不再能擔任以前守門員過濾者的角色了。」

蘇聯的極權心態，沒有私有的概念，所以所有的東西都是國有的，而這個想法竟然在美國有辦法存在。菲利普．洛克就說：「這成了窺探隱私與秘密的破口。以約翰．波德斯塔的例子而言，犧牲的是他個人的隱私和私人空間，大家才能讀到那些電子郵件，但郵件一旦公開，像被維基解密公布，就變成很有新聞價值，若不報導則有虧職守。」[32]

* * * *

另外，還有社群媒體。除了電子郵件外，美國情報單位還有一個重大的疏漏：未能查覺俄國全面性操作臉書和推特等平台。詹姆斯．克雷帕就說：「俄方在社群媒體上撲天蓋地的行徑，我們當時只知其一，不知其二。…我完全不知道他們行動規模之巨大。」[33]有少數幾位記者，在當時追蹤了俄國的海外秘密行動，而他們所做的預測，就超越了美國政府的能耐。二〇一六年七月，安．艾波鮑姆就已經在她的報導中提到「有一群網站和假推特帳號，都是來自俄國」卻「非常積極地在支持川普，並且在網路上興風作浪製造不安和恐慌。」[34]但同時間，華府的注意力卻都在別處。麥可．丹尼爾現在是非營利組織「網路威脅聯盟」（Cyber Threat Alliance）的領導人，他就說，儘管當時已經出現警訊，但美國國家安全單位卻「很少花精神」去「瞭解俄國在社群媒體上干預的規模和程度」。二〇一六年十月間，聯邦調查局反情報部聘請外包單位，調查俄國在推特進行的宣傳工作，卻不是用其自家的人力來進行這項任務。[35]

而且，輕忽俄方威脅的人還不只有聯邦調查局。二〇一六年時擔任中情局副局長的大衛．柯恩，在接受筆者訪談時，回憶到他和同僚選前所作的幾項決定時，就盯著他律師事務所的天花板看。他坦承，美國情報單位沒有朝大處看。他說：「我們當時實在就該料到，我們所看到的，就跟大部份情報工作常態一樣，都只會看到冰山的一角。」柯恩的頂頭上司，約翰．布萊南也說，當特別顧問調查案（Special Counsel）的羅伯．穆勒（Robert Mueller）控告一個俄國機關操作美國社群媒體的環境時，他對穆勒小組所查到的資料多半不知情。他說：「很多正在發生的事我知情，但其細節我都不知情，我也不知道俄方究竟作了多少事。」[36]

歐巴馬在獲知這些下面遞交的情報後，也只是單純就俄國在竊取電子郵件和外流的事件，以及窺探美方投票系統的行動上作了回應處理，卻不明白俄方其實也在透過社群媒體，正在暗地裡影響著數百萬美國人民的想法。麥可・莫瑞爾就稱這樣的疏忽是「情報工作的挫敗」，而且對那些二〇一六年還在美國政府任職的情報單位同事說同樣的重話。他對他們說：「俄國人在俄國搞這些東西，你們卻完全沒有查覺到，也沒有線人、間諜，或是技術性的滲透到克里姆林宮，也沒有滲透到在幹這些事的機構，結果你們完全無法告訴總統對方在幹這些事。」二〇一六年時擔任國防情報局副局長的道格拉斯・魏斯也同意莫瑞爾的看法。他說：「這是美國情報單位制度上的大缺失，竟然無法預測到俄國會去運用社群媒體的龐大優勢作為工具。而這也是我作為領導人個人的缺失。」前中情局局長里昂・潘內達就說，美國情報單位展現了「真正對於俄方能力的誤判」，不僅是在社群媒體上，也在對方意圖上整體的誤判。他說：二〇一六年時「沒有人預料到俄方竟然會費了這麼大的精神，而這無疑是我方情報單位的一大失誤，因為他們的職責本來應該是要保護我們。」[37]

一直到二〇一六年十二月，歐巴馬總統下令，要進行跨部會的檢討，瞭解俄方行動後，他的專家小組才開始瞭解到自己沒提防到哪些事。維多利亞・紐蘭德就說：「在十二月一次的檢查中，我們發現原來事情遠超過我和瑟雷斯特所預測的，而之前在夏天時，我們兩個還被人認為是疑神疑鬼的瘋子。」[38]這之後，美國情報機關才給聯邦官員發表了機密檢討報告，討論關於俄國行動的事，同時，他們也發表一份沒有機密層級的報告給一般平民。布萊南在這份報告上的結論，跟他在八月時向國會領導人報告的一樣。普丁指揮了一項秘密的外國大選干預行動，暗助川普、傷害希拉蕊，並且分化了美國。[39]

十二月底時，歐巴馬按照原定計劃，宣布要在外交和經濟上反制俄國。[40]但現在他身邊的顧問都告訴他，這些報復性手段為時已晚，也不夠激烈。沃蘭德說：「我認為我們做的事，都無法嚇阻對方，讓他們未來不採取行動。」莫瑞爾則說：「我們這樣，並未能讓克林姆林宮為這種干預行動，付出相對應的同等代價，歐巴馬所做的報復，遠遠低於他們對我們所做的，要是我是普丁，那我會覺得美國這樣好像只是拍了我的手一下，小示警告。」就連海恩斯都說總統在他任期尾聲，不願意給俄國更嚴厲的制裁，部份原因是因為川普上任後，還是會取消。她說：「當時大家特別有提到的一件事就是，要是我們進行強力制裁行動，那下一任總統一上任，就有理由，可以把所有制裁取消，畢竟他們本來就很明顯不想要嚴厲地反制俄國的不法行徑。」[41]

歐巴馬團隊其實還發掘了更多俄方行動的細節，但很多至今都沒有公開。詹姆斯．克雷帕就說：「俄國人的行動我們只探及皮毛而已，那之後慢慢才有更多浮上檯面。」隨著新的情報浮現，許多歐巴馬的前顧問都轉而認為，當初美國應該要提前在二〇一六年夏天，就給予俄國報復行動。克雷帕現在就比較「傾向」歐巴馬可以在選前就把十二月的反制行動提前發動。東尼．布林肯則補充道：「如果當初知道的有現在這麼多，那我們真的絕對應該要更早、也更嚴厲的反制。」二〇一六年時的財政部副部長莎拉．布魯姆．拉斯金則說，現在回頭看，歐巴馬在十二月所作的制裁行動，相對於俄國行動的嚴重性來，簡直是「小巫見大巫」。她說：「從一個角度來看，保護我們的時間應該是在選前，」尤其是，如果白宮內部可以更完整瞭解到俄國在社群媒體行動規模的話。她說：「這會是較佳的時間點，可以拉高制裁的手段，來讓普丁的操縱行動付出更高的代價。」其他官員也遺憾當初因為政治考量而影響了政策方向。時任國務院參謀長的強・費納就說：「選舉的結果是那麼難以預期、充滿了未知數，不應該以此來決定政策的。」他也認為「應該更早就進行更嚴厲的制裁。」他並說：「換作是我，會以國家利益為考量，並以國家安全為考量來下決定，從這個角度來看，那應該是要向人民公開這件事，讓他們清楚知道事情的發展，並且也要讓俄國嚐到非常痛苦的後果。我們後來是有做到這一步，但太遲了。」[42]

這時，歐巴馬已經在進行卸任的準備。但首先，他發出警告，把自己數月前低估的威脅告訴大家：有外國勢力在操縱美國選民的想法，其方法非常新且強大，用的是網路的方式。私底下他也敦促臉書創辦人馬克・祖克柏（Mark Zuckerberg），請他要對付假新聞。[43]在接受ＡＢＣ電視台專訪時，他也示警說：「要是大家不小心提防，外國意見就有可能會在美國的政治討論場域中佔有一席之地，這樣的影響力在十年、二十年，或三十年前是不可能會出現的。」[44]過去數月間，白宮把精神都花在保護美國選舉基礎設施上。現在，歐巴馬終於承認，美國的資訊空間，也需要被保護。但卻已經慢了一步。俄國的宣傳攻勢已經觸及數百萬美國選民了。而其所造成的傷害，已經無可彌補了，此點筆者稍後談到。

第十二章　社群媒體

二〇一四年六月間，兩位俄國平民雅莉珊卓・克里洛娃（Aleksandra Krylova）和安娜・波格契娃（Anna Bogacheva）抵達美國。兩人都攜帶了預付卡手機，用完門號即丟，也擬好緊急撤離計劃、帶上照相機，兩人在全美待了二十二天，旅行足跡遍及德州到加州再到紐約等九州。之後兩人返回俄國，並將旅途上所蒐集到的情資一一呈報上去。克里洛娃和波格契娃兩人不是一般的旅客。她們前往美國是肩負著情報任務而去：要為美國即將來到的大選，提供俄國秘密任務所需的基本情資。[1]

克里洛娃和波格契娃受僱於網路研究局（Internet Research Agency），這是一家座落於聖彼得堡、專門進行資訊情報戰的中心。該局是由一名和普丁關係極好的俄國政界高層所成立，成立目的就是要在社群媒體上作宣傳攻勢。在克里洛娃和波格契娃前往美國之前，俄國網路研究局就已經先啟動了「翻譯者計劃」，以美國收視群為目標進行攻擊。該局的專家們會開設臉書專頁、推特帳號、Instagram上的偽裝帳號等等，再上傳各種生活近照，讓人以為是道地美國人的個人頁面。在二〇一六年秋天以前，該局每個月的經費高達一百二十五萬美金，其翻譯者計劃更聘用了超過八十名專職的僱員。[2]克里姆林宮官方這個單位，發展出檯面下的對美活動，而且是由俄國本地來直接發號施令。

美國情報單位都忽視了俄國網路研究局的活動。而臉書也同樣被矇在鼓裡。亞力士・史塔摩斯（Alex Stamos）這位電腦科學家，他在二〇一五年成為臉書的首席安全主管。三年後他離開臉書時，卻滿心遺憾。他對筆者說：「老實跟你說：臉書搞砸了。我搞砸了。」二〇一六年大選前，因為史塔摩斯團隊的輕忽，他們未能及時調查俄國網路研究局的行動。他說：「二〇一六年時，我們對俄國網路研究局一無所知，沒有人對它有一知半解。誰都不知道。」[3]

但其實在當時早就已經有跡象可循。二〇一四年和二〇一五年時，有十幾位記者揭露了一份有關俄國網路研究局的內部文件。這群記者當時就已經勾勒出一幅讓人擔憂的景象：在一個秘密的工廠中，數百人分別以各種虛構的網路身份、在網路上散發政治宣傳，用以影響俄國、烏克蘭以及美國人民的想法和意見。[4]當時史塔摩斯的團隊看了這份報導後，「的確動手關閉了幾個帳號和貼文」。但他說，這份報導的調查只有這麼多。他說：「之後就沒有人特別成立一個團隊，針對此事來追蹤調查，而照理應該是由我們來成立的。」記者通常就是會針對不同題材報導。[5]在中情局內部，二〇一五年負責主管俄國情報的史提芬・霍爾，他就說俄國網路研究局的存在並不是什麼秘密，所以他也不以為意，以為這沒什麼大不了的。他說：「看到媒體公然討論該局的存在，對我而言似乎就表示，這沒什麼好不可告人的。但是，沒想到俄國人比我們想的還要大膽，他們一點也不怕被發現。而且手段也更激進。」[6]

二〇一六年開始，史塔摩斯慢慢覺得放心多了。他記得自己的團隊都已經掌握了俄國軍情局所管理的那些帳號，也知道這些帳號在民主黨高層人員的私人臉書帳號裡蠢蠢欲動。[7]他說：「一個我們知道是俄國軍情局所屬的帳號，就在那裡進行情蒐工作，那天是星期二。每個禮拜我們都要處理三、四個類似事件，所以我們就跟聯邦調查局報案了。」他又說：「但是他們卻沒有任何回覆。」[8]而他們又不可能把俄國軍情局的行動公諸大眾，因為這會遭到強烈的回擊。「當時大家都以為希拉蕊一定會當選，所以大家就會擔心，就像當時歐巴馬主政的白宮就很明顯是這樣，我們臉書也極力想要避免，讓外界有好像我們特別偏袒希拉蕊的感覺。」就跟歐巴馬希望希拉蕊能贏，臉書的主管階級也一樣。史塔摩斯說：「管理階層幾乎每個人，除了有幾個重量級的人是例外以外，大家都有捐政治獻金給希拉蕊・柯林頓或是民主黨。」因為筆者問及外傳臉書首席執行長雪若・桑德柏格（Sheryl Sandberg）打算進入希拉蕊上任後的內閣，擔任財政部長一職，史塔摩斯就這麼回應筆者。他說：「臉書被大家老把他們和民主黨連在一起煩死了。」他說：「所以大家都極力避免被人朝這方面聯想。」筆者拿史塔摩斯的說法去問臉書二〇一八年以來的網路安全主管納森尼爾・葛來夏（Nathaniel Gleicher）時，他也證實了，該公司的確偵測到在大選前，有特定某些帳號在朝「較傳統」的族群發聲，而當時臉書的標準作法，則是會通知這些族群，並通知聯邦調查局。他說：「就是因為這樣，所以我們不會公開發表聲明，並不是像傳言說的那樣。」[9]

投票日終於到來，而川普則當上了總統。但是，俄國行動的第三條線，由俄國網路研究局所執行的任務，在美國卻始終沒有人加以重視。史塔摩斯說：「這種專業的政治宣傳成了三不管地帶，尤其是在美國大選，在美國政府這是三不管地帶，在臉書也是三不管地帶。」俄國網路研究局當時一直依普丁要求的目的製作內容，再讓這些內容漫延於臉書平台上：普丁要的就是擴大分裂、暗助川普、詆毀希拉蕊。[10]一直到二〇一七年，透過臉書內部的監控，臉書的主管才瞭解到，他們過去都輕忽了這個問題。但是，臉書內部擔心自己有黨派色彩的情形持續存在。史塔摩斯說：「臉書就是不想被人指責說是川普的助選員。」[11]為此臉書開始進入災害控管的模式。當二〇一八年六月筆者問雪若・桑德柏格，關於臉書對於俄國行動的回應處理時，她告訴筆者說：「這事我不能對外說，但是我們非常努力在改善。」[12]

目前所能取得關於俄國網路研究局所達成的任務數字，雖然不完整，但已經夠驚人的了。光是臉書，該局的訊息就觸及一億兩千六百萬美國人，並因此產生了七千六百五十萬則的回文。在推特，該局一共獲得了七千兩百萬則回文。在Instagram上，則觸及兩千萬美國人，並獲得一億八千七百萬的回應。[13]在YouTube影音平台上，該局所屬的十七個頻道共貼出將近一千一百則影片。[14]在Tumblr上，該局接觸到一千一百七十萬名美國人。除此之外，俄國網路研究局還使用了Reddit、Pinterest、Medium和LinkedIn（領英）等平台散布宣傳。[15]（俄國軍情局也同樣想透過社群媒體影響美國選民，但他的貼文相對之下沒有引起太多的迴響。）[16]

俄國網路研究局乍看可能讓人摸不著頭緒，因為有那麼多的宣傳、橫跨那麼多平台、又有那麼多意圖。本章為要闡明該局的工作及其影響，要談兩個論點。第一個是俄國透過將社群媒體改造為秘密干預大選的工具，得以更廣泛、更有效地影響美國選民的想法，遠超過當年格別烏的能耐許多。第二個觀點則是，俄國這個行動雖然看似創新，其實是以過去十幾年來的舊瓶裝上新酒，而且由此可以預測到俄國將來的意圖。俄國網路研究局的新意其實是個假象，因為這些全都是延續其過去的作法而來，只是獲得新科技的加持而已。前中情局局長波特・葛斯就說：「這其實了無新意，真正有改變的地方是平台、工具、方法，也就是資訊科技的世界。」[17]

俄國網路研究局的工作有三個點，是和過去冷戰時期俄國情報工作有共通性的：滲透新聞來源來改變閱聽人的想法、擴大社會分裂、圖利特定候選人、以及用來達成這些目的的方式。

想法

為了要形塑思想，負責行動的俄國網路人員會找出可以傳遞和操作訊息的管道。在冷戰時期，格別烏和中情局就已經在這樣做了，他們當時鎖定的是報業、廣播節目、電視台來下手。而到了二〇一六年時，俄國網路研究局也一樣是這麼做，但這時他們鎖定的對象換成社群媒體這個平台。社群媒體平台的費用很低，而使用的門檻很低，接觸閱聽對象的範圍則很廣。任何俄國人只要擁有電腦，就可以研究並且影響美國選民。美國駐聯合國大使尼基・海利（Nikki Haley）告訴筆者說：「這是新式的廉價戰爭。任何國家不管是否富有，現在都可以使用這個方式來攻擊和滲透另外一個國家。」[18]

社群媒體在美國成長的很快，一下子就成為資訊生態中很重要的一環。二〇〇三年時，臉書或推特都還沒出現，但到了二〇一六年，上千萬的美國人都在這類平台上活動，從Instagram到Pinterest到Snapchat。[19]隨著這些平台越來越受到歡迎，這些平台也有系統逐步地在蒐集用戶的個資。詹姆斯・克雷帕就說：「說來好笑，如果政府進行大規模監視，很多人都會很感冒，但比起社群媒體平台獲取用戶資訊之深入和細節，政府的作為根本就小巫見大巫。」[20]（劍橋分析公司〔Cambridge Analytica〕，是由川普陣營所聘僱的一個政治分析公司，該公司以不當手法替川普陣營獲取臉書的資料，以瞭解數百萬美國選民的個人性格和想法。）[21]

這些平台的出現，讓影響用戶行為的方式可以個別化。臉書很早就瞭解自己的平台具有這種能力。早在二〇一〇年時，該公司就給近六千萬美國臉書用戶看一則貼文，鼓勵用戶投票。研究者發現，因為這個廣告的鼓吹，多出了三十四萬人參與投票。[22]這種作法也被美國競選活動跟進效法。二〇一六年政治團體花在數位平台上的廣告總經費達到十四億美金之多，比前一年增加了七百八十九個百分比。[23]史提夫．班農也說：「我不相信電視廣告有用，現在都已經有社群媒體了。」研究顯示，社群媒體上的言論具有擴散作用，會發散到其他的訊息頻道，像是第四台新聞以及較偏激的網站上。希拉蕊競選團隊的首席數位策略負責人泰迪．喬夫（Teddy Geoff）就形容社群媒體是現代選戰的必要工具，他說：「這些平台都是非常繁複的吸睛系統，他們的企業模式就是建立在這上面。」[24]

俄國於是發起他們自己的數位選戰，完全依照他們自己規則在走。既然有三分之二美國成年人仰賴社群媒體提供他們新聞來源，就讓俄國發現了漏洞，可以藉此操縱閱聽人的想法，進而改變選舉結果。[25]普丁的顧問從那次選戰以後，就常以自己當初想出這個妙招沾沾自喜。二〇一九年二月時，普丁決策圈中的顧問烏拉迪斯拉夫．蘇可夫（Vladislav Surkov）就寫道：「當初網際網路被奉為自由言論的聖地、凡事都公開又平等，讓它因此得以在全世界大受歡迎，這時只有俄國能夠眾人皆醉而我獨醒地提出這個問題，問那些愚昧的凡人：『那請問各位在網際網路這張大網子上是什麼，是蜘蛛呢，還是被蜘蛛吃掉的蒼蠅？』而如今，每個人都急著甩鍋網路，包括最熱愛自由的官僚也不例外，還斥責臉書是助長外國勢力干預美國。」[26]

目的

俄國網路研究局所獲得的成果並不是什麼了不起的創新。其首要目的：擴大分裂，本來就是蘇聯時代在美國秘密任務的重點。冷戰時期，格別烏情報員分裂美國社會的方法，是製造仇恨犯罪和散播假情報。中情局一九八一年到一九八二年副局長巴比．殷曼就說：「格別烏長久以來就一直想在美國社會製造動亂，並破壞民主體制。但現在有了社群媒體以後，讓他們操作起來更容易了，而且方法還更直接。」美國可不是唯一遭受俄國數位顛覆的國家。二〇一〇年到二〇一八年擔任哥倫比亞總統的璜．曼紐爾．桑多士（Juan Manuel Santos），他就深受俄國行動所苦，因為俄國一直利用該國的社群媒體環境，試圖要「製造該國的分化和對立」。他說：「俄國對於破壞社會秩序的興趣，比什麼都還要大。」[27]

到二〇一四年五月時，俄國網路研究局就已經將這個長久以來的目標，當成其美國行動的一部份。據到目前為止已經攔截到且公布的通訊內容來看，俄國網路研究局當時就決定要「助長並擴大人民普遍對候選人和政治體系的不信任。」這包括要「扶植激進團體、支持對於本身社經狀態不滿意的社群平台用戶，以及反對社會運動，以便醞釀政治上的緊張氣氛。」[28]普丁自己身為退役的格別烏幹員，一直就想要削弱美國國力，好讓他能向全世界，尤其是自己國人證明，民主體制的模型是有缺失而且容易被滲透。

為了達成普丁所要的目的，俄國網路研究局利用美國社會現存的分裂和衝突。就如史塔摩斯所言：「他們一直想辦法要激化原本只有一點點偏激的美國人民。比如說，你喜歡『黑人的命也是命』運動，那我們就讓你對警察抱持敵意。你不喜歡移民嗎？那我們就抹黑你，讓你成為大惡人、恐怖、反移民的種族主義者。」[29]他們在社群網路上的很多貼文都布滿了謊言、特意設計來誤導讀者，增加點閱率竄紅。在社群媒體上，假新聞四竄。麻省理工學院的研究者就發現，推特上的假新聞報導，比起正確新聞要傳播的更快也更廣。[30]社群媒體就是散播仇恨最理想的平台。川普前國安顧問麥克邁斯特（H. R. McMaster）就告訴筆者說：「最讓人心驚的就是俄國人利用我們國內的分裂，再將之催化得更為嚴重，以致所有的族群都互相對立，藉此讓大家對於民主原則、制度和過程的不信任越來越加深。」[31]

俄國網路研究局的第二個目的其實也不陌生：就是要暗助一位總統候選人，並傷害另一位候選人，這跟過去中情局和格別烏在全世界各國的行徑沒有兩樣，也跟莫斯科當局在一九六〇年、一九六八年、一九七六年、一九八四年四次美國大選的企圖沒有兩樣。在二〇一五年七月川普剛開始競選的前幾周，俄國網路研究局就開始註冊帳號，貼出支持川普的文章，並攻擊他在共和黨的競選對手，包括泰德·克魯茲（Ted Cruz）參議員、琳賽·葛蘭（Lindsey Graham）參議員，和馬可·魯比歐（Marco Rubio）參議員，他們幾位就跟過去亨利·傑克森和雷根一樣，是俄國人想幹掉的人。俄國網路研究局在右派選民中開發了一群非常驚人的粉絲：在該局創於臉書的「愛國心噴發」（Being Patriotic）專頁上，就有六百三十萬個讚。在其「阻止入侵者」（Stop All Invaders）的專頁上，則有七十七萬三千三百零五則留言。在另一個「德州之心」（Heart of Texas）的專頁上，則有四百八十萬次分享。[32]

然而，相對的，另一邊則是普丁的敵人希拉蕊・柯林頓。二〇一六年九月，俄國網路研究局的主管批評一名員工，指責他在該局成立的「保衛邊界」（Secured Borders）專頁上，所上傳「批評希拉蕊・柯林頓的貼文數量不夠多」。這位主管下達指示道：「你務必要加強對於希拉蕊・柯林頓批評的攻勢。」[33]俄國網路研究局的專家聽從了他的指示，就散發了關於希拉蕊個人電郵伺服器、家庭基金會，以及擔任國務期任內的種種假消息。還特別在貼文中嘲弄她的為人。一則由該局所貼的臉書貼文上有一張希拉蕊的照片，一旁的文字則寫道：「希拉蕊是我們的敵人。」另一則貼文則貼出她的照片，並說：「同意的話請按讚：希拉蕊・柯林頓慣性說謊。」另一則貼文則語帶警告說：「凡是擋到希拉蕊・柯林頓路的人，她將要消滅他的自由言論權。」[34]俄國網路研究局和俄國官方出資成立的媒體平台「今日俄國」（Russia Today, RT）和「史撲尼克號火箭」（Sputnik）等，都會經常性地貼出由俄國軍情局策動的電郵外流相關新聞。凱瑟琳・霍爾・傑米森寫道：「這幾個平台之間都會分享貼文，包括維基解密的電郵發布和莫斯科支持的社群媒體內容，彼此都有連動關係。」就像過去干預他國大選歷史的作法一樣，俄國現在的行動也是明暗互相支援，公開的機制像是「今日俄國」和「史撲尼克號火箭」會助長秘密行動的聲勢。[35]

俄國網路研究局所辦的多個帳號，會用兩個方式來操控選票，一邊他會催促保守的共和黨選民如退伍軍人、基督教徒等族群要外出投票，但是卻會對一些左派偏向民主黨的選民用語言刺激，讓他們留在家裡，或者鼓勵他們去支持第三個候選人吉爾·史坦（Jill Stein）。這樣的抑制投票手法，尤其會針對美國黑人族群來下手，因為他們幾乎一面倒的都支持希拉蕊。[36]二〇一六年十月間，俄國網路研究局所開設的「黑人覺醒」（Woke Blacks）Instagram帳號，就貼出了「有人特別下大量廣告，以醜化川普，其目的要誤導大眾，讓黑人都投給『殺』拉蕊（Killary）（譯注：希拉蕊Hillary和kill的結合字，用意在醜化她，讓人覺得她很殺氣騰騰）。我們不能因為兩害相權取其輕就要投她。所以寧可乾脆不要去投票。」俄國網路研究局也不放過其他小眾團體。十一月初時，「美國穆斯林聯合組織」（United Muslims of America），這個同樣出自俄國網路研究局手筆的頁面，就貼出了一則貼文，標題是「美國穆斯林抵制今天的投票，多數的美國穆斯林選民都拒絕投給希拉蕊·柯林頓，因為她想要延續在中東對穆斯林所發動的戰爭，而且她還贊同入侵伊拉克。」[37]

俄國網路研究局更試圖要在左派民眾之間製造混亂，以不利於希拉蕊選情，尤其是要分化柏尼·桑德斯的支持者。選前不久，俄國網路研究局辦的一個推特帳號就貼文警告說：「小心了：要是你初選投給柏尼，那選舉委員會會讓你十一月八日無法投給希拉蕊。」[38]即使眼力最尖的選民，也無法判斷這些誤導人的貼文，竟是出自美國以外地區的產物。

方法

想要影響選民的想法，那第一步就是要能夠讓訊息送達。冷戰時期，格別烏和中情局要煞費苦心，才有辦法影響許多選民：這包括要出錢資助新聞刊載管道、要收買記者、散發實體的文宣，以及催促選民前去登記投票。但是觀諸當年格別烏在美國宣傳文案所能印發的有限數量，就連其自己的檔案都承認，這顯示其「很難獲得真正的迴響。」[39]但現在有了社群媒體，就給了這種企圖影響大眾的新機會。而想要達到這個目的，俄國網路研究局就要想辦法吸引讀者。

第一步就是要讓該局所建立的這些帳號，看起來都像真的美國人帳號。外國情報人員不會傻傻的讓自己被人看到，或是用自己的真實身份登錄推特帳號，還把自己來的意圖說給大家聽。既然是秘密行動，想干預他國大選，那就要使用中間人或是冒名頂替，好讓幕後的黑手不被人發現。東德年代，記者喬治·佛萊斯曼就是替東德國安局出面的人，藉此里歐·華格納才不會發現主謀。智利當年，收了錢的記者，幫中情局隱瞞了那隻黑手，不讓大眾發現。在美國，俄國則是借由網路研究局隱藏了他在幕後的黑手。史塔摩斯說：「他們行動之所以得以持續，就在於其隱瞞真實身份的能力。」[40]對於干預的主謀者，假身份或是中間人的存在很重要，沒有中間人，秘密行動就成了公開行動，外國插手大選的陰謀就曝光了。

俄國網路研究局的僱員就躲在這些數位創造的身份背後。被分派到臉書的該局專家，一個人要操作六個假帳號。但是這種工作非常耗神，真的不是人幹的。一名該局的離職僱員在二〇一五年說：「如果你每天都活在仇恨的情緒裡，那真的會把你耗盡，你會開始相信它。整天都在泥淖裡打滾的人，得要有很堅強的脾性，才能夠出淤泥而不染。」另一名該局的前僱員馬拉・明迪亞洛夫（Marat Mindiyarov）則形容在該組織工作讓人失去自我的原因所在。他在二〇一八年接受記者採訪時說：「如果你受僱於此，你的第一印象是，覺得自己好像是在工廠上班，只是你的生產線上裝備的零件換成了說謊、講假話騙人。」[41]

跟從前格別烏的幹員一樣，這些俄國網路研究局的專家，會先分析美國人說話的方式，然後就會加以模仿。其主管會告訴他們他們模仿出來的貼文是否「夠道地」。[12]當然，這樣的工作英文能力就很重要。二〇一四年十二月，時任該局僱員的明迪亞洛夫就已經先申請參加該局的美式英語譯者計劃，這份工作的酬勞待遇極好。他的入學考中有一題申論題是要他針對希拉蕊・柯林頓表達意見。他之後說：「我沒通過，因為英文要很完美才考得過。一定要讓人讀不出來你是外國人才能過。所以對於英語寫作實力的要求是非常高的。」[43]

俄國網路研究局的僱員都用英文寫文章、發表貼文，藉此獲得美國用戶和他們的帳戶互動。他們會用的技巧之一就是廣告：俄國網路研究局共買了三千三百九十三則網路廣告，共接觸到一千一百萬美國人，而這總共才花不到十萬美金。[44]但該局也會透過經常性貼文，吸引到更多的粉絲，這才是主要的步驟，其貼文數量非常大，而且是跨越各種不同平台在進行。在臉書上，該局在八十一個不同頁面上，發表過六萬一千五百則貼文、在推特上則透過三千八百四十一個帳號，發表過一千零四十萬則貼文、在Instagram上則用一百三十三個帳號貼了十一萬六千則貼文。[45]專研資訊情報戰的專家蕾內·狄雷斯塔（Renée DiResta）說：「這是資訊生態中的共通問題，不限於單一平台。」[46]

這些俄國網路研究局的僱員也會追蹤他們的貼文哪一部份最能吸引讀者。他們會蒐集各種詳細的報導，然後再依當天的新聞寫成他們的貼文。[47]二〇一六年九月十一日這天，新聞報導了希拉蕊·柯林頓在公開場合跌了一跤，俄國網路研究局所辦的幾個推特帳號立刻就跟進，不斷加井號標籤像是#希拉蕊昏厥、#僵屍希拉蕊、以及#病號希拉蕊等在貼文上。牛津研究者就有發現，俄國網路研究局這些帳號在競選過程中，其他具有關鍵性的時刻，都會出現活動量飆高的情形，這些時刻包括了像是初選辯論、一般競選辯論。[48]時事性議題的貼文通常最能夠引起大量迴響。一位前俄國網路研究局僱員就在二〇一五年解釋：「當美國有黑人暴動時，我們就要寫一些相關貼文，抱怨美國政府在黑人社區失敗的事。」[49]俄國網路研究局所開的帳號同時也經常和一些很偏激的地方新聞作連結，原因可能在於因為美國成年人比較相信地方新聞媒體，而不相信全國性的新聞管道。[50]

二〇一六年時，俄國網路研究局所開設的網頁已經有數十萬的粉絲，這樣的數量已經相當於美國大型地方性報紙的規模了。[51]推特上一百一十八個由俄國網路研究局所開設的帳號，各有超過一萬粉絲追蹤、其中有六個帳號更有高達十萬粉絲。在Instagram上，十個由該局開設的帳號，共有超過十萬零九千個粉絲，包括暱稱為@Blackstagram（三十萬粉絲）、@american.veterans（二十一萬粉絲）、以及@sincerely_black（十九萬六千粉絲）。在臉書上，該局開設的專頁則吸引到將近三百三十萬的粉絲追蹤。[52]

* * * *

因為粉絲數量這麼龐大，讓俄國網路研究局所開設的各種帳號在美國擁有很高的可信度。就像新聞報紙有時也會無意間報導了由格別烏所發送的宣傳，網路上粉絲數量高的帳號和專頁，有時也會不小心去轉貼或轉載俄國網路研究局的貼文。投票日當天，唐諾・川普二世（Donald Trump Jr.）就轉貼了一則由俄國網路研究局所開設一個名為@TEN_GOP的帳號所貼出的文章：「這位退伍老兵上月過世，卻來不及投票給川普。看他生前戴著#MAGA（讓美國再次偉大）紅帽的樣子。#voted（已投票）#ElectionDay（投票日）。」俄國網路研究局很費心地將像@TEN_GOP這樣的帳戶經營成「大眾意見領袖」。這是被攔截到的該局通訊所透露出來的，也因為這樣，連一些知名的公眾人物都會來關注他們的貼文。艾瑞克・川普（Eric Trump）、尚・漢尼第（Sean

Hannity）、麥可・弗林（Michael Flynn）、凱莉安・康威（Kellyanne Conway）等保守派的名人都無意間和俄國網路研究局所發的貼文有互動。[53]這些帳戶的美國粉絲，因此都逃不開這些偽造的俄國訊息所影響。

俄國網路研究局的這些數位分身，不僅在網路上放散播政治宣傳，也會慫恿一些人，讓他們到真實世界去做一些事。二〇一六年五月間，俄國網路研究局捏造說，在休士頓伊斯蘭中心外有兩組人馬在遊行示威、互相對峙，並將消息在網路上廣為流傳。這個對峙遊行的假事件，竟然造成美國主流媒體的爭相報導，這種作法，正是一個世代前格別烏行動會做的事，也正是俄國軍情局在二〇一六年美國大選前夕的工作重點。[54]接著，在二〇一六年的夏天和秋天，俄國網路研究局又在紐約、佛羅里達、賓州等地，策劃了支持川普造勢活動。這些活動有些並沒有引起太大的迴響。其他的則只有數百美國人參加。但在邁阿密一場造勢活動，卻吸引了川普官方陣營的注意，因此還在川普的臉書競選專頁上被轉貼了。[55]這些來自俄國的假帳號貼文，卻真的說動了美國人當地人幫他們策劃出真正的在地活動，有川普競選團隊的志工因此還提供了造勢活動所需物品，更有人付錢給一個美國當地人，請她打扮成希拉蕊・柯林頓的樣子、穿上囚衣。這些不知情被俄國人徵收去幫他們作事的人，當然不能任他們到處亂跑：俄國網路研究局內部有建立一份檔案，上頭都是他們追蹤的一百位美國當地公民，該局的特工都曾經和他們有過正式的連絡。[56]

* * * *

秘密干預大選行動的金科玉律就是要針對每位不同選民，依其個人的態度和偏好來下手。一九七二年時，東德國安局利用了兩位國會議員的缺點，藉此讓他們成為該局的工具，日後里歐·華格納和朱利厄斯·史泰納就因此替該局改變了歷史的方向。這種類型的干預行動下手精準，遠勝於利用新聞寫文章報導，但是真正要大規模執行起來卻有很高的難度。但是社群媒體的出現，因為其平台本身的設計就是要依用戶的偏好來提供內容，就切中這類干預行動的下懷。所有在臉書上活動的美國用戶，都多多少少要將自己的相關資訊提供給臉書。這包括他們的住址、興趣、背景等等，這些全都被臉書紀錄在網上。

社群媒體平台的基本功能會揭露其用戶的偏好傾向。當一名美國用戶加入了名為「捍衛國界」（Secured Borders）這樣的專頁時，那是因為他在移民議題上表達了某些個人的意見。Yonder的總裁強納森·摩根（Jonathon Morgan）就說：「人們都會將自己導入同樣特質、高度活躍的意識型態同溫層中，而這正是平台設計的用意所在。」Yonder是資訊完整性保護公司。

俄國網路研究局還會運用廣告，來接觸特別的選民類型：他們一共刊了一千八百五十二則的廣告，是和興趣相關的。史塔摩斯說：「廣告這種東西特別之處就在於，這是臉書上唯一可以強迫推銷的工具。」[57]

俄國網路研究局同時也會依地區來鎖定選民，地區選民本來就是過去干預大選手法中一直在使用的技倆。中情局過去在智利時，只會幫助搖擺選區裡國會議員的候選人。俄國網路研究局同樣也專注於搖擺州。二〇一六年六月間，一名俄國網路研究局的僱員以假名發送簡訊給一位德州的活動承辦人，這位承辦人就向他解釋了「科羅拉多、維吉尼亞及佛羅里達等紫色州（譯：即搖擺州）」對選戰的重要性。這以後，俄國網路研究局「只要是提到應該集中力量時，就會說是要『專攻紫色州』。」這些話，是美國調查員監聽到的。[58]俄國網路研究局也將這種依地理篩選的機制，用到他們十八份廣告中。二〇一六年秋天一則由該局所刊登的廣告中，就特別鎖定十八到六十五歲位於賓州這個搖擺州特定區域選民，這則廣告要訴求共通點是：「唐諾．川普若當上總統，職銜就是：煤礦工。」[59]

俄國網路研究局也跟當年的格別烏一樣，會針對同樣的種族和宗教團體下手，來製造衝突，所謂的種族和宗教團體就是美國的黑人和猶太人。卡魯金回憶道：「我們會利用這些族群間的歧見來煽風點火、製造不和諧。」[60]俄國網路研究局會刻意散布反猶太言論。例如，該局所屬的某個推特帳號，就發文示警，說川普「正在熱他的烤箱」，準備要把猶太裔記者拿來烤。[61]但該局下最大工夫煽動的還是美國黑人。美國參議員的調查就結論道：「到目前為止，二〇一六年意在撕裂美國的資訊情報戰，其最偏好的議題，就是種族相關議題。」[62]俄國網路研究局的某些假帳號頁面上，他們會散發種族主義的文宣，其他帳號則反向操作，以吸引美國黑人為追蹤粉絲。該局有一個「黑人運動者」（Blacktivist）的臉書專頁，一共有過一千一百二十萬的互動紀錄。而在該局所發布的一千一百零七則YouTube影片中，絕大多數都是在講種族和警察暴力。該局所屬十個最受歡迎的Instagram帳號中，有五個專事貼出與美國黑人有關的議題。而在Tumblr上，該局則會用像是「又黑又驕傲」（blacknproud）和「黑到骨子裡」（black-to-the-bones）這類的帳號來吸引黑人粉絲。[63]

俄國網路研究局透過這些帳號，想要達成兩個目標：讓黑裔選民不去投票、激化種族對立。卡魯金就說：「這是過去蘇聯時代的老技倆，只是換裝了現代政治生態的現實而已。」[64]俄國當今的領導人，就跟從前的格別烏一樣，相信美國的多元性正是其最大的弱點所在。俄國網路研究局意在找出美國社會中，長久以來就根深蒂固的裂痕，並加以利用。這些裂痕，有些是跟種族和宗教有關的，有些則和國家統一有關。在二〇一六年六月英國脫歐公投結束後，俄國網路研究局就運用它在脫歐公投時干預的老手段，拿來美國德州用，煽動德州發起脫離美利堅合眾國。一則該局的貼文就問道：「英國可以脫歐，德州為什麼不能脫美？」[65]俄國網路研究局儘管有很多不濟之處，可是野心勃勃、什麼都敢煽動。

＊　＊　＊　＊

俄國網路研究局所有開設的帳號有一共同點，就是都會利用恐懼作為武器，這同樣也是舊瓶新裝。過去中情局在義大利的情報戰行動，根據該局的首席局內歷史學者大衛．羅巴爾吉所言：「就是要恫嚇義大利人民，讓他們因此不投給共產黨。」[66]俄國網路研究局為左派粉絲、右派粉絲，還有黑人粉絲所成立的專頁，全都以恫嚇選民為目的。各式的陰謀理論在各種網路平台上層出不窮。有些該局所屬的帳號，會貼民主黨全委會塞斯．李奇（Seth Rich）謀殺陰謀論內容。（「今日俄國」和「史撲尼克號火箭」也會放大一些關於李奇死因的假消息。）其他的帳戶則會散布一些關於流行疫病、疫苗，甚至是外星人之類的假消息。有一則該局貼文甚至還聲稱，公眾場合看到的希拉蕊．柯林頓不是本人。該貼文還問說：「真人在哪？」[67]

俄國網路研究局的恫嚇手法，主要是以二〇一六年大選的可信程度和安全程度在攻擊。在其為右派選民開設的帳號中，指稱選民名冊和投票機都被人動了手腳，希拉蕊會用「偷吃步」贏得大選。有一個帳號則貼出一張歐巴馬的大頭照，旁邊則寫道：「喜歡請按讚：歐巴馬縱容選民舞弊該被正法起訴。」另一則貼文則警告說，有全面性的選民舞弊事件正在發生，要是「讓殺拉蕊贏得大選，那就會發生全國性的暴動，其規模將是美國革命戰爭以來所未見！！」而投票當日隨著票數一一揭曉，俄國網路研究局還發出一張貼文，稱選務系統被人動了手腳，暴力事件即將來臨。[68]

俄國網路研究局採取恫嚇性手段干預大選的情形，驚動了專家。投票日當天，俄國軍情局正準備要下手篡改選民名冊以及投票數字，以求讓選票結果讓人有被動過手腳的感覺。同時間，俄國網路研究局也在暗處指稱，選舉一定有人動手腳。瑟雷斯特・沃蘭德深信，要是川普落敗，俄國就打算要運用其已經「突破某些投票所」的管道，塗掉選民登記資料，這樣就可以讓外界覺得「這些投給希拉蕊的票，其投票人都沒有完成選民登記」，如此一來，就可以讓川普成為被欺負的一方。沃蘭德就說：「他們會讓人覺得，是希拉蕊的人馬幹的，一定有見不得人的勾當，不是俄國人搞的，而是美國人自己，這樣就會讓人對選舉結果產生懷疑。」史塔摩斯也得到相同的結論。他說：「要是希拉蕊贏了，你已經在各處都布好了蛛絲馬跡，再製造一些人來高喊：『我是支持希拉蕊的駭客』。然後再在社群媒體上發布假消息活動，用這個勝選的事實來支持這個陰謀論，這樣全美半數選民都會覺得希拉蕊是靠偷吃步贏得大選的。」[69]

＊　＊　＊　＊

可是，後來川普贏得了大選，所以俄國網路研究局就停止行動，不再散布假消息，說是有人作票增加希拉蕊的票數。普丁青睞的候選人這下要入主白宮了。那些俄國專家，一個人管理好幾個假帳號，又花了好多年在操縱美國選民，這下開始幻想，川普的大選是靠他們贏來的。這問題是永遠不可能獲得解答的，因為其元素一成不變都是：干預的主使者，其所青睞的一邊勝選了，作為主使者，自然會覺得是自己的功勞。一九四八年，義大利基督教民主黨勝選後，中情局的幹員都覺得一定是他們的干預行動奏效了。俄國網路研究局的幹員也有同樣的結論。一名該局的僱員在一份後來被攔截到的通訊中就說：「二〇一六年十一月九日，不能入睡的夜就快到了，而當早上八點，我們工作最重要的成果宣布，我們打開一箱香檳酒⋯每人喝上一口，看著旁邊的人⋯大家幾乎異口同聲地說：『是我們讓美國變得偉大。』」[70]

是否真的是俄國的行動，成為大選關鍵，這問題見人見智。凱瑟琳·霍爾·傑米森就說：這「好像」是俄國網路研究局的活動，加上電郵外流的事件，讓大選風雲變色。[71]詹姆斯·克雷帕等情報專家也是同樣的結論。[72]即使是川普任內的前國家安全高級官員也告訴筆者說，俄國的行動是「對我們主權的直接攻擊」，可能就是豬羊變色的關鍵。

其他人則看法不一。哈佛大學法學院的姚柴·班克勒（Yochai Benkler）教授，就主張，並沒有充份證據，可以證明是俄國的行動「真的舉足輕重」左右了大選，反倒是因為爭論俄國是否成功改變大選，在美國製造了爭端。[73]麥克邁斯特說得更直接：他完全不覺得俄國有在暗助川普。他說：「俄國是否有干預大選，刻意讓某人勝選嗎？我不這麼認為。我認為俄國只是在製造分裂動亂。當然，也是因為川普本人，他與不同前人、非傳統的特質，給了俄國人一個機會，進一步激化美國選民的對立。」[74]

完全不用辯的則是，俄國網路研究局的確對美國一些不知情的選民，產生了影響。其分化性的貼文，散布得又廣又遠，有一億美國人都看到過。資訊情報戰專家迪瑞斯塔就說：「這樣的貼文被成千上萬美國人分享，因此要說，其散發的想法的確有些影響力，改變了某些人，加深原有的偏見，在我看來這絕對不容置疑。」[75]至於俄國網路研究局讓選舉因此翻盤，這倒是不明朗，從過去歷史來看，這一點在將來也不可能找到答案。重要的是，現在美國人和俄國人怎麼看。在美國內部，對於外國是否可以產生影響的爭論，始終沒有停過，但卻已經讓選民分裂，也破壞了我們對於民主體制的信任。但在俄羅斯，普丁相信自己政策成功的程度，會成為他施政的參考。中情局因為感覺一九四八年義大利選舉的成功，是功在該局，這個想法影響了該局日後一整個世代在面對干預他國大選的態度。莫斯科當局因為川普勝選，而大受鼓舞，日後也可能步上中情局的後塵。（果然，在川普勝選後，俄國網路研究局的多個帳戶全都更加活躍起來，開始散播分裂、例如慫恿人民抗議美國的選舉人團制度。）[76]

＊　＊　＊　＊

俄國網路研究局行動跟過去格別烏其實如出一轍。

跟格別烏一樣，俄國網路研究局也以美國大選為攻擊目標。

跟格別烏一樣，俄國網路研究局也會找出具影響力的資訊散播平台，再將之當成攻擊武器。

跟格別烏一樣，俄國網路研究局也志在擴大分裂，並會暗助某位候選人、傷害另一位候選人。

跟格別烏一樣，俄國網路研究局會利用第三方或匿名中間人，藉以散播恐懼、讓不明就裡的美國人幫助他們，並依選民選區地理位置、種族、利益與趣操弄選民。

一旦俄國青睞的候選人勝選，俄國網路研究局的僱員就覺得是他們的功勞。

這些不變的行為模式，讓我們看到從過去到現在、乃至將來，秘密干預大選所會使用相同的基本技倆。

＊　＊　＊　＊

那麼，俄國網路研究局的作為，相較於過去，有什麼突破性的不同呢？答案在於其過程與野心的規模，而這些在在與社群媒體有關。臉書、推特這一類的平台，助長了俄國，讓它能將其過往的技倆，以最少的經費開銷，發展成最大的限度和規模。他們不用再仰賴少數幾個中間人進行情報工作，現在網路上就有千千萬萬個現成的數位中間人供俄國網路研究局使喚。他們不用再辛辛苦苦到處去一張張貼海報或一個個發傳單，現在俄國網路研究局可以一次同時散發好幾個訊息，叫選民去投票或不要去投票、去提醒有人選舉舞弊、刺激人成為種族主義者，或是讓人因種族主義而被激怒，全都可以同時完成，而且全都是依特定觀眾群定製的。在數位時代來臨以前，干預大選的情報員，要不只能針對少數特定幾位選民行動，要不就是不特定對象地接觸大量選民。有了社群媒體的加持，俄國可以大量操縱選民，而且還可以每一個都是近距離般接觸。對二〇一六年擔任美國中情局副局長的大衛・柯恩而言，俄國情報行動的這個面相，是和過去最大的差別所在。他說：「我感受非常深刻，因為有了這個新的科技加持，讓他們可以向數百萬人廣播，而且還可以針對對特定訊息有興趣的人，單獨地廣播，這是天壤之別了。」[77]

另一個俄國網路研究局和格別烏作法，有革命性差異的面相就是，現在該局的專家對於美國這個民主大國的滲透之深。在冷戰時期，格別烏和中情局會控制千里之外國家中的群眾，但是在當時，俄國始終無法到美國來動手腳。但是網際網路讓這這件事出現了改變。就像柯林頓主政時期政策顧問兼前國務院高階官員傑克・沙利文所言，現在俄國行動最不同於以往的地方就在於，「俄國人可以把政治論述武裝化的規模之大」。[78]光是二〇一六年九月一個月，俄國網路研究局所開設的帳號，就接觸到超過三千萬美國公民。[79]美國國防的巨頭都對於俄國人這方面的創意大感不可思議。巴比・殷曼就說：「他們立刻就看出社群網路上的可乘之機，並且開發出方法來執行、利用社群網路，真的讓人大開眼界。」柯罕則說：「能夠想出這套方法，你還真的不得不佩服他們。」前美國國家安全顧問湯姆・丹尼蘭（Tom Donilon）說得最好：「普丁在西方國家內部的分裂中找到其弱點，」同時「也看到了這些社群媒體平台的力量所在」，而他就「想盡辦法、厚起臉皮來加以好好利用。」[80]

如今，美國才警覺到，要好好修補這破綻百出的新漏洞。前參院領袖哈利・萊德說：「社群媒體這東西，是截然不同的世界。想要完全瞭解社群媒體，得要年紀小於三十歲才行。」美國官員很多私下都對社群媒體不熟悉，除此之外，他們也沒有權力去管束這些平台。就像白宮必須要仰賴各州回報投票系統被入侵的狀況一樣，聯邦政府也必須要仰賴社群媒體公司提供數據，才知道有沒有被外國干預行動入侵。（國會議員可以立法規範這些平台，這是沒錯，可是他們無法要求要審查平台，也不能拿走他們的檔案。）臉書和推特也是在極大的壓力下，才願意揭露有關俄國網路研究局在他們平台活動的相關細節，但是其他更小的平台則沒遇到這樣的要求。俄國網路研究局在這些平台的情報活動，也因此至今無法得知。史塔摩斯說：「這些其他網站的俄國入侵活動，我們一無所悉。但我很肯定一定也有，因為在小平台幹起來更容易。」[81]

其他的民主國家面對社群媒體年代的到來，也是抵抗的很辛苦。德國在二〇一九年就下令禁止臉書蒐集用戶資料的行為，同時也針對該公司在仇恨言論方面通報度過低而裁罰。[82]但因為像臉書和推特這些平台，都是座落在美國，屬於境外公司，所以執法上都有難度。英國通信總部（GCHQ），其職責與美國國安局相當，其二〇一四年到二〇一七年的部長羅伯・漢尼根就說：「你可以想見，對於美國以外的國家政府，要取得這些平台的數據資料有多困難。」倫敦當局的國家安全官員現在都束手無策。漢尼根說：「因為政府現在沒有一個部會是負責掌管社群媒體的，完全不知道是不是整個平台都已經被外國勢力所掌握，全面性的被利用了。」漢尼根的擔憂在於，要求監看社群媒體的話，與侵犯公民自由是互相抵觸的。他還說：「社群媒體本身跨國界的性質，讓地方主管立法機關都很難施力。」[83]

像美國這樣的民主國家，一方面必須保持開放性，另一方面則又要擔心因此選舉主權會受到侵擾。各國的領袖像是烏拉德密爾・普丁和中國的習近平，可以監看並審查其國內的數位環境。開放社會可不能這樣。前中情局局長約翰・布萊南就說：「今時今日，尤其是在處理社群媒體時，想要控制或是管理其中的內容以及其用戶，對我們是一大挑戰。」[84]到目前為止，政策制定高層都束手無策，不表樂觀。傑克・沙利文就說：「我不認為我們有辦法把社群媒體上的外國干預行動降到零，因為社群媒體的生態系統以開放性作為其特色，開放性對他們而言不是個漏洞或設計缺損，而是民主體制的基本常態，因此我們必須要想辦法來處理。」亞歷士・史塔摩斯則認為，像俄國網路研究局這一類外國組織的干預行動，不可能被降到「接近零」的地步。而川普總統的前國家安全策略副顧問娜迪亞・夏德洛（Nadia Schadlow）則認為，這個挑戰不見得能由華府解決。她說：「對於假情報該如何因應的問題，並不真正屬於美國政府的回應能力範圍，網際網路的平台並不在我們的手中，所以雖然大家都對於這類訊息很不滿，但就實際執行面而言，大家卻都沒有詳述，希望政府怎麼做，來對付這些私有平台。因為事實上這些問題本身遠超過政府所管轄的範圍。」[85]

第十三章　毫無作為

二〇一六年以前，秘密干預大選的威脅，並不是美國國內事務中需要擔心的一部份，聯邦調查局有別的事要擔心。政治人物關心的也都是別的事。研究人員研究的則是其他型態的秘密行動：武器計劃、暗殺、策動叛變等等。[1]但普丁發動了網路攻擊，民主體制的弱點因此曝露了出來。娜迪亞·夏德洛就說：「美國人現在瞭解了，比以前更清楚，什麼叫做綜合戰，什麼叫做政治戰。」從一方面來看，這不啻為好事一樁，算是不幸中的大幸：「我們不再那麼無知好騙了。」[2]

秘密干預大選的烏雲已經籠罩著我們。約翰·布萊南在二〇一七年退休時，他得到兩個結論。他說：「第一，俄國的行動，特別是在普丁的領導下，會有多麼不懈、又多麼的狡詐陰險，來操縱並且利用他國的事件，以達成其目標。這我們絕對逃不掉，必須要面對。因為這是他的本性。」其次，則是「數位環境是多麼的容易被人拿來圖謀不軌」。[3]現在，美國頂尖的情報和執法部門，都已經準備好，要迎擊下一波對美國大選主權的數位攻擊。特任檢察官羅伯・穆勒在二〇一九年七月時，曾針對俄國干預美國大選事件說：「就當我們毫無防備地坐在這裡時，他們已經在發動行動了。而且他們打算在下次大選時還要再次動手。」他說這話的同一個月，聯邦調查局局長克里斯多夫・雷伊（Christopher Wray）話講得更直接：「俄國人絕對是會全力以赴干預我們大選的。」[4]

這樣的覺醒和警示已經夠清楚了。但自從二〇一七年一月以來，美國事實上卻沒有針對這個弱點做太多的改善。白宮最高俄國顧問費歐娜・希爾（Fiona Hill）擔任該職直到二〇一九年夏天，她就在國會面前證實，承認美國政府在這方面並沒有進展。她說：「目前俄國的情報單位和他們的代理人都已經整裝待發，準備要在二〇二〇美國大選時故技重施，我們能夠阻止他們的時間越來越少。」[5]

＊＊＊＊

問題這麼大，卻仍是有人不願意面對，這人就是美國總統川普，他始終沒有意願要強化美國大選的安全機制。川普的前競選副總幹事瑞克・蓋茲（Rick Gates），在二〇一六年七月時就出庭作證，指川普曾經和一名關係人通電話後，向旁邊人交待說：維基解密上「會有更多訊息流出」。[6]川普也曾公開拜託過俄國，要找出希拉蕊．柯林頓的電郵，並將之公布。隨著二〇一六年選戰接近，川普當時顯然對於有新聞報導俄國在助他一臂之力的事知情。羅伯．穆勒的團隊在最終的報告中就寫道：「川普陣營希望俄國竊得並發布的訊息，能夠有利於他的選情。」[7]

川普本人的態度對於美國對抗這境外勢力的準備很重要。一九六一年時，尼基塔．赫魯雪夫曾想讓約翰．甘迺迪知道，他曾在甘迺迪競選時暗助於他，以此討人情、對甘迺迪發揮影響。但是因為甘迺迪在俄國暗助於他時並不知情，所以並不覺得自己欠對方任何人情。但川普不是甘迺迪。他的姿態更像是當年義大利的艾西德．戴．加斯培里，他事先就知道中情局在助他競選，同樣的情形也發生在智利的艾德瓦多．福瑞，他甚至還希望華府不要張揚暗助他競選的事，以免影響他在智利國內的立場。川普在贏得美國大選後，就加入後兩人的行列，是受到外國勢力當選且知情的國家領導人，這讓他心裡上就欠了外國勢力一份情，也因此對自己的政權合法性多了一份不安。長期擔任川普顧問的霍普．希克斯（Hope Hicks）告訴聯邦檢察官說：「川普一直就覺得，被美國情報單位發現，俄國干預二〇一六年美國總統大選一事，是他的死穴。」這是他聽證時親口說的話。證詞還提到：「就算俄國的干預對選舉沒有實質影響，川普還是覺得旁人會這樣看他，他覺得這讓他的勝選贏得不光彩。」[8]

從這個方向來看，川普不僅沒有認識到外國勢力秘密干預美國大選的威脅所在，他也沒有在籌設防護措施。二〇一六年大選的第二次和第三次總統辯論會上，他曾指責希拉蕊說她「根本不知道究竟是不是俄國人駭走的。搞不好壓根就沒有人駭過。」還說她「沒辦法確定究竟是俄國、中國或其他人幹的。」二〇一六年十一月，在就職前他曾說：「我不相信俄國有干預，」還說「這可能是俄國人幹的、也有可能是中國。甚至可能是在新澤西州某個人在他家裡幹的。」就職總統後，川普曾經承認，俄國的確有在大選裡「動手腳」，但影響不大，而且事後都有回復原狀沒有造成破壞。二〇一七年七月間，他說：「很有可能是俄國，但我覺得也有可能是其他國家。」二〇一八年七月時，川普人就站在普丁的旁邊，當時是在赫爾辛基的記者會上，這次他說：「普丁總統在我身邊，他剛對我表明了，不是俄國幹的。我要鄭重說一次：『我沒有任何理由說是他們幹的。』」[9]

川普許多情報單位的主管都知道普丁說話是信不得的。麥克邁斯特針對普丁在赫爾辛基或其他地方多次一再否認的態度說：「聽到普丁總統的聲明，我的反應是，他在說謊，他一向都這樣。他這種作風，已經比我英國同事所稱外交場合上的硬拗還要更硬拗了。」（麥克邁斯特和川普兩人據傳對於俄國政策一直就沒有共識過，但麥克邁斯特本人拒絕針對這種傳言作任何回應。）[10]川普前國土安全部代理部長伊蓮・杜克（Elaine Duke），她在聽到川普對普丁否認聲明的反應後，感到不解。她問道：「川普真的相信他的說法嗎？我不知道。還是說川普裝作相信他的說法，只因為這正中他的下懷？符合他的盤算？他們兩個在唱哪門子的雙簧？」[11]

不論是哪門子雙簧，其結果已經在美國造成了困惑和混亂。有三分之一的共和黨員，相信俄國在二〇一六年總統大選干預以暗助川普。[12] 一位曾在川普任內擔任國家安全會議顧問長達一年、期間還經常參加總統辦公室會議的卸任官員就說：「當總統公開這樣甩鍋，完全否認的時候，就會給選民之間製造極大的分裂，國內的百姓會有不知所措的感覺。這是很具影響力的訊息，俄國人也知道這很影響力很大。」川普不是第一個明知是事實，卻因為對他不利，而公然否認的一國之尊。二〇一四年時，普丁也一樣在被人問到是否派兵進入東烏克蘭時，當面扯謊，一概否認到底。而川普也不落人後，明明美國情報單位都已經達成共識的調查結果，他還是公然否認到底。這樣的否認所造成的效果都是一樣的：轉移了焦點，原本應探討該如何面對威脅，卻轉而回到爭論威脅本身究竟存不存在的問題上。這位前國家安全會議顧問說：「他這樣做是不是因為他不想別人認為他的總統一職，贏得不光明正大？可能就是這個原因吧。還是說，他這麼做是為了想替俄國遮掩？隱瞞實情？這我就不得而知了。」[13]

在美國政府內部，官員則不想管川普說什麼，去做他們該做的事。但是對於官派要員，要他們公開承認俄國的行動，卻是得冒著掉烏紗帽的危險。二〇一八年二月間，麥克邁斯特在慕尼黑一場會議上演說，他脫口說出俄國二〇一六年大選干預行動一事是「毫無爭議的」，在這前一天，穆勒才剛控告十三名俄國人干預美國大選。麥克邁斯特事後解釋自己當時的想法時說：「這是臨時起意，事先沒有想好。我是一直想待在幕後的人。」但他話才出口，川普立刻在推特上貼文說麥克邁斯特「忘了提，二〇一六年大選結果，並沒有受到俄國人的影響，也沒有因此被改變」，文中還說，還有很多不同來源的國家都可能試圖影響這場大選：「可能是俄國，或中國，或其他國家或集團，很可能是某位體重四百磅的天才，坐在家裡床上，玩電腦的結果。」之後不到幾週的時間，麥克邁斯特就被川普辭退走人了。麥克邁斯特說：「人家如果不要我，我不會強留。從被辭退開始，我就沒打算要力爭保住職位。」[14]他的一位下屬則說，麥克邁斯特的離職，正是給川普其他政府官員的殺雞儆猴警告：「提到這件事時，意見別太多。」

川普國家安全會議小組成員，有幾位後來也離開白宮，但在離職之前則已經心有不甘地替川普背書說，總統有心想要保護美國選舉的主權，但卻受到重重阻礙。川普白宮前高階官員則說，總統試圖「淡化普丁在二〇一六年大選的行動」一事，讓人困惑，因為他竟然無視美國情報單位調查報告，其結論清清楚楚就是「這真的很嚴重」這一事實。這位高階官員顯然覺得很灰心，他繼續道：「不論誰勝選，負責任的態度應該是將外國勢力干預擺在當務之急，因為這完全是無法接受的事，應該要全力回擊，但是或許是因為這位總統對於強人情有獨衷⋯所以他就沒有做到該做的事，這真的很可惜。」本文稍早曾提到的一位川普國家安全會議前高階顧問，則說總統辦公室對於針對此一議題制定前瞻政策一事，非常的不友善。這位官員說：「要是你說俄國當初干預了我們的大選，聽在川普總統的耳裡，這話變成『好，你覺得我當選是不合法的，你覺得我是靠偷吃步混進白宮的。』他會因此爆跳如雷。」川普團隊中層級最高的那群人，把精神都放在安撫他對當選的這份不安上。伊蓮・杜克就說：「對於俄國的行動，我們都不提他們的目的為何，而是提他們為什麼不這樣做或那樣做的原因。我的意思是，我們都在說為什麼俄國後來沒有改變票數。」除此之外，她接著說，當選的安全感在白宮內部「絕對沒有在行動上佔據我們太多時間。」[15]

對於提升美國的選務安全，川普並沒有完全阻止，他只是讓它進行得不那麼順利而已。總統畢竟不是什麼都可以斷幹的：聯邦各部會、州政府、各城市，都有他們自己的權責範圍。川普政府中各部會的首長也都出言提醒，說美國已經破綻百出。白宮國家情報代理總監約瑟夫・麥蓋爾（Joseph Maguire）就出庭作證說：美國情報單位所面臨「最大的挑戰」就是要如何「確保美國選務系統完整。」[16]克里斯托夫・瑞伊在寄給筆者的電郵中則對筆者說，對他和聯邦調查局而言，阻止外國勢力干預美國大選，是目前的當務之急。[17]這種態度目前是有志一同：許多川普的國安首長都至少已經證實，美國情報體系調查俄國二〇一六年干預美國大選一事的結果為確有其事。[18]伊蓮・杜克就說：「我不記得有人表示不同意過，並沒有說：『這有發生過嗎？』這種話。當情報系統證實某事時，你通常就相信它是真的。」國土安全部到現在也還是不斷在處理各州上報、需要選務協助的事。美國軍隊甚至已經對俄國進行了攻擊的手段。二〇一八年十一月，美國網路士兵破壞了俄國網路研究局的網路。[19]一位川普任命的五角大廈高階官員就告訴筆者：「我不只做了這些。」（麥克邁斯特說，在川普政府裡的官員泰半有這樣的共識：在網路空間，「要是不採取攻擊手段，就無法有效捍衛自己。」）二〇一九年七月間，時任國家情報總監的丹・寇茲

（Dan Coats）特別創了情報體系選務威脅執行一職，專責協調部會間對於外國干預美國選舉行動的作戰行動。[20]

＊ ＊ ＊ ＊

這些措施雖然都很有效率，卻都是在沒有獲得總統授權的情形下運作。一位前國家安全會議高階顧問就說：「如果沒有人掣肘，這些內閣官員可能還會做得更多、執行得更雷厲風行，但是他們呈上去的意見，全都被總統那邊的決策小組打折扣。」這位顧問就覺得在二〇一六年俄國攻擊後，川普的部會首長對於此威脅的「觀點是一致的，也對於美國應該採取行動阻止此威脅有一致的看法，但是，這看法卻似乎和總統的觀點無法取得一致。」這樣的缺乏共識情形，在國會最能看得出來。二〇一七年，國會議員壓倒性地通過要對俄國採取新的制裁，以報復其對美國大選干預的行動，川普雖然勉強簽署制裁案，卻還是重砲抨擊其中種種措施。[21]

川普究竟是抱持什麼樣的心態簽署了法案，有兩派不同的說法。時任國家安全顧問的麥克邁斯特說，「沒有人持反對意見」，「總統和參院意見一致」，制裁案讓俄國「付出了沉痛的代價」。[22]當時川普的其他顧問卻不是這麼說的。上文提到的國家安全會議高階官員說：「總統其實是想要否決二〇一七年夏天提的新增制裁案，只是法案中有大部份都不是總統可以行使否決權的，要是他可以行使否決權的話，他早就否決了。」

打從二〇一六年起，美國給俄國的訊息，就一直是很混亂不一致。國會議員和部會首長發出的訊息是，要是二〇二〇年俄國再來干預，美國絕對毫不寬貸。但是，川普不僅一開始就不認俄國有干預美國的威脅，私底下還拜託烏克蘭的總統，請他幫忙調查二〇二〇年總統大選中他的對手。[23]有三位川普的前外交政策顧問則說，他們很擔心川普打算請俄國為他連任助選。上述這位前國家安全會議高階顧問就說：「我不認為俄國對於再次干預美國大選有多害怕。」川普跟當年的葉爾欽一樣，眷戀權力的程度遠勝於對選舉的不可侵犯地位的保護，差只差在，不同於葉爾欽那次拜託柯林頓，這次換成是川普拜託莫斯科當局，這讓莫斯科高高在上，可以予取予求。這位前國家安全會議顧問又說：「在克里姆林宮內部，普丁和高階將領很可能已經決定：『我們不認為美國總統對此會有太多意見』所以我們就『可以毫無忌憚地胡作非為。』」

普丁多次會見川普，幫他為日後的決策過程獲得很多訊息，但是，川普卻始終不讓這些會面中的談話內容外流。二〇一七年在漢堡舉行的二十國高峰會上，川普兩度和普丁說上話。第一次的交談中，他的國務卿和通譯都隨侍在側，但根據《華盛頓郵報》所載，川普把通譯的紀錄全沒收了。第二次和普丁對上話時，兩人講了好久，這次則只有普丁的通譯在。之後在赫爾辛基，普丁和川普聊了兩個小時之久，這一次，身邊一樣只有通譯在。[24]上文提到的這位國家安全會議前高階顧問說：「是因為裡面有不可告人的事，所以才這樣安排嗎？總統會見普丁，卻完全沒有留下紀錄、沒有隻字片語，沒有轉譯文字，這實在很可議……這樣外界就無從得知兩人究竟討論了哪些事，同意了哪些事，這幾乎是從來沒有過的事，可能真的是史無前例。」這段時間以來，白宮官員都禁不住懷疑，川普私底下有在和普丁通電話，但沒有告知國家安全會議，而且也沒有留下公開的紀錄。上文那位川普任內國家安全會議前高階顧問又說：「我懷疑可能真有這麼回事，我知道有幾次他和普丁通話時，我們既不在場，也沒有留下轉譯文字……但我不確定他每次和普丁通話，我們都知情，有沒有我們不知道的時候。」

這位國家安全會議高階官員在川普政府待了超過一年的時間，但他始終想不通，為什麼總統和普丁這麼熱絡，卻對美國自己的選務安全這麼漠不關心。這位官員說：「在我任職將滿時，我不得不認為，而且我很多同事也跟我有一樣的想法，那就是，川普是聽俄國的交待在做事，而他有把柄握在俄國人手上。」這位官員所說的都只是他個人的猜測，並沒有證據可以證明這些猜測，他根據的是白宮對俄方的姿態，以及川普決策傾向偏坦俄方，但這些猜測長期以來都遭到川普否認。[25]

講到現在，唯一可以確定的是：對於外國勢力秘密干預美國大選，川普是絕對不會身先士卒，發動全國性對抗行動。

＊　＊　＊　＊

但這樣的難題絕對不會只在川普一人身上。日後美國還會有無數總統，屆時他們所帶領的政府還是一樣要面對防禦美國選舉主權的問題，同時還要幫助其他民主國家進行同樣的對抗工作。美國這個弱點不是只因為一個人就產生的。先不提川普的無視，美國選舉本身的弱點並不是被他揭露的。俄國早在二〇一六年歐巴馬還是總統時，就已經在進攻美國的大選了。美國之所以到現在還未能團結起來，共同對抗這個外來威脅，是因為一些整體性的問題。

俄國二〇一六年的行動，是美國國家安全本身的漏洞所致，這點沒錯，但是除此之外，俄國也看到了美國由來已久的社會分裂問題。美國人看彼此不爽很久了。只有一成七的共和黨員和兩成的民主黨員，認為自己所屬的政黨有和他黨合作，而不管共和黨或是民主黨，都只有半數不到的黨員認為政治人物願意折衷妥協是美德。[26]談條件的政治現在被認為落伍。伊蓮·杜克就說：「能夠不分黨派的政治人物，現在都不受歡迎，大家的態度變成，如果你會跟他黨談條件合作，就會被人看不起。」她覺得這真的很可惜，因為「現在都是在搞仇恨政治的政客最受歡迎。」每個國會議員全都在比「誰的仇恨程度比得上川普。」[27]

美國民主制度的基石現在都慢慢腐朽了。地方媒體都陷入危機。自從二〇〇四年以來，有將近兩千個地方性的報社停業或是整併。還有更多報社是被掏空資產。[28]這樣的轉變給了外來勢力干預很多機會：因為美國媒體的環境越來越被全國性媒體所取代，新聞就很容易被操弄。主流的新聞媒體只要把資源花在追聳動性的推特和外流文件就好，而一般想看地方性新聞的大眾則都轉向社群媒體。而公立學校則都沒有善盡責任，教導學生在數位民主社會中，要如何明辨消息來源。前中情局局長波特・葛斯就認為：「要讓美國憲法中的民主體制得以實現，就是選民要有明辨是非的能力。我們的時代，有各式各樣被消息誤導、被假消息所騙，以及不能明辨是非的選民。『這裡埋著一位明辨是非的選民』應該當作墓誌銘。明辨是非的選民今何在？」前中情局代理局長大衛・柯恩也同樣這麼說：「我們的國民明辨是非的能力還不夠，才會很容易被引入甕中，欠缺是非判斷的能力，所以就很容易人家說什麼就相信什麼。」[29]

在這樣的氛圍下，美國人要團結起來一起對付外侮是非常困難的，更不用說這個外侮還是現任總統矢口否認的對象。打開像是MSNBC或是福斯新聞台，就可以清楚看到，竟然同一件事有兩種截然相反的說法。像最近一期《華爾街日報》的一則標題就點出這種現象：「民主黨和共和黨不僅僅是分歧，他們活在平行時空。」[30]民主國家越是分裂，就越是容易被外人所擊破，也會更無法保護自己。耶魯大學一位政治學家米蘭・史沃里克（Milan Svolik）說的好：「一個社會的裂痕越深、政治衝突越是激烈，套句最近流行的話就是兩極化，那麼其大眾就越無法克制其選出的政治人物、不讓他做出非自由派的動作和行為。」因為選民這時就會變成重視訴求黨派利益，而輕忽了國家民主體制的健全性。[31]

深陷在這樣兩極化對立的泥淖中，就是國家安全的危機，尤其是在面對受到他國進行秘密干預大選行動攻擊時。外國的干預勢力並無法製造社會分裂，他們只能煽動既有的分裂。麥克邁斯特和蘇珊・萊絲這兩位前國家安全顧問，在這一點上意見是一致的。麥克邁斯特說：「俄國並沒有製造新的分裂，他們只是利用了既有的分裂。」其目的是要「激化我們的政治情勢、我們的社會，以及減少我們對彼此的信心。」萊絲也說了同樣的話：「我們的弱點並不是因為俄國做了什麼，而是因為我們內部的分裂，而且我們無法明智地消化訊息。」[32]

不管是過去或是現在，美國始終都是一個很好攻擊的對象，因為它始終無法凝聚共識，來共同處理自己的弱點。美國公民對彼此缺乏信任，就連既定事實也可以辯得你死我活。怒氣漫延。俄國歷來的領導人都不斷在想辦法，要從美國內部撕裂美國，好讓全世界看到原來民主體制不管用。而近年，美國人更是讓俄國這個任務執行起來更為輕鬆。前國務院政策規劃局長強・費納就說：「但這其實只要我們能夠團結起來，一同來處理我們民主體制的不足和缺失就好了。」他說，俄國要證明民主模型不管用的方法，只要找一面「哈哈鏡」，來突顯美國內部的分裂，讓全世界看就好了。他說：「美國所面臨的種族主義和制度腐敗這些事，並不是俄國人的手筆，是我們自己功能不彰，才會讓俄國破壞起來事半功倍，同樣的情形也發生在歐洲，我們一直在眾人面前強調，民主是一個可以解決所有問題的好體制，所以俄國只要讓大家看到民主的極限所在，他的目的就達到了。」[33]

所以，美國只要分裂，美國的敵人就能夠漁翁得利。俄國青睞川普，部份原因在於他這個人就是個很具爭議性、讓人為他爭辯的角色。他就像傑布・布希在二〇一五年所警告的那樣，是一個「紛亂的候選人」，當選後，也會是個「紛亂的總統。」川普每次只要藐視一個傳統、規範，引起一項政治危機，或是出言威脅對手，美國的民主體制就被蠶食掉一些，而俄國就會大聲叫好。這樣的例子屢見不鮮。二〇一七年八月，維吉尼亞州的夏綠蒂城發生了新納粹主義和白人至上主義者的暴力示威事件，這群人中有人動手殺死反示威遊行中的成員，但川普竟然說出「兩邊都有好人」這樣的話。二〇一九年七月，川普叫四位國會有色女性議員「回到」她們自己國家去，但這四位中有三位明明就都是美國土生土長的美國人，而另一位則是從小就因躲避索馬利亞的戰亂，而在美國長大的美國公民。有這樣的總統在公開製造種族不和諧，又何需俄國網路研究局來製造分裂？二〇一九年十月，川普指控國會議員亞當・席夫和南西・裴洛西叛國，這樣的罪名，在美國最重可以判處死刑的，但他指控的原因，只是因為這兩人針對川普當選的合法性，進行調查。[34]這是美國政治史上極權的一刻，而造成這一刻的人，正是由俄國所扶植當選的總統候選人。約翰・布萊南就說：川普是「標準的獨裁者。他簡直就像是看著極權領袖教科書、照本宣科、發號施令的領導人；把媒體打成沒有公信度、控制司法、控制情報國安體系、任何對他有威脅的人都被他打成不合法和沒有公信力，不斷地老調重彈，像是洗腦一樣，到最後所有人都被他洗腦成同樣的想法。」[35]

俄國二〇一六年行動所針對的美國破綻，不僅沒有讓美國凝聚起共識，來修補強化選務的安全性，反而讓美國的分裂更為加深。穆勒報告、參眾兩院的調查、川普指控別人對他獵巫，這些都只有讓美國被撕裂得更為嚴重。前副國務卿東尼・布林肯就說：「只要這些事不平息，而我們還在為此爭論不休，俄國就可以毫不費力，因為光這樣所製造的猜疑，就已經夠他們去利用的了。」曾經在中情局擔任幹員長達近三十年時間的亞圖洛・穆尼歐茲也有同樣的看法：「這就中了普丁的下懷。他就是要看到我們爭吵不休。他就是要看到美國為他的駭客恐慌。而他這次可是幹得非常成功。」[36]

＊＊＊＊

接下來的問題會是，美國公民，依不同的政治傾向，會選擇對俄國秘密干預美國大選的事，小事化大或是大事化小。有數百萬的共和黨員，並不相信俄國在二〇一六年干預了美國大選。川普的前國土安全部代理部長伊莲・杜克就主張：「我們應該讓這個議題的能見度拉高、並且正視這是國安的威脅這件事，而不應該只想著讓美國人民感到放心，」怕讓人民因此擔憂。她接著說：「我們現在需要的是一些溫和的政治人物，能夠在一些事情上取得共識。過去，美國有一個共識，那就是俄國是敵國，」但是，現在民主黨和共和黨所有事都無法取得共識，「俄國就能夠安然卸責。」川普這邊對俄國干預行動的威脅講得輕描淡寫，但民主黨眼中，卻把普丁描繪成高達十英尺的怪物，因為這種態度符合該黨的利益，卻也意外的遂了俄國的意。普丁要的就是大家覺得他無所不能。二〇一六年擔任國防情報局副局長的道格拉斯・魏斯就說：俄國「非常想被人逮到，這樣大家就會說：『哇，俄國人可真是膽大包天。』」其他國家會因此大讚：「『老天爺，他們有辦法在美國搞出這種事？那他們一定會把我們搞死。』」[37]

美國人自己對民主的信心已經逐漸在減少了。有高達四成的美國成年人說，他們比較希望美國的政治系統，是由「專家而非選出來的公職人員，來為這個國家做決定設想。」而有兩成二的美國成年人則說，他們希望美國的政治體系是「在強人的領導下，下決定不會受到國會或法院的干擾。」只有一成八的美國成年人相信美國的民主體制運作得「非常良好」。六成一的美國成年人希望政府結構和設計，能獲得「大幅的改變。」[38]因為政客擅改選區以圖利本黨、黑錢、互不退讓卡住法案、抑制投票、財富不均等等現象，讓數百萬美國人相信，美國的政治體系被人操縱著。也因為這樣的心態，更讓大家對俄國操縱美國選舉的事無感，誰還會在乎？布林肯就說：「反正就算俄國人不插手，政治體系也已經夠差了。很多人會覺得，只要跟對了邊，那就會有人保護你的利益。要是跟錯邊，就利益不保，而這跟俄國或其他國家有沒有插手美國大選無關，而是跟美國自己的政治體系扭曲變形、不夠完善有關。」[39]要是美國公民自己都不相信民主體制，也不在乎自己的民主體制正被人摧毀，那這場捍衛美國選舉主權的仗未打已先輸。

曾經有一度，美國人是非常反對有外國人來干預美國大選的。就在一個世紀前的一八八八年九月，一位美國人寫信給英國駐美大使萊翁諾・塞克維爾—魏斯特（Lionel Sackville-West），這名寫信的人自稱是歸化美國的英國人，他寫信的目的是想請大使給他意見，好讓他在美國大選中，決定要投給民主黨候選人葛羅佛・克里夫蘭（Gover Cleveland）或是共和黨參選人班傑明・哈里森（Benjamin Harrison）。塞克維爾—魏斯特給他的回信寫道：「當前，任何公開表示對英國友好的政黨，都不受歡迎。」但克里夫蘭似乎「想要和大布列顛維持友好關係」，且準備要「釋出和解的意圖」，因此是倫敦當局比較偏愛的候選人。

塞克維爾—魏斯特此舉是上當了：這名寫信給他的美國人，用的是假名，而且是不折不扣的共和黨員。就在大選前夕，共和黨候選人哈里森的支持者刻意將塞克維爾—魏斯特的信函洩漏給報社，因此引爆全國性的醜聞，克里夫蘭因此被指為英國的傀儡。因為此舉讓人覺得，好像倫敦當局介入了美國大選，在暗助克里夫蘭當選。共和黨這下撿到槍，興高采烈地將哈里森形容成是被美國敵國所不青睞的候選人，因此美國人應該要加以支持。塞克維爾—魏斯特在十月底時對英國外相說：「這封信是共和黨的陰謀。是為了美國將臨大選所設計的。」[40] 到了投票日，哈里森在一般票的票數上落敗，但是選舉人團的票數卻勝出，因此讓他贏得了總統大選入主白宮。此後歷史學家就主張，是美國人對英國干預大選的厭惡，成為左右哈里森勝選的關鍵因素，而其起因只是一封私人信函。[41]

本來，對於外國勢力干預美國大選這種事，應該是獲得選民不分黨派忠誠度的厭惡的。而維護美國選舉主權的戰役，則應該成為凝聚全國團結而非分裂的力量。一八八八年時，英國青睞民主黨。二〇一六年俄國則暗助共和黨。下一次外國勢力要暗助於誰現在並不知道。伊朗駭客已經鎖定一些電子郵件帳號，都是和川普二〇二〇大選有關的人的帳號，這一點和其他追隨俄國指示的外國情報單位一樣。[42]中國、北韓、伊朗近年來都曾非法闖入美國不同機構的網路，從索尼影業到美國人事管理局（Office of Personnel Management）。這些國家也都有辦法，透過數位管道來破壞川普或其他人的選戰。波特．葛斯就說，「中國情報單位已經遍及全國。」還有很多是非國家的侵入者，他們也擁有同樣的能力。約翰．布萊南就警告說，未來任何政府都可以靠付錢給「非法或是無法可管的」駭客集團，讓他們來製造美國大選的紛亂。[43]

如果這些人的行動順利，不論哪一黨獲利，輸家都會是美國的民主體制。

結語 突破重圍

歷史學家東尼・祖特（Tony Judt）曾經說：民主「腐敗，是造成其國家崩潰的主因。」[1]今天，美國的民主正在內部開始凋萎。俄國只是用了秘密行動，來加速這個凋萎的趨勢而已。二〇一六年，烏拉德密爾・普丁不僅僅只是幫助唐諾・川普贏得總統大選。他也運用了一個古老的想法來玷污美國民主體制的核心：選舉。

俄國二〇一六年在美國的行動，不過是秘密干預外國大選歷史上最晚近的一個篇章。事實上，各國干預他國大選的事，已經有上百年的歷史，只是往往不為我們所見、藏在國際關係的暗處。烏拉德密爾・列寧在第一次世界大戰走向尾聲時，發現自己可以透過支持他國共產黨候選人，而增加對自己優勢，同樣的事情，日後約瑟夫・史達林又在第二次世界大戰後依樣效尤。為了要圍堵共產主義，中情局干預了一九四八年的義大利大選，之後又干預了許多其他國家的大選。從日本到蓋亞那、到智利和薩爾瓦多，中情局和格別烏在世界各地的民主選舉中角力。開放選舉成了超級強國之間的競技場。有些行動，像是一九七二年的西德大選，直接影響了選票數目。其他的行動則透過寫信和恫嚇活動、假消息和宣傳策略，以及操縱和收買他國記者，而形塑了輿論。

冷戰結束後，美俄的情報政策制定邁向殊途。一九九一年以後，美國以公開提倡民主為手段，透過第三方的組織來推動其理念。中情局所領導的干預大選行動，這時成了少數例外，而不再是常態。對美國而言，沒有共產黨這個死對頭的話，就沒有行動的必要。在數位時代進行秘密干預的行動，被發現的風險很高，而被偵察到的後果更是不堪設想。近代的美國總統都認為，秘密行動太不划算，像二〇〇四年，小布希總統曾經想過，要用中情局去操縱伊拉克大選，但最後還是決定放棄這個選項。目前中情局的現況就是呈現拉扯的狀態：中情局很少進行干預他國大選的行動，但是保有進行的權力。

俄國則沒有這樣的多慮。冷戰的意識型態之爭已經過去，但對普丁而言，美國依然是俄國的頭號勁敵。莫斯科當局的目標從過去散播共產主義到全世界，已經變成拉民主體制下台。普丁運用秘密干預大選的行動來支持具有分裂國家特質的候選人，以及支持這種策略的目標。當目標是製造動亂，意識型態是起不了作用的，但相對的實力就會影響效果。大選若是易受外來影響，就會造成國家功能不彰，功能不彰則會導致國力衰微。普丁相信，只要暗中破壞美國，就可以強化俄國，也能讓民主的模型不再受到信賴。

然後普丁就襲擊美國了，從此改變了遊戲規則。這是史上第一次，外國事務的主題成了秘密干預大選。其作法雖然是分布在四處，在冷戰時期卻是沒有贏得太多的關注，部份原因在於當時很少人知道中情局和格別烏的行動，同時也因為大國對於小國的霸凌似乎是正常的。莫斯科當局過去就一直想要干預美國的大選。尼基塔・赫魯雪夫青睞約翰・甘迺迪當總統，俄國大使也曾一度想要和艾德萊・史蒂文森還有休伯特・亨佛萊等人合作，另外，格別烏也在暗中破壞李察・尼克森、亨利・傑克森還有朗諾・雷根的總統競選大業。這些行動在過去似乎都無足輕重，一直到二〇一六年才有了改觀。普丁運用數位工具，成功做到了前人所未能辦到的事：破壞並且改變了世界最強民主國家。

歐巴馬總統對此遲不作反應。在投票日前，他只將力量放在防範多種干預行動中的一種：篡改選票，卻忽略了其他種行動的可能：影響選民想法。電子郵件遭竊的事件佔滿美國新聞版面，而俄國的宣傳則在社群媒體上泛濫。等到二〇一六年十二月，歐巴馬真的出手報復普丁的時候，傷害已經造成。俄國成功以「迅雷不及掩耳且全面性的方式」干預了這場選戰，這話是調查此事件的羅伯・穆勒報告中寫的，而俄國因此達成了兩個他過去也常達成的目標：加大分裂，並暗助一位候選人、傷害另一位候選人。[2]從那時起，唐諾・川普這位受惠者，對於一再要求他承認美國受到外國秘密干預大選的事，一再予以否認。

未來川普的繼任者，不論是二〇二一年或是二〇二五年的繼任者，都必須要有所動作來捍衛美國選舉主權。而且這會是一場持續性的戰鬥，要對付的是充滿創意的敵人，而這場對抗，可以從過去的經驗，學到十個教訓：

一、秘密干預大選一向分成兩頭：竄改選票數字和改變選民想法。後者要比前者常用，美國一定要齊頭並進。

二、改變選民想法行動真正的影響力多少，這是永遠也無法判斷的。但是不能因為沒有辦法知道其效力，就認為秘密干預大選的威脅不存在。

三、有些政治人物一直就樂於讓外國勢力干預來助他們一臂之力，但也有人會直接拒絕。只有將國家的主權擺在個人成敗之上的領導人，才會作後者的選擇。

四、知道外國進行干預大選的行動，過去曾讓美國人不分黨派感到忿忿不平，這樣的態度應該再次出現於今日美國社會。

五、莫斯科當局長久以來就將其策略的先後，與其干預他國大選的行動結合。蘇聯時代他們支持的是共產黨候選人。現在的普丁則是會支持具有分裂性的候選人。

六、干預他國大選的國家，會視當時的資訊環境來因應作法。冷戰時代的干預行動利用的是廣播電台和電視台、現代的干預行動則選擇社群媒體平台和未來會出現的新興宣傳管道。

七、當前國家的社會分裂是干預國最好利用的破綻。一個民主國家越激化對立，就越容易受到外國勢力的顛覆和分化。

八、秘密干預大選的作法，現在是一種全球性的現象。要知道俄國將會怎麼干預下一次美國大選，就是看現在他怎麼對其他國家的大選下手。

九、美國大選是沒有萬靈丹可以保它永遠不受到干預的。列寧和普丁說的沒錯，公平競爭的選舉活動，本身就是很容易被他國滲透。不管是過去或是將來，這情形都不會改變。

十、數位時代讓秘密干預大選的行動變得不受到地域的限制。在二十世紀，沒有外來勢力可以成功干預美國大選。但是網際網路推翻了這情形。現在的美國現在跟任何民主國家一樣，都很容易受到外國勢力的干預。

美國應該使用這些經驗，作為他對抗現代極權主義威脅的參考。但首先，身為美國人，要先瞭解到，這威脅的本質是什麼：這個威脅就是要讓各民主國家從內開始腐敗，其中一個作法就是要讓他們的選舉敗壞。這正是俄國現在在做的。這場戰鬥的風險非常高。因為要是外國勢力可以把手伸進我們的國家選擇他們喜歡的領袖，那我們作為獨立國家的主權就不再了。要是外國勢力可以從內部分化我們，那我們的國家就注定了要功能不彰。要是外國勢力可以讓我們的政治一團紛亂，那我們的國家就不能領導全球各國。

民主國家形成不易。但自從冷戰結束以後，美國人卻一直把自己好不容易掙來的民主體制視為理所當然，眼光只向內看，越來越分歧。過去的美國總統可以藉外來挑戰，來團結美國國內。[3]但現在，美國人民所面臨的最大挑戰卻是在國內。極端對立、財富嚴重不均、司法政治化、匿名政治獻金等等，現在的美國是貪腐版的美國，不再是原版了。這只會讓俄國更加想要利用干預大選的行動，來讓這樣美國惡化。

現在的美國站在十字路口上。一邊是走向沒有防備的道路：更加腐敗、國力更為衰退、更多的仇恨。美國現在就已經在這條路上了，而且是親痛仇快。極權統治者從過去的經驗學到，民主國家往往都知道得太慢：因為民主國家都是從內部開始敗亡的。想想當初葉爾欽手中的俄羅斯，因為其民主體制從內部開始爛起，才會給了普丁可乘之機，趁機掌權。俄羅斯的慘痛教訓，不用在我們身上再發生一遍。

下一任的美國總統，以及新一任的國會議員和國民，一定要選擇更難走的另一條路：革新的路。

在自家革新

美國人革新的道路要從自家做起。因為俄國正在設法破壞我們的民主體制，美國要做的就是要強化自己的民主體制，而做法則是要一方面捍衛其選舉制度、一方面則是要解決其存在已久的社會分裂。

當務之急是避免外國敵對勢力在選票上動手腳。二〇一六年普丁的駭客群，只是舒舒服服的坐在俄國，就能夠滲透到美國的選務基礎設施。我們可以理解，為什麼當初美國的票匭會這麼的脆弱、容易被入侵：因為當時這手法只有俄國人用過。但現在，不能再用這手法以前沒見過做藉口了，可是美國因應這攻擊的進展卻非常的緩慢。自從川普上任以來，參院領袖米契．麥康納就已經批准撥款八億零五百萬美元，給聯邦政府作為提升選務安全的經費，可惜，據專家研究，這樣的數字實在是嚴重不足。[4]二〇一七年七月到十二月間，擔任國土安全部代理部長的伊蓮．杜克說：「你問我美國的選務系統安全嗎？不夠安全。聯邦政府要改善其安全防護，必須要先得到州政府的許可，要由他們提出申請才行。」[5]

這個問題的難處在於聯邦政府和各州之間的權責平衡。目前的作法是，必須由國土安全部、聯邦調查局以及參眾兩院主動，去拜託各州接受聯邦協助，強化他們的選務安全，但這不是長久之計。前川普國家安全副顧問娜迪亞．夏德洛就說：「各州的選務安全問題應該要被追究，而且我們也應該查明為什麼有些州拒絕接受國土安全部的協助。」或許，這種各州各自為政的選務方式，在過去有其必須存在的原因。在數位時代以前，選務的完整性不致於成為全國性安全問題。但現在時代不同了，美國的管理架構也應該與時俱進。前國家安全副顧問艾維瑞爾．海恩斯說：「對美國選務基礎設施的脆弱，我真的跟所有美國人一樣，都有了深刻的體悟，所以我也很清楚，美國的選務安全真的有很多地方值得改進，而且也一定要加以改進。」前國土安全部部長傑．強森則說，理想上，美國發展「獨立的聯邦選務系統並不是辦不到，像美國的報稅系統就是由聯邦獨立擁有的。」[6]

這樣的改革刻不容緩，但是美國也不用一朝被蛇咬，十年怕草繩。美國上千個獨立選務轄區，其實也提供了某種程度的安全性。全國性統一的選務基礎系統，萬一要是遭到單一全國性駭客攻擊的話，就會變得脆弱不已。但目前的情況，問題不在於各州獨立監管選務系統，而是在某些州拒絕保護自己州內的選務系統。共和黨參議員洛伊．布朗特（Roy Blunt）也說，「有些州真的就是沒有使用」聯邦政府特別為提升選務安全所籌措的款項。[7]兩院議員應該要針對這些不負責任的州政府定出罰則，不管他們是規避強制性的安全標準或是其他缺失。[8]這樣的威脅不是無法修正的，所以一定要加以清除。二〇一六年任中情局副局長的大衛．柯恩就說：「篡改票數、對投票機動手腳、對選舉機制下手，這些都是可以加以阻止的，而且大部份都可以透過強化網路安全就可以做到。」[9]而現在就是動手的時候。二〇一六年時那種敵強我弱，敵暗我明，任一個外國勢力篡改美國大選的選票或是選舉人資料這樣的事，不容再重演了。若不將問題徹底根絕，美國將永遠都要屈居守勢來捍衛自己的選舉，永遠在提防最壞的情況發生，不斷要捕風捉影，追著敵人跑。

另外，美國選民的想法也在遭受攻擊。過去一百多年來，外國情報單位的確曾多次在大選前試圖改變美國選民的想法。二〇一六年，俄國依然想達成同一目的，只是這次用的是新的招數：將竊得的電子郵件公布，同時還在社群網路平台上帶風向。

美國當下能做的就是要控制住這些威脅。首先，被不知來源盜走文件並將之外流這類的事件，是不可能停止的。選戰陣營中員工可能會成為駭客攻擊的對象，他們被竊走的文件則可能會流進社群媒體，而報社媒體則會決定要公開哪些文件。當筆者問一些美國的政治記者，如果將來大選又有透過維基解密洩露竊來文件的話，他們是否會加以報導，他們的答案一致都是：當然會。《華盛頓郵報》駐白宮首席特派員菲利普．洛克就說：「只要有新聞價值，就一定會被報導。」[10]

在一個數位化的民主國家，把公眾人物的私生活公開非常容易，但卻讓人很不自在。沒有人知道駭客下一個要找上誰，是Instagram的帳號、網上瀏覽的歷史，或是私人簡訊。即使如此，未來再有類似的事件，其傷害性是可以降低的。二〇一六年時，新聞記者都專注在報導波德斯塔、民主黨全國會議電子郵件的內容，卻不去報導外流這些文件的可能來源。但其實，反過來可能更有新聞價值。《紐約時報》駐白宮的首席特派員彼得．貝克就說：「大家既然已經有過去的經驗，因此對於東西的來源可能會更在意，這可能會在將來成為大家比較有興趣的焦點，不像以前。」[11]另外政府也可以幫忙，儘快發表聲明，確認背後主使文件外流的首腦是誰。加快追查真兇，有助於讓報導品質提升，也讓選民更能明智地審視竊來的文件。

另外，選民也應該學著不要那麼好騙，被媒體報導牽著走。二〇一七年，法國就發生一件事，與俄國情報單位有牽連的駭客，公開了從法國總統候選人伊曼紐・馬克宏（Emmanuel Macron）競選陣營竊來的電子郵件，當時他的競選對手是極右派的瑪琳・勒・朋（Marine Le Pen）。該文件被貼上網的時間就選在大選前夕，但是整個法國卻全都沒人關注，部份原因在於法國大選規定，選前媒體不得再報導選舉相關情事，另一個原因則是因為馬克宏陣營指控這些文件是偽造的，另外的原因則是因為法國的政治人物、記者和人民已經見識過美國二〇一六年大選的情形，不想再重蹈美國覆轍。[12]前美國駐俄羅斯大使威廉・柏恩斯（William J. Burns）就說：「你看看法國人，他們也不用去恫嚇俄國、要對方停止干預，但也沒被人弄亂腳步或是受到影響。」[13]美國的媒體氣候很獨特，這是真的。但是法國人整體態度，將外國干擾勢力視為對他們的挑釁，而不當成茶餘飯後八卦的題材，才是健康的態度。

俄國所採用的另一種心理武器，就是在社群媒體上的資訊戰，也是同樣的作法。俄國網路研究局當時才只是剛起步階段。二〇一九年時，臉書關閉了五十多個網路假帳號，他們每次只要有大選就會經常出現。俄國也鎖定其他社群媒體，在Reddit之類的網站上嘗試新的發訊策略，成功後才會廣泛使用。這些平台全都沒逃過俄國人的耳目，因為他們很努力想躲過偵測。[14]麥克邁斯特記得當初他還在白宮的時候，出現了一種新的技術，可以追查外國干預大選的來源，他說：「俄國立刻就發現且採取反制了。」[15]

靠社群媒體的高層出面，是無法完全阻絕、讓這些外國勢力不來利用他們的平台的。臉書的前安全主管亞歷士・史塔摩斯就說：「社群媒體成為外國勢力的外宣工具，這我們是無法將之完全除盡的。」但是，就像駭客還是會繼續竊走文件、再將之外流這樣的事可以被減少，同樣的社群媒體平台被利用的情事也可以減少。二〇一八年初，史塔摩斯造訪白宮，與川普的網路安全協調官羅布・喬伊斯（Rob Joyce）見面，當時正是美國期中選舉。在這之後不久，聯邦調查局和美國國土安全部就派出特別任務部隊，安排他們與臉書高層見面，也和其他科技公司見面。史塔摩斯說：「這次會面的結果，讓他們建立了一系列的常規性合作，並分享威脅訊息，這之後就因為政府多次示警，而讓這些公司進行了掃蕩工作。」這種政府與民間的合作模式，在二〇一六年時是完全沒有的，在未來這樣的合作會很重要。同樣的還有透明度。臉書目前的網路安全主管納森尼爾・葛萊徹（Nathaniel Gleicher）就說：「俄國在二〇二〇美國總統大選前，依然在搞鬼。」他的團隊「只要有發現」任何朝他用戶下手的外國行動都「會加以公開」。[16]國會一定要立法規範社群網路平台。兩黨有許多研究人員和政治人物，都針對該如何做提出過建議。[17]二〇一六年國家情報總監詹姆斯・克雷帕就說：「其他人類的任何行為我們都有辦法加以規範，憑什麼社群媒體可以得天獨厚，獨外於眾人？它有什麼了不起？憑什麼臉書的祖克柏就可以這麼自由的使用媒體？」[18]

外國影響選民的手段，會日新月益不斷演進。歷史的進程不會停在二〇一六年。或許共和黨下次會因這樣意外受惠，或許會換成民主黨受惠。這都不知道，唯一確定的是，新的技倆會層出不窮，目的就是要設計來利用美國猖獗的兩極對立情形。要防範於未然保護美國，就是要解決美國既有的分裂、並讓美國人民知道自己的對立，會怎麼被有心人利用。[19]

制定政策的政府各層級官員，應該要努力讓美國失去的再找回來：歸屬感、對事情的共識，以及對於週遭的警覺。地方媒體，雖然是奮力求生存的狀態，其實是最能夠讓上述三者重生的關鍵，也正是因為這樣，像是「為美國而報導」（Report for America）這樣的計劃需要在全美各地開花結果，因為這讓年輕的新聞記者可以站上全國各地的第一線去報導時事。[20]另一個值得投資且創新的領域則是公眾教育。美國人應該要讓自己在這個數位時代，成為民主體制中能明辨是非的公民：要如何以批判的角度來閱讀線上文章，明辨真實與造假。美國有幾個州已經通過立法，支持這樣的作法。[21]美國情報單位的主管也說，這是最有效對抗俄國的方式。前中情局局長波特．葛斯就說：「在自由民主的社會，尤其是如果有民眾是未受過教育的，那就會成為被外來勢力操縱的對象，也因此教育就顯得極為重要。我們的防禦工事就是教育，外國勢力的操縱本身則不是你能夠阻止的了的。」另一位前中情局局長麥可．海登也同樣說了同樣的話，他說俄國的技倆「不是什麼高深的先進科學，但卻因為我們很多的選民都沒有得到充份的資訊、不聞世事，因此很容易就受人擺布。」他又說：「我相信醫生的話：身強不怕病來磨：外國勢力對於美國選舉的干預，只有對笨的人才奏效。」[22]

* * * *

其他國家對於俄國的干預威脅，也都是採用教育這個方式。芬蘭政府訓練人民明辨網路假消息，芬蘭的學校也將數位知識融入其課程中。瑞典的學生也被教導要學會在網路辨認出誤導的內容。像二〇一八年九月瑞典全國大選，其政府甚至還給全國家家戶戶寄出二十頁的選舉手冊，告訴人民要提防假消息。手冊上提醒：「要留意假消息，不要相信謠言，常用可靠消息管道要超過一個以上，這樣才能夠判別訊息的真偽。」這些計劃也似乎收到成效：最近的研究報告就發現，芬蘭和瑞典在全歐洲國家最不受假訊息誤導排名上，分佔第一和第四名。[23]美國應該學習他們成功的經驗。

但是兩極對立與不和諧還是永遠都會存在的。不過，參眾兩院的國會議員應該要瞭解到，當今美國民主體制下，這樣的對立與不和諧發展到什麼地步了：它們已經成為美國國家安全最大的威脅和破綻。俄國現在就是朝著已經出現裂縫的地方在用力撕扯。前中情局副局長巴比．殷曼就說：「民主要能發揮作用，就必須人民對彼此都有信任。看看現在美國兩黨對立、欠缺對話的情形，這就是缺乏對彼此的信任。」[24]政治人物應該要善盡職責，作好立法工作，這樣就能強化各族群，進而讓他們共同起來捍衛國家。不管是育嬰、教育、基礎建設、健保，國會可以打造一個更為茁壯的美國。從這方面來看，美國國內政策的難處在於，外國政策處境困難。

美國現在的處境可以說是危在旦夕。其票匭不安全、其訊息空間成為外國宣傳入侵的缺口。而其公民則活在各自的平行時空、不相聞問。這麼多問題中，只有一個是真的可以修復的，那就是選務基礎設施易被滲透的問題。其他的幾個問題，則要待日後慢慢加以控制。前國務副卿東尼·布林肯就說：「美國的主權在未來不可能完整無缺，因為它有可能被人侵犯、而且它幾乎每天都在被侵犯，而這種侵犯卻和實質的主權侵犯不同，這是真實的狀況。」麥克邁斯特也有同樣的見解，他說，美國不可能「完全碾壓」對於其政局的干預，但是「我們應該要朝讓它完全無法產生作用的目標努力。」[25]人的想法不像機器一樣，機器壞了是可以修的。但是要是美國可以一步一步從內革新，就可以變得更不容易受到外部的攻擊。

調整對外關係

強化自家的同時，美國也應該從外保護自己。美國下一任的總統，應該要阻止二〇一六年俄國事件的重演，而且這是他能力所能及的範圍。

美國這場仗不用靠他單打獨鬥。前美國國防部部長吉姆·馬惕斯（Jim Mattis）在辭職信中就寫道：「和我們的盟國同心協力，我們就變得強壯。」這是馬惕斯在冷戰學到的寶貴經驗，當時西方世界懂得團結起來，對抗共產主義的威脅。[26]現在，又有新的極權威脅出現，但是華府到目前為止卻都還沒有號召同盟來共同對抗它。目前，美國的處境像極了一九三〇年代的情形，讓人感到不寒而慄，當時世界各個民主國家像是一盤散沙，沒有找到一個清楚的目標來共同抵禦外侮，因此被強人找到破綻，個個擊破。在二十世紀中葉所成立的國際組織如北約，都無法反映二十一世紀的現實。俄國坦克開進愛沙尼亞，美國願意為此一戰。但是要是俄國在愛沙尼亞的大選裡偷偷摸摸，美國卻只是聳聳肩、不置可否。華府的政策制定高層，過去曾經阻止過歐洲土地上發生戰爭，現在，他們也應該想辦法阻止數位戰爭。

＊　＊　＊　＊

美國新一任的總統可以促成這項任務，這包括了以下四個步驟。第一個步驟是要組成一個民主國家同盟，共同對抗秘密進行大選干預的勢力，這樣的勢力也要清楚的加以定義。艾維瑞爾・海恩斯曾說：「如果只是禁止對於選票作假，這是很容易贏得廣泛支持的。」但是這樣的定義並不夠：俄國另外也做了秘密資助競選團隊、試圖暗殺、污染社群媒體，以及行竊並外流敏感文件等事。另一個方法就是要作更廣義的定義，要涵蓋上述這所有的方式，就算一開始會因此吸引到較少的國家加入也無妨。美國前駐北約大使維多利亞・紐蘭德就說：「我們應該從兩個國家先開始建立共識，慢慢增加到四個國家、十個國家、二十個國家，然後再運用這樣的影響力，給其他國家施壓，讓他們也接受這樣的共識。」[27]同樣重要的還有，美國腳步要快，只要沒有跟上的盟國，就不要理他。

一旦形成聯盟，第二步就是要決定，要讓違犯者付出什麼樣代價。過去普丁干預各國大選幾乎都沒有嚐到任何的苦頭。美國和其盟邦一定要定下規矩，讓這麼做的國家受到懲罰。蘇珊．萊絲說：「我們一定要給俄國更多的懲罰，這我們辦得到的，讓他們為自己的所作所為付出慘痛的代價。我們應該讓他們為干預我們民主體制的行動，付出沉痛的代價。」麥克邁斯特也有同樣的看法，他說一定要讓俄國瞭解到，未來，不可能再讓他像在二〇一六年一樣，「那麼輕鬆好過，而是會要讓他們付出的代價，遠高於其所獲得的好處，如果他還想要繼續進行同樣的大選干預的話。」[28]

報復的方法有很多可以選。前白宮政策計劃總監傑克．沙利文就提議，要依比例加重報復手段。他說：「這是藉助科技對美國民主基礎設施的攻擊，我們應該告訴俄國，從我們的角度來看，我們也準備好要用科技的方法，來攻擊他們的基礎設施，以作為回應。」前中情局代理局長麥可．莫瑞爾則主張：「伊朗式的制裁行動。」這包括了「經濟制裁蘇聯，要讓它知道痛。讓普丁付出慘痛的代價。」好讓他知道不該干預我國大選，並要私下傳話給他：「你住手的話，我們就住手。條件很簡單。」前財政部長賴瑞．桑瑪斯則強調制裁俄國，要有堅強的盟國支持，這點很重要。他說：「單方面的制裁等於是搬磚頭砸自己的腳，因為受制裁的國家，還是可以和其他國家繼續作生意，所以重點要放在多方面的制裁。」紐蘭德的建議則是要提醒普丁，他自己也一樣破綻百出。她說：「俄國人民需不需要我們幫忙，揭露國家貪腐的狀況，看到有人在偷國家的錢中飽私囊呢？我們也可以讓俄國人民看到他們國家有多不民主、多不透明，又不用對人民負責任？可以啊，有何不可？」[29]不論採取什麼樣的反制，其整體的目的，都是要逼使普丁三思，評估他進行秘密干預大選手段是否划算。

第三個步驟則是下一任美國總統要和普丁，還有其他普丁的仿效者好好坐下來，把數位主權的問題當成優先事務來談。就像禁武是美蘇高峰會當初的焦點議題一樣，現在選舉安全也應該成為焦點議題。一定要有人去告訴普丁，要是他敢再亂搞他國的大選，他一定會被逮到，並在國際上被孤立，受到制裁。要是他還是膽大妄為，美國情報單位就要和盟國的情報單位攜手，儘快破獲他的行動。紐蘭德就說：「這樣的病毒最怕見光死。只要我們恪遵職守，就能組成世界級的防禦攻勢，包括組成可以幫助任何候選人的團隊，讓所有人都有公平的機會，同時也能點破假消息。」[30]適時點破俄國干預大選的行動，能讓選民作出更明智的判斷，也能促成政策採取強硬手段、即時作出反應。

最後一個步驟則是美國永遠不要以其人之道還治其身。當新的極權威脅出現時，一九四七年哈利．杜魯門總統所面臨的抉擇，也同樣會再次浮現：要是莫斯科當局操弄外國大選，那中情局是否也要還以顏色，操弄俄國的大選？有些重量級的人物覺得應該要如此。中情局二〇〇〇年到二〇〇四年的副局長約翰．麥克洛夫林就說：「我不希望拿掉這個選項。」尤其是要是美國「的重要權益危在旦夕的話」，而「俄國已經不擇手段、賄選、又宣傳，還找黑道把你青睞的人打得不成人形的話。」前參院多數黨領袖哈利．萊德同樣也認為：「這樣我不會傾向概括地說，我們不該干預他國大選，因為有時候我們的確應該進行干預。」中情局二〇〇九到二〇一一年的局長里昂．潘內達則說美國「絕對」應該要考慮以金錢、宣傳和其他手法，進行秘密支持外國政黨，以直接對抗俄國的秘密行動。潘內達說：「有些選項就是應該被考慮進去，這些方法在當前就該被考慮到，因為老實說，我們正在節節敗退。」[31]

下一任美國的總統必須要能夠抗拒這樣的誘惑。中情局所帶領的干預大選秘密行動已經落伍了，不再適合現代政治現實。一方面是因為這樣的行動勢必會洩底、被人發現。前中情局局長大衛．佩特雷斯說：「這類行動最終難保不被人發現。」而被人發現在干預他國大選這種事，對美國可是非同小可。強．費納則說：「要是我們也跟俄國做一樣的事，那不就是在告訴大家說這種事可以做嗎？」美國今日的問題，是如何強化自己的民主體制，而不再是圍堵意識型態，如果美國還去搞破壞選舉的事，那就是打自己臉。傑克．沙利文就說：「要是利用代理戰爭去取代民主選舉，那不僅弄髒了自己的手，而且長久下來，一次次累積下去，只是讓民主體制越來越衰弱，就正中了俄國的下懷，卻不利於我們自己。」[32]秘密影響他國大選這種事，不論短期有何好處，就長遠看，其所付出的代價更不划算。

即使有極少時候，會必須藉由選舉，讓一些不民主的暴君下台，這時美國也應該使用公開的方式，像是為特定候選人背書或是訓練特定政黨參政，去支持反對黨。公開影響與秘密干預選舉行動，一定要分得很清楚。前者是很明白的讓大家知道，是誰在影響大選，而且把原因說清楚。後者則是反而會讓人被誤導，而且是靠操縱，讓外來的意見假裝成本土的樣子呈現出來，這讓公開辯論的機會無法出現，而只是掩飾了背後的利益的獲取。中情局歷任主管中，凡是曾經和普丁近來的干預行動交過手、也曾為美國數位方面破綻所苦的，在離開政府後，都非常堅決反對中情局在海外進行干預大選的行動。二〇一三到二〇一七年中情局局長約翰·布萊南就說：「試圖影響民主國家選舉結果，這種事違反民主程序。」麥可·莫瑞爾則完全反對這種作為。他說：「我們來做這種事很不恰當，己所不欲勿施於人，既然我們高聲疾呼，高舉道德的大纛，主張所有國家都不該如此對他國，我們自己也應該信奉這樣的圭臬，不該對其他國家做這樣的事。」[33]

這四點放在一起，應該成為對抗秘密干預他國大選的國際新秩序，而且應該由美國來帶頭、加以實施並且以身作則。但是秩序不是擺著就可以鎮壓所有的妖魔鬼怪，一定會常常有人犯規，許多外國勢力會一再嘗試。但相較於美國的現況，想想這些可以企及的作法：與民主國家結為同盟共同對抗秘密干預大選行動，為自己的主權努力、準備好要給任何想干預他國大選的國家像是普丁等教訓。布萊南說：「要是你所標榜的這些立場和國際秩序，無法讓他們自慚形穢的話，那就要換一套方法，讓他們知道你對這些立場的堅定態度，他們侵犯的話，會招來什麼樣的後果。」[34]

川普一上任就把美國的盟友都趕跑了，他的繼任人必須要修正這個過失，修補外交關係，並且擔負起捍衛民主模型全球運動的責任。時間現在很急迫。民主制度在全球都因為普丁的干預行動，玷污了民主輪替過程的可信度，而讓民主進入衰退的狀態。中情局前莫斯科情報站的主管史提芬・霍爾就指出，普丁長久以來就一直很想有機會讓俄國人民看到：「民主國家一團混亂，你們不會想要生活在其中。」川普的前顧問娜迪亞・夏德洛則預測，未來「削減世人對於民主體制的信心，會是我們的敵國和競爭對手，可以使用的優勢之一。」[35]

從某方面來看，美國現在還頗像一九四八年時的情形，面對著全面性對民主體制的威脅：極權主義捲土重來、步步進逼，而其原因則部份肇因於有人以秘密行動干預大選。[36]在數十年前，杜魯門總統的政府以圍堵為戰略，來對付這樣的危機，當時他採用了秘密行動作為戰略的一部份。但新的時代，需要新的戰略。前白宮參謀長丹尼斯・麥唐納說：「民主國家現在和獨裁國家開戰了。民主體制，不見得就一定會成為獲勝的一邊。所以一定要全力以赴才能保住它，尤其是在二〇一六年美國大選以後。」夏德洛則強調，美國一定要對抗這個新的極權威脅，正如杜魯門總統當年所言：「我們要支持海外的盟友和夥伴。二次大戰後，俄國一度在義大利支持義國共產黨，因此，如果當初我們沒有支持該國的基督教民主黨，該黨就會一敗塗地。要是當初義國成為華沙公約的一份子，對它會比較好嗎？那我們何不支持挺美國、挺美國利益的團體？」[37]

夏德洛和麥唐納，兩人分別擔任過兩任美國總統的顧問，卻同樣都相信，美國現在來到了歷史的關鍵時刻。現在美國人民再一次面臨抉擇：我們想要生活在什麼樣的國家，而我們是否想要在海外扮演領導者的角色？

＊＊＊＊

當前美國所面臨的威脅不是意識型態的威脅，而是對其開放治理風格的敵視。今日的極權統治者想要拉下民主國家。美國因此一定要從改革中重生，不管在國內或是國外，要讓世人看到，民主體制不僅能在數位時代繼續茁壯，還能夠浴火重生、更勝以往。

未來的日子裡，所有人類的社會，不論極權或是民主，要如何面對科技方面不斷的改變呢？普丁了不起的地方在於，被他想到可以將網際網路武器化、以服膺他的目的。中國，這崛起的強權，已經在其自家建立了一套數位極權體制，並且也在朝台灣和澳洲等國家的大選下手。[38]秘密干預大選的行動，過去是只有超級強國才擁有的武器，現在已經成為極權國家共通的武器。所有的民主國家現在是人人岌岌可危。

但這不代表民主模型的末日在即。美國現在所面臨的狀態，其實在歷史上一直不斷地重演著：開放對抗封閉，自由對抗奴役、包容對抗排他。或許，即將到來的數位暴風，或許普丁和他的同道中人能夠控制得宜，爰為己用，但也或許會被數位海嘯意外襲捲，被這些國家的人民開發出新的方式，使用線上工具來向他們示威抗議，組織群眾運動，發起革命，這都說不定。

這獨裁對抗民主、一再重演的老戲碼中。俄國在二〇一六年這一仗打了勝仗。但未來是未知數。如廣播和電視之類的科技重大發明，不見得就是有利民主推廣的利器，法西斯主義者利用了前者為己宣傳、共產主義者則將後者當作強化自己的武器。網際網路的出現也一樣。民主國家目前所面對的問題是，要如何立法和調整自己，好讓這快速演變的領域，在自己的社會中不致出亂子。

秘密干預大選的故事點出很多重要的事。首先，美國的主權不是如大家以為的那麼堅不可摧。其次，民主體制現在正面臨了許多人不瞭解的威脅。但是，過去的歷史也讓我安心。許多在上一世代曾經受秘密大選干預之苦的國家，終究還是以民主的姿態繼續茁壯。俄國現在還是在攻擊開放社會、操弄選舉。美國也再一次要捍衛這場民主的實驗，只要我們身為公民的大家，願意挺身共同起來扮演好自己公民的角色。

選擇操在我們自己手裡。

謝詞

本書最要感謝的是我的指導教授提摩西・史奈德（Timothy Snyder）。從就學期間他就一路給予我寶貴的意見，直到就業後依然持續給我珍貴的人生、就業經驗。二〇一八年秋天他細心地閱讀我的博士論文，之後二〇一九年六月，在看完我對本書的研究後，還主動推薦他的經紀人，蒂娜・班奈特（Tina Bennett），她因此同意成為我的出版經紀人。之後諾輔（Knopf）出版社接下本書的出版業務後，史奈德教授又邀我前往紐黑文（New Haven），每隔幾天就和我見一次面，我每寫完一章他就細細地審讀。他的慷慨無私完全出我意料之外。如此恩惠，真的不知如何言謝。

撰寫本書的想法起自二〇一七年夏日，當時我擔任《紐約時報》柏林辦公室的實習記者。在當地我採訪了一位前東德國安局的官員，他告訴我當初東德國安局如何派他們前去秘密操縱西德總理威利・布蘭特的不信任投票。隔年我在耶魯大學歷史系的支持下，研究了該次選舉的關鍵秘密行動，就在這時，俄國在二〇一六年美國大選進行干預的事也漸漸浮上檯面。之後我拿到馬歇爾獎學金前往英國攻讀博士學位，這時我已經知道我的博士論文要研究什麼題目了：外國勢力在他國大選進行秘密干預的行動沿革。牛津大學自由的學術風氣，讓我得以在毫無干擾的情況下，心無旁騖地研究這個主題。為此我往返歐洲和美國各地詳閱檔案資料、並且採訪許多重要的關係人，在此也要感謝他們接受我的採訪。

二〇一九年七月到十二月間，我開始投入撰寫此書，沒想到過程會是我一生最充滿挑戰、但也充滿了興奮的一段時間。感謝在這段期間裡協助我的諸多教授和學者。約翰・路易斯・蓋迪斯、史提芬・豪瑟、丹尼爾・庫爾茲—菲蘭（Daniel Kurtz-Phelan）、馬西・蕭爾（Marci Shore）、提摩西・史奈德，以及歐德・阿恩・魏斯塔等人都審閱我的手稿。伊莉莎白・布萊利（Elizabeth Bradley）、吉恩・佛蘭斯比（Jeanne Follansbee）、佛羅拉・福雷瑟（Flora Fraser）、以及麥可・麥克佛爾（Michael McFaul）對某些段落的意見，以及馬丁・康威（Martin Conway）、貝佛莉・蓋吉（Beverly Gage）、吉伯特・喬瑟夫（Gilbert Joseph）、彼得・康布魯（Peter Kornbluh），以及傑克・沙利文針對特定章節給我意見。約翰・魏特（John Witt）非常支持本書的撰寫，讓戴文波學院可以隨著為我敞開大門，供我研究使用。在戴文波時，傑・吉特林（Jay Gitlin）和保羅・甘乃迪（Paul Kennedy）更與我談論各種全球性議題。

另外一些摯友也提供我許多協助，三位好友特別為我校對全書。分別是札克里・柯恩

（Zachary Cohen）、莎拉·丹尼蘭（Sarah Donilon）以及泰勒·佛格（Tyler Foggatt）。還有其他好友也提供意見，分別是納森·班梅爾（Nathan Bermel）、嘉布瑞拉·波特（Gabriella Borter）、麥德琳·卡利索（Madeleine Carlisle）以及雅各·史坦（Jacob Stern）。另外有多位出色的研究者也讓我受惠良多。凱西·庫達克（Kelsey Kudak）為我鉅細靡遺地檢查書中事實的部份，卡洛琳·舒克霍夫（Caroline Shookhoff）和彼得·詹姆斯（Peter James）則在風格上給我建議。艾德蒙·葛瑞菲斯（Edmund Griffiths）、安娜斯塔西亞·波斯諾娃（Anastasiia Posnova）以及安娜·柯洛特（Anna Kolot）則幫忙翻譯。而馬修·克里斯多夫森（Matthew Kristoffersen）則在多方面的主題上提供我報告。

兩位出版業的好友讓這本書得以成形。我的出版經紀人蒂娜·班奈特對我和我的想法一直寄予信心。編輯安德魯·米勒（Andrew Miller）深明此書之重要性，也深明如何加速出版腳步，以及此書出版的迫切性。真的要很感謝他們，另外，還有他們的同事麥可·柯利卡（Michael Collica）、泰勒·康里（Tyler Comrie）、馬里斯·戴爾（Maris Dyer）、亞利西亞·葛雷卡斯·艾佛瑞特（Alicia Glekas Everett）、傑·曼德爾（Jay Mandel）、瑪利亞·梅西（Maria Massey）、丹尼爾·諾瓦克（Daniel Novack）、潔西卡·菩賽爾（Jessica Purcell），以及殷格莉·史戴納（Ingrid Steiner）。

對於本書相關題材的興趣，其實是源自多年前，也和許多人有關聯，儘管他們的生活腳步繁忙，卻促成此書和我的研究。約翰．路易斯．蓋迪斯在我還是中學時，就開始指導我對於蘇維埃歷史的研究，將之單獨區隔出來，之後一路指導我進入耶魯大學，並且從這本書撰寫一開始就一路支持我到最後。希拉蕊．柯林頓在我中學時和我會面，與我談到冷戰時期的研究，且自那時期就不斷抽空與我見面與建議。傑克．沙利文一直在外交政策分析方面，給我許多的鼓勵和督促，從我是學生時期到後來進入希拉蕊競選團隊擔任實習，乃至我成為卡內基國際和平獎學金研究者時都給予我眾多協助。尼爾．麥法蘭（Neil MacFarlane）是我博士論文的指導老師，他訓練我的思考能力，並提供我一個進行學術研究的地方。山姆．尚希（Sam Chauncey）長久以來以的友誼、建議和信心，讓我如沐春風。

但更重要的是，我的家人一直以來是我的中流砥柱。家族裡的親戚也都在一些關鍵問題上給我不同的意見，並且在我精疲力盡的時候給我打氣。我的雙胞胎兄弟亞當、妹妹妮可都忍受著我不時跟他們叨叨絮絮本書，並適時給我意見。我繼父霍華、還有我過世的繼母黛柏拉則從頭到尾支持，沒有一絲的懷疑。而最後，我母親和父親，他們是我最大的粉絲，就像往常一樣：給了我無條件的愛，盡一切可能地支持我。

我盡自己能力所及寫了這本書。任何書中的缺點、遺漏都是由我個人所造成，與他人無關。

註釋

序言　兵臨城下的民主體制

1. For this book, the author interviewed twenty-six former advisers to Presi-dent Obama, including fourteen who were serving in his administration as Russia's operation unfolded.
2. Wallander, interview by author, Washington, D.C., July 17, 2019; Michael Daniel, phone interview by author, July 19, 2019.
3. Nuland, interview by author, Washington, D.C., Feb. 22, 2019.
4. Clapper, interview by author, Fairfax, Va., Jan. 3, 2019.
5. Lisa Monaco, interview by author, New York, Sept. 25, 2019; R. Sam Garrett, *Federal Role in U.S. Campaigns and Elections: An Overview* (Washington, D.C.: U.S. Library of Congress, Congressional Research Service, 2018), fas.org. In "Increasing the Security of the U.S. Election Infrastructure," Herbert Lin, Alex Stamos, Nate Persily, and Andrew Grotto further explain, "In accordance with the Help America Vote Act (HAVA) of 2002, systems for voter registration are centralized at the state level. The administration of voter registration databases entails a number of large-scale tasks, including (1) maintaining the correct status of indi-viduals who are properly registered to vote and their relevant information on voter registration lists, (2) removing individuals who are no longer eligible to vote (e.g., those who have moved out of the jurisdiction) off registration lists, and (3) delivering precinct-by-precinct registration lists to the individual precincts where in-person voting occurs (e.g., creating and delivering paper-based or electronic poll books). By contrast, vote casting systems are decentralized down to the

county level. Each county within the same state can use a different electronic voting system, which must include the following: (1) electronic voting systems that record ballots cast by citizens in person at individual precincts, (2) tabulation systems that record absentee ballots via postal mail, and (3) programs that tabulate vote totals at levels higher than the precinct." Herbert Lin et al., "Increasing the Security of the U.S. Election Infrastructure," in *Securing American Elections: Prescriptions for Enhancing the Integrity and Independence of the 2020 U.S. Presidential Election and Beyond,* ed. Michael McFaul, Stanford University, June 2019, 17, fsi.stanford.edu.

6. Brennan, interview by author, Washington, D.C., July 10, 2018.
7. Johnson, interview by author, New York, July 29, 2019.
8. Carol E. Lee, "Obama, Putin Meet as Syria Deal Stalls," *Wall Street Journal,* Sept. 5, 2016, www.wsj.com.
9. Monaco, interview by author.
10. Haines, interview by author, New York, Feb. 23, 2019; Daniel, interview by author. Of Russia's probes of electoral infrastructure through October and early November, Lisa Monaco told me, "We did not see a spike. We didn't see an escalation. It was a steady state."
11. Nuland, interview by author.
12. David Sanger, "Obama Strikes Back at Russia for Election Hacking," *New York Times,* Dec. 29, 2016, www.nytimes.com.
13. Finer, interview by author, New York, Feb. 20, 2019; Blinken, interview by author, Washington, D.C., Jan. 3, 2019; Clapper, interview by author.
14. Hans Morgenthau, *Politics Among Nations* (New York: Knopf, 1967), 301; Robert Jackson, *Sovereignty: The Evolution of an Idea* (Cambridge, U.K.: Polity, 2007), 10; Stephen D. Krasner, *Sovereignty: Organized Hypocrisy* (Princeton, N.J.: Princeton University Press, 1999), 20.
15. Brennan, interview by author.
16. The digital age, as defined in this book, took hold during the first decade of the twenty-first century, when, David A. L. Levy and Rasmus Kleis Nielsen write, there was a "rapid spread of increasingly sophisticated forms of internet access and

use throughout the developed world and in many emerging economies." David A. L. Levy and Rasmus Kleis Nielsen, *The Changing Business of Journalism and Its Implications for Democracy* (Oxford, U.K.: Reuters Institute for the Study of Journalism, 2010), 7. In the year 2004 alone, Facebook was founded, Google launched Gmail, and Amazon announced its first-ever full-year profit. See Harry McCracken, "How Gmail Happened: The Inside Story of Its Launch 10 Years Ago," *Time,* April 1, 2014, time.com; Ellen Rosen, "Student's Start-up Draws Attention and $13 Million," *New York Times,* May 26, 2005, www.nytimes.com; Saul Hansell, "Amazon Reports First Full-Year Profit," *New York Times,* Jan. 28, 2004, www.nytimes.com.

17. Avril Haines, "Trump's 'Ridiculous' Spy Claim," interview by Michael Isikoff and Dan Klaidman, *Skullduggery,* Yahoo News, May 25, 2018, play.acast.com; Haines, interview by author.

18. McMaster, phone interview by author, Oct. 17, 2018.

19. U.S. Congress, Senate, Intelligence Authorization Act for Fiscal Year 2017, S. 133, 115th Cong., www.congress.gov.im2o0t. hyT Snyder, *The Road to Unfreedom: Russia, Europe, America* (New York: Tim Duggan Books, 2018), 47, 251. A country can hold elec-tions, of course, but not be a democracy, as captured by Nic Cheeseman and Brian Klaas's *How to Rig an Election* (New Haven, Conn.: Yale Uni-versity Press, 2018). Larry Diamond of Stanford describes the democratic model as including four basic elements: not just (1) a political system for choosing and replacing the government through free and fair elections, but also (2) the active participation of the people, as citizens, in politics and civic life; (3) protection of the human rights of all citizens; and (4) a rule of law, in which the laws and procedures apply equally to all citizens. See Larry Diamond, "What Is Democracy?" (lecture at Hilla University for Humanistic Studies, Hilla, Iraq, Jan. 21, 2004), diamond-democracy .stanford.edu.

21. Professor Don H. Levin has assembled a universe of cases for U.S.-and Russia-led electoral interference operations. He has found that between 1946 and 2000 the United States interfered in eighty-one foreign elec-tions and the Soviet Union/Russia interfered in thirty-six foreign elections. Levin classifies nearly two-thirds of these interventions as covert. See Don H. Levin, "Partisan Electoral Interventions by the Great Powers: Intro-ducing the PEIG Dataset," *Conflict Management and Peace*

Science 36, no. 1 (2016): 94–95.

22. Clinton, phone interview by author, April 4, 2020.
23. By 2016, nearly two-thirds of U.S. adults were getting at least some of their news from social media. See Jeffrey Gottfried and Elisa Shearer, "News Use Across Social Media Platforms 2016," Pew Research Center, May 26, 2016, www.journalism.org.
24. Baker, phone interview by author, Oct. 17, 2018.
25. Stamos, phone interview by author, May 28, 2018.
26. Valery Gerasimov, "The Value of Science Is in the Foresight: New Chal-lenges Demand Rethinking the Forms and Methods of Carrying Out Combat Operations," translated from Russian by Robert Coalson, pub-lished originally in *Mndiulisttarriya-lIKurier,* Feb. 27, 2013.
27. Robert Kagan, "The Strongmen Strike Back," *Washington Post,* March 14, 2019, www.washingtonpost.com. See also Olivia Beavers, "National Security Experts Warn of Rise in Authoritarianism," *Hill,* Feb. 26, 2019, thehill.com.

第一章　列寧登場

1. Kalugin, interview by author, Rockville, Md., Aug. 7, 2018. For more on Kalugin's backstory, see Oleg Kalugin, *Spymaster: My Thirty-two Years in Intelligence and Espionage Against the West* (New York: Basic Books, 1994). Technically, the KGB was not named as such until 1954. Christo-pher Andrew and Vasili Mitrokhin explain, "The term KGB is used both generally to denote the Soviet State Security organisation throughout its history since its foundation as the Cheka in 1917 and, more specifically, to refer to State Security after 1954 when it took its final name." Christopher Andrew and Vasili Mitrokhin, "The Evolution of the KGB, 1917–1991," in *The Sword and the Shield: The Mitrokhin Archive and the Secret His-tory of the KGB* (New York: Basic Books, 1999).
2. Steven Lee Myers, "Russia Convicts a Former K.G.B. General Now Living in U.S.," *New York Times,* June 27, 2002, www.nytimes.com; Scott Shane, "From Soviet Hero to Traitor," *Baltimore Sun,* June 26, 2002, www.baltimoresun.com.
3. Kalugin, interview by author.

4. Tony Judt, *Postwar: A History of Europe Since 1945* (New York: Pen-guin Books, 2005), 103. Historian Odd Arne Westad similarly argues that World War I "jump-started the destinies of the two future Cold War Superpowers. It made the United States the global embodiment of capital-ism and it made Russia a Soviet Union, a permanent challenge to the capitalist world." Odd Arne Westad, *The Cold War: A World History* (New York: Basic Books, 2017), 26–27.
5. Trevor Barnes, "The Secret Cold War: The C.I.A. and American Foreign Policy in Europe, 1946–1956. Part I," *Historical Journal* 24, no. 2 (1981): 399. Of the interwar period, Westad explains, "How could the Soviet system, based on terror and subjugation, appeal to so many people around the world? The Great Depression provided the opportunity. If it had not been for capitalism doing so very badly, Communism would not have won the affection of large numbers of dedicated and intelligent people everywhere A massive majority of Americans, 95 percent in 1936, thought that the United States should stay out of any war in Europe." Westad, *Cold War,* 35, 40.
6. John Ridell, *Founding the Communist International: Proceedings and Documents of the First Congress: March 1919* (New York: Pathfinder Press, 1987), 1, 75, 161.
7. "Ruse of Soviet to Stir Revolts Officially Shown," *New York Times,* April 19, 1920, timesmachine.nytimes.com; Kevin McDermott and Jeremy Agnew, *The Comintern: A History of International Communism from Lenin to Stalin* (London: Palgrave, 1996), 17.
8. McDermott and Agnew, *Comintern,* 20–23. Fridrikh Igorevich Firsov, Harvey Klehr, and John Earl Haynes, *Secret Cables of the Comintern, 149333–19* (New Haven, Conn.: Yale University Press, 2014), 44.
9. McDermott and Agnew, *Comintern,* 21–22. By 1922, the Comintern had an annual budget of $21.5 million (in 2020 dollars) and dispersed between $1.1 and $3.7 million each to the German, American, British, Italian, and Czech Communist Parties. Firsov, Klehr, and Haynes provide these figures in *Secret Cables of the Comintern,* 39. Conversion to 2020 values executed by U.S. Inflation Calculator, www.usinflationcalculator.com.
10. Timothy Snyder, *Sketches from a Secret War: A Polish Artist's Mission to Liberate Soviet Ukraine* (New Haven, Conn.: Yale University Press, 2005), chap. 1.

11. Timothy Snyder, *Bloodlands: Europe Between Hitler and Stalin* (New York: Basic Books, 2012), 60–62.
12. Firsov, Klehr, and Haynes, *Secret Cables of the Comintern*, 30–31 52–57, which further explains that Spain's Communist Party relied on the Comintern's payments, in part, to fund the *Mundo Obrero,* a left-wing propaganda source.
13. Ibid., 39.
14. McDermott and Agnew, *Comintern,* 122.
15. Westand, *Cold War,* 30, 32. The U.S. government went so far as to estab-lish a "concentration camp for Reds" at Camp Upton in New York, reported *The New York Times,* and to arrest and deport hundreds of allegedly radical leftist immigrants, including 249 "undesirable aliens" who were moved out of the country aboard a U.S. military ship nick-named the Soviet Ark. See "Begin Procedure to Deport Reds," *New York Times,* Jan. 6, 1920, timesmachine.nytimes.com; "'Ark' with 300 Reds Sails Early Today for Unnamed Port," *New York Times,* Dec. 21, 1919, timesmachine.nytimes.com; "Soviet Ark Lands Its Reds in Finland," *New York Times,* Jan. 18, 1920, timesmachine.nytimes.com. For further read-ing on the general paranoia of this period, see Robert Murray, *Red Scare: A Study in National Hysteria, 1919–1920* (New York: McGraw-Hill, 1955); Beverly Gage, *The Day Wall Street Exploded: A Story of America in Its First Age of Terror* (New York: Oxford University Press, 2009), chap. 14.
16. Founded in 1920, the British Communist Party received at least £55,000 from the Comintern to jump-start its activities (£2,476,739 in 2019 val-ues), followed by annual subsidies of varying amounts, from £24,000 in 1921 (£1,183,688 in 2019 values) to £16,000 in 1925 (£980,043 in 2019 values). See McDermott and Agnew, *Comintern,* 22, 56. Conversions to 2019 values executed by the Bank of England's Inflation Calculator, www.bankofengland.co.uk.
17. Gill Bennett, *The Zinoviev Letter: The Conspiracy That Never Dies* (New York: Oxford University Press, 2018), 267–69; "Civil War Plot by Social-ists' Masters," *Daily Mail,* Oct. 25, 1920. Of the agreements between Moscow and London, Bennett explains, "By early August, after a brief breakdown in the talks, agreement had been reached on two draft treaties, a general Anglo-Soviet treaty and a commercial treaty, with provision for a third whereby the British government would guarantee a loan to the Soviet Union Although more than one treaty had been negotiated, for the Soviet government the key treaty was the

general Anglo-Soviet treaty whose ratification would pave the way for a loan," in *The Zinoviev Letter,* 26, 284. See also Uri Bar-Joseph, *Intelligence Intervention in the Politics of Democratic States: The United States, Israel, and Britain* (University Park: Pennsylvania State University Press, 1995), 298.

18. Bennett, *Zinoviev Letter,* 66–68.
19. A. J. P. Taylor, *English History, 1914–1945* (Oxford, U.K.: Oxford Uni-versity Press, 1978), 219, in which Taylor concludes the letter "undoubt-edly was" a forgery.
20. Bennett, *Zinoviev Letter,* 1.
21. Franz Borkenau, *World Communism: A History of the Communist International* (New York: W. W. Norton, 1939), 428. Separately, Stalin's purges of the Comintern's ranks had undermined its functionality, as explained by McDermott and Agnew in *Comintern,* 145–55. For further reading on Stalin and his domestic terror, see Anne Applebaum, *Gulag: A History* (New York: Doubleday, 2003), chaps. 1–23; Golfo Alexopou-los, *Illness and Inhumanity in Stalin's Gulag* (New Haven, Conn.: Yale University Press, 2017); Snyder, *Bloodlands,* chaps. 1 and 3; Stephen Kot-kin, *Stalin: Waiting for Hitler, 1929–1941* (New York: Penguin Books, 2017).
22. Firsov, Klehr, and Haynes, *Secret Cables of the Comintern,* 49.
23. Fernando Claudin, *The Communist Movement: From Comintern to Cominform* (New York: Monthly Review Press, 1975), 45.
24. Anne Applebaum, *Iron Curtain: The Crushing of Eastern Europe, 1944– 1956* (New York: Doubleday, 2012), chap. 9; Delbert Clark, "Soviet Grip Broken By Berlin Election," *New York Times,* Oct. 22, 1946, times machine.nytimes.com; "Leader of Anti-Reds in Berlin Threatened," *New York Times,* Dec. 10, 1947, timesmachine.nytimes.com; Delbert Clark, "Soviet Forces Out Kaiser, German Opposition Leader," *New York Times,* Dec. 21, 1947, timesmachine.nytimes.com; "Kaiser Ouster Disliked," *New York Times,* Dec. 23, 1947, timesmachine.nytimes.com; "Kaiser Carries On as Exile in Berlin," *New York Times,* Dec. 24, 1947, timesmachine.nytimes.com.
25. Applebaum, *Iron Curtain,* chap. 9; Richard F. Staar, "Elections in Com-munist Poland," *Midwest Journal of Political Science* 2, no. 2 (1958): 210.

26. Applebaum, *Iron Curtain,* chap. 9; "Hungarian Leader Seized by Rus-sians," *New York Times,* Feb. 27, 1947, timesmachine.nytimes.com; Bur-nett Bolloten, *The Spanish Civil War: Revolution and Counterrevolution* (Chapel Hill: University of North Carolina Press, 1991), 551.
27. "Excerpts from Communique Adopted by Cominform," *New York Times,* Nov. 30, 1949, timesmachine.nytimes.com. On the formation of the Cominform, see Westad, *Cold War,* 96; Csaba Békés, "Soviet Plans to Establish the COMINFORM in Early 1946: New Evidence from the Hungarian Archives," *Cold War International History Project Bulletin,* no. 10 (March 1998): 135–36. On American policy making toward the countries of Eastern Europe in the immediate postwar period, see Marc Trachtenberg, "The United States and Eastern Europe in 1945: A Reas-sessment," *Journal of Cold War Studies* 10, no. 4 (2008): 94–132.
28. Judt, *Postwar,* 143. Historian Silvio Pons argues that "the formation of the Cominform was more a sign of retreat than a shift toward the offen-sive." Silvio Pons, "Stalin, Togliatti, and the Origins of the Cold War in Europe," *Journal of Cold War Studies* 3, no. 2 (2001): 26.
29. The Soviet Union had possessed intelligence services since its incep-tion, known at various times as the Cheka, the OGPU, and the NKVD. Their work reflected the priorities of the top. Lenin and Stalin used these agencies, above all, to crush perceived enemies at home. Andrew and Mitrokhin explain, "To understand Soviet intelligence operations between the wars, it is frequently necessary to enter a world of smoke and mirrors where the target is as much the product of Bolshevik delusions as of real counter-revolutionary conspiracy." Take the Cheka, which brutally tortured and killed many thousands of people during the Russian Civil War, or the NKVD, which carried out Stalin's Great Terror in the late 1930s. In December 1920, Moscow did establish a foreign intelligence directorate—and it did penetrate the highest levels of the British and American governments—but eventually most of its officers fell victim to Stalin's purges. For most members of this unit, "torture and confession to imaginary crimes were followed by a short walk to an execution chamber and a bullet in the back of the head." See Andrew and Mitrokhin, *The Sword and the Shield,*02.2–8
30. Kalugin, interview by author.

第二章　中情局在義大利

1. For further reading on containment, see John Lewis Gaddis, *Strategies of Containment: A Critical Appraisal of American National Security Policy During the Cold War* (New York: Oxford University Press, 2005); John Lewis Gaddis, *We Now Know: Rethinking Cold War History* (New York: Oxford University Press, 1997). Dean Acheson, the famed secretary of state, details foreign policy making during the Truman years in *Present at the Creation: My Years in the State Department* (New York: W. W. Norton, 1969). See also James Chase, *Acheson: The Secretary of State Who Created the American World* (New York: Simon & Schuster, 1998). For further reading on Truman, see David McCullough, *Truman* (New York: Simon & Schuster, 1992); Alonzo L. Hamby, *Man of the People: A Life of Harry S. Truman* (New York: Oxford University Press, 1995).
2. On the establishment of the CIA, the ultimate successor to the wartime Office of Strategic Services, see Barnes, "The Secret Cold War: The C.I.A. and American Foreign Policy in Europe, 1946–1956. Part I"; Daniel Yer-gin, *Shattered Peace: The Origins of the Cold War and the National Secu-rity State* (Boston: Houghton Mifflin, 1977); David F. Rudgers, *Creating the Secret State: The Origins of the Central Intelligence Agency, 1943– 1947* (Lawrence: University Press of Kansas, 2000); Burton Hersch, *The Old Boys: The American Elite and the Origins of the CIA* (New York: Scribner's, 1992); Michael J. Hogan, *A Cross of Iron: Harry S. Truman and the Origins of the National Security State, 1945–1954* (Cambridge, U.K.: Cambridge University Press, 1998).
3. The economic ruin of Europe presented Moscow and Washington with opportunities for influence. Westad explains, "The Cold War between capitalism and Communism, and between the United States and the Soviet Union, fit the European disaster to a T. Not only had the military outcome of the war left the Americans and the Soviets in command of the continent, but Europeans, hungry for a miracle, or just plain hungry, looked to Washington or Moscow for answers The disasters that had befallen Europe put the prestige of the new masters of the continent—the Americans and the Soviets, or the Superpowers as Europeans had started calling them—into sharp relief." Westad, *Cold War,* 72–73.
4. Huntington Smith, "Unemployment, Overcrowding Seen Bolstering Reds in Southern Italy," *New York Times,* April 17, 1948, timesmachine .nytimes.com.

5. Robert Ventresca, *From Fascism to Democracy: Culture and Politics in the Italian Election of 1948* (Toronto: University of Toronto Press, 2004), 25, 52.

6. John Foot, *The Archipelago: Italy Since 1945* (London: Bloomsbury, 2018), 17, 22, 72; Ventresca, *From Fascism to Democracy,* 49. See also Rosario Forlenza, *On the Edge of Democracy: Italy, 1943–1948* (Oxford, U.K.: Oxford University Press, 2019), chaps. 2 and 4.

Westad explains that the Communist Parties of Western Europe attracted major followings in the immediate postwar period, not only because they "had a model ready for Europe's transformation," but also because they "were genuinely admired by many for their role in the resis-tance to German occupation, including by people who regretted their own failure at taking up weapons." He continues, "In the first postwar western European elections, the Communists made inroads everywhere. In Norway they got 12 percent of the vote, in Belgium 13 percent, in Italy 19 percent, in Finland 23.5 percent, and in France almost 29 percent." Westad, *Cold War,* 54, 74.

7. "Crisis in Italy," *New York Times,* Jan. 22, 1947, timesmachine.nytimes .com; Kaeten Mistry, *The United States, Italy, and the Origins of Cold War: Waging Political Warfare, 1945–1950* (Cambridge, U.K.: Cambridge University Press, 2014), 48. See also James E. Miller, "Taking Off the Gloves: The United States and the Italian Elections of 1948," *Diplomatic History* 7, no. 1 (1983): 37.

8. Silvio Pons, "Stalin, Togliatti, and the Origins of the Cold War in Europe," *Journal of Cold War Studies* 3, no. 2 (2001): 3–27. For further reading, see Alessandro Brogi, *Confronting America: The Cold War Between the United States and the Communists in France and Italy* (Chapel Hill: University of North Carolina Press, 2011); Donald Blackmer and Sidney Tarrow, *Communism in Italy and France* (Princeton, N.J.: Princeton University Press, 1975); James E. Miller, *The United States and Italy, 1940–1950: The Politics and Diplomacy of Stabilization* (Chapel Hill: University of North Carolina Press, 1986).

9. James Clement Dunn, "The Ambassador in Italy (Dunn) to the Secretary of State," March 10, 1948, *Foreign Relations of the United States* (here-after cited as *FRUS*), *1948,* vol. 3, *Western Europe,* doc. 521, history.state .gov.

10. Miller, “Taking Off the Gloves,” 37–43; Arnaldo Cortesi, “Communists Widen Riots in Italy,” *New York Times,* Nov. 12, 1947, timesmachine.nytimes.com; Carlo Sforza, “Italy, the Marshall Plan, and the ‘Third Force,’ ” *Foreign Affairs,* April 1948, www.foreignaffairs.com; Ventresca, *From Fascism to Democracy,* 62, 75.
11. Arnaldo Cortesi, “Italian Socialists Vote Unity with Communists for Elections,” *New York Times,* Jan. 24, 1948, timesmachine.nytimes.com; Arnaldo Cortesi, “Leftist Campaign Is Begun in Italy,” *New York Times,* Feb. 2, 1948, timesmachine.nytimes.com.
12. Arnaldo Cortesi, “Italian Communist Aim Is to Win 1948 Election,” *New York Times,* Dec. 14, 1947, timesmachine.nytimes.com; Ventresca, *From Fascism to Democracy,* 6.
13. James Clement Dunn, “The Ambassador in Italy (Dunn) to the Secretary of State,” Jan. 21 and Feb. 7, 1948, *FRUS, 1948,* vol. 3, *Western Europe,* docs. 506 and 511, history.state.gov.
14. James Clement Dunn, “The Ambassador in Italy (Dunn) to the Secretary of State,” March 1, 1948, *FRUS, 1948,* vol. 3, *Western Europe,* doc. 515, history.state.gov. Dunn had been serving as the U.S. ambassador in Italy since February 1947. A navy veteran and experienced diplomat, he had advised several secretaries of state before arriving in Italy. On his background, see Mistry, *United States, Italy, and the Origins of Cold War,* 75.3–5
15. Wyatt, interview by CNN for *Cold War,* Nov. and Dec. 1995, web .archive.org/web/20010831150516/http://www.cnn.com. See also Cen-tral Intelligence Agency, “Possible Soviet Moves to Influence Elections,” April 12, 1948 (declassified Sept. 2006), www.cia.gov; D. W. Ellwood, “The 1948 Elections in Italy: A Cold War Propaganda Battle,” *Historical Journal of Film, Radio, and Television* 13, no. 1 (1993): 19–33.
16. Central Intelligence Agency, “Communist Party Plans All-Out Election Effort,” Jan. 28, 1948 (declassified July 2005), www.cia.gov.
17. Central Intelligence Agency, “Consequences of Communist Accession to Power in Italy by Legal Means,” March 5, 1948 (declassified Aug. 1993), www.cia.gov.
18. Camille Cianfarra, “Last U.S. Troops Quit Italy; Rome Hails Truman Pledge,” *New York Times,* Dec. 15, 1947, timesmachine.

nytimes.com; Bertram Hulen, "Truman Promises Watch to Uphold Italian Freedom," *New York Times,* Dec. 14, 1947, timesmachine.nytimes.com.

19. Hulen, "Truman Promises Watch to Uphold Italian Freedom."

20. "NSC 1/1: The Position of the United States with Respect to Italy," Nov. 14, 1947, *FRUS, 1948,* vol. 3, *Western Europe,* doc. 440, history .state.gov.

21. Miller, "Taking Off the Gloves," 43. The U.S. Congress, in 1976, found, "As the elections in 1948 and 1949 in Italy and France approached, the democratic parties were in disarray and the possibility of a Com-munist takeover was real. Coordinated Communist political unrest in western countries combined with extremist pressure from the Soviet Union, confirmed the fears of many that America faced an expansionist Communist monolith. The United States responded with overt economic aid—the Truman Doctrine and the Marshall Plan—and covert political assistance. This latter task was assigned to the Office of Special Projects, later renamed the Office of Policy Coordination (OPC). The Office was housed in the CIA but was directly responsible to the Departments of State and Defense. Clandestine support from the United States for European democratic parties was regarded as an essential response to the threat of 'international communism.' OPC became the fastest growing element in the CIA." See U.S. Congress, Senate, Select Committee to Study Govern-mental Operations with Respect to Intelligence Activities, *Foreign and Military Intelligence,* bk. 1, Final Report, 94th Cong., 2nd sess., 1976, S. Rep. 94-755, 22.

22. Rhodri Jeffreys-Jones, *The CIA and American Democracy* (New Haven, Conn.: Yale University Press, 2003), 50. See also Sarah-Jane Corke, *U.S. Covert Operations and Cold War Strategy: Truman, Secret Warfare, and the CIA, 1945–53* (Abingdon, U.K.: Routledge, 2007), 48; Robin Winks, *Cloak and Gown: Scholars in the Secret War, 1939–1961* (New Haven, Conn.: Yale University Press, 1987), 380.

23. Jeffreys-Jones, *CIA and American Democracy,* 50; John Prados, *Safe for Democracy: The Secret Wars of the CIA* (New York: Ivan R. Dee, 2006), 39; Forlenza, *On the Edge of Democracy,* chap. 3. Winks explains, "On December 19 the National Security Council, by its directive NSC 4/A, ordered the director of Central Intelligence, Admiral Roscoe Hillenkoet-ter, to do

what he could, including the use of covert activities, to prevent a Communist victory Hillenkoetter assigned the Italian puzzle to the Office of Special Operations The OSO promptly established a Special Procedures Group, or SPG, and on December 22 it began to shape its plans." Winks, *Cloak and Gown,* 381. See also Robert J. Donovan, *Con-flict and Crisis: The Presidency of Harry S Truman, 1945–1948* (New York: W. W. Norton, 1977), chap. 33.

24. Miller, "Taking Off the Gloves," 48.
25. U.S. Congress, Senate, *Foreign and Military Intelligence,* 49.
26. James Clement Dunn, "The Ambassador in Italy (Dunn) to the Secretary of State," Feb. 7, 1948, *FRUS, 1948,* vol. 3, *Western Europe,* doc. 511, history.state.gov.
27. George Marshall, "The Secretary of State to the Embassy in London," March 2, 1948, *FRUS, 1948,* vol. 3, *Western Europe,* doc. 516, history .state.gov.
28. James Clement Dunn, "The Ambassador in Italy (Dunn) to the Secretary of State," Feb. 7 and 21, 1948, *FRUS, 1948,* vol. 3, *Western Europe,* docs. 511 and 513, history.state.gov. Just three days before Marshall's speech, Dunn had reiterated, in a cable marked "urgent," that Front officials were "becloud[ing] this most damaging argument" that U.S. aid would cease, were they to win the election. See James Clement Dunn, "The Ambas-sador in Italy (Dunn) to the Secretary of State," March 16, 1948, *FRUS, 1948,* vol. 3, *Western Europe,* doc. 525, history.state.gov. On the Soviet Union and the Marshall Plan, see Westad, *Cold War,* 92–94. On the broader impact of the Marshall Plan on international politics, Charles Maier concludes, "The Marshall Plan, in effect, was the single most important policy in confirming, but not initiating, the division of Europe," in "The Marshall Plan and the Division of Europe," as part of a spirited dialogue between Michael Cox, Caroline Kennedy-Pipe, Marc Trachtenberg, John Bledsoe Bonds, László Borhi, and Günter Bischof in *Journal of Cold War Studies* 7, no. 1 (2005). For further reading, see Nicolaus Mills, *Winning the Peace: The Marshall Plan and America's Coming of Age as a Superpower* (Hoboken, N.J.: Wiley, 2008); Greg Baneh, rm *The Most Noble Adventure: The Marshall Plan and the Time When America Helped Save Europe* (New York: Free Press, 2007); Gregory A. Fossedal, *Our Finest Hour: Will Clayton, the Marshall Plan, and the Triumph of Democracy* (Stanford, Calif.: Hoover Institution Press, 1993).

29. George Marshall, "World-Wide Struggle Between Freedom and Tyranny" (speech, University of California, Berkeley, March 19, 1948), *New York Times,* March 20, 1948, timesmachine.nytimes.com. For further reading on Marshall's career and character, see Ed Cray, *General of the Army: George C. Marshall, Soldier and Statesman* (New York: W. W. Norton, 1990); George Marshall, *Memoirs of My Services in the World War, 1817–19* (Boston: Houghton Mifflin, 1976); Daniel Kurtz-Phelan, *The China Mission: George Marshall's Unfinished War, 1945–1947* (New York: W. W. Norton, 2018).

30. James Clement Dunn, "The Ambassador in Italy (Dunn) to the Secretary of State," March 20 and June 16, 1948, *FRUS, 1948,* vol. 3, *Western Europe,* docs. 528 and 543, history.state.gov.

31. George Marshall, "The Secretary of State to the Embassy in Italy," March 24, 1948, *FRUS, 1948,* vol. 3, *Western Europe,* doc. 531, history .state.gov; Miller, "Taking Off the Gloves," 48–49; "Pleas to Italy Ask Vote Against Reds," *New York Times,* April 8, 1948, timesmachine .nytimes.com; Eric Martone, *Italian Americans: The History and Culture of a People* (Santa Barbara, Calif.: ABC-CLIO, 2016), 41.

Decades later, Jimmy Carter, the U.S. president from 1977 to 1981, sought to turn the page. Olav Njølstad explains, "Carter took steps to change the policy of not granting visas to Communist Party members, a practice established before the 1948 election to discourage Italian voters with relatives in the United States from voting for the PCI." Olav Njøl-stad, "The Carter Administration and Italy: Keeping the Communists Out of Power Without Interfering," *Journal of Cold War Studies* 4, no. 3 (2002): 65.

32. James Clement Dunn, "The Ambassador in Italy (Dunn) to the Secretary of State," Feb. 7, 1948, *FRUS, 1948,* vol. 3, *Western Europe,* doc. 511, history.state.gov; Samuel A. Tower, "Interim Aid Steps Rushed by Com-mittees in Congress," *New York Times,* March 21, 1948, timesmachine .nytimes.com; Miller, "Taking Off the Gloves," 49. See also Norman Armour, "Memorandum of Conversation, by the Assistant Secretary of State for Political Affairs (Armour)," Feb. 18, 1948, *FRUS, 1948,* vol. 3, *Western Europe,* doc. 512, history.state.gov; Willard Thorp, "Memoran-dum of Conversation, by the Assistant Secretary for Economic Affairs (Thorp)," April 7, 1948, *FRUS, 1948,* vol. 3, *Western Europe,* doc. 536, history.state.gov; David Ellwood, "The Propaganda of the Marshall Plan in Italy in a Cold War Context," *Intelligence and National Security* 18,

no. 2 (2003): 225–36.

33. George Marshall, "The Secretary of State to the Embassy in Italy," Feb. 4, 1948, *FRUS, 1948,* vol. 3, *Western Europe,* doc. 510, history.state.gov; Arnaldo Cortesi, "De Gasperi Wins a Record Vote After Denying U.S. Rules Italy," *New York Times,* Dec. 19, 1947, timesmachine.nytimes.com. See also "Italy Signs Pact with U.S. on Aid," *New York Times,* Jan. 3, 1948, timesmachine.nytimes.com.

34. Leonard Dinnerstein and David Reimers, *Ethnic Americans: A History of Immigration* (New York: Columbia University Press, 1999), 50.

35. C. Edda Martinez and Edward A Suchman, "Letters from America and the 1948 Elections in Italy," *Public Opinion Quarterly* 14, no. 1 (1950): 112.

36. Ibid., 112–115. About a decade later, Anfuso, by then a congressman, secretly approved of Christian Democrats reselling American aid in order to raise campaign funds. See Leopoldo Nuti, "The United States, Italy, and the Opening to the Left, 1953–1963," *Journal of Cold War Studies* 4, no. 3 (2002): 50.

37. James Clement Dunn, "The Ambassador in Italy (Dunn) to the Secretary of State," April 7, 1948, *FRUS, 1948,* vol. 3, *Western Europe,* doc. 535, history.state.gov; Mistry, *United States, Italy, and the Origins of Cold War,* 142; Ventresca, *From Fascism to Democracy,* 63.

38. Martinez and Suchman, "Letters from America," 111, 119; Ellwood, "1948 Elections in Italy," 21; "Letter Campaign Denounced," *New York Times,* April 9, 1948, timesmachine.nytimes.com.

39. "Pleas to Italy Ask Vote Against Reds"; Mistry, *United States, Italy, and the Origins of Cold War,* 141; Stephen Gundle, "Hollywood Glamour and Mass Consumption in Postwar Italy," *Journal of Cold War Studies* 4, no. 3 (2002): 102; Miller, "Taking Off the Gloves," 49–51, in which he details how the U.S. government rejected a proposed get-out-the-vote tour by Sinatra as too brazen. For further reading on the Italian Com-munist Party's struggles with modernity, see Stephen Gundle, *Between Hollywood and Moscow: The Italian Communists and the Challenge of Mass Culture, 1943–1991* (Durham, N.C.: Duke University Press, 2000).

40. Arnaldo Cortesi, "Fear of Red Coup Drives Lira Down," *New York Times,* March 6, 1948, timesmachine.nytimes.com. See also Drew Middleton, "Britons Are Fearful That Italy May Be Next Victim of Red Coup," *New York Times,* March 11, 1948, timesmachine.nytimes.com; James Clement Dunn, "The Ambassador (Dunn) to the Secretary of State," March 1, 1948, *FRUS, 1948,* vol. 3, *Western Europe,* doc. 514, history.state.gov.
41. "The Text of President Truman's Address to the Joint Session of Con-gress," *New York Times,* March 18, 1948, timesmachine.nytimes.com; Miller, "Taking Off the Gloves," 46–48. For elaboration on Western reac-tions to the Czechoslovak coup, see Peter Svik, "The Czechoslovak Factor in Western Alliance Building, 1945–1948," *Journal of Cold War Studies* 18, no. 1 (2016): 133–60.
42. Camille Cianfarra, "Clergy Ordered to Vote in Italy," *New York Times,* Feb. 25, 1948, timesmachine.nytimes.com; Camille Cianfarra, "Vatican Will Back Regime in Election," *New York Times,* Feb. 13, 1948, times machine.nytimes.com. See also Ventresca, *From Fascism to Democracy,* chap. 3.
43. James Clement Dunn, "The Ambassador (Dunn) to the Secretary of State," March 10, 1948, *FRUS, 1948,* vol. 3, *Western Europe,* doc. 521, history.state.gov; Camille Cianfarra, "Pope Tells Clergy to Combat Reds," *New York Times,* March 11, 1948, timesmachine.nytimes.com.
44. Cianfarra, "Pope Tells Clergy to Combat Reds"; Arnaldo Cortesi, "Pope Sees World Facing Critical Danger This Year," *New York Times,* March 29, 1948, timesmachine.nytimes.com; "Text of the Easter Address by Pope Pius to Romans," *New York Times,* March 29, 1948, timesmachine.nytimes.com.
45. "Pravda Sees Plots by U.S. and Vatican," *New York Times,* Dec. 25, 1947, timesmachine.nytimes.com; Foot, *Archipelago,* 46.
46. Central Intelligence Agency, "Measures Proposed to Defeat Communism in Italy," Feb. 9, 1948 (declassified Sept. 2006), www.cia.gov. (However, in this memorandum, one of the steps Dunn recommended remains clas-sified.) Central Intelligence Agency, "US Plans Support of Italy," March 8, 1948 (declassified Sept. 2006), www.cia.gov.
47. Wyatt, interview by CNN; Jeffreys-Jones, *CIA and American Democ-racy,* 51; Corke, *U.S. Covert Operations,* 48. Technically, Hillenkoetter was the director of Central Intelligence, which was the title of the official in charge of the CIA until 2005, when

Congress created the position of director of the Central Intelligence Agency. For consistency and in accor-dance with other texts, this book refers to holders of either role as the CIA's director.

48. U.S. Congress, Senate, Select Committee to Study Governmental Opera-tions with Respect to Intelligence Activities, *Hearings Before the Select Committee to Study Governmental Operations with Respect to Intelli-gence Activities: Covert Action,* 94th Cong., 1st sess., Dec. 4 and 5, 1975, 66, www.intelligence.senate.gov. Also in 1948, CIA Director Hillenkoet-ter told lawmakers that some challenges abroad required an immediate operational response. Citing an example, he said, "Any possible action in connection with the Italian election." See U.S. Congress, Senate, *Foreign and Military Intelligence,* 494.

Clifford was a close adviser to Presidents Harry Truman, John F. Ken-nedy, and Lyndon B. Johnson. For more on the circumstances surround-ing his testimony, see chapter 5 of this book, as well as Loch K. Johnson, "Witness Testimony from the Church Committee Hearings on Covert Action, 1975," *Intelligence and National Security* 34, no. 6 (2019): 899– 913. For Clifford's personal recollections, see Clark Clifford, *Counsel to the President: A Memoir* (New York: Random House, 1991). For further reading on voter reactions to overt electoral interference—the issue to which Clifford alluded—see Stephen Bloom and Stephen Shulman, "The Legitimacy of Foreign Intervention in Elections: The Ukrainian Response," *Review of International Studies* 38, no. 2 (2012): 445–71; Daniel Corstange and Nikolay Marinov, "Taking Sides in Other People's Elections: The Polarizing Effect of Foreign Intervention," *American Jour-nal of Political Science* 56, no. 3 (2012): 655–70.

49. "NSC 1/3: Position of the United States with Respect to Italy in the Light of the Possibility of Communist Participation in the Government by Legal Means," March 8, 1948, *FRUS,* 1948, vol. III, Western Europe, doc. 475, history.state.gov.
50. Robarge, interview by author, McLean, Va., July 19, 2019.
51. Ibid.; Wyatt, interview by CNN; Gregg, interview by author, Armonk, N.Y., March 17, 2018.
52. Robarge, interview by author; Mistry, *United States, Italy, and the Origins of Cold War,* 135. Conversion to 2020 values executed by U.S. Inflation Calculator, www.usinflationcalculator.com.
53. Robarge, interview by author.
54. Ibid.; Wyatt, interview by CNN.

55. James Clement Dunn, "The Ambassador in Italy (Dunn) to the Secretary of State," June 16, 1948, *FRUS, 1948,* vol. 3, *Western Europe,* doc. 543, history.state.gov.
56. John Lewis Gaddis captures Kennan as a man of "authority," "eloquence," and "grand strategic" instincts in *George F. Kennan: An American Life* (New York: Penguin Press, 2011), 694.
57. George Kennan, "Measures Short of War," George F. Kennan Lectures, National War College, Washington, D.C., Sept. 16, 1946. In February 1946, Kennan had submitted an unusually lengthy cable, known as the Long Telegram, advocating a strategy of containment. Gaddis explains, "If the task at hand was to shift Washington's policy from afar—and Kennan had been trying to do that since the summer of 1944—then . . . the 'long telegram' expressed what Kennan knew, in a form suited for policy makers who needed to know, better than anything else he ever wrote. No other document, whether written by him or anyone else, had the instantaneous influence that this one did." Gaddis, *George F. Kennan,* 222. For further reading on Kennan, see Walter L. Hixson, *George F. Kennan: Cold War Iconoclast* (New York: Columbia University Press, 1989); John Lukacs, *George Kennan: A Study of Character* (New Haven, Conn.: Yale University Press, 2007); Nicholas Thompson, *The Hawk and the Dove: Paul Nitze, George Kennan, and the History of the Cold War* (New York: Henry Holt, 2009).
58. Robarge, interview by author.
59. George Kennan, "The Director of the Policy Planning Staff (Kennan) to the Secretary of State," March 15, 1948, *FRUS, 1948,* vol. 3, *Western Europe,* doc. 523, history.state.gov. On Kennan's mindset when he sent this cable, see Gaddis, *George F. Kennan,* 305–7.
60. Kennan, "Director of the Policy Planning Staff (Kennan) to the Secretary of State," March 15, 1948.
61. Arnaldo Cortesi, "Fear of a Red Coup Rises in Italy; Adriatic Arms Smug-glers Hunted," *New York Times,* Feb. 5, 1948, timesmachine.nytimes.com; James Clement Dunn, "The Ambassador (Dunn) to the Secretary of State," Jan. 12 and 21 and Feb. 7, 1948, *FRUS, 1948,* vol. 3, *Western Europe,* docs. 505, 506, and 511, history.state.gov.
62. Arnaldo Cortesi, "Rome Denies Plan to Delay Election," *New York Times,* Feb. 15, 1948, timesmachine.nytimes.com; Central Intelligence Agency, "Consequences of Communist Accession to Power in Italy by Legal Means"; Winks, *Cloak and Gown,*

385; "Le mani sull'Italia," *Panorama,* May 2, 1974, in *Dirty Work: The CIA in Western Europe,* ed. Philip Agee and Louis Wolf (Secaucus, N.J.: L. Stuart, 1978), 171.

63. "Soviet Press Plays Up Italy," *New York Times,* April 18, 1948, times machine.nytimes.com; Arnaldo Cortesi, "The Great Issue in Italy: Russia or the U.S.," *New York Times,* April 18, 1948, timesmachine.nytimes.com; Arnaldo Cortesi, "Millions in Italy at Party Rallies," *New York Times,* April 12, 1948, timesmachine.nytimes.com; "Italy to Hold Mass Early on Voting Day," *New York Times,* April 16, 1948, timesmachine.nytimes.com; Mistry, *United States, Italy, and the Origins of Cold War,* 150.

64. James Clement Dunn, "The Ambassador in Italy (Dunn) to the Secretary of State," April 20, 1948, *FRUS, 1948,* vol. 3, *Western Europe,* doc. 541, history.state.gov; C. L. Sulzberger, "Italian Reds Rule Out Coup; Two Arms Depots Attacked," *New York Times,* April 19, 1948, timesmachine.nytimes.com; Arnaldo Cortesi, "Communists Lose in Italy; De Gasperi Leads by 3 to 2 and May Hold a Majority," *New York Times,* April 20, 1948, timesmachine.nytimes.com.

In a letter dated March 26, 1948, Vyacheslav Molotov, the Soviet foreign minister, had instructed the Soviet ambassador in Italy to warn Togliatti against launching an armed insurrection. Silvio Pons, in his analysis of this letter, explains, "Stalin had concluded that any significant involvement by either the Soviet Union or the newly solidified 'socialist camp' in a conflict in a Western country would be a grave mistake." Pons, "Stalin, Togliatti, and the Origins of the Cold War in Europe," 20–21.

65. Camille Cianfarra, "Pope Expresses Joy over Vote; 3 Nations Offered Him a Haven," *New York Times,* April 20, 1948, timesmachine.nytimes.com; "Truman Hails Outcome of Elections in Italy," *New York Times,* April 23, 1948, timesmachine.nytimes.com; "First ERP Ship Reaches Italy," *New York Times,* June 1, 1948, timesmachine.nytimes.com.

Thomas Dewey, Truman's Republican opponent, also commented on the outcome of the election, telegraphing De Gasperi that "our hopes and prayers have been answered by the smashing triumph of free men over totalitarian communism." See "Dewey Hails Italy's Vote," *New York Times,* April 21, 1948, timesmachine.nytimes.com. For further reading, see Robert A. Divine, *Foreign Policy and U.S. Presidential Elections, 419840–19* (New York: New Viewpoints, 1974).

66. "Tagliatti Admits Reds Lost 1,000,000 Votes," *New York Times,* May 6, 1948, timesmachine.nytimes.com; "Italian Reds

Accuse Clergy on Elec-tion," *New York Times,* June 9, 1948, timesmachine.nytimes.com; Ven-tresca, *From Fascism to Democracy,* 20.

67. "Appeal to Voters in Italy Assailed," *New York Times,* April 15, 1948, timesmachine.nytimes.com. On the penetrability of U.S. elections during the Cold War, see chapter 5 of this book.

68. Wyatt, interview by CNN; Inman, interview by author, Austin, Tex., Nov. 2, 2018; Negroponte, phone interview by author, May 21, 2019.

69. Robarge, interview by author.

70. Wippl, phone interview by author, Nov. 8, 2018.

71. Central Intelligence Agency, "Analysis of the Power of the Communist Parties of France and Italy and of Measures to Counter Them," by Allen Dulles, Sept. 15, 1951 (declassified Dec. 2006), www.cia.gov. In Italy's 1951 local elections, this memorandum records, the Christian Democrats lost their "substantial popular majority." On July 9 of that year, representatives from the CIA, the State Department, and the Defense Department gathered in Harriman's office to discuss, in part, how to covertly weaken Italy's Communist Party. A few weeks later, Dulles held a meeting at the U.S. Embassy in Rome with the same agenda.

For further reading on Harriman, see Rudy Abramson, *Spanning the Century: The Life of W. Averell Harriman, 1891–1986* (New York: Wil-liam Morrow, 1992); Walter Isaacson and Evan Thomas, *The Wise Men: Six Friends and the World They Made* (New York: Simon & Schuster, 1986). For further reading on Dulles, see Peter Grose, *Gentleman Spy: The Life of Allen Dulles* (Boston: Houghton Mifflin, 1994); Stephen Kinzer, *The Brothers: John Foster Dulles, Allen Dulles, and Their Secret World War* (New York: Times Books, 2013).

72. Central Intelligence Agency, "Analysis of the Power of the Communist Parties of France and Italy and of Measures to Counter Them," cover note. U.S. officials expressed concerns similar to Dulles's continually. In 1953, the CIA compiled reports on "the continuing strength of the Italian Communist Party" and the "uncertain future" of De Gasperi's govern-ment. Another CIA memorandum, written a few years later, assessed the various sources of the Communist Party's strength in Italy, including

its well-funded and "massive propaganda campaigns." See Central Intelli-gence Agency, "The Continuing Strength of the Italian Communist Party," May 28, 1953 (declassified Jan. 2002), www.cia.gov; Central Intelligence Agency, "The Italian Elections," June 9, 1953 (declassified Aug. 2000), www.cia.gov; Central Intelligence Agency, "Status and Strength of the Italian Communist Party (PCI)," exact date of issuance unclear (declassi-fied July 2001), www.cia.gov.

73. Central Intelligence Agency, "Analysis of the Power of the Communist Parties of France and Italy and of Measures to Counter Them," cover note.

74. These figures and dates are from a memorandum that emerged while the U.S. Congress was investigating the CIA in the mid-1970s, taken from *CIA: The Pike Report* (Nottingham, U.K.: Spokesman, 1977), 204–6. Conversion information from U.S. Inflation Calculator, www.usinflation calculator.com, using a baseline of 1958.

75. Central Intelligence Agency, "Analysis of the Power of the Communist Parties of France and Italy and of Measures to Counter Them," exhibit 3.

76. William Colby, *Honorable Men: My Life in the CIA* (New York: Simon & Schuster, 1978), 109, 110, 116. Bobby Inman, the former CIA deputy director, told me that "Colby made his reputation in the Italian elections." While in Italy, Colby worked closely with Clare Boothe Luce, who became the U.S. ambassador there in 1953. Alessandro Brogi, "Ike and Italy: The Eisenhower Administration and Italy's 'Neo-Atlanticist Agenda,'" *Journal of Cold War Studies* 4, no. 3 (2002): 5–35; Inman, interview by author. For further reading on Colby's career, see John Prados, *Lost Crusader: The Secret Wars of CIA Director William Colby* (New York: Oxford University Press, 2003).

77. Fina, interview by Charles Kennedy, May 21, 1992, Association for Dip-lomatic Studies and Training, www.adst.org; Colby, *Honorable Men,* 119, in which he further explained, "Washington wanted the ability to place stories in non-American media around the world and then cause its other 'outlets' to pick up and publicize it."

78. Colby, *Honorable Men,* 120. Stansfield Turner, CIA director between 1977 and 1981, explained in his memoirs that cutouts enabled the agency to pass "funds to foreign groups that needed help without those groups knowing their source was the CIA." During his tenure, he continued, the CIA used cutouts to direct more than $10 million annually to "useful and friendly groups"

overseas. Stansfield Turner, *Secrecy and Democracy: The CIA in Transition* (Boston: Houghton Mifflin, 1985), 77.

79. Dulles, "Analysis of the Power of the Communist Parties of France and Italy and of Measures to Counter Them," cover note. See also Mario Del Pero, "The United States and Psychological Warfare in Italy, 1948–1955," *Journal of American History* 87, no. 4 (2001): 1304–34.

80. Central Intelligence Agency, "Analysis of the Power of the Communist Parties of France and Italy and of Measures to Counter Them," exhibit 3.

81. Central Intelligence Agency, "Memorandum for the Record," Jan. 29, 1953 (declassified Aug. 2000), www.cia.gov.

82. Colby, *Honorable Men,* 114, 130. Indeed, Richard Drake writes, "For decades the Soviet Union gave more money to the [Italian Communist Party] than to any other non-ruling Communist party." Richard Drake, "The Soviet Dimension of Italian Communism," *Journal of Cold War Studies* 6, no. 3 (2004): 116.

83. "NSC 68," April 14, 1950, *FRUS*, 1950, vol. I, National Security Affairs; Foreign Economic Policy, doc. 85, history.state.gov. For elaboration on NSC 68 and its impact, see Ken Young, "Revisiting NSC 68," *Journal of Cold War Studies* 15, no. 1 (2013): 3–33; Curt Caldwell, *NSC 68 and the Political Economy of the Early Cold War* (New York: Cambridge Univer-sity Press, 2011); Ernest May, *American Cold War Strategy: Interpreting NSC 68* (Boston: St. Martin's, 1993).

84. While investigating the CIA decades later, a congressional committee found, "Covert action projects were first designed to counter the Soviet threat in Europe and were, at least initially, a limited and ad hoc response to an exceptional threat to American security. Covert action soon became a routine program of influencing governments and covertly exercising power—involving literally hundreds of projects each year. By 1953 there were major covert operations underway in 48 countries, consisting of propaganda, paramilitary and political action projects." U.S. Congress, Senate, *Foreign and Military Intelligence,* 153. For a general history of the CIA's Cold War operations, see James Callanan, *Covert Action in the Cold War: US Policy, Intelligence, and CIA Operations* (London: I. B. Tauris, 2009).

85. Miles Copeland, *Without Cloak or Dagger: The Truth About the New Espionage* (New York: Simon & Schuster, 1974), 11.

86. Shelton-Colby, interview by author, Washington, D.C., July 18, 2019.

第三章　爆炸

1. Robarge, interview by author, McLean, Va., July 19, 2019. See also note 21 of the introduction of this book.
2. Inman, interview by author, Austin, Tex., Nov. 2, 2018. For further consideration of Cold War power dynamics, see Robert Jervis, "Was the Cold War a Security Dilemma?," *Journal of Cold War Studies* 3, no. 1 (2001): 36–60; William C. Wohlforth, *The Elusive Balance: Power and Perceptions During the Cold War* (Ithaca, N.Y.: Cornell University Press, 1993).
3. Westad, *Cold War,* 627; Odd Arne Westad, *The Global Cold War: Third World Interventions and the Making of Our Times* (Cambridge, U.K.: Cambridge University Press, 2007), 3.
4. Muñoz, phone interview by author, July 20, 2019.
5. This figure became part of the public record after the Soviet Union col-lapsed, when Russian prosecutors investigated where the Soviet Politburo had directed state funds. See Celestine Bohlen, "Gorbachev Enabled Party Money to Be Invested, a Hearing Is Told," *New York Times,* Feb. 11, 1992, www.nytimes.com. Conversion information from U.S. Inflation Calculator, www.usinflationcalculator.com, using a baseline of 1985.
6. Andrew and Mitrokhin, *The Sword and the Shield,* 293–97, which further explains that Moscow's support did have its limits. In early 1972, Luigi Longo, Italy's Communist leader, requested increasingly more money as an election approached. In a personal reply, Leonid Brezhnev, the Soviet leader, granted Longo another $500,000 while emphasizing "at the pres-ent time, there is no more that we can do."

   Officials in Moscow also valued the influence they established over the foreign parties they funded. "The tight link between Moscow and the West European Communist parties required the parties to subordinate their interests to those of the Soviet Union," writes Silvio Pons in "Stalin, Togliatti, and the Origins of the Cold War in Europe," 5.
7. Andrew and Mitrokhin, *The Sword and the Shield,* 305, 451–55. For further reading on Marchais, see Jeffrey Vanke, "Georges Marchais and the Decline of French Communism," *Journal of Cold War Studies* 6, no. 1 (2004): 90–94.
8. Westad thus writes, "U.S. involvements were perceived in America as defensive interventions, mainly against left-wing or Communist move-ments," in *Global Cold War,* 111, regarding America's interventionist activities generally. The CIA was

also active in the Soviet Union's sphere of influence, executing operations that had nothing to do with elections. For example, the CIA helped organize and fund Radio Free Europe, which broadcast pro-U.S. propaganda across the Eastern bloc. See A. Ross Johnson, *Radio Free Europe and Radio Liberty: The CIA Years and Beyond* (Stanford, Calif.: Stanford University Press, 2010); Sig Mickelson, *America's Other Voice: The Story of Radio Free Europe and Radio Lib-erty* (New York: Praeger, 1983). For more general reading, see Laura A. Belmonte, *Selling the American Way: U.S. Propaganda and the Cold War* (Philadelphia: University of Pennsylvania Press, 2008); Nicholas Cull, *The Cold War and the United States Information Agency: American Propa-ganda and Public Diplomacy, 1945–1989* (Cambridge, U.K.: Cambridge University Press, 2008).

9. "Editorial Note," *FRUS, 16986, 4–19* vol. 29, pt. 2, *Japan,* doc. 1, history.state.gov; Robarge, interview by author.

10. Tim Weiner, "C.I.A. Spent Millions to Support Japanese Right in 50's and 60's," *New York Times,* Oct. 9, 1994, www.nytimes.com.

11. Dean Rusk, "Memorandum from Secretary of State Rusk to President Johnson," Feb. 6, 1964, *FRUS, 61986, 4–19* vol. 32, *Dominican Repub-lic; Cuba; Haiti; Guyana,* doc. 371, history.state.gov; "Editorial Note," *FRUS, 61986, 4–19* vol. 32, *Dominican Republic; Cuba; Haiti; Guyana,* doc. 370, history.state.gov.

12. "Memorandum Prepared for the 303 Committee," March 17, 1967, *FRUS, 61986, 4–19* vol. 32, *Dominican Republic; Cuba; Haiti; Guyana,* doc. 421, history.state.gov.

13. "Editorial Note," doc. 370; Richard Meislin, "Guyana's Leader Dies; Suc-cessor Is Sworn In," *New York Times,* Aug. 7, 1985, www.nytimes.com.

14. Henry Kissinger, "Memorandum for the President: Exploitation of Ten-sions in the Soviet Union and Eastern Europe," April 9, 1970, taken from CIA General Records (declassified Feb. 2010), www.cia.gov. For further reading on Kissinger, see Walter Isaacson, *Kissinger: A Biography* (New York: Simon & Schuster, 1992).

15. Henry Kissinger, "Memorandum from the President's Assistant for National Security Affairs (Kissinger) to President Nixon," n.d., FRUS, 1969–1976, vol. 12, *Soviet Union, January* 1969–October 1970, doc. 149.

16. Goss, interview by author, Florida Keys, Fla., Dec. 26, 2018.

17. "Allende, a Man of the Privileged Class Turned Radical Politician," *New York Times,* Sept. 12, 1973, timesmachine.nytimes.com; Simon Collier and William Sater, *A History of Chile, 1808–2002* (Cambridge, U.K.: Cambridge University Press, 2004), 258; Kristian Gustafson, *Hostile Intent: U.S. Covert Operations in Chile, 1964–1974* (Washington, D.C.: Potomac Books, 2007), 19–24. For further reading on the evolution of Allende and the Chilean left, see Peter Winn, *Weavers of Revolution: The Yarur Workers and Chile's Road to Socialism* (New York: Oxford University Press, 1986), chap. 3.
18. Ferocious critiques of American foreign policy followed in the public square. The CIA tracked these criticisms internally. For example, the agency cataloged an article published by Willard Barber, a former State Department official, titled "Are We Losing Latins to Reds?," in which he warned of "Russian and Chinese Communists efforts" to establish influence over countries like Chile. See Willard Barber, "Are We Los-ing Latins to Reds?," *Washington Post,* Jan. 6, 1963, taken from CIA General Records (declassified June 2000), www.cia.gov. Similarly, the CIA recorded a column by Robert Morris, a conservative politican, titled "Reds Map Plan to Win Latins," in which he complained about Washington's passive response to Moscow's plan "to conquer the world." According to an Eastern defector, Morris continued, Castro and Moscow had resolved to create "what is called in the Kremlin—the USRLA—the United Socialist Republics of Latin America." Within a few years, he went on, this leftist alliance would include Chile. See Robert Morris, "Reds Map Plan to Win Latins," publication unclear, Oct. 23, 1963, taken from CIA General Records (declassified March 2001), www.cia.gov. On international reactions to Castro's rise, see Tanya Harmer, "The 'Cuban Question' and the Cold War in Latin America, 1959–1964," *Journal of Cold War Studies* 21, no. 3 (2019): 114–51.
19. Kalugin, interview by author, Rockville, Md., Aug. 7, 2018; Tanya Harmer, *Allende's Chile and the Inter-American Cold War* (Chapel Hill: University of North Carolina Press, 2011), 21, 34, 36; Central Intelli-gence Agency, "Communist Penetration of Latin America," NSC Brief-ing, Dec. 15, 1959, www.cia.gov. On the differing strategies of Castro and Allende, see Jonathan Haslam, *The Nixon Administration and the Death of Allende's Chile: A Case of Assisted Suicide* (London: Verso Press, 2005), 30.
20. Robert A. Hurwitch, "Letter from the First Secretary of the Embassy in Chile (Hurwitch) to the President's Special Assistant

for National Security Affairs (Bundy)," June 19, 1964, *FRUS, 1964–1968,* vol. 31, *South and Central America; Mexico*, doc. 259, history.state.gov; "Telegram from the Embassy in Chile to the Department of State," April 22, 1964, *FRUS, 1964–1968,* vol. 31, *South and Central America; Mexico*, doc. 251, history.state.gov.

The CIA reported in a memorandum that Allende's Socialist Party "usually follows the Communist line," and forecast in the president's daily brief that "the Communists [would have] a large say" in an Allende-led government. See Central Intelligence Agency, "Current Intelligence Mem-orandum: Chilean Congressional Elections of 5 March 1961," Feb. 7, 1961 (declassified Aug. 2001), www.cia.gov; Central Intelligence Agency, "The President's Intelligence Checklist," March 17, 1964 (declassified July 2015), www.cia.gov.

21. U.S. Congress, Senate, Select Committee to Study Governmental Operations with Respect to Intelligence Activities, *Covert Action in Chile, 1963–1973,* 94th Cong., 1st sess., 1975, 4. John F. Kennedy had announced the Alliance for Progress in 1961, declaring in his inaugural address that it would "assist free men and free governments in casting off the chains of poverty." By 1964, America had directed more than $1.5 billion into this initiative. Chile received the most support per capita of any country in the region. In all, between 1962 and 1970, the United States provided Chile $1.2 billion in economic grants and loans, as well as $91 million in military aid. See John F. Kennedy, "Inaugural Address" (speech, Washington, D.C., Jan. 20, 1961), Avalon Project, avalon.law.yale.edu; "Fruitful Year Is Forecast for Alliance for Progress," *New York Times,* Jan. 17, 1964, www.nytimes.com; Peter Kornbluh, *The Pinochet File: A Declassified Dossier on Atrocity and Accountability* (New York: New Press, 2003), 5–6.

22. Hurwitch, "Letter from the First Secretary of the Embassy in Chile"; "Chile: The Crucial Choice," *Time,* April 17, 1964, taken from CIA General Records (declassified March 2012), www.cia.gov. From the per-spective of the CIA, David Robarge writes, "US policymakers believed a socialist regime in Chile would give the Soviet Union a satellite in Latin America that potentially was more useful than Cuba for starting a radical 'chain reaction' in unstable countries in the region, including Argentina, Bolivia, Brazil, and Colombia." David Robarge, *John McCone as Director of Central Intelligence, 1961–1965* (Washington, D.C.: Central Intelli-gence Agency, published internally in 2005, declassified in April 2015), 286.

23. MITN 2/22, entries 343 and 368, Papers of Vasili Mitrokhin, Churchill College, Cambridge University.
14. Gustafson, *Hostile Intent,* 32.
25. MITN 2/22, entry 368, Papers of Mitrokhin.
26. Kalugin, interview by author.
27. Central Intelligence Agency, "The President's Intelligence Checklist," March 21, 1964 (declassified July 2015), www.cia.gov; Central Intelli-gence Agency, "The President's Intelligence Checklist," April 23, 1964 (declassified July 2015), www.cia.gov.
28. Robarge, *John McCone,* 284; U.S. Congress, Senate, *Foreign and Military Intelligence,* bk. 1, 46, 57, which found that fewer than one-fifth of all covert action projects reached the Special Group.
29. U.S. Congress, Senate, *Covert Action in Chile,* 5, 14; Ralph Dungan, "Memorandum from the President's Special Assistant (Dungan) to the President's Special Assistant for National Security Affairs (Bundy)," Jan. 18, 1964, *FRUS, 1964–1968* vol. 31, *South and Central America; Mexico,* doc. 246, history.state.gov.
30. "Chile's Leftist Candidate Vows Legal Seizure of U.S. Concerns," *New York Times,* June 7, 1964, www.nytimes.com.
31. U.S. Congress, Senate, *Covert Action in Chile,* 15; Gustafson, *Hostile Intent,* 44; "Editorial Note," *FRUS, 1964–1968,* vol. 31, *South and Central America; Mexico,* doc. 258, history.state.gov.
32. Gordon Chase, "Memorandum from Gordon Chase of the National Secu-rity Council Staff to the President's Special Assistant for National Security Affairs (Bundy)," March 19, 1964, *FRUS, 1964–1968*, vol. 31, *South and Central America; Mexico,* doc. 249, history.state.gov.

    In 1962 and 1963, the Special Group had sanctioned one-off, non-attributable payments to Chile's Christian Democratic Party and the more reliably conservative Democratic Front. But in early 1964, the Democratic Front, made up of the Radical, Liberal, and Conservative Parties, disbanded. Frei, who identified as a non-Marxist, thus became the only viable alternative to a candidate whom Washington associated with Soviet influence. See U.S. Congress, Senate, *Covert Action in Chile,* 5, 15.
33. "Memorandum Prepared for the Special Group," April 1, 1964, *FRUS, 1964–1968*, vol. 31, *South and Central America; Mexico,* doc. 250, history.state.gov.

34. Ibid. In 1964, it seems, American officials would not consider supporting a military coup against a prospective Allende administration. The U.S. Congress later found, "On July 19, 1964, the Chilean Defense Council, which is the equivalent of the U.S. Joint Chiefs of Staff, went to [the outgo-ing Chilean president] to propose a coup d'état if Allende won. This offer was transmitted to the CIA Chief of Station, who told the Chilean Defense Council through an intermediary that the United States was absolutely opposed to a coup." U.S. Congress, Senate, *Covert Action in Chile,*71.6–1
35. Joseph Caldwell King, "Memorandum from the Chief of the Western Hemisphere Division (King) to Director of Central Intelligence McCone," Jan. 3, 1964, *FRUS, 16986, 4–19* vol. 31, *South and Central America; Mexico,* doc. 245, history.state.gov.
36. "Memorandum Prepared for the Special Group," doc. 250.
37. U.S. Congress, Senate, *Covert Action in Chile,* 16.
38. "Transcript of Telephone Conversation Between Director of Central Intel-ligence McCone and the Assistant Secretary of State for Inter-American Affairs (Mann)," April 28, 1964, *FRUS, 1964–1968* vol. 31, *South and Central America; Mexico,* doc. 252, history.state.gov; Thomas Mann, "Memorandum from the Assistant Secretary of State for Inter-American Affairs (Mann) to Secretary of State Rusk," May 1, 1964, *FRUS, 1964–1968,* vol. 31, *South and Central America; Mexico,* doc. 253, history .state.gov.
39. "Telephone Conversation Between President Johnson and the Assistant Secretary of State for Inter-American Affairs (Mann)," June 11, 1964, *FRUS, 1964–1968* vol. 31, *South and Central America; Mexico, doc* 16, history.state.gov.
40. U.S. Congress, Senate, *Covert Action in Chile,* 9, 15.
41. Ibid., 15; Margaret Power, "The Engendering of Anticommunism and Fear in Chile's 1964 Presidential Election," *Diplomatic History* 32, no. 5 (2008): 933, 939, in which Power further explains that in the 1958 elec-tion "women's electoral preferences were decisive to determining which candidate won," and "this realization explains why the U.S. government viewed capturing women's votes as critical to winning the 1964 presiden-tial election."
42. U.S. Congress, Senate, *Covert Action in Chile,* 7–8, 15.

43. Ibid., 16; "Editorial Note," doc. 258; "Editorial Note," *FRUS, 1964– 1968,* vol. 31, *South and Central America; Mexico,* doc. 262, history .state.gov.

44. "Editorial Note," doc. 262. Bundy found some comfort in internal poll-ing, informing Johnson, in July, that forecasts were promising but that victory still was not assured. "The Christian Democrats are coming from behind," Bundy warned. "They now have a good organization but they have to guard against over-confidence and fight all the way to the finish line if they hope to win." See McGeorge Bundy, "Information Memoran-dum from the President's Special Assistant for National Security Affairs (Bundy) to President Johnson," July 8, 1964, *FRUS, 1964–1968,* vol. 31, *South and Central America; Mexico,* doc. 261, history.state.gov.

45. U.S. Congress, Senate, *Covert Action in Chile,* 1, 9. Conversion to 2020 values executed by U.S. Inflation Calculator, www.usinflationcalculator.com.

46. McGeorge Bundy, "Memorandum from the President's Special Assistant for National Security Affairs (Bundy) to President Johnson," Aug. 13, 1964, *FRUS, 61986, 4–19* vol. 31, *South and Central America; Mexico,* doc. 265, history.state.gov. In Washington, the CIA had forecast ahead of time that Chile might terminate its relations with Cuba before the election. See Central Intelligence Agency, "The President's Intelligence Checklist," Aug. 10, 1964, www.cia.gov.

47. Central Intelligence Agency, "The President's Intelligence Review," July 29–31, Aug. 26–28, and Aug. 29–Sept. 1, 1964 (declassified July–Aug. 2015), www.cia.gov; "Memorandum Prepared in the Central Intelligence Agency," Sept. 1, 1964, *FRUS, 61986, 4–19* vol. 31, *South and Central America; Mexico,* doc. 268, history.state.gov. On the environment in Chile just before the election, see Henry Raymont, "Chile Acts to Insure Orderly Presidential Voting," *New York Times,* Sept. 1, 1964, times machine.nytimes.com; Henry Raymont, "Candidate Seeks Nonaligned Chile," *New York Times,* Aug. 31, 1964, timesmachine.nytimes.com.

48. "Editorial Note," *FRUS, 1964–1968,* vol. 31, *South and Central Amer-ica; Mexico,* doc. 269, history.state.gov; Central Intelligence Agency, "The President's Intelligence Checklist," Sept. 5, 1964 (declassified July 2015), www.cia.gov; Henry Raymont, "Frei, a Moderate, Elected to the Presidency of Chile," *New York Times,* Sept. 5, 1964, www.nytimes.com.

49. Thomas Hughes, "Intelligence Note from the Director of the Bureau of Intelligence and Research (Hughes) to Secretary of State Rusk," Sept. 5, 1964, *FRUS, 16986, 4–19* vol. 31, *South and Central America; Mexico,* doc. 270, history.state.gov; Henry Raymont, "Frei, Victor in Chile, Vows Cooperation with the U.S.," *New York Times,* Sept. 6, 1964, times machine. nytimes.com; Henry Raymont, "Chileans Install Frei as Presi-dent," *New York Times,* Nov. 4, 1964, timesmachine.nytimes. com.

50. Robarge, interview by author; Central Intelligence Agency, "The Presi-dent's Intelligence Checklist," Sept. 5, 1964 (declassified July 2015), www.cia.gov; "Editorial Note," doc. 269.

51. "Editorial Note," doc. 269; "Transcript of the President's News Confer-ence on Foreign and Domestic Matters," *New York Times,* Sept. 6, 1964, www.nytimes.com. See also Henry Raymont, "Prospect of a Marxist Victory in Chilean Election Causes Wide Concern in Hemisphere," *New York Times,* Sept. 3, 1964, timesmachine.nytimes.com.

52. McLaughlin, phone interview by author, Sept. 5, 2019.

53. Central Intelligence Agency, "The President's Intelligence Checklist," Sept. 3, 1964 (declassified July 2015), www.cia.gov; "Chile: The Cru-cial Choice"; Raymont, "Frei, a Moderate, Elected to the Presidency of Chile."

54. U.S. Congress, Senate, *Covert Action in Chile,* 54. Gustafson explains, "The United States had effectively, and with consent, undermined the credibility of the Frei government and the [Christian Democratic Party] by aligning too closely with them." Gustafson, *Hostile Intent,* 49.

55. Tom Wicker, "Johnson Says He Won't Run," *New York Times,* April 1, 1968, timesmachine.nytimes.com; "Vietnam War Casualty Statistics," National Archives, accessed online; John Lewis Gaddis, *The Cold War: A New History* (New York: Penguin Press, 2005), 133. On Moscow's relationship with the Frei administration, see Rafael Pedemonte, "A Case of 'New Soviet Internationalism': Relations Between the USSR and Chile's Christian Democratic Government, 1964–1970," *Journal of Cold War Studies* 21, no. 3 (2019): 4–25.

56. U.S. Congress, Senate, *Covert Action in Chile 1963–1973*, 57; "Memo-randum for the 303 Committee, Final Report: March 1969 Chilean Congressional Election," March 14, 1969, *FRUS, 17696, 9–19* vol. 21, *Chile, 1969–1973,* doc. 3, history.

state.gov. The U.S. Senate further found, "In the years between 1962 and 1969, Chile received well over a billion dollars in direct, overt United States aid, loans and grants both included." U.S. Congress, Senate, *Covert Action in Chile,* 4. In addition to this overt aid, Kornbluh explains, the United States "pressured major U.S. corporations, particularly the two copper giants, Anaconda and Ken-necott, which dominated the Chilean economy, to modernize and expand their investments and operations." Kornbluh, *Pinochet File,* 5.

57. Central Intelligence Agency, "The President's Daily Brief," Feb. 7, April 2, May 2, and July 24, 1968 (declassified July 2015), www.cia.gov; Central Intelligence Agency, "Intelligence Memorandum: The Chilean Economy: Trends Under Frei and Prospects for 1969–1970," April 1969 (declassified Jan. 2012), www.cia.gov.

58. Henry Kissinger, "Memorandum from the President's Assistant for National Security Affairs (Kissinger) to President Nixon," July 11, 1969, *FRUS, 1969–1976,* vol. 21, *Chile, 1969–1973,* doc. 17, history.state.gov; Central Intelligence Agency, "Chilean Problems and Frei's Prospects," March 4, 1968 (declassified Aug. 2006), www.cia.gov. According to the U.S. Senate, "To deal with the American copper companies, Frei proposed 'Chileanization,' by which the state would purchase majority ownership in order to exercise control and stimulate output. Frei's reforms, while impressive, fell far short of what he had promised." U.S. Congress, Senate, *Covert Action in Chile,* 5. See also John Fleming, "The Nationalization of Chile's Large Copper Companies in Contemporary Interstate Relations," *Villanova Law Review* 18, no. 4 (1973), digitalcommons.law.villanova.edu.

59. U.S. Congress, Senate, *Covert Action in Chile,* 20; "Editorial Note," *FRUS, 1964–1968* vol. 31, *South and Central America; Mexico,* doc. 273, history.state.gov; "Memorandum for the 303 Committee," Jan. 25, 1965, *FRUS, 1964–1968* vol. 31, *South and Central America; Mexico,* doc. 277, history.state.gov; William Broe, "Memorandum from the Chief of the Western Hemisphere Division (Broe) to the Deputy Director for Plans, Central Intelligence Agency (Karamessines)," April 26, 1968, *FRUS, 1964–1968* vol. 31, *South and Central America; Mexico,* doc. 304, history.state.gov; "Memorandum for the 303 Committee," doc. 3.

60. "Memorandum for the 303 Committee," doc. 3; "Telegram from the Embassy in Chile to the Department of State," March 25, 1969, *FRUS, 1969–1976* vol. 21, *Chile, 1969–1973,* doc. 5, history.state.gov; "Memo-randum for the Record, Minutes of the

Meeting of the 303 Committee, 15 April 1969," April 17, 1969, *FRUS, 1969–1976,* vol. 21, *Chile, 1969–1973,* doc. 7, history.state.gov.

61. "Chilean Left Finally Picks Allende to Run for President," *New York Times,* Jan. 23, 1970, www.nytimes.com; Central Intelligence Agency, "The President's Daily Brief," Jan. 24, 1970, www.cia.gov; "Memoran-dum for the 40 Committee, Political Action Related to 1970 Chilean Presidential Election," March 5, 1970, *FRUS, 1969–1976* vol. 21, *Chile, 1969–1973* doc. 29, history.state.gov.

Frei, term-limited, could not run for president in 1970. See Haslam, *The Nixon Administration*, 37.

62. "Memorandum for the 40 Committee," doc. 29.

63. "Memorandum for the Record, Discussion of U.S. Government Activities Leading Up to the Chilean Election in September 1970," Jan. 19, 1970, *FRUS, 1969–1976* vol. 21, *Chile, 1969–1973,* doc. 28, history.state.gov.

64. Viron Vaky, "Memorandum by Viron P. Vaky of the National Security Council Staff," March 25, 1970, *FRUS, 1969–1976* vol. 21, *Chile, 1969–1973,* doc. 30, history.state.gov; U.S. Congress, Senate, *Covert Action in Chile,* 43.

65. U.S. Congress, Senate, *Covert Action in Chile,* 21–22; Devine, interview by author, New York, Feb. 21, 2019.

66. Malcolm Browne, "Most Parties in Chile Find C.I.A. a Useful Target," *New York Times,* Dec. 24, 1969, www.cia.gov; "Memorandum for the 40 Committee," doc. 29.

67. Richard Helms, "Memorandum from Director of Central Intelligence Helms to the President's Assistant for National Security Affairs (Kis-singer)," June 16, 1970, *FRUS, 1969–1976,* vol. 21, *Chile, 1969–1973,* doc. 34, history.state.gov; "Memorandum for the Record: Minutes of the Meeting of the 40 Committee," June 27, 1970, *FRUS, 1969–1976* vol. 21, *Chile, 1969–1973,* doc. 41, history.state.gov; Viron Vaky, "Memo-randum from Viron P. Vaky of the National Security Council Staff to the President's Assistant for National Security Affairs (Kissinger)," June 23, 1970, *FRUS, 1969–1976,* vol. 21, *Chile, 1969–1973,* doc. 39, history.state.gov.

68. Henry KHissinger, *White House Years* (New York: Simon & Schuster, 1979), 667.

69. U.S. Congress, Senate, *Covert Action in Chile,* 20. Helms, in his memoirs, wrote that "the cost and extent" of the CIA's

electoral interference opera-tion "was but a fraction of the Soviet and Cuban effort in Chile." Richard Helms, *A Look over My Shoulder: A Life in the Central Intelligence Agency* (New York: Random House, 2003), 400.

70. MITN 2/22, entry 368, Papers of Mitrokhin.

71. Christopher Andrew and Vasili Mitrokhin, *The World Was Going Our Way: The KGB and the Battle for the Third World* (New York: Basic Books, 2005), 72; MITN 2/22, entry 41, Papers of Mitrokhin.

72. MITN 2/22, entry 368, Papers of Mitrokhin.

73. Henry Kissinger, "National Security Study Memorandum 97," July 24, 1970, *FRUS, 1969–1976,* vol. 21, *Chile, 1969–1973,* doc. 46, history .state.gov.

74. "NSSM 97—Chile," *FRUS, 1969–1976,* vol. E-16, *Documents on Chile,* doc. 13, history.state.gov. NSSM 97 also contained a secret CIA annex analyzing whether and how to stage a coup d'état in Chile, were Allende to win. This annex concluded that this policy should be pursued only if the United States believed that Allende posed "a security threat . . . sufficiently great to justify a covert effort to overthrow him." See "Annex NSSM 97," *FRUS, 71696, 9–19* history.state.gov. vol. E-16, *Documents on Chile,* doc. 14,

75. Central Intelligence Agency, "The President's Daily Brief," Dec. 3, 1969, June 30, Sept. 3, and Sept. 4, 1970 (declassified April 2016), www.cia.gov.

76. Juan de Onis, "Allende, Chilean Marxist, Wins Vote for Presidency," *New York Times,* Sept. 6, 1970, www.nytimes.com; John Foran, *Taking Power: On the Origins of Third World Revolutions* (Cambridge, U.K.: Cambridge University Press, 2005), 163.

77. Central Intelligence Agency, "Intelligence Memorandum: Reactions in Latin America to Allende's Victory in Chile," Sept. 17, 1970 (declassi-fied Feb. 2008), www.cia.gov. For elaboration on overseas reactions to Allende's triumph, see Sebastián Hurtado-Torres, "The Chilean Moment in the Global Cold War: International Reactions to Salvador Allende's Victory in the Presidential Election of 1970," *Journal of Cold War Studies* 21, no. 3 (2019): 26–55.

78. Robarge, interview by author; Devine, interview by author.

79. U.S. Congress, Senate, *Covert Action in Chile,* 54; Kissinger, *White House Years,* 669.

80. Of Nixon's immediate reaction to Allende's victory, Westad writes, "In Washington Allende's victory in the 1970 elections set off near panic. President Nixon thought Chile would develop into a second Cuba, with enormous consequences for Latin America and for the Cold War in the rest of the world. Détente with Moscow did not diminish this perspective. On the contrary, both Nixon and Kissinger believed that if Allende was able to succeed in Chile, then the Soviets would be less likely to cooperate with the United States elsewhere. With Allende's victory in a democratic election, the Soviets had a 'Red sandwich' between Havana and Santiago, which could engulf all of Latin America, Nixon asserted later." Westad, *Cold War,* 356.

81. "Minutes of a Meeting of the Special Review Group," Aug. 19, 1970, *FRUS, 1969–1976,* vol. 21, *Chile, 1969–1973,* doc. 53, history.state.gov.

82. Charles Meyer, "Memorandum from the Assistant Secretary of State for Inter-American Affairs (Meyer) to the Under Secretary of State for Politi-cal Affairs (Johnson)," Aug. 31, 1970, *FRUS, 1969–1976,* vol. 21, *Chile, 1969–1973* doc. 58, history.state.gov.

83. On Alessandri, see Joseph Novitski, "Political Deal Urged in Chile to Keep Allende from the Presidency," *New York Times,* Sept. 12, 1970, timesmachine.nytimes.com; Central Intelligence Agency, "The President's Daily Brief," Sept. 11, 1970 (declassified April 2016), www.cia.gov. On Washington's decision making, see Edward Korry, "Telegram from the Embassy in Chile to the Department of State," Sept. 8, 1970, *FRUS, 1969–1976* vol. 21, *Chile, 1969–1973,* doc. 68, history.state.gov; U.S. Congress, Senate, *Covert Action in Chile,* 23–25. Back in June, Korry had advocated authorizing funds for vote buying, but the 40 Committee had opted to delay "any decision on the buying of congressional votes" until after the election, because "the risks in eventually embarking on this course were apparent." See "Memorandum for the Record," doc. 41; Viron Vaky, doc. 39.

84. "Memorandum for the Record, Discussion of Chilean Political Situation," Sept. 14, 1970, *FRUS, 1969–1976,* vol. 21, *Chile, 1969–1973,* doc. 89, history.state.gov. See also Joseph Novitski, "Chile's Christian Democrats Fail to Decide on Presidential Vote," *New York Times,* Oct. 5, 1970, timesmachine.nytimes.com.

In a series of intelligence briefings between September 7 and 14, the CIA reported that Allende would almost certainly win the congressional vote. See Central Intelligence Agency, "The President's Daily Brief," Sept. 7, 8, and 14, 1970 (declassified April 2016), www.cia.gov.

85. U.S. Congress, Senate, *Covert Action in Chile,* 24.

86. "Memorandum for the Record, Minutes of the Meeting of the 40 Com-mittee," Sept. 8, 1970, *FRUS, 1969–1976,* vol. 21, *Chile, 1969–1973,* doc. 70, history.state.gov.

87. "Telegram from the Central Intelligence Agency to the Station in Chile," Sept. 9, 1970, *FRUS, 1969–1976,* vol. 21, *Chile, 1969–1973,* doc. 72, history.state.gov.

88. "Transcript of a Telephone Conversation Between President Nixon and the President's Assistant for National Security Affairs (Kissinger)," Sept. 12, 1970, *FRUS, 1969–1976,* vol. 21, *Chile, 1969–1973,* doc. 82, shtiasteo.rgyo.v.

89. "Transcript of a Telephone Conversation Between Secretary of State Rog-ers and the President's Assistant for National Security Affairs (Kissinger)," Sept. 14, 1970, *FRUS, 1969–1976,* vol. 21, *Chile, 1969–1973,* doc. 88, history.state.gov.

90. Viron Vaky, "Memorandum from Viron P. Vaky of the National Security Council Staff to the President's Assistant for National Security Affairs (Kissinger)," Sept. 14, 1970, *FRUS, 1969–1976,* vol. 21, *Chile, 1969– 1973,* doc. 86, history.state.gov.

91. For a detailed account of CIA operations in Chile after Allende's victory in the 1970 election, see Gustafson, *Hostile Intent,* chaps. 3–7; Kornbluh, *The Pinochet File,* chap. 1–2.

92. "Editorial Note," *FRUS, 1969–1976,* vol. 21, *Chile, 1969–1973,* doc. 93, history.state.gov; U.S. Congress, Senate, *Covert Action in Chile,* 23.

93. "Telegram from the Central Intelligence Agency to the Station in Chile," Oct. 16, 1970, *FRUS, 1969–1976,* vol. 21, *Chile, 1969–1973,* doc. 154, history.state.gov; William V. Broe, "Memorandum for the Record," Sept. 16, 1970, *FRUS, 1969–1976,* vol. 21, *Chile, 1969–1973,* doc. 94, history.state.gov; U.S. Congress, Senate, *Covert Action in Chile,* 2.

94. Central Intelligence Agency, "CIA Activities in Chile," Sept. 18, 2000, www.cia.gov; U.S. Congress, Senate, *Covert Action in Chile,* 26.

95. Central Intelligence Agency, "CIA Activities in Chile." For the sequence of events that resulted in Schneider's death, see Haslam, *The Nixon Administration*, 70; Kornbluh, *Pinochet File*, 22–28. John Dinges further explains, "The CIA provided three submachine guns to one group of plot-ters at 2 A.M. on the day of the kidnapping. The CIA has always insisted that the weapons were never used and that a different group killed Schnei-der. Weapons and money were also promised to that second group but were never delivered, according to the CIA. The distinction between the two groups seems insubstantial, however, since the CIA never abandoned the tactic of kidnapping the army chief and was providing support to plot-ters on the same day it actually happened. The United States thus gave its operational endorsement to acts of terrorism in furtherance of the cause of anti-Communism." John Dinges, *The Condor Years: How Pinochet and His Allies Brought Terrorism to Three Continents* (New York: New Press, 2004), 19.

96. Joseph Novitski, "Chile Buries General as Martyr," *New York Times*, Oct. 27, 1970, timesmachine.nytimes.com; Joseph Novitski, "Military Leader Dies in Santiago," *New York Times*, Oct. 26, 1970, timesmachine.nytimes.com.

97. Juan de Onis, "Rightist Withdraws in Chile, Endorsing Allende," *New York Times*, Oct. 20, 1970, timesmachine.nytimes.com; Joseph Novitski, "Allende, Marxist Leader, Elected Chile's President," *New York Times*, Oct. 25, 1970, timesmachine.nytimes.com; Juan de Onis, "3 Commu-nists Given Key Economic Posts in Chilean Cabinet," *New York Times*, Oct. 31, 1970, timesmachine.nytimes.com; Juan de Onis, "Allende Sworn; Urges Sacrifice," *New York Times*, Nov. 4, 1970, timesmachine.nytimes.com.

Later, in December 1970, the CIA reported that "in Chile, the Com-munist Party has publicly boasted of its important role in the Allende government." Central Intelligence Agency, "The President's Daily Brief," Dec. 1, 1970 (declassified June 2016), www.cia.gov.

98. U.S. Congress, Senate, *Covert Action in Chile 1963–1973*, 27. In Feb-ruary 1973, a besieged Allende hosted a KGB employee at his villa, where he described plans to reform Chile's security services so that their "main focus" would be "finding out about and suppressing American subversion." Of this meeting, the KGB archives continue, "Allende really counts on Soviet help in this matter. This information was relayed to [Leonid] Brezhnev." That month, Yuri Andropov, the head of the KGB, briefed

his superiors on Allende. "Providing [Allende] with some mon-etary help, paying attention to him and executing his personal wishes," Andropov wrote, "helped strengthen the trusting relationship between our employee and Allende." See MITN 2/22, entries 77 and 377, Papers of Mitrokhin.

99. Devine, interview by author; Jack Devine and Vernon Loeb, *Good Hunt-ing: An American Spymaster's Story* (New York: Farrar, Straus and Giroux, 2014), 43–44.

100. "Chilean Medical Report Calls Allende a Suicide," Reuters, Oct. 31, 1973, www.nytimes.com. On the Eastern bloc's interpretation of events in Chile, see Radoslav A. Yordanov, "Warsaw Pact Countries' Involvement in Chile from Frei to Pinochet, 1964–1973," *Journal of Cold War Studies* 21, no. 3 (2019): 56–87. For further reading on the Pinochet regime, see Kornbluh, *Pinochet File;* Dinges, *Condor Years.*

101. Kornbluh, *Pinochet File,* 114.

102. U.S. Congress, Senate, Select Committee to Study Governmental Opera-tions with Respect to Intelligence Activities, *Hearings Before the Select Committee to Study Governmental Operations with Respect to Intel-ligence Activities: Covert Action,* 94th Cong., 1st sess., Dec. 4 and 5, 1975, 62, www.intelligence.senate.gov.

第四章　東德國安局改變歷史

1. Westad summarizes the vision behind Brandt's Ostpolitik as follows: "A careful building of trust among governments in the east and west of Europe, which would enable disarmament, increased trade, travel, and cultural contacts, and, eventually, German reunification and the full removal of Europe's Cold War divides." Westad, *Cold War,* 385.
2. David Binder, "Brandt Defeats Move to Oust Him," *New York Times,* April 28, 1972, www.nytimes.com.
3. Kopp, interview by author, Berlin, Germany, July 26, 2017. I first reported on this in an article for *Foreign Affairs* ("A Cold War Case of Russian Collusion," *Foreign Affairs,* April 5, 2019, www.foreignaffairs.com).
4. Gregg, interview by author, Armonk, N.Y., March 17, 2018. Gregg worked for the CIA from 1951 to 1982, and then as national security adviser to Vice President George H. W. Bush, and as U.S. ambassador to South Korea.

5. Kopp, interview by author; Jens Gieseke, *The History of the Stasi: East Germany's Secret Police, 1945–1990* (Brooklyn: Berghahn, 2015), 155; "Der Deutsche Bundestag 1949 bis 1989 in den Akten des Ministeriums für Staatssicherheit (MfS) der DDR," Federal Commissioner for the Docu-ments of the State Security Service of the Former German Democratic Republic, Berlin, March 2013.
6. Julius Steiner Dossier, Bundesbeauftragter für die Unterlagen des Sta-atssicherheitsdienstes der ehemaligen DDR, BStU, Berlin, 4 (hereafter cited as Steiner Dossier). This file was provided to the author by the Stasi Records Agency (the BStU) in Berlin, Germany, in response to an archival request. It includes 299 pages of materials on Steiner documented by the Stasi.
7. Leo Wagner Dossier, Bundesbeauftragter für die Unterlagen des Staatssi-cherheitsdienstes der ehemaligen DDR, BStU, Berlin, 21 (hereafter cited as Wagner Dossier). This file was provided to the author by the Stasi Records Agency (the BStU) in Berlin, Germany, in response to an archival request. It includes fifty-three pages of materials on Wagner documented by the Stasi.
8. Ibid.; "CSU-Spion enttarnt," *Der Spiegel,* Nov. 27, 2000, www.spiegel.de; "Bis zu meinem Zusammenbruch," *Der Spiegel,* Oct. 20, 1980, www d.sep.iegel.
9. *Die Geheimnisse des Schönen Leo,* directed by Benedikt Schwarzer (Ger-many: Lichtblick Film & TV Produktion, 2019), copy provided to author by director; "Bis zu meinem Zusammenbruch." Conversion information for deutschemarks to dollars (1972) taken from Germany/U.S. Foreign Exchange Rate, Federal Reserve Bank of St. Louis, fred.stlouisfed.org; conversion information for dollar values (1972 to 2020) taken from U.S. Inflation Calculator, www.usinflationcalculator.com.
10. *Die Geheimmissee des Schöner Leo,* directed by Schwarzer.
11. Kopp, interview by author; "CSU-Spion enttarnt."
12. Kopp, interview by author. A group of prosecutors, while investigating Wagner years later, found that he had been living extravagantly since the late 1960s, around when Fleissman began passing him cash and intel-ligence. See "Urteil," *Der Spiegel,* Dec. 29, 1980, www.spiegel.de.
13. *Die Geheimnisse des Schönen Leo,* directed by Schwarzer.

14. Kopp, interview by author.

15. Willy Brandt, *Begegnungen und Einsichten* (Hamburg: Hoffmann & Campe, 1976), 198; Westad, *Cold War,* 365, 373–78; Gaddis, *The Cold War: A New History,* 153; Harry Schwartz, "The Khrushchev/Brezhnev Doctrine at Helsinki," *New York Times*, Aug. 5, 1975, www.nytimes.com. See also Kieran Williams, *The Prague Spring and Its Aftermath: Czechoslovak Politics, 1968–1970* (Cambridge, U.K.: Cambridge Uni-versity Press, 1997), chaps. 4–5; Jussi Hanhimaki, *The Rise and Fall of Détente: American Foreign Policy and the Transformation of the Cold War* (Washington, D.C.: Potomac Books, 2013), chap. 2; Leonid Brezhnev, *On the Policy of the Soviet Union and the International Situation* (New York: Doubleday, 1973).

On Western reactions to the Prague Spring, see John G. McGinn, "The Politics of Collective Inaction: NATO's Response to the Prague Spring," *Journal of Cold War Studies* 1, no. 3 (1999): 111–38. On the conception and evolution of the Brezhnev Doctrine, see Matthew J. Ouimet, *The Rise and Fall of the Brezhnev Doctrine in Soviet Foreign Policy* (Chapel Hill: University of North Carolina Press, 2003). On détente, see Keith L. Nel-son, *The Making of Détente: Soviet-American Relations in the Shadow of Vietnam* (Baltimore: Johns Hopkins University Press, 1995). On the similarities between Leonid Brezhnev and Vladimir Putin, see Snyder, *Road to Unfreedom,* 46–48; Susan Glasser, "Putin the Great: Russia's Imperial Imposter," *Foreign Affairs,* Sept./Oct. 2019, www.foreignaffairs.com.

16. Wippl, phone interview by author, Nov. 8, 2018; Brandt, *Begegnungen und Einsichten,* 343, 360; Gaddis, *Cold War,* chap. 3. See also Philip Hanson, *The Rise and Fall of the Soviet Economy: An Economic History of the USSR from 1945* (London: Longman, 2003).

17. In 1975, the Soviet Union, the United States, Canada, and nearly every European state agreed to the Helsinki Final Act. Under the agreement, signatories pledged to respect the current European order and to "refrain from any intervention, direct or indirect, individual or collective, in the internal or external affairs falling within the domestic jurisdiction of another participating State" (a commitment, of course, that both of the superpowers had been violating, and would continue to do so, through covert electoral interference). Participating countries also agreed to "respect the territorial integrity of each of the participating states," highlighting the sanctity of territorial rather than electoral sovereignty. See Final Act of the Conference

on Security and Co-operation in Europe, Helsinki, August 1, 1975, in U.S. Department of State, *Documents on Germany, 1944–1985* (Washington, D.C.: Government Printing Office, 1985), 1285. See also William J. Tompson, *The Soviet Union Under Brezhnev* (Abingdon, U.K.: Routledge, 2003), 48; Judt, *Postwar,* 501. On China, see Jeremi Suri, *Power and Protest: Global Revolution and the Rise of Détente* (Cambridge, Mass.: Harvard University Press, 2005), 226–45; Hanhimaki, *Rise and Fall of Détente,* 44; Brandt, *Begegnungen und Einsichten,* 300.

18 Judt, *Postwar,* 254. For further reading on Berlin as a Cold War hot spot, see Deborah Welch Larson, "The Origins of Commitment: Truman and West Berlin," *Journal of Cold War Studies* 13, no. 1 (2011): 180–212; David Coleman, "Eisenhower and the Berlin Problem, 1953–1954," *Jour-nal of Cold War Studies* 2, no. 1 (2000): 3–34; David E. Murphy, Sergei A. Kondrashev, and George Bailey, *Battleground Berlin: CIA vs. KGB in the Cold War* (New Haven, Conn.: Yale University Press, 1997). Also, Douglas Selvage and Hope Harrison, in separate articles, analyze and contextualize pertinent primary source materials in "New Evidence on the Berlin Crisis, 1958–1962," *Cold War International History Project Bulletin* 11 (1998): 200–29.

19. Judt, *Postwar,* 27, 270.

20. Kopp, interview by author. In September 1969, just before the West Ger-man election, Moscow offered to open negotiations with Bonn. Egon Bahr, Brandt's foreign policy adviser, then drafted a working paper detailing a potential reconciliation agreement with the Soviet Union. See Timothy Garton Ash, *In Europe's Name: Germany and the Divided Continent* (London: Vintage, 1994), 67–68. For further reading on Ostpolitik, see Gottfried Niedhart, "Ostpolitik: Transformation Through Communica-tion and the Quest for Peaceful Change," *Journal of Cold War Studies* 18, no. 3 (2016): 14–59.

21. Brandt, *Begegnungen und Einsichten*, 168.

22. Neil MacFarlane and Yuen Foong Khong aptly define the pursuit of secu-rity as a state seeking to minimize threats to its survival, welfare, and identity in *Human Security and the UN: A Critical History* (Blooming-ton: Indiana University Press, 2006), 2.

23. Brandt, *Begegnungen und Einsichten,* 169; "Bonn-Soviet Text Leaked to Paper," *New York Times,* June 13, 1970,

timesmachine.nytimes.com. Still, in conjunction with détente in Europe, competition for influence persisted across Africa, Asia, and Latin America. Westad explains, "The Soviets never intended détente with Washington to include an end to Moscow's support for movements and regimes in the Third World." Westad, *Global Cold War,* 195.

24. Julia Von Dannenberg, *The Foundations of Ostpolitik: The Making of the Moscow Treaty Between West Germany and the USSR* (New York: Oxford University Press, 2008), 164–65.

25. Bernard Gwertzman, "Treaty Initialed by Moscow and Bonn," *New York Times,* Aug. 8, 1970, www.nytimes.com.

26. Brandt, *Begegnungen und Einsichten,* 325–29. Additionally, the Moscow Treaty declared that each party sought "to maintain international peace and achieve détente," and had agreed to "settle their disputes exclusively by peaceful means" and to "regard the frontiers of all States in Europe as inviolable such as they are on the date of signature of the present Treaty, including the Oder-Neisse line." See Treaty Between the Federal Republic of Germany and the Soviet Union (the Moscow Treaty) of August 12, 1970, in U.S. Department of State, *Documents on Germany, 1944–1985,* 1103. West German negotiators had spent weeks tweaking the treaty's language, to keep the door open to peacefully adjusting frontiers and, therefore, to reunifying Germany. For example, the Soviets had asked that Europe's frontiers be labeled "unalterable"; West German negotiators successfully substituted "inviolable" in its place. See Garton Ash, *In Europe's Name,* 17.0–7

27. Treaty between the Federal Republic of Germany and Poland Concerning the Basis for Normalizing Their Mutual Relations (the Treaty of Warsaw) of December 7, 1970, in U.S. Department of State, *Documents on Ger-many, 1944–1985,* 1125. On the consequences of recognizing Poland's western border, Brandt wrote, "Many of our German contemporaries accused us of being the first to crystallize what they refused to accept as an accomplished act and would rather have continued to ignore." Brandt, *Begegnungen und Einsichten,* 181.

28. Authoritative histories of this period highlight the importance of Brandt's gesture in Warsaw. Westad writes, "For Poles and others who watched in eastern Europe, it was a powerful symbol of a new German govern-ment intent on peace, headed by a man of a new generation who himself had no blame in Germany's wartime atrocities. It went further than any treaty in creating an image of a new West Germany for peoples in the east." Westad, *Cold War,* 386. Garton Ash likewise writes,

"For many people around the world, Ostpolitik is Willy Brandt falling to his knees before the monument to the heroes of the Warsaw ghetto." Garton Ash, *In Europe's Name,* 298.

29. Brandt, *Begegnungen und Einsichten,* 332, 387; M. E. Sarotte, *Deal-ing with the Devil: East Germany, Détente, and Ostpolitik, 1969–1973* (Chapel Hill: University of North Carolina Press, 2001), 120–29, in which she also explains how the Quadripartite Agreement, finalized by the United States, the United Kingdom, France, and the Soviet Union in 1971, enabled the transit accord.

30. John Kess, "Brandt Wins Nobel Prize for His Efforts for Peace," *New York Times,* Oct. 21, 1971, www.nytimes.com; "Memorandum of Con-versation," Jan. 10, 1972, *FRUS, 1969–1976* vol. 40, *Germany and Berlin, 1969–1972,* doc. 337, history.state.gov; Brandt, *Begegnungen und Einsichten,* 349; Sarotte, *Dealing with the Devil,* 130.

31. Brandt, *Begegnungen und Einsichten,* 356.

32. Wippl, interview by author. Article 67 reads, "The Bundestag may express its lack of confidence in the Federal Chancellor only by electing a succes-sor by the vote of a majority of its Members and requesting the Federal President to dismiss the Federal Chancellor. The Federal President must comply with the request and appoint the person elected." See the Basic Law for the Federal Republic of Germany, May 8, 1949, art. 67, accessed through the Bundestag website, www.btg-bestellservice.de.

33. Rainer Barzel, *Die Tür blieb offen: Mein persönlicher Bericht* über *Ost-verträge, Misstrauensvotum, Kanzlersturz* (Berlin: Bouvier, 1998), 54. See also John O. Koehler, *Stasi: The Untold Story of the East German Secret Police* (Boulder, Colo.: Westview Press, 1999), 69.

34. Kalugin, interview by author, Rockville, Md., Aug. 7, 2018; Markus Wolf and Anne McElvoy, *Man Without a Face: The Autobiography of Commu-nism's Greatest Spymaster* (New York: Times Books, 1997), 135, 166–71.

35. "Telegram from the Embassy in Germany to the Department of State," April 14, 1972, *FRUS, 1969–1976* vol. 40, *Germany and Berlin, 1969–1972,* doc. 354, history.state.gov; Wolfgang Mueller, "Recognition in Return for Détente? Brezhnev, the EEC, and the Moscow Treaty with West Germany, 1970–1973," *Journal of Cold War Studies* 13, no. 4 (2011): 79– 100;

Sarotte, *Dealing with the Devil,* 130–33. Barzel announced the vote of no confidence on April 24 after briefing his inner circle of his plans on April 19; see Barzel, *Die Tür blieb offen,* 97.

36. “Editorial Note,” *FRUS, 17696, 9–19* vol. 40, *Germany and Berlin, 17926, 9–19* doc. 358, history.state.gov.

37. Brandt, *Begegnungen und Einsichten,* 336; “Editorial Note,” doc. 358; Sarotte, *Dealing with the Devil,* 133.

38. Egon Bahr, *Zu meiner Zeit* (Berlin: Blessing, 1998), 383. Based on avail-able sources, it is unclear whether authorities in Moscow briefed their counterparts in East Germany on this approach to Bahr.

39. M. E. Sarotte writes, based on her interview with Wolf, that he “remem-bered in 1996 that the instructions from Moscow at the time were clear: the [East German government] was to do everything possible to protect Brandt.” Sarotte, *Dealing with the Devil,* 130. Christopher Andrew and Vasili Mitrokhin write that Wolf had Moscow’s “blessing” in seeking to interfere in the vote. Andrew and Mitrokhin, *The Sword and the Shield,* 427.

40. Inman, interview by author, Austin, Tex., Nov. 2, 2018; Goss, interview by author, Florida Keys, Fla., Dec. 26, 2018. See also Gieseke, *History of the Stasi,* chap. 6.

41. Koehler, *Stasi,* 3–4. On the evolution of the Stasi’s domestic operations, see Gary Bruce, “The Prelude to Nationwide Surveillance in East Ger-many: Stasi Operations and Threat Perceptions, 1945–1953,” *Journal of Cold War Studies* 5, no. 2 (2003): 3–31; David Childs and Richard Popplewell, *The Stasi: The East German Intelligence and Security Service* (London: Macmillan, 1996).

42. Kopp, interview by author. Conversion information for deutschemarks to dollars (1972) taken from Germany/U.S. Foreign Exchange Rate, Federal Reserve Bank of St. Louis, fred.stlouisfed.org; conversion information for dollar values (1972 to 2020) taken from U.S. Inflation Calculator, www.usinflationcalculator.com.

43. Kopp, interview by author; *Die Geheimnisse des Schönen Leo,* directed by Schwarzer.

44. Brandt, *Begegnungen und Einsichten,* 435. See also Hélène Miard-Delacroix, *Willy Brandt: Life of a Statesman* (London: I. B. Tauris, 2016), 130.

45. Binder, “Brandt Defeats Move to Oust Him”; *Die Geheimnisse des Schönen Leo,* directed by Schwarzer.

46 Sarotte, *Dealing with the Devil,* 133.

47. "Der Deutsche Bundestag 1949 bis 1989 in den Akten des Ministeriums für Staatssicherheit (MfS) der DDR."

48. "West Germany's Treaties with Soviet and Poland Win Bundestag Approval," *New York Times,* May 18, 1972, www.nytimes.com; "Exit Mr. Barzel," *New York Times,* May 10, 1973, www.nytimes.com. On the subsequent evolution of the conservative bloc's foreign policy, see Clay Clemens, *Reluctant Realists: The Christian Democrats and West German Ostpolitik* (Durham, N.C.: Duke University Press, 1989).

49. David Binder, "Brandt Coalition Is Swept Back In for Second Term," *New York Times,* Nov. 20, 1972, www.nytimes.com.

50. Wippl, interview by author.

51. Garton Ash, *In Europe's Name,* 376.

52. Binder, "Brandt Defeats Move to Oust Him."

53. Wippl, interview by author.

54. Franz Josef Strauss, *Die Erinnerungen* (Berlin: Siedler, 1989), 398; Rainer Barzel, *Ein gewagtes Leben* (Berlin: Honenheim, 2001), 84; Brandt, *Begegnungen und Einsichten,* 435.

55. Steiner Dossier, 23; "Die sind ja alle so mißtrauisch," *Der Spiegel,* June 4, 1973, www.spiegel.de; "Der Deutsche Bundestag 1949 bis 1989 in den Akten des Ministeriums für Staatssicherheit (MfS) der DDR."

56. Steiner Dossier, 21–23; "Die sind ja alle so mißtrauisch." The Steiner Affair emerged just as the Watergate scandal—which caused Nixon to resign the presidency in August 1974—was escalating in the United States. On Watergate, see Keith W. Olson, *Watergate: The Presidential Scandal That Shook America* (Lawrence: University Press of Kansas, 2003); Carl Bernstein and Bob Woodward, *All the President's Men* (New York: Simon & Schuster, 1974).

57. Steiner Dossier, 23, 35, 126; "Affäre Steiner: Rätsel über Rätsel," *Der Spiegel,* July 23, 1973, www.spiegel.de; Miard-Delacroix, *Willy Brandt,* 131.

58. Kopp, interview by author; "Der Deutsche Bundestag 1949 bis 1989 in den Akten des Ministeriums für Staatssicherheit (MfS) der DDR."

59. Steiner Dossier, 20–150. One of the articles in the Stasi's file poses the question—Watergate in Bonn?—in reference to the Steiner Affair, a com-mon comparison at the time.
60. "Affäre Wienand: 'Der Kanzler hält sich raus,' " *Der Spiegel,* June 18, 1973, www.spiegel.de; Steiner Dossier, 26.
61. "Affäre Steiner: Rätsel über Rätsel"; Steiner Dossier, 23, 38. During the inquiry, many members of the CDU became attached to the allegation that Wienand had bribed Steiner, perhaps because this version of events most suited their political agenda; see Steiner Dossier, 76.
62. Steiner Dossier, 46; Detlef Kleinert, Wolfgang Schäuble, and Friedrich Shepherd, "Bericht und Antrag zu dem Antrag der Fraktion der CDU/CSU betr. Einsetzung eines Untersuchungsausschusses," Bundestag, March 3, 1974, dipbt.bundestag.de.
63. "Bonn Aide Admits He Withdrew Funds in Bribery Inquiry," *New York Times,* Sept. 6, 1973, www.nytimes.com.
64. "CSU-Spion enttarnt."
65. Kopp, interview by author; Wagner Dossier, 7. The entries, on pages 8 and 9, include "S7604981: Background on the restitution of the CSU parliamentary unit; SE7602099: Minutes for the 24th federal convention of the CDU—May 24th to 26th 1976; SE7602995: Visit of the Balkans by [whited out]; SE7604373: Background and documentation on CDU/CSU discussion."
66. Koehler, *Stasi,* 150–62, 200.
67. Kopp, interview by author.
68. "CSU-Spion enttarnt."
69. Ibid.; MITN 2/2, 52, Papers of Mitrokhin.
70. "CSU-Politiker Wagner soll Stasi-Spion gewesen sein," *Rheinische Post,* Nov. 25, 2000, www.rp-online.de; "CSU-Spion enttarnt"; Sarotte, *Deal-ing with the Devil,* 133.
71. "CSU-Spion enttarnt"; "CSU-Politiker Wagner lässt Ämter ruhen," Ger-man Press Agency, Nov. 27, 2000, www.schwaebische.de.
72. The German government found, "This leads to the conclusion that in 1972 Wagner was simply a corruptible parliamentarian

whose financial problems the [Stasi] exploited through the journalist Georg Fleissman (IM ‘Dürer’). The [Stasi] manipulated the vote of no confidence in 1972 by targeting corrupt members of parliament With all due prudence, it is assumed today that the deputies Steiner and Wagner were bribed by the [Stasi] in 1972 and led to the failure of Barzel’s no-confidence vote. This assumption is based on testimonies, self-accusations, reports by the Bun-destag’s investigative committee, the Federal Prosecutor’s Office’s insights from the espionage trials of the nineties, and accounts of those involved at the time.” “Der Deutsche Bundestag 1949 bis 1989 in den Akten des Ministeriums für Staatssicherheit (MfS) der DDR.”

73. Kopp, interview by author.

第五章　格別烏朝美國下手

1. Inman, interview by author, Austin, Tex., Nov. 2, 2018.
2. Kalugin, interview by author, Rockville, Md., Aug. 7, 2018. The Soviet Union was unique in that it consistently sought to interfere covertly in U.S. elections during the twentieth century, but it was not the only country to ever try. For example, Nazi Germany attempted—entirely ineffectively—to intervene covertly in America’s 1940 presidential election. See Bradley Hart, *Hitler’s American Friends: The Third Reich’s Supporters in the United States* (New York: St. Martin’s, 2018), chap. 5.
3. “The Kitchen Debate Transcript,” July 24, 1959, taken from the CIA General Records, www.cia.gov.
4. Nikita Khrushchev, *Memoirs of Nikita Khrushchev: Statesman, 1953–1964,* ed. Sergei Khrushchev (University Park: Pennsylvania State Uni-versity Press, 2007), 295. For further reading on Khrushchev’s views of Nixon, see William Taubman, *Khrushchev: The Man and His Era* (New York: W. W. Norton, 2003), chap. 17.
5. Kalugin, interview by author.
6. Khrushchev, *Memoirs,* 295; Taubman, *Khrushchev,* 484; Kalugin, inter-view by author.
7. Taubman, *Khrushchev,* xix. On dynamics in Moscow following Stalin’s death, see Mark Kramer’s three-part series “The Early Post-Stalin Suc-cession Struggle and Upheavals in East-Central Europe,” *Journal of Cold War Studies* 1, no. 1–3 (1999). On Khrushchev’s rise to power, see also Vladislav Zubok and Constantine Pleshakov, *Inside the Kremlin’s Cold War: From Stalin*

to Khrushchev (Cambridge, Mass.: Harvard University Press, 1997).

8. Khrushchev, *Memoirs,* 138.

9. This account of Stevenson's meeting with Menshikov as well as the text of the letter to Menshikov is based on a memorandum that Stevenson wrote on January 25, 1960, which can be found in Walter Johnson, *The Papers of Adlai E. Stevenson: Continuing Education and the Unfin-ished Business of American Society, 1957–1961* (Boston: Little, Brown, 1977), 386–89. On Stevenson's last-minute and failed attempt to win the nomination at the Democratic National Convention, see Jean H. Baker, *The Stevensons: A Biography of an American Family* (New York: W. W. Norton, 1996), 402–4.

10 Khrushchev, *Memoirs,* 295; Zubok and Pleshakov, *Inside the Kremlin's Cold War,* 238.

11. Kalugin, interview by author.

12. Lindesay Parrott, "U.S. Urges U.N. Vote Impartial Inquiry in Attack on R7,"B-4 *New York Times,* July 26, 1960, timesmachine.nytimes.com.America's U-2 spy planes had, since 1956, been reporting back to Wash-ington that Khrushchev did not possess the long-range missile capabilities about which he so frequently boasted; see Gaddis, *Cold War,*.72–74

13. Khrushchev, *Memoirs,* 296; "U.S. Doubts Russians Will Free RB-47 Fli-ers," *New York Times,* Sept. 10, 1960, timesmachine.nytimes.com.

14. Taubman, *Khrushchev,* 484.

15. W. H. Lawrence, "Moscow Frees 2 RB-47 Survivors; Kennedy Calls Khrushchev Move a Step Toward Better Relations," *New York Times,* Jan. 26, 1961, timesmachine.nytimes.com; "Burial for Gary Powers Tomorrow," *New York Times,* Aug. 7, 1977, www.nytimes.com.

16. Kalugin, interview by author.

17. Khrushchev, *Memoirs,* 296.

18. "Racist Hate Note Sent to U.N. Aides," *New York Times,* Nov. 29, 1960, timesmachine.nytimes.com.

19. UN General Assembly Official Record, 15th Session, 944th Plenary Meet-ing, Agenda Item 87 (Dec. 13, 1960), legal.un.org.

20. Ibid.

21. MITN 1/6/5, p. 444, Papers of Mitrokhin.
22. Ibid., p. 432.
23. Kalugin, interview by author.
24. Ibid.; Kalugin, *Spymaster,* 54.
25. Kalugin, interview by author.
26. Ibid. On Brezhnev's interest in détente, see chapter 4 of this book. For Humphrey's reflections on his life and career generally, see Hubert H. Humphrey, *The Education of a Public Man: My Life and Politics* (Garden City, N.Y.: Doubleday, 1976).
27. Anatoly Dobrynin, *In Confidence: Moscow's Ambassador to Six Cold War Presidents* (Seattle: University of Washington Press, 2001), 176.
28. Ibid.
29. Ibid.
30. Westad writes, "If it had not been for the new Nixon Administration itself engaging in renewed efforts at détente with the Soviets, Brandt's policy could have been seen as positively treacherous in a NATO con-teaxdt,." Wes *Cold War,* 386. For further reading on Nixon, see Stephen Ambrose, *Nixon: The Triumph of a Politician, 1962–1972* (New York: Simon & Schuster, 1989); Melvin Small, *The Presidency of Richard Nixon* (Lawrence: University Press of Kansas, 1999).
31. Goss, interview by author, Florida Keys, Fla., Dec. 26, 2018; McLaughlin, phone interview by author, Sept. 5, 2019. On press coverage of the CIA during the early Cold War, see David P. Hadley, "A Constructive Quality: The Press, the CIA, and Covert Intervention in the 1950s," *Intelligence and National Security* 31, no. 2 (2016): 246–65. For further reading, see Loch K. Johnson, *America's Secret Power: The CIA in a Democratic Society* (New York: Oxford University Press, 1989); David M. Barrett, *The CIA and Congress: The Untold Story from Truman to Kennedy* (Lawrence: University Press of Kansas, 2005); John Ranelagh, *The Agency: The Rise and Decline of the CIA* (New York: Simon & Schuster, 1986); Evan Thomas, *The Very Best Men: Four Who Dared: The Early Years of the CIA* (New York: Simon & Schuster, 1995).
32. Seymour Hersh, "C.I.A. Chief Tells House of $8-Million Campaign Against Allende in '70–73," *New York Times,* Sept. 8,

1974, www.nytimes.com; Brent Durbin, *The CIA and the Politics of US Intelligence Reform* (Cambridge, U.K.: Cambridge University Press, 2017), 135–37; Gustafson, *Hostile Intent,*.1–3

33. Jeffreys-Jones, *CIA and American Democracy,* 198; "Editorial Note," *FRUS, 1969–1976* vol. 38, pt. 1, *Foundations of Foreign Policy, 1973–1976,* doc. 53, history.state.gov.

34. Seymour Hersh, "Huge C.I.A. Operation Reported in U.S. Against Anti-war Forces, Other Dissidents in Nixon Years," *New York Times,* Dec. 22, 1974, timesmachine.nytimes.com.

35. Jeffreys-Jones, *CIA and American Democracy,* 194.

36. Olav Njølstad, "The Carter Administration and Italy: Keeping the Communists Out of Power Without Interfering," *Journal of Cold War Studies* 4, no. 3 (2002): 56, 69, which further explains that an internal U.S. government memorandum, issued when Carter was president, said that his administration would reject "such actions as dictating to Italians how they should vote, seeking to manipulate political events in Italy, or financing Italian political parties or personalities." For further reading on foreign policy making during the Carter years, see Gaddis Smith, *Moral-ity, Reason, and Power: American Diplomacy in the Carter Years* (New York: Hill and Wang, 1986); Jimmy Carter, *Keeping Faith: Memoirs of a President* (New York: Bantam, 1982); Zbigniew Brzezinski, *Power and Principle: Memoirs of the National Security Adviser, 1977–1981* (New York: Farrar, Straus and Giroux, 1983).

37. U.S. Congress, Senate, Select Committee to Study Governmental Opera-tions with Respect to Intelligence Activities, *Hearings Before the Select Committee to Study Governmental Operations with Respect to Intel-ligence Activities: Covert Action,* 94th Cong., 1st sess., Dec. 4 and 5, 1975, 54, www.intelligence.senate.gov.

38. U.S. Congress, Senate, Select Committee to Study Governmental Opera-tions with Respect to Intelligence Activities, *Alleged Assassination Plots Involving Foreign Leaders,* 94th Cong., 1st sess., 1975, www.intelligence.senate.gov; Executive Order 11905: United States Foreign Intelligence Activities, Feb. 18, 1976, www.fordlibrarymuseum.gov.

39. Oriana Fallaci, "What Did You Do to My Italy, Mr. Spy?," *Washington Star,* March 7, 1976, taken from CIA General Records (declassified May 2012), www.cia.gov.

40. Ibid.
41. Devine, interview by author, New York, Feb. 21, 2019; Ventresca, *From Fascism to Democracy,* 20; Kaeten Mistry, "Approaches to Understanding the Inaugural CIA Covert Operation in Italy: Exploding Useful Myths," *Intelligence and National Security* 26, no. 2–3 (2011): 249–50.
42. Gaddis, *Cold War,* 217. On Reagan's presidency and character, see Lou Cannon, *President Reagan: The Role of a Lifetime* (New York: Simon & Schuster, 1991). For Reagan's and Ford's personal reflections, see Ronald Reagan, *An American Life* (New York: Simon & Schuster, 1990); Gerald R. Ford, *A Time to Heal: The Autobiography of Gerald R. Ford* (New York: Harper & Row, 1979).
43. Ronald Reagan, "To Restore America" (campaign address, California, March 31, 1976), Ronald Reagan Presidential Library & Museum, Simi Valley, Calif., www.reaganlibrary.gov.
44. Kalugin, interview by author.
45. MITN 1/6/5, p. 442, Papers of Mitrokhin.
46. Ford lost to Jimmy Carter, under whom détente collapsed anyway. For a primary source account, see James Hershberg, "U.S.-Soviet Relations and the Turn Toward Confrontation, 1977–1980: New Russian & East German Documents," *Cold War International History Project Bulletin,* no. 8–9 (1996/1997): 103–28. See also Odd Arne Westad, *The Fall of Détente: Soviet-American Relations During the Carter Years* (Oslo: Scan-dinavian University Press, 1997); James Blight and Janet Lang, "When Empathy Failed: Using Critical Oral History to Reassess the Collapse of U.S.-Soviet Détente in the Carter-Brezhnev Years," *Journal of Cold War Studies* 12, no. 2 (2010): 29–74; Raymond L. Garthoff, *Détente and Confrontation: American-Soviet Relations from Nixon to Reagan* (Washington, D.C.: Brookings Institution, 1994).
47. Andrew and Mitrokhin, *The Sword and the Shield,*22.41– 4
48. MITN 1/6/5, p. 438, Papers of Mitrokhin.
49. Ibid., p. 439.
50. Ibid., pp. 439–40.

51. Ibid., p. 438.
52. Kalugin, interview by author.
53. Hannah Arendt, *The Origins of Totalitarianism* (New York: Schocken Books, 1951), 335. On the evolving use of the term "totalitarianism," see Abbot Gleason, *Totalitarianism: The Inner History of the Cold War* (New York: Oxford University Press, 1995).
54. MITN 1/6/5, pp. 439–40, Papers of Mitrokhin.
55. Ibid.
56. Ibid., p. 437.
57. Kalugin, interview by author.
58. MITN 1/6/5, p. 437, Papers of Mitrokhin.
59. Ibid., p. 432.
60. Ibid., p. 439.
61. Andrew and Mitrokhin, *The Sword and the Shield,* 237.
62. Fred Barbash, "U.S. Ties 'Klan' Olympic Hate Mail to KGB," *Washington Post,* Aug. 7, 1983, www.washingtonpost.com.
63. Andrew and Mitrokhin, *The Sword and the Shield,* 237.
64. Barbash, "U.S. Ties 'Klan' Olympic Hate Mail to KGB."
65. Jim Anderson, "U.S. Says Soviets Sent Leaflets," UPI Archives, July 11, 1984, www.upi.com; "Soviets Say 'Delirious Myths' in Reply to U.S. View KGB Wrote Klan Letters," *Philadelphia Inquirer,* Aug. 9, 1987, taken from CIA General Records (declassified June 2010), www.cia.gov.
66. John E. Haynes and Harvey Klehr, "'Moscow Gold,' Confirmed at Last?," *Labor History* 33, no. 2 (1992): 279–93; Andrew and Mitrokhin, *The Sword and the Shield,*22.87–9
67. Kalugin, interview by author; John Barron, *Operation Solo: The FBI's Man in the Kremlin* (Washington, D.C.: Regenery Publishing, 1996). Distrust of the CPUSA was center stage during the Second Red Scare in the immediate postwar period.

In 1949, after a nine-month trial, a New York court convicted eleven of its leaders for conspiring to overthrow the U.S. government. “The Communist Party is an illegal conspiracy,” Burr Harrison, a Democratic congressman, said at the time. See Russell Porter, “11 Communists Convicted of Plot,” *New York Times,* Oct. 15, 1949, timesmachine.nytimes.com; Lewis Wood, “Capital Officials Hail U.S. Victory,” *New York Times,* Oct. 15, 1949, timesmachine.nytimes.com.

68. Kalugin, interview by author. Trump has historically denied allegations that he has engaged in any such extracurricular activities while in Mos-cow. See Eric Beech, “Trump Calls Russia Reports ‘Fake News—a Total Political Witch Hunt,’ ” Reuters, Jan. 11, 2017, www.reuters.com; Jim Comey, *A Higher Loyalty: Truth, Lies, and Leadership* (New York: Flat-iron, 2018), 223–25. Of his 1987 trip to the Soviet Union, Trump writes, “In January 1987, I got a letter from Yuri Dubinin, the Soviet ambassador to the United States, that began: ‘It is a pleasure for me to relay some good news from Moscow.’ It went on to say that the leading Soviet state agency for international tourism, Goscomintourist, had expressed interest in pursuing a joint venture to construct and manage a hotel in Moscow. On July 4, I flew with Ivana, her assistant Lisa Calandra, and Norma to Moscow. It was an extraordinary experience. We toured a half dozen potential sites for a hotel, including several near Red Square. We stayed in Lenin’s suite at the National Hotel, and I was impressed with the ambition of the Soviet officials to make a deal.” Donald Trump and Tony Schwartz, *Trump: The Art of the Deal* (New York: Random House, 1987), 364.

69. Kalugin, interview by author. For example, in a 2017 survey, sixty-six percent of Americans said that Trump—by then the U.S. president—had done more to divide than unify the United States. See Gary Langer, “Trump Seen by 66 percent in US as Doing More to Divide Than Unite Country,” *ABC News,* Sept. 24, 2017, abcnews.go.com.

70. See note 5 of chapter 3 of this book.

71. William M. LeoGrande, *Our Own Backyard: The United States in Central America, 1977–1992* (Chapel Hill: University of North Carolina Press, 1998), 160, 560; Philip Taubman, “C.I.A. Said to Aid Salvador Parties,” *New York Times,* May 12, 1984, www.nytimes.com.

72. Shultz, phone interview by author, Dec. 10, 2018. For Shultz’s personal recollections, see George P. Shultz, *Turmoil and Triumph: My Years as Secretary of State* (New York: Scribner’s, 1993).

73. Philip Taubman, "C.I.A. Chief Tells of Attempt to Aid Salvador Vote," *New York Times,* July 30, 1982, www.nytimes.com. For elaboration on the 1984 election in El Salvador, and on the Reagan administration's pos-ture toward Central America generally, see Evan McCormick, "Freedom Tide? Ideology, Politics, and the Origins of Democracy Promotion in U.S. Central America Policy, 1980–1984," *Journal of Cold War Studies* 16, no. 4 (2014): 60–109.
74. Taubman, "C.I.A. Said to Aid Salvador Parties."
75. Shultz, interview by author.
76. Goss, interview by author.
77. Inman, interview by author.

第六章　提倡民主

1. Andrew Rosenthal, "Yeltsin Cheered at Capitol As He Pledges Era of Trust and Asks for Action on Aid," *New York Times,* June 18, 1992, timesmachine.nytimes.com.
2. Literature on the end of the Cold War is boundless. For a synthetic account, see Jeremi Suri, "Explaining the End of the Cold War: A New Historical Consensus?," *Journal of Cold War Studies* 4, no. 4 (2002): 60–92. Of Gorbachev, the historian Vladislav Zubok concludes that his "personality had much to do with the peaceful death of communism in Eastern Europe (with the exception of Romania)." Vladislav Zubok, "New Evidence on the 'Soviet Factor' in the Peaceful Revolutions of 1989," *Cold War International History Project Bulletin,* no. 12/13 (2001): 5–24. For firsthand accounts, see Anatoly S. Chernyaev, *My Six Years with Gor-bachev* (University Park: Pennsylvania State University Press, 2000); Mikhail Gorbachev, *Memoirs* (New York: Doubleday, 1995). For analysis of Gorbachev's decision making, see Andrew Bennett, "The Guns That Didn't Smoke: Ideas and the Soviet Non-use of Force in 1989," *Journal of Cold War Studies* 7, no. 2 (2005): 81–109, which is part of an illuminating special issue, co-edited by Nina Tannenwald and William Wohlforth, on this historical moment. Mark Kramer further analyzes how the collapse of the Eastern bloc contributed to the collapse of the Soviet Union in his three-part series, "The Collapse of East European Communism and the Repercussions Within the Soviet Union," *Journal of Cold War Stud-ies*

(Fall 2003, Fall 2004, Winter 2005). For further reading, see Walter Connor, "Soviet Society, Public Attitudes, and the Perils of Gorbachev's Reforms: The Social Context of the End of the USSR," *Journal of Cold War Studies* 5, no. 4 (2003): 43–80; Astrid Tuminez, "Nationalism, Eth-nic Pressures, and the Breakup of the Soviet Union," *Journal of Cold War Studies* 5, no. 4 (2003): 81–136; Robert D. English, *Russia and the Idea of the West: Gorbachev, Intellectuals, and the End of the Cold War* (New York: Columbia University Press, 2000).

3. On German reunification and its consequences, see Konrad Jarausch, *The Rush to German Unity* (New York: Oxford University Press, 1994); Philip Zelikow and Condoleezza Rice, *Germany Unified and Europe Trans-formed: A Study in Statecraft* (Cambridge, Mass.: Harvard University Press, 1995); Angela E. Stent, *Russia and Germany Reborn: Unification, the Soviet Collapse, and the New Europe* (Princeton, N.J.: Princeton Uni-versity Press, 1999); Stephen Szabo, *The Diplomacy of German Unifica-tion* (New York: St. Martin's, 1992). On the dynamic between the White House and the Kremlin, see Michael Beschloss and Strobe Talbott, *At the Highest Levels: The Inside Story of the End of the Cold War* (Boston: Little, Brown, 1993).

4. On the dynamic between Gorbachev and Yeltsin, see Marc Zlotnik, "Yelt-sin and Gorbachev: The Politics of Confrontation," *Journal of Cold War Studies* 5, no. 1 (2003): 128–64. For a firsthand account of U.S. policy making, see George Bush and Brent Scowcroft, *A World Transformed* (New York: Knopf, 1998). For further reading, see David Remnick, *Lenin's Tomb: The Last Days of the Soviet Empire* (New York: Random House, 1993); Vladislav M. Zubok, *A Failed Empire: The Soviet Union in the Cold War from Stalin to Gorbachev* (Chapel Hill: University of North Carolina Press, 2007).

5. Robert Pear, "Congress Approves Aid Plan of $852 Million for Poland," *New York Times,* Nov. 19, 1989, timesmachine.nytimes.com; George H. W. Bush, "Statement on Signing the FREEDOM Support Act," White House, Oct. 24, 1992, www.govinfo.gov.

6. Thomas Friedman, "Bill to Aid Former Soviet Lands Is Stuck in Capitol Hill Quagmire," *New York Times,* June 5, 1992, timesmachine.nytimes.com; James Baker, "What America Owes the Ex–Soviet Union," *New York Times,* Aug. 5, 1992, timesmachine.nytimes.com; Adam Clymer, "House Votes Billions in Aid to Ex-Soviet Republics," *New York Times,* Aug. 7,

1992, timesmachine.nytimes.com.

7. U.S. Congress, Senate, Freedom for Russia and Emerging Eurasian Democracies and Open Markets (FREEDOM) Support Act of 1992, S. 2532, 102nd Cong., introduced in Senate April 7, 1992, www.congress.gov; "Transcript of 2nd TV Debate Between Bush, Clinton, and Perot," *New York Times,* Oct. 16, 1992, www.nytimes.com.
8. Francis Fukuyama, *The End of History and the Last Man* (New York: Free Press, 1992).
9. Steinberg, phone interview by author, Oct. 30, 2019.
10. U.S. Congress, FREEDOM Support Act of 1992.
11. Marian L. Lawson and Susan B. Epstein, *Democracy Promotion: An Objective of U.S. Foreign Assistance* (Washington, D.C.: U.S. Library of Congress, Congressional Research Service, 2019), fas.org; Susan B. Epstein, *National Endowment for Democracy: Policy and Funding Issues,* CRS Report for Congress (Washington, D.C.: U.S. Library of Congress, Congressional Research Service, 1999), www.everycrsreport.com.
12. "A National Security Strategy of Engagement and Enlargement," White House, Bill Clinton, mandated report, Feb. 1996.
13. While IRI and NDI receive the bulk of their funding from USAID, NED has long issued grants to each organization; between 2009 and 2018, NED gave both IRI and NDI an annual allocation ranging from $13.8 to $16.2 million. See Lawson and Epstein, *Democracy Promotion,* 16. On initial debates over, and the major components of, overt election assis-tance, see Thomas Carothers, *Aiding Democracy Abroad: The Learning Curve* (Washington, D.C.: Carnegie Endowment for International Peace, 1999), chap. 6.
14. USAID, *USAID Political Party Development Assistance,* Technical Pub-lication Series (Washington, D.C.: USAID, Bureau for Global Programs, Field Support, and Research, Center for Democracy and Governance, 1999), 16–19, 41, www.usaid.gov.
15. Ibid., 20; 22 USC 4414: "Requirements Relating to the Endowment and Its Grantees," uscode.house.gov.

For example, Jon Finer, a former State Department chief of staff and director of policy planning, said that while some U.S. democracy promo-tion initiatives "provid[e] technical support and training for people who are participating in elections," a "condition of that is that it is offered to anybody across the political spectrum, that is how the United States gets around the notion that we are putting our thumb on the scale in an official capacity in an election: We say it's available to anybody." Jon Finer, interview by author, New York, Feb. 20, 2019.

16. USAID, *USAID Political Party Development Assistance,* 26, 33.
17. Nuland, interview by author, Washington, D.C., Feb. 22, 2019; Wollack, phone interview by author, Oct. 15, 2019.
18. USAID, *USAID Political Party Development Assistance,* 33; Interna-tional Republican Institute, *Annual Report* (Washington, D.C., 1996), 7.
19. USAID, *USAID Political Party Development Assistance,* 36.
20. Milošević was the president of the Federal Republic of Yugoslavia, which included both Serbia and Montenegro. However, in accordance with other texts on this period, and because Montenegro boycotted the 2000 elec-tion, this book refers to the contest as involving Serbia specifically.
21. Jane Perlez, "NATO Authorizes Bomb Strikes; Primakov, in Air, Skips U.S. Visit," *New York Times,* March 24, 1999, www.timesmachine.nytimes.com; Michael Scharf, "Indicted for War Crimes, Then What?," *Wash-ington Post,* Oct. 3, 1999, www.washingtonpost.com; Michael Dobbs, "Serbian Nationalism Lifts Milosevic," *Washington Post,* March 30, 1999, www.washingtonpost.com; Marlise Simons, "Court Declares Bosnia Killings Were Genocide," *New York Times,* Feb. 27, 2007, www.nytimes.com; Jane Perlez, "'Ethnic Cleansing': Enormity of Atrocities Is Called 'Shocking' by Administration," *New York Times,* March 28, 1999, www.nytimes.com; Ian Traynor, "Russia Moves to Ditch Old Ally," *Guardian,* Sept. 26, 2000, www.theguardian.com.

    For further reading on Milošević's atrocities and America's posture toward his regime, see Judt, *Postwar,* 665–85; Samantha Power, *"A Problem from Hell": America and the Age of Genocide* (New York: Basic Books, 2002), chaps. 9 and 12; Tim Judah, *The Serbs: History, Myth, and the Destruction of Yugoslavia* (New Haven, Conn.: Yale University Press, 1997); Richard Holbrooke, *To End a War* (New York: Modern Library, 1998); Madeleine Albright, *Fascism: A Warning* (New York: Harper-Collins, 2018), chap. 8; Ivo H. Daalder, *Getting to Dayton: The Making of America's Bosnia Policy* (Washington, D.C.: Brookings Institution, 2000).

22. Goss, interview by author, Florida Keys, Fla., Dec. 26, 2018; Panetta, phone interview by author, Nov. 12, 2019.
23. O'Brien, phone interview by author, April 23, 2019.
24. Roger Cohen, "Who Really Brought Down Milosevic?," *New York Times,* Nov. 26, 2000, www.nytimes.com. Of Milošević, Albright writes, "Milošević, who insisted that he was a democrat, harbored a peculiar notion of what that calling entailed. He exercised a despot's control over his country's media, repressed political opposition, and created a paramilitary force to intimidate domestic rivals. Even when fueling the terrible fighting in Bosnia, he claimed to want peace; and even amid the slaughter of civilians in Sarajevo, he insisted that Serbs were the primary victims Without warning, he ordered his security forces into Kosovo to burn houses, arrest political leaders and journalists, and sow panic. His goal was to drive Albanians out of the country so that they would no longer be the majority in Kosovo. Within weeks, hundreds of thousands had been compelled to leave by train, by truck, by car, or on foot and to find temporary shelter in the hastily constructed tent cities that sprouted in surrounding fields and hills. As we had threatened, NATO initiated air strikes to force the Serbs to back down. After two and a half months of fighting, the alliance prevailed, Milošević gave in, the refugees returned, and, with international help, the Kosovars set up their own government." Albright, *Fascism,* 103–4. For further reading on Albright, see Michael Dobbs, *Madeleine Albright: Against All Odds* (New York: Henry Holt, 1999); Thomas Lippman, *Madeleine Albright and the New American Diplomacy* (Boulder, Colo.: Westview Press, 2000).
25. O'Brien, interview by author. See also "Challenging Mr. Milosevic," *New York Times,* Aug. 5, 2000, timesmachine.nytimes.com.
26. Thomas Carothers, *Critical Mission: Essays on Democracy Promo-tion* (Washington, D.C.: Carnegie Endowment for International Peace, 2004), 54–55.
27. Wollack, interview by author; Michael Dobbs, "U.S. Advice Guided Milo-sevic Opposition," *Washington Post,* Dec. 11, 2000, www.washington post.com; Cohen, "Who Really Brought Down Milosevic?"; National Endowment for Democracy, *Annual Report* (Washington, D.C.: NED, 2000), 36, www.ned.org. See also Ray Salvatore Jennings, "Serbia: Evaluating the Bulldozer Revolution," in Kathryn Stoner and Michael McFaul, *Transitions to Democracy: A Comparative Perspective* (Balti-more,

Md.: Johns Hopkins University Press, 2013), 98.

28. Memorandum of Conversation between Presidents Clinton and Putin, Sept. 6, 2000 (New York City, Waldorf Astoria, President's Suite), National Security Council and NSC Records Management System, "Declassified Documents Concerning Russian President Vladimir Putin," Clinton Digital Library. For further reading, see Ivo Daalder and Michael O'Hanlon, *Winning Ugly: NATO's War to Save Kosovo* (Washington, D.C.: Brookings Institution, 2000); Tim Judah, *Kosovo: War and Revenge* (New Haven, Conn.: Yale University Press, 2000); David Halberstam, *War in a Time of Peace: Bush, Clinton, and the Generals* (New York: Scribner, 2001), chaps. 41–43.
29. International Republican Institute, *Annual Report* (Washington, D.C.: IRI, 2000), 8, www.iri.org.
30. O'Brien, interview by author.
31. Steven Erlanger, "Milosevic Concedes His Defeat; Yugoslavs Cele-brate New Era," *New York Times,* Oct. 7, 2000, timesmachine.nytimes.com.
32. O'Brien, interview by author.
33. Clinton, phone interview by author, April 4, 2020.
34. Sipher, phone interviews by author, Oct. 18, 2019 and Feb. 3 and April 7, 2020.
35. Clinton, interview by author; Lott, phone interview by author, Oct. 31, 2019.
36. Hall, phone interview by author, Oct. 22, 2019.
37. Wise, phone interview by author, Oct. 21, 2019.
38. Sipher, interview by author; Wise, interview by author.
39. Wollack, interview by author; Wise, interview by author.
40. McLaughlin, phone interview by author, Sept. 5, 2019; O'Brien, phone interview by author, March 4, 2020.
41. Sipher, interview by author; Hall, interview by author; Wise, interview by author.
42. Clinton, interview by author.
43. David Sanger, "President Says Military Phase in Iraq Has Ended," *New York Times,* May 2, 2003, www.nytimes.com. For

casualty statistics, see Elizabeth Flock, "Five American Soldiers Killed in Iraq: Iraq by the Numbers," *Washington Post,* June 6, 2011, www.washingtonpost.com; "Documented Civilian Deaths from Violence," Iraq Body Count, www.iraqbodycount.org. As the years progressed, the number of Iraqis killed as a result of this war, while contested, entered into the hundreds of thou-sands. See Philip Bump, "15 Years After the Iraq War Began, the Death Toll Is Still Murky," *Washington Post,* March 20, 2018, www.washington post.com.

44. George W. Bush, "Remarks by President George W. Bush at the 20th Anniversary of the National Endowment for Democracy" (speech, Nov. 6, 2003), National Endowment for Democracy, Washington, D.C., www.ned.org.
45. Shultz, phone interview by author, Dec. 10, 2018.
46. Muñoz, phone interview by author, July 20, 2019.
47. International Republican Institute, *Annual Report* (Washington, D.C.: IRI, 2004), 5–6, www.iri.org; National Democratic Institute, *Annual Report* (Washington, D.C.: NDI, 2005), 32, www.ndi.org; Larry Dia-mond, *Squandered Victory: The American Occupation and the Bungled Effort to Bring Democracy to Iraq* (New York: Henry Holt, 2005), 162. 5–12
48. McLaughlin, interview by author; Wise, interview by author. See also Thom Shanker and Steven R. Weisman, "Iran Is Helping Insurgents in Iraq, U.S. Officials Say," *New York Times,* Sept. 20, 2004, www.nytimes.com; John F. Burns and Robert F. Worth, "Iraqi Campaign Raises Ques-tion of Iran's Sway," *New York Times,* Dec. 15, 2004, www.nytimes.com.
49. Negroponte, phone interview by author, May 21, 2019; Powell, email cor-respondence with author, Dec. 2, 2019, and with author, Feb. 19, 2020.
50. Daschle, phone interview by author, Aug. 12, 2019.
51. David Ignatius, "Bush's Lost Iraq Election," *Washington Post,* Aug. 30, 2007.
52. Negroponte, interview by author; McLaughlin, interview by author; Muñoz, interview by author.
53. Daschle, interview by author.
54. Ignatius, "Bush's Lost Iraq Election."
55. Negroponte, interview by author.

56. McLaughlin, interview by author; Ignatius, “Bush’s Lost Iraq Election.”
57. On Election Day, threats of violence kept many Iraqis home, and a series of attacks, including nine suicide bombings, killed forty-four people. Even so, millions turned out to vote. See Dexter Filkins, “Defying Threats, Millions of Iraqis Flock to Polls,” *New York Times,* Jan. 31, 2005, www.nytimes.com. On Iran’s ties to the new government, see John F. Burns, “Registering New Influence, Iran Sends a Top Aide to Iraq,” *New York Times,* May 18, 2005, www.nytimes.com; Edward Wong, “Allawi Tries to Regain Office with a Non-theocratic Bloc,” *New York Times,* Oct. 31, 2005, www.nytimes.com.
58. Kalugin, interview by author, Rockville, Md., Aug. 7, 2018; Phil McCaus-land, “Putin Interview: Did Russia Interfere in the Election, Collect Info on Trump,” NBC News, June 5, 2017, www.nbcnews.com.
59. Morell, phone interview by author, March 6, 2019; Petraeus, phone inter-view by author, Oct. 8, 2018; Cohen, interview by author, Washington, D.C., July 17, 2018; Brennan, interview by author, Washington, D.C., July 10, 2018.
60. McLaughlin, interview by author; Blinken, interview by author, Washing-ton, D.C., Jan. 3, 2019; Haines, interview by author, New York, Feb. 23, 2019; Clapper, interview by author, Fairfax, Va., Jan. 3, 2019.
61. Panetta, interview by author; Muñoz, interview by author.
62. Panetta, interview by author.
63. Robarge, interview by author, McLean, Va., July 19, 2019; Negroponte, interview by author.
64. Goss, interview by author; Muñoz, interview by author. For further reading on the CIA in this transitional period, see George Tenet and Bill Harlow, *At the Center of the Storm: My Years at the CIA* (New York: HarperCollins, 2007).
65. Morell, interview by author; Hayden, interview by author, Washington, D.C., Nov. 5, 2018; McLaughlin, interview by author.
66. Petraeus, interview by author; Haines, interview by author.
67. McLaughlin, interview by author.
68. Petraeus, interview by author.
69. Goss, interview by author; Cohen, interview by author; Barack Obama, “Barack Obama: As Your Friend, Let Me Say That the EU Makes Britain Even Greater,” *Telegraph,* April 23, 2016, www.telegraph.co.uk; Haines, interview by author.

70. Morell, interview by author; "National Endowment for Democracy (NED), NDI, IRI, CIPE, and Solidarity Center Welcome Increased Fund-ing from Congress," National Endowment for Democracy, Dec. 21, 2019, ned.org. Lawson and Epstein, *Democracy Promotion,* 14–15; Hayden, interview by author.
71. Sarah Repucci, "Freedom in the World, 2020: A Leaderless Struggle for Democracy," Freedom House, freedomhouse.org.
72. For further consideration, see Richard Wike and Janell Fetterolf, "Lib-eral Democracy's Crisis of Confidence," *Journal of Democracy* 29, no. 4 (2018): 136–50; Roberto Stefan Foa, "Modernization and Authoritar-ianism," *Journal of Democracy* 29, no. 3 (2018): 129–40; Marc F. Plattner, "Illiberal Democracy and the Struggle on the Right," *Journal of Democracy* 30, no. 1 (2019): 5–19; William A. Galston, "The Popu-list Challenge to Liberal Democracy," *Journal of Democracy* 29, no. 2 (2018): 5–19. For analysis specific to Europe, see Anna Grzymala-Busse, "The Failure of Europe's Mainstream Parties," *Journal of Democracy* 30, no. 4 (2019): 35–47; Péter Krekó and Zsolt Enyedi, "Explaining Eastern Europe: Orbán's Laboratory of Illiberalism," *Journal of Democracy* 29, no. 3 (2018): 39–51; Jacques Rupnik, "Explaining Eastern Europe: The Crisis of Liberalism," *Journal of Democracy* 29, no. 3 (2018): 24–38. For analysis specific to Latin America, see Steven Levitsky, "Latin America's Shifting Politics: Democratic Survival and Weakness," *Journal of Democ-racy* 29, no. 4 (2018): 102–13. And for analysis specific to the former Soviet republics, see Henry E. Hale, "25 Years After the USSR: What's Gone Wrong?," *Journal of Democracy* 27, no. 3 (2016): 24–35.

第七章　從葉爾欽到普丁

1. Memorandum of Conversation between Presidents Clinton and Yeltsin, April 21, 1996 (Moscow, the Kremlin), National Security Council and NSC Records Management System, "Declassified Documents Concerning Russian President Boris Yeltsin," Clinton Digital Library. On Yeltsin's domestic standing, see Carol J. Williams, "In Yeltsin vs. Parliament, the Likely Loser Is Russia," *Los Angeles Times,* June 25, 1995, latimes .com.
2. Memorandum of Conversation between Presidents Clinton and Yeltsin, May 10, 1995 (Moscow, the Kremlin), National Security Council and NSC Records Management System, "Declassified Documents Concerning Russian President Boris

Yeltsin," Clinton Digital Library.

3. Talbott, phone interview by author, Oct. 16, 2019; Panetta, phone inter-view by author, Nov. 12, 2019; Steinberg, phone interview by author, Oct. 30, 2019.
4. For further reading on NATO enlargement, see James M. Goldgeier, *Not Whether but When: The U.S. Decision to Enlarge NATO* (Washington, D.C.: Brookings Institution, 1999). For a critical perspective, see John Lewis Gaddis, "The Senate Should Halt NATO Expansion," *New York Times,* April 27, 1998, www.nytimes.com. For a firsthand account, see Warren Christopher, *Chances of a Lifetime: A Memoir* (New York: Scrib-ner, 2001), chap. 16.
5. Memorandum of Conversation between Presidents Clinton and Yeltsin, May 10, 1995. NATO next enlarged in 1999, with the additions of Hun-gary, Poland, and the Czech Republic. See Jane Perlez, "Poland, Hungary, and the Czechs Join NATO," *New York Times,* March 13, 1999, times machine.nytimes.com.
6. Ibid.; Memorandum of Conversation between Presidents Clinton and Yeltsin, April 21, 1996.
7. Memorandum of Telephone Conversation between Presidents Clinton and Yeltsin, April 9, 1996, National Security Council and NSC Records Man-agement System, "Declassified Documents Concerning Russian President Boris Yeltsin," Clinton Digital Library.
8. Memorandum of Telephone Conversation between Presidents Clinton and Yeltsin, Jan. 26, 1996, National Security Council and NSC Records Man-agement System, "Declassified Documents Concerning Russian President Boris Yeltsin," Clinton Digital Library.
9. Memorandum of Telephone Conversation between Presidents Clinton and Yeltsin, Feb. 21, 1996, National Security Council and NSC Records Man-agement System, "Declassified Documents Concerning Russian President Boris Yeltsin," Clinton Digital Library.
10. Memorandum of Telephone Conversation between Presidents Clinton and Yeltsin, May 7, 1996, National Security Council and NSC Records Man-agement System, "Declassified Documents Concerning Russian President Boris Yeltsin," Clinton Digital Library.

11. Pascual, phone interview by author, Nov. 20, 2019.
12. Summers, phone interview by author, Nov. 22, 2019.
13. Michael Gordon, "Russia and IMF Agree on a Loan for $10.2 Billion," *New York Times,* Feb. 23, 1996, www.nytimes.com.
14. Strobe Talbott, *The Russia Hand: A Memoir of Presidential Diplomacy* (New York: Random House, 2002), 205.
15. Ibid., 447; Dick Morris and Eileen McGann, *Because He Could* (New York: HarperCollins, 2001), chap. 8. For a detailed breakdown of the types of support the Clinton administration did and did not provide Yeltsin prior to the 1996 election—and of the negligible influence of the private American consultants—see James Goldgeier and Michael McFaul, *Power and Purpose: U.S. Policy Toward Russia After the Cold War* (Washington, D.C.: Brookings Institution Press, 2003), 147–156.
16. International Republican Institute, *Annual Report* (Washington, D.C.: IRI, 1996), 13–14, www.iri.org; Sarah E. Mendelson, "Democracy Assis-tance and Political Transition in Russia: Between Success and Failure," *International Security* 25, no. 4 (2001), 75–78; Goldgeier and McFaul, *Power and Purpose*, 154–155.
17. Clinton, phone interview by author, April 4, 2020; Panetta, interview by author. John Sipher and Steven Hall, two CIA operations officers sta-tioned in Russia in the 1990s, also insisted that the agency did not assist Yeltsin's campaign. Hall said, "Based on my knowledge, that was not so." Sipher, likewise, said, "There was nothing, we didn't have a covert action finding, we did nothing from Moscow station to help support that elec-tion There was no actual clandestine covert means to support Yeltsin being elected." And James Steinberg, the director of policy planning in 1996, gave a similar denial. "To my knowledge we did not do that," he said. Sipher, Hall, and Steinberg, interviews by author.
18. Talbott papers, June 16, 1996 (provided to author by Talbott), minor spelling errors corrected by author.
19. Talbott, interview by author; Michael McFaul, *Russia's Unfinished Revo-lution: Political Change from Gorbachev to Putin* (Ithaca, N.Y.: Cornell University Press, 2001), 2. In February 2012, Dmitri Medvedev, the Rus-sian president, allegedly told a private audience that Yeltsin did not really win the 1996 election. See Simon Shuster, "Rewriting Russian History: Did Boris Yeltsin Steal the 1996 Presidential Election?," *Time,* Feb. 24, 2012, content.time.com.
20. Memorandum of Telephone Conversation between Presidents Clinton and Yeltsin, July 5, 1996, National Security Council and

NSC Records Man-agement System, "Declassified Documents Concerning Russian President Boris Yeltsin," Clinton Digital Library.

21. Memorandum of Telephone Conversation between Presidents Clinton and Yeltsin, Dec. 5, 1996, National Security Council and NSC Records Man-agement System, "Declassified Documents Concerning Russian President Boris Yeltsin," Clinton Digital Library.
22. Donilon, interview by author, Washington, D.C., July 16, 2018.
23. Erlanger, interview by author, Brussels, Belgium, Dec. 18, 2018.
24. Talbott, interview by author; Summers, interview by author. For further reading, see Jeffrey Sachs, "Russia's Failure to Reform," Project Syndicate, Aug. 30, 1999, www.project-syndicate.org.
25. Celestine Bohlen, "Yeltsin Resigns; Putin Takes Over; Elections in March," *New York Times,* Jan. 1, 2000, www.nytimes.com.
26. Memorandum of Conversation between Presidents Clinton and Yeltsin, Nov. 19, 1999 (Istanbul, Turkey), and Memorandum of Telephone Con-versation between Presidents Clinton and Yeltsin, Dec. 31, 1999, National Security Council and NSC Records Management System, "Declassified Documents Concerning Russian President Boris Yeltsin," Clinton Digital Library; Memorandum of Telephone Conversation between President Clinton and Acting President Putin, Jan. 1, 2000, National Security Council and NSC Records Management System, "Declassified Documents Concerning Russian President Vladimir Putin," Clinton Digital Library.
27. Memorandum of Conversation between Presidents Clinton and Yeltsin, Nov. 19, 1999.
28. Talbott, interview by author.
29. Memorandum of Telephone Conversation between Sandy Berger and Vladimir Putin, June 15, 1999, National Security Council and NSC Records Management System, "Declassified Documents Concerning Rus-sian President Vladimir Putin," Clinton Digital Library; Memorandum of Conversation between President Clinton and Prime Minister Putin, Sept. 12, 1999 (Aukland, New Zealand), National Security Council and NSC Records Management System, "Declassified Documents Concerning Russian President Vladimir Putin," Clinton Digital Library.

30. Memorandum of Conversation between Presidents Clinton and Putin, Nov. 15, 2000 (Brunei), National Security Council and NSC Records Management System, "Declassified Documents Concerning Russian President Vladimir Putin," Clinton Digital Library.
31. Memorandum of Conversation between President Clinton and Prime Minister Putin, Nov. 2, 1999 (Oslo, Norway), National Security Council and NSC Records Management System, "Declassified Documents Con-cerning Russian President Vladimir Putin," Clinton Digital Library.
32. Memorandum of Conversation between Presidents Clinton and Putin, Sept. 6, 2000, and Memorandum of Telephone Conversation between Presidents Clinton and Putin, Dec. 27, 2000, National Security Council and NSC Records Management System, "Declassified Documents Con-cerning Russian President Vladimir Putin," Clinton Digital Library.
33. Clinton, interview by author.
34. Vladimir Putin, *First Person: An Astonishingly Frank Self-Portrait by Russia's President,* with Nataliya Gevorkyan, Natalya Timakova, and Andrei Kolesnikov (New York: PublicAffairs, 2000), 4, 18–22.
35. Ibid., 22.
36. Ibid., 47–52, 66–70.
37. On the collapse of East Germany, see Hans-Hermann Hertle, "The Fall of the Wall: The Unintended Self-Dissolution of East Germany's Ruling Regime," *Cold War International History Project Bulletin,* no. 12/13 (2001): 131–64; Charles S. Maier, *Dissolution: The Crisis of Commu-nism and the End of East Germany* (Princeton, N.J.: Princeton University Press, 1997); A. James McAdams, *Germany Divided: From the Wall to Reunification* (Princeton, N.J.: Princeton University Press, 1993).
38. Putin, *First Person,* 76–78; Zubok, "New Evidence on the 'Soviet Factor' in the Peaceful Revolutions of 1989," 11–12.
39. Putin, *First Person,* 80, 82.
40. For further reading on the Soviet Union's security services and military toward the end of the Cold War, see *Journal of Cold War Studies* 5, no. 1 (2003), in which Amy Knight captures the role and work of the KGB between 1985 and 1991 in "The KGB, Perestroika, and the Col-lapse of the Soviet Union," 67–93; John Dunlop analyzes the failed coup d'état and its

consequences in "The August 1991 Coup and Its Impact on Soviet Politics," 94–127; and Brian Taylor examines the restraint of the Soviet armed forces in "The Soviet Military and the Disintegration of the USSR," 17–66. See also Oleg Gordievsky, "The KGB After the Coup," *Intelligence and National Security* 8, no. 3 (1993): 68–71.

41. For further reading on Putin's rise, character, and worldview, see Fiona Hill and Clifford Gaddy, *Mr. Putin: Operative in the Kremlin* (Washing-ton, D.C.: Brookings Institution Press, 2013); Angela Stent, *Putin's World: Russia Against the West and with the Rest* (New York: Twelve, 2019); Steven Lee Myers, *The New Tsar: The Rise and Reign of Vladimir Putin* (New York: Knopf, 2015); Masha Gessen, *The Man Without a Face: The Unlikely Rise of Vladimir Putin* (New York: Riverhead, 2012).

42. Sipher, phone interview by author, Oct. 18, 2019; Fuerth, phone interview by author, Oct. 31, 2019. On the sustained influence of Russia's security services, see Amy Knight, *Spies Without Cloaks: The KGB's Successors* (Princeton, N.J.: Princeton University Press, 1996); Andrei Soldatov and Irina Borogan, *The New Nobility: The Restoration of Russia's Security State and the Enduring Legacy of the KGB* (New York: PublicAffairs, 2010); Yuriy Felshtinsky and Vladimir Pribylovskiy, *The Corporation: Russia and the KGB in the Age of President Putin* (New York: Encounter Books, 2008).

43. Fuerth, interview by author. For an alternative view, see Vladislav Ino-zemtsev, "The Kremlin Emboldened: Why Putinism Arose," *Journal of Democracy* 28, no. 4 (2017): 80–85.

44. Michael McFaul, "Why Russia's Politics Matter," *Foreign Affairs,* Janu-ary/February 1995, www.foreignaffairs.com; U.S. Department of State, Office of the Historian, "United States Relations with Russia after the Cold War," https://2001-2009.state.gov/r/pa/ho/pubs/fs/85962.htm. Gold-geier and McFaul further explain, "Especially in the early years of aid to Russia, the lion's share of Western assistance was devoted not to political reform but to economic reform Of the $5.45 billion in direct U.S. assistance to Russia between 1992 and 1998, only $130 million or 2.3 percent was devoted to programs involved directly in democratic reform." Goldgeier and McFaul, *Power and Purpose,* 114.

45. Steinberg, interview by author; Memorandum of Telephone Conversation between Presidents Clinton and Yeltsin, July 5, 1996.

46. Talbott papers, Aug. 31, 1998 (provided to author by Talbott).

47. Ibid.
48. Steinberg, interview by author; Summers, interview by author.
49 McFaul, *Russia's Unfinished Revolution,* 323–27; McFaul, *From Cold War to Hot Peace: An American Ambassador in Putin's Russia* (New York: Houghton Mifflin Harcourt, 2018), 41–47, 54. Of this period, Timothy Snyder writes, "The wealthy few around Yeltsin, christened the 'oligarchs,' wished to manage democracy in his favor and theirs." Snyder, *Road to Unfreedom,* 53. See also Anders Åslund, *Russia's Crony Capi-talism: The Path from Market Economy to Kleptocracy* (New Haven, Conn.: Yale University Press, 2019), 19–25; Fareed Zakaria, *The Future of Freedom: Illiberal Democracy at Home and Abroad* (New York: W. W. Norton, 2003), chap. 3.
50. Talbott papers, Aug. 31, 1998 (provided to author by Talbott), minor spelling errors corrected by author. On Yeltsin and his presidency, see Timothy Colton, *Yeltsin: A Life* (New York: Basic Books, 2008); David Remnick, *Resurrection: The Struggle for a New Russia* (New York: Ran-dom House, 1997).
51. Panetta, interview by author.
52. McLaughlin, phone interview by author, Sept. 5, 2019; Fuerth, interview by author; Clinton, interview by author. Of this moment of transition, McFaul writes, "That the fate of Russian democracy in 2000 was so tied to the ideas and actions of one individual underscores the failure of Yeltsin and the democrats to institutionalize democracy." McFaul, *From Cold War to Hot Peace,* 56.
53. Summers, interview by author. Anne Applebaum made a similar case in 2014, arguing, "In truth, we've had very little influence on Russian internal politics since 1991, even when we've understood them. The most important changes—the massive transfer of oil and gas from the state to the oligarchs, the return to power of men formed by the KGB, the elimination of a free press and political opposition—took place against our advice. The most important military decisions—the invasions of Chechnya and Georgia—met with our protests." Anne Applebaum, "A Need to Contain Russia," *Washington Post,* March 20, 2014, www a.wshingtonpost.com.
54. Peter Pomerantsev, *Nothing Is True and Everything Is Possible: The Sur-real Heart of the New Russia* (New York:

PublicAffairs, 2014), Act I; William H. Cooper, *Russia's Economic Performance and Policies and Their Implications for the United States* (Washington, D.C.: U.S. Library of Congress, Congressional Research Service, 2009), fas.org; Snyder, *Road to Unfreedom,* chap. 2. On Putin's consolidation of power, see Peter Baker and Susan Glasser, *Kremlin Rising: Vladimir Putin's Russia and the End of Revolution* (New York: Scribner, 2005); Steven Fish, *Democracy Derailed in Russia: The Failure of Open Politics* (New York: Cambridge University Press, 2005).

Putin, in these years, left the internet relatively unregulated, because it seemed relatively irrelevant. In 2005, just 15 percent of Russian citizens were using the internet, a strikingly low figure compared with the United States, where 68 percent of citizens were plugged into the web already. See "Russia Internet Users" and "United States Internet Users," Internet Live Stats, www.internetlivestats.com. It was China, not Russia, that pioneered the concept of "digital authoritarianism," defined as "the use of digital information technology by authoritarian regimes to surveil, repress, and manipulate domestic and foreign populations" by Alina Polyakova and Chris Meserole in "Exporting Digital Authoritarianism: The Russian and Chinese Models," Brookings Policy Brief (Washington, D.C.: Brook-ings Institution), Aug. 2019, www.brookings.edu. See also Xiao Qiang, "The Road to Digital Unfreedom: President Xi's Surveillance State," *Journal of Democracy* 30, no. 1 (2019): 53–67.

55. Kalugin, interview by author, Rockville, Md., Aug. 7, 2018.

56. Steven Lee Myers, "Pervasive Corruption in Russia Is 'Just Called Busi-ness,' " *New York Times,* Aug. 13, 2005, www.nytimes.com.

57. Credit Suisse, "Global Wealth Databook 2014," Oct. 2014, 125; Katy Barnato, "Russia Is the Most Unequal Major Country in the World," CNBC, Sept. 1, 2016, www.cnbc.com.

58. Mansur Mirovalev, "Putin's Best Friend Is at the Heart of Panama Papers Scandal," *Los Angeles Times,* April 4, 2016; Luke Harding, "Sergei Rol-dugin, the Cellist Who Holds the Key to Tracing Putin's Hidden Fortune," *Guardian,* April 3, 2016; Andrei Soldatov and Irina Borogan, *The Red Web: The Kremlin's Wars on the Internet* (New York: PublicAffairs, 2015), 312–19.

59. Karen Dawisha, *Putin's Kleptocracy: Who Owns Russia?* (New York: Simon & Schuster, 2014), 280. For additional

interpretations, see Miriam Lanskoy and Dylan Myles-Primakoff, "The Rise of Kleptocracy: Power and Plunder in Putin's Russia," *Journal of Democracy* 29, no. 1 (2018): 76–85; Steven Fish, "The Kremlin Emboldened: What Is Putinism?," *Journal of Democracy* 28, no. 4 (2017): 61–75. On the concept and mechanics of kleptocracy, see Alexander Cooley, John Heathershaw, and J. C. Sharman, "The Rise of Kleptocracy: Laundering Cash, Whitewash-ing Reputations," *Journal of Democracy* 29, no. 1 (2018): 39–53; Oliver Bullough, "The Rise of Kleptocracy: The Dark Side of Globalization," *Journal of Democracy* 29, no. 1 (2018): 25–38; Christopher Walker and Melissa Aten, "The Rise of Kleptocracy: A Challenge for Democracy," *Journal of Democracy* 29, no. 1 (2018): 20–24.

60. Julie Ray and Neli Esipova, "Economic Problems, Corruption Fail to Dent Putin's Image," Gallup, March 28, 2017, news.gallup.com; "Russians Are Most Unhappy with Putin over Wealth Inequality—Poll," *Moscow Times,* May 7, 2018, www.themoscowtimes.com.

61. In interviews, former CIA directors and operations officers emphasized this aspect of Putin's worldview. For instance, Steven Hall, a former Mos-cow station chief, said, "Putin believes that the U.S. government writ large wants to do this, to foment a color revolution in the streets of Moscow, and it's a conspiracy theory obviously, but I think Putin actually believes that it's true." Hall, phone interview by author, Oct. 22, 2019.

62. Sipher, interview by author; Hall, interview by author; McLaughlin, inter-view by author.

63. Wise, phone interview by author, Oct. 21, 2019; Hall, interview by author.

64. Memorandum of Telephone Conversation between Presidents Clinton and Putin, Sept. 30, 2000, National Security Council and NSC Records Man-agement System, "Declassified Documents Concerning Russian President Vladimir Putin," Clinton Digital Library.

65. Andrew Higgins and Alan Cullison, "Russia Alienates an Ally by Hesitat-ing in Yugoslavia," *Wall Street Journal,* Oct. 9, 2000, www.wsj.com.

66. Ibid.; Hall, interview by author.

67. Putin, interviewed by *Time* magazine, Dec. 12, 2007, en.kremlin.ru.

68. Ibid.
69. Martin Chulov, "Gaddafi's Last Moments: 'I Saw the Hand Holding the Gun and I Saw It Fire,' " *Guardian,* Oct. 20, 2012, www.theguardian.com.
70. Ellen Barry, "Putin Criticizes West for Libya Incursion," *New York Times,* April 26, 2011, www.nytimes.com.
71. Putin, interviewed by Charlie Rose, Sept. 29, 2015, en.kremlin.ru.
72. Steven Woehrel, *Ukraine's Political Crisis and U.S. Policy Issues* (Wash-ington, D.C.: U.S. Library of Congress, Congressional Research Service, 2005), fas.org; Anne Applebaum, "Obama and Europe," *Foreign Affairs,* Sept./Oct. 2015, www.foreignaffairs.com. See also Stephen Shulman and Stephen Bloom, "The Legitimacy of Foreign Intervention in Elections: The Ukrainian Response," *Review of International Studies* 38, no. 2 (2012): 41.45–7
73. Emily Tamkin, "10 Years After the Landmark Attack on Estonia, Is the World Better Prepared for Cyber Threats?," *Foreign Policy,* April 27, 2017, foreignpolicy.com; Snyder, *Road to Unfreedom,* 80. On Russia's evolving military strategy and cyber operations, see Michael Connell and Sarah Vogler, "Russia's Approach to Cyber Warfare," CNA, March 2017, www.cna.org.
74. David Sanger, *The Perfect Weapon: War, Sabotage, and Fear in the Cyber Age* (New York: Crown, 2018), xiv.
75. Of this shift, Timothy Snyder writes, "Killing the political future forced the political present to be eternal," and "making an eternity of the present required endless crisis and permanent threats." Snyder, *Road to Unfree-dom,* 48.
76. Kathy Lally, "Russia Targets U.S.-Linked Election Monitor," *Washington Post,* Nov. 30, 2011, www.washingtonpost.com; David Herszenhorn, "Russia Takes Legal Action Against Election Monitors," *New York Times,* April 9, 2013, www.nytimes.com.
77. Ellen Barry, "Russian Authorities Pressure Elections Watchdog," *New York Times,* Dec. 1, 2011, www.nytimes.com; Michael Schwirtz and David Herszenhorn, "Voters Watch Polls in Russia, and Fraud Is What They See," *New York Times,* Dec. 5, 2011, www.nytimes.com.
78. Hall, interview by author.
79. Hillary Clinton, "Remarks at a Town Hall with Georgian Women Lead-ers," July 5, 2010, State Department, 2009–2017, state.

gov; McFaul, *From Cold War to Hot Peace*, 96. For more on the reset, see McFaul, *From Cold War to Hot Peace,* chaps. 6–13.

80. Clinton, interview by author, New York, Dec. 4, 2019; Jo Becker and Scott Shane, "Hillary Clinton, 'Smart Power,' and a Dictator's Fall," *New York Times,* Feb. 27, 2016, www.nytimes.com.

81. Matt Spetalnick, Arshad Mohammed, and Andrew Quinn, "U.S. Voices 'Serious Concerns' About Russia Vote," Reuters, Dec. 5, 2011, www.reuters.com. In her interview with the author, Clinton characterized the election as "blatantly rigged."

82. Ellen Barry and David Herszenhorn, "Putin Contends Clinton Incited Unrest over Vote," *New York Times,* Dec. 8, 2011, www.nytimes.com. Lilia Shevtsova of Chatham House argues, "[Putin's] scramble for self-preservation also reaches beyond Russia's borders. To a larger extent than most authoritarian regimes, the regime has turned its survival into an international problem by using its foreign policy for domestic ends. Confronted by challenges at home, it manufactures external threats in an attempt to sweep these domestic issues under the rug." Lilia Shevtsova, "The Kremlin Emboldened: Paradoxes of Decline," *Journal of Democracy* 28, no. 4 (2017): 102. See also McFaul, *From Cold War to Hot Peace,* chap. 15.

83. Clinton, interview by author.

84. Steve Gutterman and Amie Ferris-Rotman, "Thousands of Russians Pro-test Against Putin," Reuters, Dec. 10, 2011, www.reuters.com.

85. Morell, phone interview by author, March 6, 2019; Hall, interview by author.

86. Clinton, interview by author.

87. Barry, phone interview by author, June 19, 2019. On Putin's hold over Russia, see Graeme Robertson and Samuel Greene, "The Kremlin Emboldened: How Putin Wins Support," *Journal of Democracy* 28, no. 4 (2017): 86–100.

88. David Herszenhorn and Ellen Barry, "Russia Demands U.S. End Support of Democracy Groups," *New York Times,* Sept. 18, 2012, www.nytimes.com; Susan Cornwell, "U.S. Pro-democracy Groups Pulling Out of Rus-sia," Reuters, Dec. 14, 2012, www.reuters.com; "Russia Internet Blacklist Law Takes Effect," BBC, Nov. 1, 2012, www.bbc.com; "Overview: Rus-sia," NDI.org.

89. In 2013, Victoria Nuland explained, "Since Ukraine's independence in 1991, the United States has supported Ukrainians

as they build demo-cratic skills and institutions, as they promote civic participation and good governance, all of which are preconditions for Ukraine to achieve its Euro-pean aspirations. We have invested over $5 billion to assist Ukraine in these and other goals that will ensure a secure and prosperous and demo-cratic Ukraine." See Katie Sanders, "The United States Spent $5 Billion on Ukraine and Anti-government Riots," PolitiFact, March 19, 2014, www.politifact.com.

90. "Top U.S. Official Visits Protesters in Kiev as Obama Admin. Ups Pres-sure on Ukraine President Yanukovich," CBS News, Dec. 11, 2013, www.cbsnews.com; Andrew Higgins and Peter Baker, "Russia Claims U.S. Is Meddling over Ukraine," *New York Times,* Feb. 6, 2014, www.nytimes.com; Nuland, interview by author, Washington, D.C., Feb. 22, 2019.

91. Andrew Kramer and Andrew Higgins, "Ukraine's Forces Escalate Attacks Against Protesters," *New York Times,* Feb. 20, 2014, www.nytimes.com; Andrew Kramer and Andrew Higgins, "Archrival Is Freed as Ukraine Leader Flees," *New York Times,* Feb. 22, 2014, www.nytimes.com; Ivan Nechepurenko, "Ukraine's Ex-leader Regrets Not Breaking Up Protests That Led to His Fall," *New York Times,* Nov. 25, 2016, www.nytimes.com. For an especially vivid account of the movement against Yanu-kovych, see Marci Shore, *The Ukrainian Night: An Intimate History of Revolution* (New Haven, Conn.: Yale University Press, 2018).

92. Max Seddon, "Documents Show How Russia's Troll Army Hit America," *BuzzFeed News,* June 2, 2014, www.buzzfeednews.com.

93. Terrence McCoy, "Vladimir Putin Hates Everything About the Internet Except 'Website Vladimir,' " *Washington Post,* April 25, 2014, www.washingtonpost.com; "Vkontakte Founder Pavel Durov Learns He's Been Fired Through Media," *Moscow Times,* April 22, 2014, www.the moscowtimes.com; Amar Toor, "How Putin's Cronies Seized Control of Russia's Facebook," *Verge,* Jan. 31, 2014, www.theverge.com; Neil Mac-Farquhar, "Russia Quietly Tightens Reins on Web with 'Bloggers Law,'" *New York Times,* May 6, 2014, www.nytimes.com; Alexei Anishchuk, "Russia Passes Law to Force Websites onto Russian Servers," Reuters, July 4, 2014, www.reuters.com.

94. The journalist Adrian Chen explains, "Trolling has become a key tool in a comprehensive effort by Russian authorities to rein in a previously freewheeling Internet culture, after huge anti-Putin protests in 2011 were organized largely over social media.

It is used by Kremlin apparatchiks at every level of government in Russia; wherever politics are discussed online, one can expect a flood of comments from paid trolls." Adrian Chen, "The Real Paranoia-Inducing Purpose of Russian Hacks," *New Yorker,* July 27, 2016. Leonid Volkov, a Russian opposition leader, told Chen that pro-Kremlin operatives infest social media to confuse rather than to change minds: "The point is to spoil it, to create the atmosphere of hate, to make it so stinky that normal people won't want to touch it."

95. Putin, interview by Kelly, March 1–2, 2018, en.kremlin.ru.

96. Burns, interview by author, Washington, D.C., July 9, 2018.

97. This zero-sum calculus is not new. In 1945, George Kennan, while sta-tioned in Moscow, warned Secretary of State James F. Byrnes of a simi-lar attitude within the Kremlin. He wrote, "There is nothing—I repeat nothing—in the history of the Soviet regime which could justify us in assuming that the men who are now in power in Russia, or even those who have chances of assuming power within the foreseeable future, would hesitate for a moment to apply this power against us if by doing so they thought that they might materially improve their own power position in the world." See Gaddis, *George F. Kennan,* 207.

98. Panetta, interview by author.

99. Morell, interview by author. See also Snyder, *Road to Unfreedom,* chap. 5.

100. Morell, interview by author; Kalugin, interview by author. Lucas Kello of Oxford writes, "Russian strategists exhort actions that seek to deny adversaries the internal political cohesion necessary to act purposefully abroad. Cyberspace offers a rich plane onto which practitioners can extend this activity." Lucas Kello, *The Virtual Weapon and International Order* (New Haven, Conn.: Yale University Press, 2017), 227.

101. Vladislav Surkov, "Владислав Сурков: Долгое государство Путина," Независимая газета*,* Feb. 11, 2019, www.ng.ru.

102. Hayden, interview by author, Washington, D.C., Nov. 5, 2018. For Hayden's personal recollections, see Michael Hayden, *The Assault on Intelligence: American National Security in an Age of Lies* (New York: Penguin Press, 2018). Russia's intelligence services have struck abroad in other ways in recent years. See David V. Gioe, Michael S. Goodman, and David S. Frey, "Unforgiven: Russian Intelligence Vengeance as Political Theater and Strategic Messaging," *Intelligence and National*

Security 34, no. 4 (2019): 561–75.

103. Tsybulska, interview by author, Kyiv, Ukraine, June 17, 2019.

第八章　新時代

1. "Putin Describes Secret Operation to Seize Crimea," AFP, March 8, 2015, news.yahoo.com.
2. For further reading, see Snyder, *Road to Unfreedom,* chaps. 4 and 5; Lucan Ahmad Way, "Ukraine's Post-Maidan Struggles: Free Speech in a Time of War," *Journal of Democracy* 30, no. 3 (2019): 48–60; Joanna Rohozinska and Vitaliy Shpak, "Ukraine's Post-Maidan Struggles: The Rise of an 'Outsider' President," *Journal of Democracy* 30, no. 3 (2019): 33–47.
3. Vladimir Putin, "Address by President of the Russian Federation" (speech, March 18, 2014), en.kremlin.ru.
4. Alberto Nardelli, Jennifer Rankin, and George Arnett, "Vladimir Putin's Approval Rating at Record Levels," *Guardian,* July 23, 2015, www.theguardian.com. Leon Aron explains, "Faced with the need to revital-ize his support, Putin seems to have made the most fateful choice of his political life: He sharply shifted the basis of his popularity—and thus his regime's legitimacy—from economic growth to patriotic mobilization." Leon Aron, "The Kremlin Emboldened: Putinism After Crimea," *Journal of Democracy* 28, no. 4 (2017): 76–79. For further reading, see Daniel Treisman, "Why Putin Took Crimea," *Foreign Affairs,* May/June 2016, www.foreignaffairs.com.
5. Steve Holland and Jeff Mason, "Obama, Merkel Vow Broader Russian Sanctions if Ukraine Election Derailed," Reuters, May 2, 2014, af.reuters.com.
6. Margaret Coker and Paul Sonne, "Ukraine: Cyberwar's Hottest Front," *Wall Street Journal,* Nov. 9, 2015, www.wsj.com; Mark Clayton, "Ukraine Election Narrowly Avoided 'Wanton Destruction' from Hack-ers," *Christian Science Monitor,* June 17, 2014, www.csmonitor.com; Laurens Cerulus, "How Ukraine Became a Test Bed for Cyberweaponry," *Politico Europe,* Feb. 14, 2019, www.politico.eu; Defense Intelligence Agency, "Russia Military Power: Building a Military to Support Great Power Aspirations," 2017, dia.mil.

   Of the virus detected on Election Day, the SBU, Ukraine's security service, said in a statement that "offenders were trying by means of previ-ously installed software to fake election results in the given region and in such a way to discredit general results of elections of the President of Ukraine." See Clayton, "Ukraine Election Narrowly Avoided 'Wanton Destruction' from Hackers."

7. Fedchenko, interview by author, Kyiv, Ukraine, June 17, 2019.
8. Oren Dorell, "Alleged Russian Political Meddling Documented in 27 Countries Since 2004," *USA Today,* Sept. 7, 2017, www.usatoday.com. See also U.S. Congress, Senate, Committee on Foreign Relations, *Putin's Asymmetric Assault on Democracy in Russia and Europe: Implications for U.S. National Security,* 115th Cong., 2nd sess., 2018, S. Rep. 115-21, www.foreign.senate.gov; Evan Osnos, David Remnick, and Joshua Yaffa, "Trump, Putin, and the New Cold War," *New Yorker,* Feb. 24, 2017, www.newyorker.com.
9. Schadlow, phone interview by author, Nov. 9, 2018. I first reported on this in an article for *The New Yorker* ("Smaller Democracies Grapple with the Threat of Russian Interference," *New Yorker,* Dec. 8, 2018, newyorker.com).
10. Gerasimov, "Value of Science Is in the Foresight."
11. Goss, interview by author, Florida Keys, Fla., Dec. 26, 2018; Heiestad, interview by author, Brussels, Belgium, Dec. 4, 2018.
12. Paul Sonne, "A Russian Bank Gave Marine Le Pen's Party a Loan. Then Weird Things Began Happening," *Washington Post,* Dec. 27, 2018, www.washingtonpost.com; Suzanne Daley and Maïa de la Baume, "French Far Right Gets Helping Hand With Russian Loan," *New York Times,* Dec. 1, 2014, www.nytimes.com.
13. Burns, interview by author.
14. Putin, interview by John Micklethwait, Sept. 1, 2016, en.kremlin.ru.
15. Đukanović, interview by author, Oxford, U.K., Nov. 26, 2018.
16. Aleksandar Vasovic, "Montenegro Opposition Rejects Election Outcome due to 'Atmosphere of Fear,'" Reuters, Oct. 18, 2016, www.reuters.com; Petar Komnenic, "Montenegro Begins Trial of Alleged Pro-Russian Coup Plotters," Reuters, July 19, 2017, www.reuters.com; Julian Barnes, "Ex–C.I.A. Officer's Brief Detention Deepens Mystery in Montenegro," *New York Times,* Nov. 23, 2018, www.nytimes.com; Ken Dilanian et al., "White House Readies to Fight Election Day Cyber Mayhem,"

NBC News, Nov. 3, 2016, www.nbcnews.com; Michael Schwirtz, "Top Secret Russian Unit Seeks to Destabilize Europe, Security Officials Say," *New York Times,* Oct. 8, 2019, www.nytimes.com.

17. Đukanović, interview by author.
18. Wise, phone interview by author, Oct. 21, 2019; Nuland, interview by author, Washington, D.C., Feb. 22, 2019; Wallander, interview by author, Washington, D.C., July 17, 2019.
19. John McCain, "Why Should You Care About Russian Interference? Look No Further than the Attempted Coup in Montenegro," Medium, June 20, 2017, medium.com.
20. Đukanović, interview by author.
21. Santos, interview by author, Oxford, U.K., Nov. 13, 2018; Nicholas Casey and Susan Abad, "Colombia Elects Iván Duque, a Young Populist, as President," *New York Times,* June 17, 2018, www.nytimes.com; Azam Ahmed and Paulina Villegas, "López Obrador, an Atypical Leftist, Wins Mexico Presidency in Landslide," *New York Times,* July 1, 2018, www.nytimes.com.
22. On the causes and consequences of Brexit, see Anne Applebaum, "Britain After Brexit: A Transformed Political Landscape," *Journal of Democracy* 28, no. 1 (2017): 53–58; Robert Ford and Matthew Goodwin, "Britain After Brexit: A Nation Divided," *Journal of Democracy* 28, no. 1 (2017): 17–30. On Russia's tactics, see Snyder, *Road to Unfreedom,* 104–9, in which Snyder explains, "Brexit was a triumph for Russian foreign policy, and a sign that a cyber campaign directed from Moscow could change reality."
23. David D. Kirkpatrick, "Signs of Russian Meddling in Brexit Referendum," *New York Times,* Nov. 15, 2017, www.nytimes.com; Matthew Field and Mike Wright, "Russian Trolls Sent Thousands of Pro-Leave Messages on Day of Brexit Referendum, Twitter Data Reveals," *Telegraph,* Oct. 17, 2018, www.telegraph.co.uk; Snyder, *Road to Unfreedom,* 106.
24. Hannigan, interview by author, London, March 22, 2019.
25. On the covert nature of Russia's operation, Snyder writes, "About a third of the discussion of Brexit on Twitter was generated by bots—and more than 90% of the bots tweeting political material were not located in the United Kingdom. Britons who considered their choices had no idea at the time that they were reading material disseminated by bots, nor that the bots were

part of a Russian foreign policy to weaken their country." Snyder, *Road to Unfreedom,* 106.

26. Clapper, interview by author, Fairfax, Va., Jan. 3, 2019.
27. Anton TAroianovski and Karla Adam, "In Brexit, Putin Sees a Crisis of Democracy—Not That He Has Anything to Do with It," *Washington Post,* Dec. 20, 2018, www.washingtonpost.com.
28. Mark Landler and Stephen Castle, "U.K. Parliament Advances Brexit Bill in Lopsided Vote, All but Assuring January Exit," *New York Times,* Dec. 20, 2019, www.nytimes.com.
29. Hannigan, interview by author.
30. Wise, interview by author.
31. Erlanger, interview by author, Brussels, Belgium, Dec. 18, 2018.
32. On the decline of foreign reporting, see Justin D. Martin, "Loneliness at the Foreign 'Bureau,' " *Columbia Journalism Review,* April 23, 2012, archives.cjr.org; Jodi Enda, "Retreating from the World," *AJR,* Dec./Jan. 2011, ajrarchive.org.
33. Cohen, interview by author, Washington, D.C., July 17, 2018; Johnson, interview by author, New York, July 29, 2019; Hall, phone interview by author, Oct. 22, 2019.
34. Blinken, interview by author, Washington, D.C., Jan. 3, 2019.
35. Clapper, interview by author.
36. Andrei Soldatov and Irina Borogan, two Russian journalists, have explained that "Putin believed the Panama Papers attack was sponsored by Hillary Clinton's people—this, in a way, provided him with a 'justi-fication' for a retaliatory operation." See Adam Taylor, "Putin Saw the Panama Papers as a Personal Attack and May Have Wanted Revenge, Russian Authors Say," *Washington Post,* Aug. 28, 2017, www.washington post.com.
37. Patrick O'Connor, "Hillary Clinton Exits with 69% Approval Rating," *Wall Street Journal,* Jan. 17, 2013, blogs.wsj.com; Hillary Rodham Clin-ton, *Hard Choices* (New York: Simon & Schuster, 2014), 215.
38. Philip Rucker, "Hillary Clinton Says Putin's Actions Are Like 'What Hitler Did Back in the '30s,' " *Washington Post,* March 5, 2014, www.washingtonpost.com; Liz Kreutz, "Vladimir Putin on Hillary Clinton: 'Better Not to Argue with Women,' " ABC,

June 4, 2014, abcnews.go.com.

39. Hall, interview by author.

40. For further reading, see David Remnick, *The Bridge: The Life and Rise of Barack Obama* (New York: Knopf, 2010).

41. Barack Obama, speech in Chicago, Oct. 2, 2002, www.npr.org. In his inaugural address, Obama declared that "the state of our economy calls for action, bold and swift" and pledged to "begin to responsibly leave Iraq to its people and forge a hard-earned peace in Afghanistan." See Barack Obama, "Inaugural Address" (speech, Washington, D.C., Jan. 20, 2009), the Obama White House, obamawhitehouse.archives.gov.

42. "Transcript of the Third Presidential Debate," *New York Times,* Oct. 22, 2012, www.nytimes.com. Anne Applebaum traces the evolution in U.S.-Russian relations from the start of the Obama presidency through the Ukraine crisis in "Obama and Europe."

43. Marvin Kalb, "Stumbling Toward Conflict with Russia?," Brookings Institution, June 3, 2015, www.brookings.edu.

44. Petraeus, phone interview by author, Oct. 8, 2018; Joby Warrick, "More than 1,400 Killed in Syrian Chemical Weapons Attack, U.S. Says," *Wash-ington Post,* Aug. 30, 2013, www.washingtonpost.com.

45. Ben Rhodes, "Inside the White House During the Syrian 'Red Line' Cri-sis," *Atlantic,* June 3, 2018, www.theatlantic.com.

46. Paul Nitze, a former deputy secretary of defense, captured the essence of escalation dominance when he said that a "copybook principle in strat-egy" is that "the advantage tends to go to the side in a better position to raise the stakes by expanding the scope, duration or destructive intensity of the conflict." See Robert Jervis, "The Madness Beyond MAD—Current American Nuclear Strategy," *PS* 17, no. 1 (1984): 34. On Nitze, see Strobe Talbott, *The Master of the Game: Paul Nitze and the Nuclear Peace* (New York: Knopf, 1988). Daniel Byman and Matthew Waxman define escalation dominance as "the ability to increase the threatened costs to the adversary while denying the adversary the opportunity to negate those costs or to counterescalate." Daniel Byman and Matthew Waxman, *The Dynamics of Coercion: American Foreign Policy and the Limits of Military Might* (Cambridge, U.K.: Cambridge University Press, 2002), 38. For further reading on escalatory concerns in foreign policy, see Richard Smoke, *War: Controlling Escalation* (Cambridge, Mass.: Harvard University Press, 1977).

47. Nuland, interview by author.

48. Peter Baker and Andrew Higgins, "U.S. and European Sanctions Take Aim at Putin's Economic Efforts," *New York Times,* Sept. 12, 2014, www.nytimes.com; Jeremy Herb, "Obama Pressed on Many Fronts to Arm Ukraine," *Politico,* March 11, 2015, www.politico.com.
49. Morell, phone interview by author, March 6, 2019.
50. Panetta, phone interview by author, Nov. 12, 2019.
51. Petraeus, interview by author.
52. Dina Smeltz and Ivo Daalder, "Foreign Policy in the Age of Retrench-ment," Chicago Council on Global Affairs, 7, survey. thechicagocouncil.org.
53. Morell, interview by author.
54. *United States v. Internet Research Agency LLC,* 18 U.S.C. §§ 2, 371, 1349, 1028A (D.D.C. 2018), 6, www.justice.gov.
55. U.S. Congress, Senate, Select Committee on Intelligence, *Russian Efforts Against Election Infrastructure,* vol. 1 of *Report on Russian Active Measures Campaigns and Interference in the 2016 U.S. Election,* 116th Cong., 1st sess., 2019, S. Rep. 116-XX, 3, www.intelligence.senate.gov.
56. Office of the Director of National Intelligence, Intelligence Community Assessment, *Assessing Russian Activities and Intentions in Recent U.S. Elections,* Jan. 6, 2017, www.dni.gov.
57. Brennan, interview by author, Washington, D.C., July 10, 2018. For a typical article on Trump's campaign announcement, see Alex Altman and Charlotte Alter, "Trump Launches Presidential Campaign with Empty Flair," *Time,* June 16, 2015, time.com.
58. Alan Gilbert, "The Far-Right Book Every Russian General Reads," *Daily Beast,* Feb. 26, 2018, www.thedailybeast.com.
59. U.S. Department of Justice, Office of Special Counsel Robert S. Muel-ler III, *Report on the Investigation into Russian Interference in the 2016 Presidential Election* (hereafter cited as Mueller Report), March 2019, 70–71. For further reading on Trump's business pursuits in Russia, see David Ignatius, "A History of Donald Trump's Business Dealings in Rus-sia," *Washington Post*, Nov. 2, 2017, www.washingtonpost.com; Megan Twohey and Steve Eder, "For Trump, Three Decades of Chasing Deals in Russia," *New York Times*, Jan. 16, 2017, www.nytimes.com/. For Trump's response, see Linda Qiu, "Trump

Denies Business Dealings With Russia. His Former Lawyer Contradicts Him," *New York Times*, Nov. 29, 2018, www.nytimes.com.

60. Andrew Kramer, "Vladimir Putin Chides Turkey, Praises Trump, and Talks Up Russia's Economy," *New York Times,* Dec. 17, 2015, www.nytimes.com; Vladimir Putin, "Vladimir Putin's Annual News Confer-ence," Dec. 17, 2015, en.kremlin.ru.
61. *United States v. Internet Research Agency LLC,* 18 U.S.C. §§ 2, 371, 1349, 1028A (D.D.C. 2018), 17, www.justice.gov.
62. Maggie Haberman, "Super Tuesday Takeaways: Trump and Clinton Sprint, While Others Stumble," *New York Times,* March 2, 2016, www.nytimes.com. Also in March, Trump hired Paul Manafort, a lob-byist who had made millions advising Viktor Yanukovych, the former Ukrainian president. Alexander Burns and Maggie Haberman, "Donald Trump Hires Paul Manafort to Lead Delegate Effort," *New York Times,* March 28, 2016, www.nytimes.com. For further reading on Manafort, see Steven Lee Myers and Andrew Kramer, "How Paul Manafort Wielded Power in Ukraine Before Advising Donald Trump," *New York Times,* July 31, 2016, www.nytimes.com; Andrew Kramer, Mike McIntire, and Barry Meier, "Secret Ledger in Ukraine Lists Cash for Donald Trump's Campaign Chief," *New York Times,* Aug. 14, 2016, www.nytimes.com; Franklin Foer, "The Plot Against America," *Atlantic,* March 2018; Simon Shuster, "How Paul Manafort Helped Elect Russia's Man in Ukraine," *Time,* Oct. 31, 2017, www.time.com.
63. Mueller Report, 37–38; U.S. Congress, Senate, Select Committee on Intelligence, *Hearings Before the Select Committee on Intelligence, Disinformation: A Primer in Russian Active Measures and Influence Campaigns* (testimony by Thomas Rid), 115th Cong., March 30, 2017, 4, nwtwellwig.ience.senate.gov.
64. Amita Kelly, "Donald Trump Clinches GOP Nomination," NPR, May 26, 2016, www.npr.org; Amy Chozick and Patrick Healy, "Hillary Clin-ton Has Clinched Democratic Nomination, Survey Reports," *New York Times,* June 6, 2016, www.nytimes.com.
65. Mueller Report, 72–78; Kalugin, interview by author, Rockville, Md., Aug. 7, 2018; note 59 of this chapter. For Trump's account of his 1987 trip to Moscow, see note 68 of chapter 5 of this book. Additionally, Rob-ert Mueller, in his final report, concluded: "Although the investigation established that the Russian government perceived it would benefit from a Trump

presidency and worked to secure that outcome, and that the Campaign expected it would benefit electorally from information stolen and released through Russian efforts, the investigation did not establish that members of the Trump Campaign conspired or coordinated with the Russian government in its election interference activities." Mueller Report, 5. For foundational reporting on Russian interference in the 2016 election and on ties between Trump, his associates, and Russia, see David Corn and Michael Isikoff, *Russian Roulette: The Inside Story of Putin's War on America and the Election of Donald Trump* (New York: Twelve, 2018); Greg Miller, *The Apprentice: Trump, Russia, and the Subversion of American Democracy* (New York: Custom House, 2018).

66. Cohen, interview by author.

第二部份　二〇一六年

1. U.S. Congress, *Russian Efforts Against Election Infrastructure,* 3.
2. Pope, phone interview by author, June 26, 2019.
3. Andrew Perrin, "Social Media Usage: 2005–2015," Pew Research Center, Oct. 8, 2015, www.pewresearch.org; "Internet/Broadband Fact Sheet," Pew Research Center, June 12, 2019, www.pewresearch.org.

第九章　延遲攻擊

1. In a PBS interview on August 9, 2017, Clapper said, "It was during the summer or so of 2015 that we began to see these indications, and certainly the hacking attempts at the DNC, which primarily involved the FBI and the Department of Homeland Security engaging with the DNC. Other things that began to unfold from then on through the election, of course, were the instances of what I would call reconnoitering by the Russian intelligence services into state-level databases, primarily voter registration rolls, in many cases maintained by contractor by each of the states. . . . [Obama] was thoroughly briefed up on this. And we had been doing PDB [President's Daily Brief] articles on this throughout, starting in 2015, about this activity as it unfolded and as we were able to understand it." See Clapper, interview by Jim Gilmore, Aug. 9, 2017, www.pbs.org.

Clap-per further said, in his interview with the author, "We had been reporting on [Russia's activities] throughout in the PDB and other intelligence, but it was all individual vignettes" rather than a complete picture.

2. Clapper, interview by author, Fairfax, Va., Jan. 3, 2019.
3. Hall, phone interview by author, Oct. 22, 2019; McLaughlin, phone interview by author, Sept. 5, 2019; Morell, phone interview by author, March 6, 2019.
4. "Increased Public Support for the U.S. Arming Ukraine," Pew Research Center, Feb. 23, 2015, www.people-press.org; Jeffrey Jones, "Americans Increasingly See Russia as Threat, Top U.S. Enemy," Gallup, Feb. 16, 2015, news.gallup.com; Kyle Dropp, Joshua Kertzer, and Thomas Zeit-zoff, "The Less Americans Know About Ukraine's Location, the More They Want U.S. to Intervene," *Washington Post,* April 7, 2014, www.washingtonpost.com.
5. "Ukraine Crisis: Transcript of Leaked Nuland-Pyatt Call," BBC, Feb. 7, 2014, www.bbc.com.
6. Nuland, interview by author, Washington, D.C., Feb. 22, 2019.
7. Ellen Nakashima, "Russian Government Hackers Penetrated DNC, Stole Opposition Research on Trump," *Washington Post*, June 14, 2016, www.washingtonpost.com. See also Dmitri Alperovitch, "Bears in the Midst: Intrusion into the Democratic National Committee," CrowdStrike, June 15, 2016, www.crowdstrike.com; Sheera Frenkel, "Meet Fancy Bear, the Russian Group Hacking the US Election," *BuzzFeed News,* Oct. 15, 2016, www.buzzfeednews.com.
8. Mueller Report, 42–43; Monaco, interview by author, New York, Sept. 25, 2019.
9. Colin Wilhelm, "Sanders Taunts Clinton Again on Wall Street Ties," *Politico,* April 17, 2016, www.politico.com; Amy Chozick, Patrick Healy, and Yamiche Alcindor, "Bernie Sanders Endorses Hillary Clinton, Hop-ing to Unify Democrats," *New York Times,* July 12, 2016, www.nytimes.com.
10. Mueller Report, 45–46; Michael D. Shear and Matthew Rosenberg, "Released Emails Suggest the D.N.C. Derided the Sanders Campaign," *New York Times,* July 22, 2016, www.nytimes.com. On the GRU's social media activities, see Renée DiResta and Shelby Grossman, "Potemkin Pages & Personas: Assessing GRU Online Operations, 2014–2019," Stanford Cyber Policy Center, Nov. 2019, 8, 73, fsi-live.s3.us-west-1.amazonaws.com.

11. Zakaria, phone interview by author, July 18, 2019.
12. Aaron Blake, "Here Are the Latest, Most Damaging Things in the DNC's Leaked Emails," *Washington Post,* July 25, 2016, www.washingtonpost.com; Alana Abramson and Shushannah Walshe, "The 4 Most Damaging Emails from the DNC WikiLeaks Dump," ABC News, July 25, 2016, abcnews.go.com; Eric Bradner, "Clinton's Campaign Manager: Russia Helping Trump," CNN, July 25, 2016, www.cnn.com.
13. There were exceptions—first among them, Anne Applebaum, who said in late July that the DNC hack and release was "exactly out of the Rus-sian security service's playbook" and that "this is a very established Russian tactic that's been used multiple times in democratic elections, mostly in Europe." She similarly said, in another interview in late July, that the DNC release "looks like almost exactly the same pattern is now in play in the United States that we've seen play out in other European countries." Later, in September, Applebaum wrote a column elaborating upon what Russia's electoral interference operation could entail through Election Day, citing the experiences of various European countries. See Applebaum, interview by Jacob Weisberg, *Slate,* July 28, 2016, slate.com; Olivia Lazarus and T. J. Raphael, "Trump: The President Russia Wants?," PRI, July 26, 2016, www.pri.org; Anne Applebaum, "How Russia Could Spark a U.S. Electoral Disaster," *Washington Post,* Sept. 8, 2016, www.washingtonpost.com. On Ukraine, see note 6 of chapter 8 of this book.
14. Eliot Nelson, "Sanders Calls DNC Leak 'Outrageous,' Calls for New DNC Chair," *Huffington Post,* July 24, 2016, www.huffpost.com; Matt Flegenheimer, "Democratic Convention Day 4 Takeaways: Over? She's Just Starting," *New York Times,* July 28, 2016, www.nytimes.com; Anne Gearan, Philip Rucker, and Abby Phillip, "DNC Chairwoman Will Resign in Aftermath of Committee Email Controversy," *Washington Post,* July 24, 2016, www.washingtonpost.com; Will Drabold, "DNC Apologizes to Bernie Sanders and Supporters over Leaked Emails," *Time,* July 25, 2016, time.com.
15. Clinton, interview by author, New York, Dec. 4, 2019; Jake Rudnitsky, John Micklethwait, and Michael Riley, "Putin Says DNC Hack Was a Public Service, Russia Didn't Do It," *Bloomberg,* Sept. 2, 2016, www.bloomberg.com.
16. Department of Justice, Office of Special Counsel Robert Mueller, "Inter-view of Richard Gates 4/11/18," 21, released via FOIA on Nov. 1, 2019, www.documentcloud.org.

Donald McGahn, counsel to the Trump campaign, declined to be inter-viewed for this book, saying that he did not know what he was at liberty to disclose. Reince Priebus, then the RNC chairman, did not respond to multiple interview requests.

17. Wise, phone interview by author, Oct. 21, 2019; Daniel, phone interview by author, July 19, 2019.
18. Johnson, interview by author, New York, July 29, 2019; Nuland, inter-view by author.
19. Johnson, interview by author; Daniel, interview by author. Brennan, in his testimony before Congress in May 2017, said, "When it became clear to me last summer that Russia was engaged in a very aggressive and wide-ranging effort to interfere in one of the key pillars of our democracy, we pulled together experts from CIA, NSA, and FBI in late July to focus on the issue, drawing in multiple perspectives and subject matter experts with broad expertise to assess Russian attempts to interfere in the U.S. presidential election." See Tim Hains, "Brennan: 'It Should Be Clear to Everyone That Russia Brazenly Interfered in Our 2016 Election,'" Real Clear Politics, May 23, 2017, www.realclearpolitics.com.
20. Rice, phone interview by author, Aug. 27, 2019; Blinken, interview by author, Washington, D.C., Jan. 3, 2019. Information warfare is defined as "a strategy for the use and management of information to pursue a competitive advantage, including both offensive and defensive opera-tions." Catherine A. Theohary, *Defense Primer: Information Operations* (Washington, D.C.: U.S. Library of Congress, Congressional Research Service, 2018), R45142, fas.org.
21. Wallander, interview by author, Washington, D.C., July 17, 2019. For elaboration on the perceived significance of the DNC email release from inside the White House, see chapter 11 of this book.
22. David Sanger, "Harry Reid Cites Evidence of Russian Tampering in U.S. Vote, and Seeks F.B.I. Inquiry," *New York Times*, Aug. 29, 2016, www.nytimes.com; Dustin Volz and Jim Finkle, "FBI Detects Breaches Against Two State Voter Systems," Reuters, Aug. 29, 2016, www.reuters.com.
23. U.S. Congress, *Russian Efforts Against Election Infrastructure,* 6, 22–24.
24. *United States v. Viktor Netyksho et al.,* 18 U.S.C. §§ 2, 371, 1030, 1028A (D.D.C. 2018), 26, www.justice.gov; Mueller Report, 50.
25. U.S. Congress, *Russian Efforts Against Election Infrastructure,* 22.

26. Monaco, interview by author; Daniel, interview by author; Pope, phone interview by author, June 26, 2019.
27. Rice, interview by author.
28. Wallander, interview by author; Daniel, interview by author; Nuland, interview by author.
29. Wallander, interview by author; Nuland, interview by author. On Putin's wealth, see Adam Taylor, "Is Vladimir Putin Hiding a $200 Billion For-tune? (And If So, Does It Matter?)," *Washington Post,* Feb. 20, 2015, www.washingtonpost.com; Adrian Blomfield, "$40bn Putin 'Is Now Europe's Richest Man,' " *Telegraph,* Dec. 21, 2007, www.telegraph.co.uk.
30. Nuland, interview by author.
31. Daniel, interview by author; Wallander, interview by author.
32. Haines, interview by author, New York, Feb. 23, 2019.
33. Clapper, interview by author.
34. Blinken, interview by author; Brennan, interview by author, Washington, D.C., July 10, 2018.
35. Blinken, interview by author; Johnson, interview by author.
36. Blinken, interview by author. bid3.7. I
38. U.S. Congress, House, Help America Vote Act of 2002, H.R. 2395, 107th Cong., introduced in House Nov. 14, 2001, www.congress.gov.
39. Monaco, interview by author. Outside experts have also concluded that voter registration databases presented an accessible point of entry for Russia in 2016. Professor Charles Stewart III explains, "The rising num-ber of centralized and Internet-reliant registration systems offers more targets for widespread attacks." Charles Stewart III, "The 2016 U.S. Elec-tion: Fears and Facts About Electoral Integrity," *Journal of Democracy* 28, no. 2 (2017): 58. See also Sarah Eckman, *Election Security: Voter Registration System Policy Issues* (Washington, D.C.: U.S. Library of Congress, Congressional Research Service, 2019), fas.org; Ben Buchanan and Michael Sulmeyer, "Hacking Chads: The Motivations, Threats, and Effects of Electoral Insecurity," Cybersecurity Project, Harvard Kennedy School, Oct. 2016, www.belfercenter.org.
40. Pope, interview by author; Blinken, interview by author; Brennan, inter-view by author.

41. Brennan, interview by author; Monaco, interview by author.
42. Clapper, interview by author.
43. Trump had introduced strongman tactics to Republican Party politics: mocking his primary opponents, developing a cult of personality, and embracing "Lock her up!" chants at his rallies. Beyond presidential politics, event after event was tearing at the fabric of American society. On June 12, 2016, a gunman killed forty-nine people at a gay nightclub in Orlando, Florida, the latest of a years-long string of mass shootings in the United States. A little over a week later, Democratic lawmakers staged a twenty-five-hour sit-in on the floor of the House of Representatives, trying, to no avail, to persuade their Republican counterparts to vote on gun control legislation. On July 5 and 6, police officers fatally shot two black men, Alton Sterling and Philando Castile, in interactions that were filmed and posted online, prompting widespread protests against police shootings of black Americans. On July 7, a gunman in Dallas killed five police officers and injured nine more; he targeted white members of law enforcement in retaliation for the recent shootings of black Americans. See Manny Fernandez, Richard Pérez-Peña, and Jonah Engel Bromwich, "Five Dallas Officers Were Killed as Payback, Police Chief Says," *New York Times,* July 8, 2016, www.nytimes.com; Matt Furber and Richard Pérez-Peña, "After Philando Castile's Killing, Obama Calls Police Shootings 'an American Issue,'" *New York Times,* July 7, 2016, www.nytimes.com; Richard Fausset, Richard Pérez-Peña, and Campbell Robertson, "Alton Sterling Shooting in Baton Rouge Prompts Justice Dept. Investigation," *New York Times,* July 6, 2016, www.nytimes.com; Lizette Alvarez and Richard Pérez-Peña, "Orlando Gunman Attacks Gay Nightclub, Leaving 50 Dead," *New York Times,* June 12, 2016, www.nytimes.com; Peter W. Stevenson, "A Brief History of the 'Lock Her Up!' Chant by Trump Supporters Against Clinton," *Washington Post,* Nov. 22, 2016, www.washingtonpost.com; Jose A. Del Real, "Blasting 'Pathetic' Agreement, Trump Mocks and Taunts Rivals Cruz and Kasich," *Washington Post,* April 25, 2016, www.washingtonpost.com; David M. Herszenhorn and Emmarie Huetteman, "House Democrats' Gun-Control Sit-in Turns into Chaotic Showdown with Republicans," *New York Times,* June 22, 2016, www.nytimes.com.
44. Ashley Parker and David Sanger, "Donald Trump Calls on Russia to Find Hillary Clinton's Missing Emails," *New York Times,* July 27, 2016, www.nytimes.com.

45. Mueller Report, 49; Bannon, interview by author, New York, Sept. 21, 2019.
46. Tessa Berenson, "Donald Trump: 'The Election's Going to Be Rigged,'" *Time,* Aug. 1, 2016, time.com.
47. Pope, interview by author.
48. Obama's quotation about Clinton comes from former FBI director Jim Comey's memoir, *A Higher Loyalty: Truth, Lies, and Leadership* (New York: Flatiron, 2018), 190.
49. Daniel, interview by author.
50. McDonough, interview by author, Washington, D.C., July 17, 2018.
51. Pope, interview by author; Finer, interview by author, New York, Feb. 20, 2019.
52. Chris Kahn, "Clinton Leads Trump by 12 Points in Reuters/Ipsos Poll," Reuters, Aug. 23, 2016, www.reuters.com.
53. Johnson, interview by author; Clapper, interview by author; Sarah Bloom Raskin, phone interview by author, Feb. 3, 2020.
54. Wallander, interview by author; Wallander, phone interview by author, Jan. 24, 2020.
55. Monaco, interview by author; Haines, interview by author; Rice, inter-view by author.

第十章　採取守勢

1. McDonough, interview by author, Washington, D.C., July 17, 2018; Monaco, interview by author, New York, Sept. 25, 2019.
2. Johnson, interview by author, New York, July 29, 2019.
3. Christina Cassidy, "AP Fact Check: Voter Registration Problems Do Not Equate to Fraud," PBS, Oct. 25, 2016, www.pbs.org; R. Sam Garrett, *Federal Role in U.S. Campaigns and Elections: An Overview* (Wash-ington, D.C.: U.S. Library of Congress, Congressional Research Service, 2018), fas.org; White House, "Our Government: Elections & Voting," www.whitehouse.gov. See also note 5 of the introduction of this book.
4. Johnson, interview by author.
5. Daniel, phone interview by author, July 19, 2019; Pope, phone interview by author, June 26, 2019.
6. "Trust in Government: 1958–2015," Pew Research Center, Nov. 23, 2015, www.people-press.org. For further context, see

Alec Tyson, "Obama Job Approval Higher, but Views of Him Are Still the Most Polarized in Recent History," Pew Research Center, Oct. 28, 2016, www.pewresearch.org; "Partisan Views of 2016 Candidates, Barack and Michelle Obama, Views of the Election," Pew Research Center, June 22, 2016, www.people-press.org.

7. Johnson, interview by author.
8. Anna Mulrine, "Homeland Security Chief Weighs Plan to Protect Voting from Hackers," *Christian Science Monitor,* Aug. 3, 2016, www.csmonitor.com.
9. Johnson, interview by author.
10. Department of Homeland Security, "Readout of Secretary Johnson's Call with State Election Officials on Cybersecurity," Aug. 15, 2016, www.dhs.gov.
11. Johnson, interview by author.
12. Rice, phone interview by author, Aug. 27, 2019.
13. Johnson, interview by author.
14. Miller, *Apprentice,* 149–54; Monaco, interview by author; Brennan, interview by author, Washington, D.C., July 10, 2018.
15. Federal Bureau of Investigation, "Flash: Targeting Activity Against State Board of Election Systems," Aug. 18, 2016, info.publicintelligence.net; U.S. Congress, *Russian Efforts Against Election Infrastructure,* 7, 12; Michael Isikoff, "FBI says foreign hackers penetrated state election sys-tems," Yahoo News, Aug. 29, 2016, www.yahoo.com; Daniel, interview by author.
16. Daniel, interview by author.
17. Monaco, interview by author; Eric Geller, "Elections Security: Federal Help or Power Grab?," *Politico,* Aug. 28, 2016, www.politico.com; Ali Breland, "State Declines DHS Security for Voting Machines," *Hill,* Aug. 26, 2016, thehill.com.
18. Johnson, interview by author; Rice, interview by author.
19. Pope, interview by author.
20. Panetta, phone interview by author, Nov. 12, 2019; Lott, phone interview by author, Oct. 31, 2019; David Rogers, "Some

Good Old Boys Honor Trent Lott," *Politico,* Sept. 17, 2009, www.politico.com.

21. Glenn Kessler, "When Did McConnell Say He Wanted to Make Obama a 'One-Term President'?," *Washington Post,* Sept. 25, 2012, www.washingtonpost.com. The feeling was mutual. In 2013, just after winning reelection, Obama mocked McConnell at the White House Correspon-dents' Dinner: "Some folks still don't think I spend enough time with Congress. 'Why don't you get a drink with Mitch McConnell?' they ask. Really? Why don't *you* get a drink with Mitch McConnell? I'm sorry. I get frustrated sometimes." See "Transcript: Obama Speaks at WHCD," *Politico,* April 28, 2013, www.politico.com.
22. Burgess Everett and Glenn Thrush, "McConnell Throws Down the Gauntlet: No Scalia Replacement Under Obama," *Politico,* Feb. 13, 2016, www.politico.com; Mitch McConnell, *The Long Game: A Memoir* (New York: Sentinel, 2016), 185.
23. Jonathan Chait, "Five Days That Shaped a Presidency," *New York,* Oct. 3, 2016, nymag.com.
24. Brennan, interview by author. For the specific dates of Brennan's brief-ings to each member of the Gang of Eight, see U.S. Congress, Senate, Select Committee on Intelligence, *Report on Russian Active Measures Campaigns and Interference in the 2016 U.S. Election Volume 3: U.S. Government Response to Russian Activities,* 116th Congress, 2nd ses-sion, 2020, S. Report 116-XX, 13, s.wsj.net/public /resources /documents e/Snate_Russia_Report_Volume3.pdf?mod=article_inline.
25. Brennan, interview by author.
26. Reid, interview by author, Las Vegas, July 24, 2019.
27. Reid to Comey, Aug. 27, 2016, www.documentcloud.org; David Sanger, "Harry Reid Cites Evidence of Russian Tampering in U.S. Vote, and Seeks F.B.I. Inquiry," *New York Times*, Aug. 29, 2016, www.nytimes.com.
28. Reid, interview by author.
29. Podesta, interview by author, Washington, D.C., June 15, 2018.
30. McDonough, interview by author; Haines, interview by author, New York, Feb. 23, 2019.
31. Reid, interview by author; Haines, interview by author.
32. McDonough, interview by author.
33. Johnson, interview by author.

34. Reid, interview by author.
35. Podesta, interview by author; Panetta, interview by author.
36. McDonough, interview by author.
37. Haines, interview by author.
38. "Transcripts: Intel Chief Testifies Amid New Russia Revelation," CNN, May 23, 2017, transcripts.cnn.com.
39. Johnson, interview by author; Blinken, interview by author, Washington, D.C., Jan. 3, 2019.
40. Haines, interview by author.
41. White House, "Press Conference by the President," Dec. 16, 2016, obama whitehouse.archives.gov.
42. Monaco, interview by author.
43. McDonough, interview by author; Wallander, interview by author, Wash-ington, D.C., July 17, 2019; Morell, phone interview by author, March 6, 2019.
44. Blinken, interview by author; Monaco, interview by author; Wallander, interview by author; Daniel, interview by author. om4e5y., C *Higher Loyalty,* 190.
46. Haines, interview by author.
47. Johnson, interview by author.
48. Ibid.; Comey, *Higher Loyalty,* 189–90, in which he elaborates, "I also acknowledged to the president that an inoculation effort might acciden-tally accomplish the Russians' goal of undermining confidence in our election system. If you tell Americans that the Russians are tampering with the election, have you just sowed doubt about the outcome, or given one side an excuse for why they lost?" Ultimately, Comey declined to sign the statement alongside Johnson and Clapper. Of this decision, he writes, "A month later, in early October, the Obama team decided some kind of formal statement from the administration was in order after all. The director of national intelligence, Jim Clapper, and the secretary of Home-land Security, Jeh Johnson, were prepared to sign it. The FBI leadership team and I decided that there was not an adequate reason for us to also sign on." Comey, *Higher Loyalty,* 191. Of Comey's thinking at the time, then FBI deputy director Andrew McCabe later told the Senate,

"Direc-tor Comey felt that [the op-ed] was important to do when he suggested it." However, "[b]y the time he kind of got around to thinking about it seriously, he felt like the opportunity had passed and we were too close [to the election] at that point to have the intended effect on the elector-ate." See U.S. Congress, *Report on Russian Active Measures Campaigns and Interference in the 2016 U.S. Election Volume 3: U.S. Government Response to Russian Activities,* 35.

49. Cohen, interview by author, Washington, D.C., July 17, 2018; Johnson, interview by author; Haines, interview by author.
50. Johnson, interview by author; Clapper, interview by author, Fairfax, Va., Jan. 3, 2019.
51. Johnson, interview by author.
52. Ibid.
53. Kathleen Hall Jamieson, *Cyberwar: How Russian Hackers and Trolls Helped Elect a President: What We Don't, Can't, and Do Know* (New York: Oxford University Press, 2018), 153–54. See also U.S. Depart-ment of Homeland Security, "Joint Statement from the Department of Homeland Security and Office of the Director of National Intelligence on Election Security," Oct. 7, 2016, www.dhs.gov; David A. Fahrenthold, "Trump Recorded Having Extremely Lewd Conversation About Women in 2005," *Washington Post,* Oct. 7, 2016, www.washingtonpost.com.
54. Rucker, phone interview by author, Sept. 2, 2018.
55. Clapper, interview by author; Johnson, interview by author.
56. Bannon, interview by author, New York, Sept. 21, 2019.
57. "Full Transcript: Third 2016 Presidential Debate," *Politico,* Oct. 20, 2016, www.politico.com.
58. Johnson, interview by author.
59. Blair, phone interview by author, May 27, 2019.
60. Comey, *Higher Loyalty,* 191.
61. Johnson, interview by author.
62. McDonough, interview by author.
63. John F. Kelly to Senator Claire McCaskill, June 13, 2017, www.hsgac.senate.gov.

64. Alexander Tin, "Ahead of Elections, States Reject Federal Help to Combat Hackers," CBS News, Oct. 28, 2016, www.cbsnews.com.

65. Mueller Report, 51; Patricia Mazzei, "Russians Hacked Voter Systems in 2 Florida Counties. But Which Ones?," *New York Times,* May 14, 2019, www.nytimes.com; Patricia Mazzei, "F.B.I. to Florida Lawmakers: You Were Hacked by Russians, but Don't Tell Voters," *New York Times,* May 16, 2019, www.nytimes.com; Dustin Volz, "Hackers Breached Voter Databases in Two Florida Counties Ahead of 2016 Election," *Wall Street Journal,* May 14, 2019, www.wsj.com.

66. Wallander, interview by author; Daniel, interview by author.

67. On Election Day concerns, see chapter 11 of this book.

第十一章　投票日

1. Johnson, interview by author, New York, July 29, 2019.

2. Pope, phone interview by author, June 26, 2019.

3. Daniel, phone interview by author, July 19, 2019; Monaco, interview by author, New York, Sept. 25, 2019; Rice, phone interview by author, Aug. 27, 2019.

4. See chapter 8 of this book.

5. Brennan, interview by author, Washington, D.C., July 10, 2018; Pope, interview by author; Johnson, interview by author.

6. Johnson, interview by author; Haines, interview by author, New York, Feb. 23, 2019; Monaco, interview by author. Of this scenario, Monaco explained, "What I was very concerned about and what we spent a lot of time worrying about as a worst-case scenario was manipulation of voter registration databases such that what we were seeing was that they were obviously very diffuse and not subject to any kind of uniform set of cyber-security standards or controls. Encryption was spotty, not uniform. . . . We had seen Russia scanning and probing voter registration databases, and I think we were all worried again, as in any threat situation, what is it that we don't know? My worst-case scenario was John Smith goes to vote on Election Day and appears at his polling place and says I am John Smith from First Street here to vote and on the database and on their

records they have him listed somewhere else or don't have him."

7. Josh Katz, "Who Will Be President?," *New York Times,* Nov. 8, 2016, www.nytimes.com.
8. "Full Transcript: Third 2016 Presidential Debate."
9. McDonough, interview by author, Washington, D.C., July 17, 2018.
10. Pope, interview by author.
11. Clapper, interview by author, Fairfax, Va., Jan. 3, 2019.
12. Brennan, interview by author; Clinton, interview by author, New York, Dec. 4, 2019.
13. Wallander, interview by author, Washington, D.C., July 17, 2019.
14. Philip Bump, "Donald Trump Will Be President Thanks to 80,000 People in Three States," *Washington Post,* Dec. 1, 2016, www.washingtonpost.com.
15. Clapper, interview by author.
16. Reid, interview by author, Las Vegas, July 24, 2019.
17. Clapper, interview by author; Rice, interview by author; McDonough, interview by author.
18. " 'This Week' Transcript: President Barack Obama," ABC News, Jan. 8, 2017, abcnews.go.com.
19. Nuland, interview by author, Washington, D.C., Feb. 22, 2019.
20. Wallander, interview by author; Comey, *Higher Loyalty,* 190; Haines, interview by author. Lucas Kello explores the intricacies of deterrence in the digital age in *Virtual Weapon and International Order,* chap. 7, in which he writes, "The principal problem with current doctrine is that it is designed to punish individual acts," and so, "when applied to the current context, adversaries understand that so long as no single cyber action unambiguously crosses the bar of war, they will escape its certain penalties."
21. Rice, interview by author.
22. Brennan, interview by author; Podesta, interview by author, Washington, D.C., June 15, 2018.
23. Miller, phone interview by author, July 11, 2019; Rucker, phone interview by author, Sept. 2, 2018.
24. Jamieson, *Cyberwar,* 150, 156.

25. Amy Chozick et al., "Highlights from the Clinton Campaign Emails: How to Deal with Sanders and Biden," *New York Times,* Oct. 10, 2016, www.nytimes.com. Other headlines included "Leaked Speech Excerpts Show a Hillary Clinton at Ease with Wall Street"; "Hillary Clinton Aides Kept de Blasio at Arm's Length, WikiLeaks Emails Show"; "Hacked Transcripts Reveal a Genial Hillary Clinton at Goldman Sachs Events"; "Email about Qatari Offer Shows Thorny Ethical Issues Clinton Foundation Faced"; " 'We Need to Clean This Up': Clinton Aide's Newly Public Email Shows Concern"; "Donations to Foundation Vexed Hillary Clinton's Aides, Emails Show"; "Chelsea Clinton's Frustrations and Devotion Shown in Hacked Emails"; and "WikiLeaks Lays Bare a Clinton Insider's Emphatic Cheers and Jeers."
26. Sonne, phone interview by author, June 20, 2019.
27. Wallander, interview by author.
28. Eric Lipton, David Sanger, and Scott Shane, "The Perfect Weapon: How Russian Cyberpower Invaded the U.S.," *New York Times,* Dec. 13, 2016, www.nytimes.com.
29. Podesta, interview by author; Bannon, interview by author, New York, Sept. 21, 2019.
30. Mueller Report, 48; Goff, interview by author, New York, Aug. 22, 2019.
31. Podesta, interview by author.
32. Baker, phone interview by author, Oct. 17, 2018; Rucker, interview by author.
33. Clapper, interview by author.
34. Applebaum went on, "But whatever resources Putin wagered on Trump, they are paying off. For even if Trump never becomes president, his can-didacy has already achieved two extremely important Russian foreign policy goals: to weaken the moral influence of the United States by under-mining its reputation as a stable democracy, and to destroy its power by wrecking its relationships with its allies." Anne Applebaum, "How a Trump Presidency Could Destabilize Europe," *Washington Post,* July 21, 2016, www.washingtonpost.com.
35. Daniel, interview by author. In a statement provided to the U.S. Senate on March 1, 2019, the FBI said, "In October 2016, the Counterintel-ligence Division tasked a contractor to identify Russian influence activity on Twitter. The FBI contractor

collected and analyzed a sample of Twit-ter activity conducted by an overtly pro-Russian network of 13 Twit-ter accounts and their followers, including automated accounts, which promoted US election-related news and leaked Democratic party emails published by WikiLeaks." See U.S. Congress, Senate, Select Committee on Intelligence, *Russia's Use of Social Media,* vol. 2 of *Report on Russian Active Measures Campaigns and Interference in the 2016 U.S. Election,* 116th Cong., 1st sess., 2019, S. Rep. 116-XX, 73, www.intelligence.senate.gov.

36. Cohen, interview by author, Washington, D.C., July 17, 2018; Brennan, interview by author.
37. Morell, phone interview by author, March 6, 2019; Wise, phone interview by author, Oct. 21, 2019; Panetta, phone interview by author, Nov. 12, 2019.
38. Nuland, interview by author.
39. Office of the Director of National Intelligence, *Assessing Russian Activi-ties and Intentions in Recent U.S. Elections,* 1.
40. Sanger, "Obama Strikes Back at Russia for Election Hacking."
41. Wallander, interview by author; Morell, interview by author; Haines, interview by author.
42. Clapper, interview by author; Blinken, interview by author, Washington, D.C., Jan. 3, 2019; Sarah Bloom Raskin, phone interview by author, Feb. 3, 2020; Finer, interview by author, New York, Feb. 20, 2019.
43. Adam Entous, Elizabeth Dwoskin, and Craig Timberg, "Obama Tried to Give Zuckerberg a Wake-up Call over Fake News on Facebook," *Wash-ington Post,* Sept. 24, 2017, www.washingtonpost.com.
44. " 'This Week' Transcript: President Barack Obama," Jan. 8, 2017.

第十二章　社群媒體

1. *United States v. Internet Research Agency LLC,* 18 U.S.C. §§ 2, 371, 1349, 1028A (D.D.C. 2018), 12–13.
2. Ibid., 6–7; U.S. Congress, *Russia's Use of Social Media,* 22–24. For fur-ther reading on Yevgeny Prigozhin, the Russian oligarch who bankrolled the IRA, see Neil MacFarquhar, "Yevgeny Prigozhin, Russian Oligarch Indicted by U.S., Is Known as 'Putin's Cook,' " *New York Times,* Feb. 16, 2018, www.nytimes.com.

3. Stamos, phone interview by author, May 28, 2018.
4. Adrian Chen, "The Agency," *New York Times,* June 2, 2015, www.nytimes.com. Even earlier, in 2014, *BuzzFeed* published an article about how the IRA, with a staff of more than six hundred people and a yearly budget of more than $10 million, was using social media to influence public opinion at home and abroad, including in the United States. See Seddon, "Documents Show How Russia's Troll Army Hit America."
5. By July 2016, Adrian Chen wrote, "The Internet Research Agency appears to have quieted down significantly." Chen, "Real Paranoia-Inducing Pur-pose of Russian Hacks."
6. Hall, phone interview by author, Oct. 22, 2019.
7. An indictment issued by the office of Robert Mueller described another aspect of the GRU's social media activities: "Unit 74455 assisted in the release of stolen documents through the DCLeaks and Guccifer 2.0 per-sonas, the promotion of those releases, and the publication of anti-Clinton content on social media accounts operated by the GRU." See *United States v. Viktor Netyksho et al.,* 18 U.S.C. §§ 2, 371, 1030, 1028A (D.D.C. 2018), 5.
8. Officials at Twitter had a similar experience. The company's general counsel told the U.S. Senate, in January 2019, that "to the best of our knowledge, Twitter received no information from the U.S. government in advance of the 2016 election about state sponsored information opera-tions." See U.S. Congress, *Russia's Use of Social Media,* 73.
9. Stamos, interview by author; Gleicher, phone interview by author, Feb. 25, 2020. On those exceptions at Facebook, see David Smith, "How Key Republicans Inside Facebook Are Shifting Its Politics to the Right," *Guardian,* Nov. 3, 2019, www.theguardian.com. For one of the many speculative pieces about Sandberg's political future, see Ben White, "Sheryl Sandberg Rising in Treasury Watch," *Politico,* Sept. 15, 2016, www.politico.com. For Sandberg's public response, see Christina Pas-sariello, "Facebook's Sheryl Sandberg Says She Won't Be Joining Govern-ment," *Wall Street Journal,* Oct. 11, 2016, www.wsj.com.
10. The U.S. Senate Select Committee on Intelligence concluded that "the Russian government tasked and supported the IRA's interference in the 2016 U.S. election," that "the IRA sought to influence the 2016 U.S. presidential election by harming

Hillary Clinton's chances of success and supporting Donald Trump at the direction of the Kremlin," and that "IRA social media activity was overtly and almost invariably supportive of then-candidate Trump, and to the detriment of Secretary Clinton's campaign." See U.S. Congress, *Russia's Use of Social Media,* 4–5.

11. Stamos, interview by author.

12. Sandberg, interview by author, New York, June 2018. (Ms. Sandberg gave the author this brief remark spontaneously when asked at a coffee shop in Manhattan.) On Facebook's internal quarrels and decision-making process after the 2016 election, see Sheera Frenkel et al., "Delay, Deny, and Deflect: How Facebook's Leaders Fought Through Crisis," *New York Times,* Nov. 14, 2018, www.nytimes.com.

13. See U.S. Congress, *Russia's Use of Social Media,* 45–50, which fur-ther explains that on Facebook the 76.5 million engagements included 30.4 million shares, 37.6 million likes, 3.3 million comments, and 5.2 mil-lion reactions and that on Instagram almost half of the IRA's 133 accounts had more than 10,000 followers, and 12 had more than 100,000.

14. Renée DiResta et al., "The Tactics and Tropes of the Internet Research Agency," New Knowledge, Dec. 17, 2018, 7, www.newknowledge.com.

15. U.S. Congress, *Russia's Use of Social Media*, 59–62.

16. Stanford researchers found that across the GRU's Facebook accounts "engagement was minimal. Across all posts, there were 4,830 Likes, 5,469 reactions, 3,432 shares, and 902 comments While GRU-attributed Facebook posts spanned a period from 2014 to 2018—a time when the IRA was operational and actively spending money and effort on audience engagement—only one of the GRU-attributed Pages bought ads The effort expended on attracting audiences, even via obvious strategies like running ads, was conspicuously minimal; the marked lack of engagement is indeed somewhat perplexing. There are a few possible explanations for this: the first is that social influence was not the focus nor the goal of GRU activity, which was primarily concerned with media hacking. . . . A second explanation is that they didn't fully understand the dynam-ics of social platforms. A third is that they were simply ineffectual or incompetent in their execution." On the IRA and GRU, the researchers conclude, "The extent of coordination between the various entities with influence operations capabilities—in this

case, the GRU and the IRA—is an open question [T]here has been no concrete evidence of collabora-tion between the two entities." See DiResta and Grossman, "Potemkin Pages & Personas," 5, 7, 9, 91.

17. Goss, interview by author, Florida Keys, Fla., Dec. 26, 2018. Several former CIA officers have written about continuities in Russia's covert influence operations. See David V. Gioe, "Cyber Operations and Useful Fools: The Approach of Russian Hybrid Intelligence," *Intelligence and National Security* 33, no. 7 (2018): 954–73; John Sipher, "Russian Active Measures," *CHACR Global Analysis Programme Briefing* 14 (2018).

18. Haley, interview by author, Washington, D.C., July 23, 2018. (Ambas-sador Haley granted the author this brief comment spontaneously when asked at a restaurant in Foggy Bottom.)

19. Shannon Greenwood, Andrew Perrin, and Maeve Duggan, "Social Media Update 2016," Pew Research Center, Nov. 11, 2016, www.pewresearch.org. Michael Hayden, the NSA director from 1999 to 2005, told me that, at the turn of the twenty-first century, he expected a digitally connected world to "create a common dialogue and bring people together toward a middle, deeper, and richer understanding." Still, some thinkers, like Jack Goldsmith, Tim Wu, and Lawrence Lessig, sensed that a globalized internet, with all its potential, had much potential for abuse. "Everything you do on the Net produces data," Lessig wrote in 2006, "about what you do and what you say," which can be used to influence "you in a direct and effective way." See Lawrence Lessig, *Code: And Other Laws of Cyberspace, Version 2.0* (New York: Basic Books, 2006), 216. Goldsmith and Wu, in their 2006 book, warned that authoritarian countries like China would maintain a "model of political control" through a "sphere of influence over network norms," while the United States would adopt a "free and open model" of internet activity. As a result, Wu and Goldsmith forecast "a technological version of the cold war, with each side pushing its own vision of the Internet's future." See Jack Goldsmith and Tim Wu, *Who Controls the Internet? Illusions of a Borderless World* (New York: Oxford University Press, 2006), 101, 184.

20. Clapper, interview by author, Fairfax, Va., Jan. 3, 2019. Kira Vrist Rønn and Sille Obelitz Søe reflect on questions of privacy and social media platforms, arguing, "While they feel private to users, they are in fact public spaces." See Kira Vrist Rønn and Sille Obelitz Søe, "Is Social Media Intelligence Private? Privacy in Public and the Nature of Social Media Intelligence,"

Intelligence and National Security 34, no. 3 (2019): 363–78. On the undemocratic consequences of social media, see Ronald Deibert, "The Road to Digital Unfreedom: Three Painful Truths About Social Media," *Journal of Democracy* 30, no. 1 (2019): 25–39; Larry Diamond, "The Road to Digital Unfreedom: The Threat of Postmodern Totalitarianism," *Journal of Democracy* 30, no. 1 (2019): 20–24.

21. Scott Detrow, "What Did Cambridge Analytica Do During the 2016 Elec-tion?," NPR, March 20, 2018, www.npr.org. Cecilia Kang and Sheera Frenkel, "Facebook Says Cambridge Analytica Harvested Data of Up to 87 Million Users," *New York Times,* April 4, 2018, www.nytimes.com.

22. Robert Bond et al., "A 61-Million-Person Experiment in Social Influence and Political Mobilization," *Nature* 489, no. 7415 (2012): 295–98, which concludes that "the results show that the messages directly influenced political self-expression, information seeking and real-world voting behavior of millions of people," and that "the messages not only influ-enced the users who received them but also the users' friends, and friends of friends." Also, prior to America's 2012 election, Facebook researchers manipulated the feeds of 1.9 million users to promote more "hard news" stories; those users subsequently demonstrated increased civic engagement and turnout on Election Day. See Micah Sifry, "Facebook Wants You to Vote on Tuesday. Here's How It Messed with Your Feed in 2012," *Mother Jones,* Oct. 31, 2014, www.motherjones.com.

For further reading on messaging in America's evolving information environment, see Bruce Hardy, Kate Kenski, and Kathleen Hall Jamieson, *The Obama Victory: How Media, Money, and Message Shaped the 2008 Election* (New York: Oxford University Press, 2010); Yue Tan and David H. Weaver, "Agenda Diversity and Agenda Setting from 1956 to 2004: What Are the Trends Over Time?" *Journalism Studies* 14, no. 6 (2013): 773–89; Richard Johnston, Michael Hagen, and Kathleen Hall Jamieson, *The 2000 Presidential Election and the Foundations of Party Politics* (New York: Cambridge University Press, 2004); Adam Kramer, Jamie Guillory, and Jeffrey Hancock, "Experimental Evidence of Massive-Scale Emotional Contagion Through Social Networks," *PNAS, Proceedings of the National Academy of Sciences of the United States of America* 111, no. 24 (2014): 8788–90.

23. Kate Kaye, "Data-Driven Targeting Creates Huge 2016 Political Ad Shift: Broadcast TV Down 20%, Cable and Digital Way

Up," *AdAge,* Jan. 3, 2017, adage.com.

24. Bannon, interview by author, New York, Sept. 21, 2019; Goff, interview by author, New York, Aug. 22, 2019. On the persistent influence of TV news, see Hunt Allcott and Matthew Gentzkow, "Social Media and Fake News in the 2016 Election," *Journal of Economic Perspectives* 31, no. 2 (2017): 211–36.
25. Gottfried and Shearer, "News Use Across Social Media Platforms 2016."
26. Surkov, "Владислав Сурков."
27. Inman, interview by author, Austin, Tex., Nov. 2, 2018; Santos, interview by author, Oxford, U.K., Nov. 13, 2018.
28. *United States v. Internet Research Agency LLC,* 18 U.S.C. §§ 2, 371, 1349, 1028A (D.D.C. 2018), 6, 14. The Senate Select Committee on Intel-ligence concluded, "Analysis of the behavior of the IRA-associated social media accounts makes clear that while the Russian information warfare campaign exploited the context of the election and election-related issues in 2016, the preponderance of the operational focus, as reflected repeat-edly in content, account names, and audiences targeted, was on socially divisive issues—such as race, immigration, and Second Amendment rights—in an attempt to pit Americans against one another and against their government." U.S. Congress, *Russia's Use of Social Media,* 6.
29. Stamos, interview by author.
30. Soroush Vosoughi, Deb Roy, and Sinan Aral, "The Spread of True and False News Online," *Science* 359, no. 6380 (2018): 1146–51, science .sciencemag.org, in which the authors find that "falsehood diffused sig-nificantly farther, faster, deeper, and more broadly than the truth in all categories of information, and the effects were more pronounced for false political news." This pattern of behavior extended into 2016. See Craig Silverman, "This Analysis Shows How Viral Fake Election News Stories Outperformed Real News on Facebook," *BuzzFeed News,* Nov. 16, 2016, www.buzzfeednews.com.
31. McMaster, phone interview by author, Oct. 17, 2018.
32. DiResta et al., "Tactics and Tropes of the Internet Research Agency," 9, 21, 76–80, in which these researchers also explain that Clinton and Trump, while a persistent theme, were not the IRA's focus: Just 18 percent of its Instagram posts, 7 percent of its Facebook posts, and 6 percent of its tweets mentioned either candidate by name. The priority was to sow division, amass

followers, and, at key moments, release election-related content.

33. *United States v. Internet Research Agency LLC,* 18 U.S.C. §§ 2, 371, 1349, 1028A (D.D.C. 2018), 17.
34. DiResta et al., "Tactics and Tropes of the Internet Research Agency," 56.
35. Jamieson, *Cyberwar,* 5, 68; Office of the Director of National Intelligence, *Assessing Russian Activities and Intentions in Recent U.S. Elections,* 3. Donald Trump, as a presidential candidate, granted an interview to RT during which he criticized the American press; see Adam Taylor and Paul Farhi, "A Trump Interview May Be Crowning Glory for RT, a Network Funded by the Russian Government," *Washington Post,* Sept. 9, 2016, www.washingtonpost.com. For further reading on RT and Sputnik, see Jim Rutenberg, "RT, Sputnik, and Russia's New Theory of War," *New York Times,* Sept. 13, 2017, www.nytimes.com.
36. Jamieson, *Cyberwar,* chap. 5; Philip Howard, Bharath Ganesh, Dimi-tra Liotsiou, John Kelly, and Camille François conclude, in their study of IRA-run accounts, that "it is evident that the campaigns sought to demobilize African Americans, LGBT, and liberal voters" and that "mes-saging to African Americans sought to divert their political energy away from established political institutions by preying on anger with structural inequalities faced by African Americans, including police violence, pov-erty, and disproportionate levels of incarceration. These campaigns pushed a message that the best way to advance the cause of the African American community was to boycott the election and focus on other issues instead." Phil Howard et al., "The IRA, Social Media, and Political Polarization in the United States, 2012–2018," Computational Propaganda Research Project, Oxford Internet Institute, Dec. 2018, 19, 34.
37. *United States v. Internet Research Agency LLC,* 18 U.S.C. §§ 2, 371, 1349, 1028A (D.D.C. 2018), 18. The IRA also targeted Native Ameri-cans. See Ryan Brooks, "How Russians Attempted to Use Instagram to Influence Native Americans," *BuzzFeed News,* Oct. 23, 2017, www.buzzfeednews.com.
38. DiResta et al., "Tactics and Tropes of the Internet Research Agency," 85.
39. MITN 1/6/5, p. 436, Papers of Mitrokhin.
40. Stamos, interview by author. See also Ahmer Arif, Leo Graiden Stewart, and Kate Starbird, "Acting the Part: Examining Information Operations Within #BlackLivesMatter Discourse," *Proceedings of the ACM on Homupmuatner-CInteraction* 2,

no. CSCW (2018).

41. Seddon, "Documents Show How Russia's Troll Army Hit America"; Anton Troianovski, "A Former Russian Troll Speaks: 'It Was like Being in Orwell's World,' " *Washington Post,* Feb. 17, 2018, www.washingtonpost.com; Shaun Walker, "The Russian Troll Factory at the Heart of the Med-dling Allegations," *Guardian,* April 2, 2015, www.theguardian.com.
42. *United States v. Internet Research Agency LLC,* 18 U.S.C. §§ 2, 371, 1349, 1028A (D.D.C. 2018), 14–15.
43. Troianovski, "Former Russian Troll Speaks."
44. U.S. Congress, *Russia's Use of Social Media,* 43–44. To examine actual IRA-run ads, see Scott Shane, "These Are the Ads Russia Bought on Facebook in 2016," *New York Times,* Nov. 1, 2017, www.nytimes.com.
45. U.S. Congress, *Russia's Use of Social Media,* 40, 77, in which Senate investigators found "that paid advertisements were not key to the IRA's activity, and moreover, are not alone an accurate measure of the IRA's operational scope, scale, or objectives The nearly 3,400 Facebook and Instagram advertisements the IRA purchased are comparably minor in relation to the over 61,500 Facebook posts, 116,000 Instagram posts, and 10.4 million tweets that were the original creations of IRA influence operatives, disseminated under the guise of authentic user activity."
46. DiResta, phone interview by author, May 22, 2019.
47. *United States v. Internet Research Agency LLC,* 18 U.S.C. §§ 2, 371, 1349, 1028A (D.D.C. 2018), 15.
48. Howard et al., "IRA, Social Media, and Political Polarization," 12; Craig Timberg and Shane Harris, "Russian Operatives Blasted 18,000 Tweets Ahead of a Huge News Day During the 2016 Presidential Campaign. Did They Know What Was Coming?," *Washington Post,* July 20, 2018, www.washingtonpost.com.
49. Tom Parfitt, "My Life as a Pro-Putin Propagandist in Russia's Secret 'Troll Factory,' " *Telegraph,* June 24, 2015, www.telegraph.co.uk.
50. Leon Yin et al., "Your Friendly Neighborhood Troll: The Inter-net Research Agency's Use of Local and Fake News in the 2016 U.S. Presidential Campaign," SMaPP Lab, Nov. 19, 2018, www.nyu.edu. Spreading the content of news sources perceived as trustworthy has its advantage; MIT researchers have found that laypeople are "quite good at distinguishing between lower-and

higher-quality sources" online. See Gordon Pennycook and David G. Rand, "Fighting Misinformation on Social Media Using Crowdsourced Judgments of News Source Quality," *PNAS, Proceedings of the National Academy of Sciences of the United States of America* 116, no. 7 (2019): 2521–26.

51. For example, as of November 2019, *The Hartford Courant*—hetlargest daily newspaper in Connecticut—had roughly 160,000 Twitter follow-ers and 21,800 Instagram followers, the *San Francisco Chronicle* had 188,000 Twitter followers and 93,400 Instagram followers, and the *Pitts-burgh Post-Gazette* had 166,500 Twitter followers and 54,300 Instagram followers.

52. U.S. Congress, *Russia's Use of Social Media,* 45, 49, 54.

53. *United States v. Internet Research Agency LLC,* 18 U.S.C. §§ 2, 371, 1349, 1028A (D.D.C. 2018), 14; Philip Bump, "At Least Five People Close to Trump Engaged with Russian Twitter Trolls from 2015 to 2017," *Wash-ington Post,* Nov. 2, 2017, www.washingtonpost.com; Mueller Report, 28, 33–34.

54. Mike Glenn, "Dozens Turn Out to Support Houston Muslims," *Hous-ton Chronicle,* May 21, 2016, www.chron.com. See also U.S. Congress, *Russia's Use of Social Media,* 47; Claire Allbright, "A Russian Facebook Page Organized a Protest in Texas. A Different Russian Page Launched the Counterprotest," *Texas Tribune,* Nov. 1, 2017, www.texastribune.org.

On the purpose of GRU-run social media accounts, one set of research-ers found, "The operations were primarily focused on creating long-form state-aligned propaganda content and seeding it for distribution within other media properties, including authentic media in the local ecosystem. This is distinct from the social-media-first strategy of the International Research Agency (IRA) Pages, which focused primarily on memetic pro-paganda with high virality potential to attract the like-minded and facili-tate tribalism The GRU narrative strategy also involved the creation of think tanks and 'alternative news' sites to serve as initial content drops, from which the content was syndicated or republished on other sites." DiResta and Grossman, "Potemkin Pages & Personas," 7.

55. Mueller Report, 29–31.

56. *United States v. Internet Research Agency LLC,* 18 U.S.C. §§ 2, 371, 1349, 1028A (D.D.C. 2018), 22–23, 29. Critically, Robert Mueller con-cluded, in his final report, that his team had "not identified evidence that any Trump Campaign official

understood the requests were coming from foreign nationals." Mueller Report, 35.

57. Morgan, phone interview by author, May 3, 2019; DiResta et al., "Tactics and Tropes of the Internet Research Agency," 34; Stamos, interview by author.

58. *United States v. Internet Research Agency LLC,* 18 U.S.C. §§ 2, 371, 1349, 1028A (D.D.C. 2018), 13, 29.

59. DiResta et al., "Tactics and Tropes of the Internet Research Agency," 34–35. Still, Colin Stretch, a senior Facebook official, emphasized in his written testimony to the U.S. Senate that the IRA's method was in certain ways unsophisticated: "The targeting for the IRA ads that we have identi-fied and provided to the Committee was relatively rudimentary, targeting broad locations and interests, and did not use a tool known as Contact List Custom Audiences." See U.S. Congress, *Russia's Use of Social Media,* 41.

60. Kalugin, interview by author, Rockville, Md., Aug. 7, 2018.

61. DiResta et al., "Tactics and Tropes of the Internet Research Agency," 91.

62. U.S. Congress, *Russia's Use of Social Media,* 6, which went on: "The Committee found that no single group of Americans was targeted by IRA information operatives more than African-Americans."

63. Ibid., 6, 61; DiResta et al., "Tactics and Tropes of the Internet Research Agency," 16. See also Arif, Stewart, and Starbird, "Acting the Part."

64. Kalugin, interview by author.

65. DiResta et al., "Tactics and Tropes of the Internet Research Agency," 72.

66. Robarge, interview by author, McLean, Va., July 19, 2019.

67. DiResta et al., "Tactics and Tropes of the Internet Research Agency," 69; David Weigel, "The Life and Death of the Seth Rich Conspiracy Theory," *Washington Post,* May 24, 2017, www.washingtonpost.com.

The investigative reporter Michael Isikoff connects the genesis of the Seth Rich conspiracy theory to Russian intelligence, in "Exclusive: The True Origins of the Seth Rich Conspiracy Theory. A Yahoo News Investi-gation," Yahoo News, July 9, 2019, news.yahoo.com. For further reading on Russian efforts to foment fear and division around the safety of vac-cines, see

David A. Broniatowski et al., "Weaponized Health Commu-nication: Twitter Bots and Russian Trolls Amplify the Vaccine Debate," *American Journal of Public Health* 108, no. 10 (2018): 1378–84.

68. DiResta et al., "Tactics and Tropes of the Internet Research Agency," 821. –9

69. Wallander, interview by author, Washington, D.C., July 17, 2019; Stamos, interview by author.

70. U.S. Congress, *Russia's Use of Social Media,* 34.

71. Jane Mayer, "How Russia Helped Swing the Election for Trump," *New Yorker,* Sept. 24, 2018, www.newyorker.com. See also Jamieson, *Cyber-war.*

72. James Clapper and Trey Brown, *Facts and Fears: Hard Truths from a Life in Intelligence* (New York: Viking, 2018), 395, in which Clapper argues, "Of course the Russian efforts affected the outcome. Surprising even themselves, they swung the election to a Trump win. To conclude otherwise stretches logic, common sense, and credulity to the breaking point. Less than eighty thousand votes in three key states swung the elec-tion. I have no doubt that more votes than that were influenced by this massive effort by the Russians."

73. Yochai Benkler, "Cautionary Notes on Disinformation and the Origins of Distrust," MediaWell, Oct. 22, 2019, mediawell.ssrc.org, in which he further writes, "Nonstop coverage of propaganda efforts and specula-tion about their impact, without actual evidence to support that impact, feeds the loss of trust in our institutions to a greater extent than the facts warrant." Stephen McCombie, Allon Uhlmann, and Sarah Morrison similarly argue that the IRA's impact on the outcome of the election was "minimal," but that the discovery of its operation has generated much discord inside the United States: "The Russian information operation—of which the IRA action was a major component—has served Russian goals indirectly by ostensibly failing to retain its cover and being perceived and presented as having played a potentially decisive role in the election." Ste-phen McCombie, Allon Uhlmann, and Sarah Morrison, "The U.S. 2016 Presidential Election & Russia's Troll Farms," *Intelligence and National Security* 35, no. 1 (2019): 95–114.

Several studies have examined the limited reach and impact of fake news on American discourse ahead of the 2016 election. See Allcott and Gentzkow, "Social Media and Fake News in the 2016 Election"; Andrew Guess, Jonathan Nagler, and Joshua

Tucker, "Less than You Think: Prevalence and Predictors of Fake News Dissemination on Facebook," *Sci-ence Advances* 5, no. 1 (2019); Nir Grinberg et al., "Fake News on Twit-ter During the 2016 U.S. Presidential Election," *Science* 363, no. 6425 (2019): 374–78.

74. McMaster, interview by author.

75. DiResta, interview by author.

76. DiResta et al., "Tactics and Tropes of the Internet Research Agency," 93. The U.S. Senate, in its investigation of Russia's information warfare operation, found, "The data reveal increases in IRA activity across mul-tiple social media platforms, post–Election Day 2016: Instagram activity increased 238 percent, Facebook increased 59 percent, Twitter increased 52 percent, and YouTube citations went up by 84 percent." U.S. Congress, *Russia's Use of Social Media,* 8.

77. Cohen, interview by author, Washington, D.C., July 17, 2018.

78. Sullivan, interview by author, New York, April 17, 2019.

79. Hannah Levintova, "Russian Journalists Just Published a Bombshell Investigation About a Kremlin-Linked 'Troll Factory,' " *Mother Jones,* Oct. 18, 2017, www.motherjones.com.

80. Inman, interview by author; Cohen, interview by author; Donilon, inter-view by author, Washington, D.C., July 16, 2018.

81. Reid, interview by author, Las Vegas, July 24, 2019; Stamos, interview by author.

82. Thomas Escritt, "Germany Fines Facebook for Under-reporting Com-plaints," Reuters, July 2, 2019, www.reuters.com; Natasha Singer, "Ger-many Restricts Facebook's Data Gathering," *New York Times,* Feb. 7, 2019, www.nytimes.com.

83. Hannigan, interview by author, London, March 22, 2019. On the liberal and illiberal potential of social media, see Joshua A. Tucker et al., "From Liberation to Turmoil: Social Media and Democracy," *Journal of Democ-racy* 28, no. 4 (2017): 46–59. On the weaponization of social mediaabroad, see Samantha Bradshaw and Philip Howard, "Challenging Truth and Trust: A Global Inventory of Organized Social Media Manipulation," Computational Propaganda Research Project, the Oxford Internet Insti-tute, July 20, 2018, comprop.oii.ox.ac.uk.

84. Brennan, interview by author, Washington, D.C., July 10, 2018.

85. Sullivan, interview by author; Stamos, interview by author; Schadlow, phone interview by author, Nov. 9, 2018.

第十三章 毫無作為

1. For example, Peter Gourevitch, in a 1978 essay on external influences over domestic politics, labeled "meddling" as "obvious conceptually" and not "requir[ing] much investigation." He briefly mentioned instances of coup plotting, including in "Iran in 1954, Guatemala in the same year, [and] Chile in 1973." Gourevitch, like other thinkers, thus broached the subject of covert interference without mentioning the far more specific subject of covert *electoral* interference. See Peter Gourevitch, "The Second Image Reversed: The International Sources of Domestic Politics," *International Organization* 32, no. 4 (1978): 883.
2. Schadlow, phone interview by author, Nov. 9, 2018.
3. Brennan, interview by author, Washington, D.C., July 10, 2018.
4. "Full Transcript: Mueller Testimony Before House Judiciary, Intelligence Committees," NBC News, July 25, 2019, www.nbcnews.com; Doina Chiacu, "FBI Director Wray: Russia Intent on Interfering with U.S. Elec-tions," Reuters, July 23, 2019, www.reuters.com.
5. Fiona Hill, "Opening Statement of Dr. Fiona Hill to the House of Repre-sentatives Permanent Select Committee on Intelligence," Nov. 21, 2019, s.wsj.net/public/resources/documents/hillopeningstatement1121.pdf.
6. Dan Mangan and Kevin Breuninger, "Trump Talked to Roger Stone About WikiLeaks, Rick Gates Says in Testimony Contradicting the Presi-dent," CNBC, Nov. 12, 2019, www.cnbc.com.
7. Mueller Report, 5, 49.
8. Department of Justice, Office of Special Counsel Robert Mueller, "Inter-view of Hope Hicks 3/13/18," 583, released via FOIA on Dec. 2, 2019, www.cnn.com.
9. Philip Bump, "Actually, Trump Has Almost Never Blamed Russia Exclu-sively for 2016 Interference," *Washington Post,* July 19, 2018, www.washingtonpost.com.
10. McMaster, phone interview by author, Oct. 17, 2018; Mark Landler, "For McMaster, Pomp Under Bittersweet Circumstances,"

New York Times, April 6, 2018, www.nytimes.com.

11. Duke, interview by author, Washington, D.C., Nov. 5, 2018.
12. Jen Kirby, "Poll: Only 32 Percent of Republicans Think Russia Interfered in the 2016 Election," *Vox,* July 19, 2018, www.vox.com.
13. On investigations and reporting into Trump's ties to Russia, Trump's deni-als of any such ties, and the conclusions of the Mueller investigation, see note 65 of chapter 8 of this book.
14. McMaster, interview by author; Amy Held, "Trump Chides McMaster for Saying Evidence of Russian Interference 'Incontrovertible,'" NPR, Feb. 17, 2018, www.npr.org.
15. Duke, interview by author.
16. Michael Wines, "$250 Million to Keep Votes Safe? Experts Say Billions Are Needed," *New York Times,* Sept. 25, 2019, www.nytimes.com.
17. Wray, email correspondence with author, May 27, 2019.
18. Karen Yourish and Troy Griggs, "8 U.S. Intelligence Groups Blame Russia for Meddling, but Trump Keeps Clouding the Picture," *New York Times,* Aug. 2, 2018, www.nytimes.com.
19. U.S. Congress, *Russian Efforts Against Election Infrastructure,* 52; Ellen Nakashima, "U.S. Cyber Command Operation Disrupted Internet Access of Russian Troll Factory on Day of 2018 Midterms," *Washington Post,* Feb. 27, 2019, www.washingtonpost.com.
20. Office of the Director of National Intelligence, "Director of National Intelligence Daniel R. Coats Establishes Intelligence Community Election Threats Executive," July 19, 2019, www.dni.gov; McMaster, interview by author.
21. Abby Phillip, "Trump Signs What He Calls 'Seriously Flawed' Bill Impos-ing New Sanctions on Russia," *Washington Post,* Aug. 2, 2017, www.washingtonpost.com.
22. McMaster, interview by author.
23. "Read Trump's Phone Conversation with Volodymyr Zelensky," CNN, Sept. 26, 2019, www.cnn.com.

24. Adam Taylor, "Trump Has Spoken Privately with Putin at Least 16 Times. Here's What We Know About the Conversations," *Washington Post,* Oct. 4, 2019, www.washingtonpost.com.

25. For example, on January 11, 2017, Trump Tweeted: "Russia has never tried to use leverage over me. I HAVE NOTHING TO DO WITH RUSSIA-NO DEALS, NO LOANS, NO NOTHING!" Twitter user @ realdonaldtrump, Jan. 11, 2017, www.twitter.com. For elaboration on Trump's business pursuits in Russia, see note 59 of chapter 8 of this book.

26. Carroll Doherty, "Key Findings on Americans' Views of the U.S. Politi-cal System and Democracy," Pew Research Center, April 26, 2018, www.pewresearch.org; "The Public, the Political System, and American Democ-racy," Pew Research Center, April 26, 2018, www.people-press.org.

27. Duke, interview by author.

28. Tom Stites, "About 1,300 U.S. Communities Have Totally Lost News Coverage, UNC News Desert Study Finds," Poynter, Oct. 15, 2018, www.poynter.org.

29. Goss, interview by author, Florida Keys, Fla., Dec. 26, 2018; Cohen, interview by author, Washington, D.C., July 17, 2018.

30. Aaron Zitner et al., "Democrats and Republicans Aren't Just Divided. They Live in Different Worlds," *Wall Street Journal,* Sept. 19, 2019, www.wsj.com.

31. Milan Svolik, "Polarization Versus Democracy," *Journal of Democracy* 30, no. 3 (2019): 20–32, in which he continues, "In sharply polarized electorates, even voters who value democracy will be willing to sacrifice fair democratic competition for the sake of electing politicians who cham-pion their interests. When punishing a leader's authoritarian tendencies requires voting for a platform, party, or person that his supporters detest, many will find this too high a price to pay. Polarization thus presents aspiring authoritarians with a structural opportunity: They can under-mine democracy and get away with it."

32. McMaster, interview by author; Rice, phone interview by author, Aug. 27, 2019.

33. Finer, interview by author, New York, Feb. 20, 2019.

34. Candace Smith, "Jeb Bush on Donald Trump: He's a 'Chaos Candidate' and He'd Be a 'Chaos President,'" ABC News, Dec. 15, 2015, abcnews.go.com; Glenn Thrush and Maggie Haberman, "Trump Gives White Supremacists an Unequivocal Boost,"

New York Times, Aug. 15, 2017, www.nytimes.com; Jonathan M. Katz and Farah Stockman, "James Fields Guilty of First-Degree Murder in Death of Heather Heyer," *New York Times*, Dec. 7, 2018, www.nytimes.com; Katie Rogers and Nicholas Fandos, "Trump Tells Congresswomen to 'Go Back' to the Countries They Came From," *New York Times,* July 14, 2019, www.nytimes.com; Kyle Balluck and Aris Folley, "Trump Suggests Pelosi Committed Treason, Should Be 'Immediately Impeached,' " *Hill,* Oct. 7, 2019, thehill.com.

35. Brennan, interview by author.
36. Blinken, interview by author, Washington, D.C., Jan. 3, 2019; Muñoz, phone interview by author, July 20, 2019.
37. Duke, interview by author; Wise, phone interview by author, Oct. 21, 2019.
38. "Public, the Political System, and American Democracy"; Richard Wike et al., "Democracy Widely Supported, Little Backing for Rule by Strong Leader or Military," Pew Research Center, Oct. 16, 2017, www.pew research.org. Americans are not unique in contemplating alternatives to the democratic model. See Wike and Fetterolf, "Liberal Democracy's Cri-sis of Confidence"; Richard Wike, Laura Silver, and Alexandra Castillo, "Dissatisfaction with Performance of Democracy Is Common in Many Nations," Pew Research Center, April 29, 2019, www.pewresearch.org.
39. Blinken, interview by author.
40. "It Was a Campaign Trap," *New York Times,* Nov. 7, 1888, timesmachine.nytimes.com. T. C. Hinckley, "George Osgoodby and the Murchison Letter," *Pacific Historical Review* 27, no. 4 (1958): 359–70.
41. Marco R. Newmark, "The Murchison Letter Incident," *Quarterly: Historical Society of Southern California* 27, no. 1 (1945): 17–21; Robert Mitchell, "The Fake Letter Historians Believe Tipped a Presidential Elec-tion," *Washington Post,* June 21, 2018, www.washingtonpost.com.
42. Nicole Perlroth and David Sanger, "Iranian Hackers Target Trump Cam-paign as Threats to 2020 Mount," *New York Times,* Oct. 4, 2019, www.nytimes.com.
43. Goss, interview by author; Brennan, interview by author.

結語　突破重圍

1. Tony Judt and Timothy Snyder, *Thinking the Twentieth Century* (New York: Penguin, 2012), 306.
2. "Full Transcript: Mueller Testimony Before House Judiciary, Intelligence Committees."
3. Kenneth Waltz, *Man, the State, and War: A Theoretical Analysis* (New York: Columbia University Press, 1959), 149.
4. The Brennan Center concluded in August 2019 that it would cost roughly $2.15 billion, doled out over five years, for states to meet key election security needs, such as upgrading voter registration databases and voting machines. See Lawrence Norden and Edgardo Cortés, "What Does Elec-tion Security Cost?," Brennan Center for Justice, Aug. 15, 2019, www.brennancenter.org. Ahead of the 2020 election, it will cost just Pennsylva-nia roughly $150 million to replace its voting machines. See Sasha Hupka and Jonathan Lai, "After Pa. Gov. Tom Wolf Announces $90 Million to Upgrade Voting Machines, GOP Pushes Back," *Philadelphia Inquirer,* July 9, 2019, www.inquirer.com. See also Kate Rabinowitz, "Election Security a High Priority—Until It Comes to Paying for New Voting Machines," ProPublica, Feb. 20, 2018, www.propublica.org; Christo-pher R. Deluzio et al., "Defending Elections: Federal Funding Needs for State Election Security," Brennan Center for Justice, July 18, 2019, wwwre.benntenranc.org.
5. Duke, interview by author, Washington, D.C., Nov. 5, 2018. For analysis of McConnell's position, see Amber Phillips, "Why Is Mitch McCon-nell Blocking Election Security Bills? Good Question," *Washington Post,* July 30, 2019, www.washingtonpost.com. On the uneven election security standards across states, see David Sanger, Reid J. Epstein, and Michael Wines, "States Rush to Make Voting Systems More Secure as New Threats Emerge," *New York Times,* July 26, 2019, www.nytimes.com.
6. Schadlow, phone interview by author, Nov. 9, 2018; Haines, interview by author, New York, Feb. 23, 2019; Johnson, interview by author, New York, July 29, 2019.
7. Carl Hulse, "After Resisting, McConnell and Senate G.O.P. Back Elec-tion Security Funding," *New York Times,* Sept. 19, 2019, www.nytimes.com.
8. The Help America Vote Act (HAVA) of 2002 included a series of requirements for election administration, such as that states

maintain a "single, uniform, official, centralized, interactive computerized statewide voter registration list." See U.S. Congress, House, Help America Vote Act of 2002, H.R. 2395.

Congress should, today, update those standards, in accordance with the digital age. The Securing America's Federal Elections (SAFE) Act, approved by the House in 2019, would install, per its official summary, "requirements for voting systems, including that systems (1) use indi-vidual, durable, voter-verified paper ballots; (2) make a voter's marked ballot available for inspection and verification by the voter before the vote is cast; (3) ensure that individuals with disabilities are given an equivalent opportunity to vote, including with privacy and independence, in a man-ner that produces a voter-verified paper ballot; (4) be manufactured in the United States; and (5) meet specified cybersecurity requirements, including the prohibition of the connection of a voting system to the internet." These criteria and more—designed to bolster the security both of voting systems and of voter registration databases—should be passed into law. See U.S. Congress, House, Securing America's Federal Elections Act, H.R. 2722, 116th Cong., introduced in House May 14, 2019, www.congress.gov.

On the politics of the SAFE Act, see Hailey Fuchs and Karoun Demir-jian, "Divided House Passes Election Security Legislation over Republican Objections," *Washington Post,* June 27, 2019, www.washingtonpost.com. For additional recommendations, see National Academies of Sciences, Engineering, and Medicine, *Securing the Vote: Protecting American Democracy* (Washington, D.C.: National Academies Press, 2018), www.nap.edu.

9. Cohen, interview by author, Washington, D.C., July 17, 2018.
10. Rucker, phone interview by author, Sept. 2, 2018.
11. Baker, phone interview by author, Oct. 17, 2018.
12. Rachel Donadio, "Why the Macron Hacking Attack Landed with a Thud in France," *New York Times,* May 8, 2017, www.nytimes.com; Alex Hern, "Macron Hackers Linked to Russian-affiliated Group Behind US Attack," *Guardian,* May 8, 2017, www.theguardian.com; Mark Hosen-ball, "U.S. Increasingly Convinced that Russia Hacked French Election: Sources," Reuters, May 9, 2017, www.reuters.com.
13. Burns, interview by author, Washington, D.C., July 9, 2018.

14. Guy Rosen, Katie Harbath, Nathaniel Gleicher, and Rob Leathern, "Helping to Protect the 2020 U.S. Elections," Facebook, Oct. 21, 2019, about.fb.com. On an especially extensive network of Russian accounts across Africa, see Davey Alba and Sheera Frenkel, "Russia Tests New Disinformation Tactics in Africa to Expand Influence," *New York Times,* Oct. 30, 2019, www.nytimes.com. On the IRA's use of smaller platforms to test specific messaging strains, see Josephine Lukito, "Coordinating a Multi-platform Disinformation Campaign: Internet Research Agency Activity on Three U.S. Social Media Platforms, 2015 to 2017," *Politi-cal Communication* 37, no. 2 (2019): 238–55. On more recent Russian activity on Reddit, see Madeleine Carlisle, "Reddit Says Leaked U.S.-U.K. Trade Documents Posted on the Site Are Linked to a Russian Information Campaign," *Time,* Dec. 7, 2019, time.com.
15. McMaster, phone interview by author, Oct. 17, 2018.
16. Stamos, phone interview by author, May 28, 2018; Gleicher, phone inter-view by author, Feb. 25, 2020.
17. Since 2016, lawmakers have passed no legislation in this space—not even the Honest Ads Act, a bill with bipartisan support that would require social media companies to disclose who paid for political advertisements, just as television, radio, and print providers do. See U.S. Congress, Senate, Honest Ads Act, S. 1989, 115th Cong., introduced in Senate Oct. 19, 2017, www.congress.gov. Senator Amy Klobuchar has further proposed U.S. Congress, Senate, Social Media Privacy Protection and Consumer Rights Act of 2019, S. 189, 116th Cong., introduced on Jan. 17, 2019, www.congress.gov. Another major bill on the Hill is the Bot Disclosure and Accountability Act, which would crack down on the use of automated bot accounts for political purposes; see Rachel Frazin, "Feinstein Intro-duces Bill to Prohibit Campaigns from Using Social Media Bots," *Hill,* July 16, 2019, thehill.com.

    For a bipartisan set of recommendations, see U.S. Congress, *Rus-sia's Use of Social Media,* 78–83. For additional recommendations, see McFaul, *Securing American Elections,* chaps. 3–5. Philip Howard, the director of the Oxford Internet Institute, recommends requiring tech-nology companies to store all advertisements in a public archive, in "A Way to Detect the Next Russian Misinformation Campaign," *New York Times,* March 27, 2019, www.nytimes.com. And finally, Anne Apple-baum makes an impassioned case for social media regulation in "Regulate Social Media Now. The Future of Democracy Is at

Stake," *Washington Post,* Feb. 1, 2019, www.washingtonpost.com.

18. Clapper, interview by author, Fairfax, Va., Jan. 3, 2019.

19. For further reading on America's entrenched polarization and ways to alleviate it, see Nathaniel Persily, *Solutions to Political Polarization in America* (Cambridge, U.K.: Cambridge University Press, 2015).

20. Report for America, www.reportforamerica.org. Between 2008 and 2018, the number of newspaper newsroom employees in America declined from seventy-one thousand to thirty-eight thousand. Elizabeth Grieco, "U.S. Newsroom Employment Has Dropped by a Quarter Since 2008, with Greatest Decline at Newspapers," Pew Research Center, July 9, 2019, www.pewresearch.org. On the connection between a decline in local news and a rise in polarization, see Joshua Darr, Johanna Dunaway, and Matthew Hitt, "Want to Reduce Political Polarization? Save Your Local Newspaper," Nieman Lab, Feb. 11, 2019, www.niemanlab.org. See also Penelope Abernathy, "The Expanding News Desert," www.usnewsdeserts.com.

21. Ryan Foley, "Efforts Grow to Help Students Evaluate What They See Online," AP, Dec. 30, 2017, apnews.com.

22. Goss, interview by author, Florida Keys, Fla., Dec. 26, 2018; Hayden, interview by author, Washington, D.C., Nov. 5, 2018.

23. Eliza Mackintosh, "Finland Is Winning the War on Fake News. What It's Learned May Be Crucial to Western Democracy," CNN, May 2019, edition.cnn.com; Chris Good, "Ahead of Election, Sweden Warns Its Vot-ers Against Foreign Disinformation," ABC News, Sept. 8, 2018, abcnews.go.com; Emma Charlton, "How Finland Is Fighting Fake News—in the Classroom," World Economic Forum, May 21, 2019, www.weforum.org.

24. Inman, interview by author, Austin, Tex., Nov. 2, 2018.

25. Blinken, interview by author, Washington, D.C., Jan. 3, 2019; McMaster, interview by author.

26. "Read Jim Mattis's Letter to Trump: Full Text," *New York Times,* Dec. 20, 2018, www.nytimes.com. In his memoirs, Mattis writes, "In my first dozen years in the Marines, I commanded two platoons and two companies, deploying to thirteen countries on a half dozen ships. Every-where we sailed, at every landing and every exercise in foreign countries, I was introduced to the enormous value of allies." Jim Mattis and Bing West, *Call Sign Chaos: Learning to Lead* (New York: Random House, 2019), 9.

27. Haines, interview by author; Nuland, interview by author, Washington, D.C., Feb. 22, 2019.

28. Rice, phone interview by author, Aug. 27, 2019; McMaster, interview by author.
29. Sullivan, interview by author, New York, April 17, 2019; Morell, phone interview by author, March 6, 2019; Summers, phone interview by author, Nov. 22, 2019; Nuland, interview by author.
30. Nuland, interview by author.
31. McLaughlin, phone interview by author, Sept. 5, 2019; Reid, interview by author, Las Vegas, July 24, 2019; Panetta, phone interview by author, Nov. 12, 2019.
32. Petraeus, phone interview by author, Oct. 8, 2018; Finer, interview by author, New York, Feb. 20, 2019; Sullivan, interview by author.
33. Brennan, interview by author, Washington, D.C., July 10, 2018; Morell, interview by author.
34. Brennan, interview by author. Further, Harold Koh, a former dean of Yale Law School, argues that covert electoral interference violates international law: "Coercive interference in another country's electoral politics—including the deliberate spreading of false news—constitutes an intervention that violates international law." Harold Koh, *The Trump Administration and International Law* (New York: Oxford University Press, 2018), 83.
35. Hall, phone interview by author, Oct. 22, 2019; Schadlow, interview by author.
36. For further reading on the modern authoritarian challenge, see Christo-pher Walker, "The Authoritarian Threat: The Hijacking of 'Soft Power,'" *Journal of Democracy* 27, no. 1 (2016): 49–63; Ivan Krastev, "The Specter Haunting Europe: The Unraveling of the Post-1989 Order," *Journal of Democracy* 27, no. 4 (2016): 88–98; Kagan, "Strongmen Strike Back."
37. McDonough, interview by author, Washington, D.C., July 17, 2018; Schadlow, interview by author.
38. Joshua Kurlantzick, "How China Is Interfering in Taiwan's Election," Council on Foreign Relations, Nov. 7, 2019, www.cfr.org; Ben Blanchard, "Taiwan President Says China Interfering in Election 'Every Day,'" Reuters, Nov. 19, 2019, www.reuters.com; Colin Packham, "Exclusive: Australia Concluded China Was Behind Hack on Parliament, Political Parties—Sources," Reuters, Sept. 15, 2019, www.reuters.com; John Gar-naut, "How China Interferes in Australia," *Foreign Affairs,* March 9, 2018, www.foreignaffairs.com.

亞當斯密 04

民主的弱點：民意，如何成為世界強權操弄的政治武器

Rigged: America, Russia, and one Hundred Years of Covert Electoral Interference

作　　者　大衛．夏默（David Shimer）
譯　　者　顏涵銳
執行主編　簡欣彥
責任編輯　簡伯儒
封面設計　蔡南昇

社　　長　郭重興
發行人兼出版總監　曾大福
出　　版　遠足文化事業股份有限公司　堡壘文化
地　　址　231新北市新店區民權路108-2號9樓
電　　話　02-22181417
傳　　真　02-22188057
Email　service@bookrep.com.tw
郵撥帳號　19504465
客服專線　0800-221-029
網　　址　http://www.bookrep.com.tw
法律顧問　華洋法律事務所　蘇文生律師
印　　製　韋懋實業有限公司
初版一刷　2020年10月
定　　價　新臺幣580元

國家圖書館出版品預行編目（CIP）資料

民主的弱點：民意，如何成為世界強權操弄的政治武器／大衛．夏默（David Shimer）著；顏涵銳譯. -- 初版. -- 新北市：堡壘文化, 2020.10
面；　公分. --（亞當斯密；4）
譯自：Rigged：America, Russia, and one hundred years of covert electoral interference
ISBN 978-986-99410-3-7（平裝）

1. 民主政治　2. 政治文化　3. 選舉

571.6　　　　109015279